지배의 정치 저항의 정치

지배의 정치, 저항의 정치

문재윤/이창희/채장수/최병덕/하재훈 지음

인간사랑

머리말

정치학은 위로부터 작동하는 통치권력의 지배뿐만 아니라 이에 대한 피치자의 지지 혹은 저항에서 비롯되는 상호작용을 연구대상으로 삼고 있다. 불평등한 신분제 사회 위에 성립된 전근대 시대에도 피치자의 반응은 권력의 정당성을 가늠하는 궁극적인 원천으로 간주되었다. 한 걸음 더 나아가 근대 민주주의 국가는 모든 인간이 권력관계에서 객체, 피치자가 아니라 주체, 주권자라는 점을 공식적으로 선포하고 있다는 점에서 '저항'의 적극성과 선차성을 현실적 · 당위적으로 은연중 인정하고 있다.

현대 민주주의는 저항의 가능성을 봉쇄하는 지배, 즉 저항의 반대편으로서의 지배가 아니라 '저항의 가능성까지도 포용하는 지배', 즉 저항과 변증법적으로 융합한 지배의 실현을 이념형적 원칙으로 요구하고 있다. 하지만 여전히 지배와 저항을 이항대립의 관계로 파악하거나 혹은 정당과 부당, 불법과 합법, 폭력과 비폭력 등 규범적이고 기계적인 잣대로 양분하는 시각이 온존하고 있다. 여러 연구자의 공저인 탓으로 문제의식과 연구대상이 다양하다 보니 크게 지배와 저항의 두 부분으로 나누어 편성했지만 이는 편의상의 구분일 따름이다. 각자 집필한 글들을 통하여 이 책은 지배와 저항의 다양한 측면을 해부하기 위해 한국의 통사적 맥락에서 선정된 쟁점과 사건별로 연구한 성과를 모았다.

주지하다시피 한국은 단 한번도 아래로부터의 혁명을 성공하지 못했다. 아마도 지배와 저항을 대립하는 두 극단으로만 기계적으로 인식하는 원인이 여기에 있지 않나 싶다. 특히 '저항'에 대한 인식이 부정적인 이유는 그러한 오랜 세월의 경험이 작용하여 구성적으로 의미가 정립된 데 있지 않은가 한다. 왕조국가, 외세강점, 외삽국가, 권위주의 체제를 거쳐온 한국정치사의 흐름을 '지배와 저항'이라는 화두 아래 각 글이 소재로 택한 사례에 따라 검토해 보았다. 이러한 작업을 통하여 지배와 저항의 정치사가 궁극적으로 현대 민주정치의 이상과 한국적 현실에 어떠한 함의를 지니는지에 대한 인식과 이해의 지평을 넓히는 데 다소나마 실마리를 제공할 수 있기를 기대한다.

실린 글들은 필자들의 개인 논문을 토대로 하여 책의 문제의식에 맞게 보완하여 실었다. 이미 학술지에 실었거나 학위논문의 일부였던 글을 고치고 다듬었으며, 책의 방향에 맞게 새로 쓴 글들도 있다. 공저의 특성상 단독 저자의 모노그래프에 비해 일관성과 체계성에 흠결이 있을 수도 있겠지만, 반면에 다양하고 폭넓은 견해를 담을 수 있는 장점을 최대한 살려 그러한 흠결을 상쇄시킬 수 있지 않았나 싶다. 그래도 어디까지나 한 권의 저서이므로 지난 1년 여에 걸친 여러 차례의 토의와 윤독을 통해 서로의 문제의식을 공유하고 지배와 저항이라는 화두 아래 글을 모아 책을 내게 되었다. 실린 글들의 내용을 다름과 같이 일별해서 소개한다.

"조선조 왕실의 상징정책"은 『조선왕조실록』에 기록된 '꿈'에 관한 이야기를 분석해 봄으로써 조선조 정치사를 보다 심층적으로 이해해 보고자 시도하였다. 한국 정치문화 현상에 대한 연구를 보다 심도 있게 진행하기 위해서는 한국의 전통사상과 문화의 특수성에 대한 이해를 바탕으로 하지 않으면 그 목표를 달성하기 어렵다고 하겠다. 특히 전통의 힘이 강력하게 작용하는 경우에는 더욱 그러할 것이다. 이러한 측면을 유념하면서 본 연구는 『조선왕조실록』에 기록된 '꿈'에 관한 이야기를 분석해 봄으로써 조선조 정치사를 보다 심층적으로 이해해 보고자 시도하였다.

천명에 의해 개창된 조선왕실이 백성들의 복종과 지지 속에서 계속 존재하기 위해서는 천(天)과의 연계성을 계속 확보할 필요가 있었으며, 탄생 · 등극 등과 관련된 신이한 '꿈' 설화를 남겨준다는 것은 왕조 지배의 안정성을 확보하기 위한 아주 유효한 장치로 기능하였다. 하늘, 해, 꿈, 상서, 신이 등을 바탕으로 하는 군주 '꿈' 설화의 현세지향은 한마디로 말해서 건국의 신성화와 왕통의 정통성을 목적한 것으로, 군주와 왕족에게는 흔들리지 않는 자존의식을 갖게 하였고 백성들에게는 심리적 복종심을 갖게 함으로써 왕조의 오랜 역사를 담보해 주는 기능을 하였다고 판단된다.

"조선왕실의 리더십 형성과 제가의 방법론"은 조선 왕조체제 유지의 장구성과 안정성의 요인을 분석하면서 왕가 그 자체의 내부적 역량, 특히 왕실의 '제가'를 위한 장치에 특별히 주목하였다.

왕조시대에 있어서 왕가는 당대 최고의 명문가이며, 군주를 정점으로 하여 결속되어 있었다. 또한 유교 정치이념을 기반으로 하는 조선왕조에서는 '수신제가치국평천하' 라는 확고한 정치이념이 자리잡고 있었으므로 지배계층의 대표자인 군주와 왕실이 도덕적 정당성과 우월성을 확보하는 문제는 왕정의 성패를 좌우하는 핵심적인 사안이다. 따라서 왕실과 군주는 자신들의 도덕성과 통치역량을 최대화함으로써 지배의 안정성을 영속화하고자 하였던 것으로, 왕실 전통의 형성은 이러한 목적에서 오랜 세월에 걸쳐서 정립되었다. 그리고 '제가' 의 문제에 관하여 효경, 형내, 교자, 친친, 근엄, 절검 등의 내용에 관한 왕실의 전통이 정립되었고, 역대 군주들은 '제가' 를 위한 왕실 전통을 준수함으로써 왕실의 화합과 단결을 이루고 국가적 지배의 토대를 공고히 하고자 노력하였다.

"근대국가 건설을 위한 개화파의 정치체제 개혁구상"은 한말 근대국가 건설의 과정을 다룬다. 19세기 후반, 이 과정을 주도한 집단은 개화파였다. 이들은 제국의 도전과 근대로의 전환이라는 역사적 과제에 대응하여 당시 서세동점으로 야기된 변화를 적극적으로 수용하면서 밖으로부터의 위기에 대응하여 '부국강병' 을 이룩하고, 안으로의 위기에 대응하여 봉건적 정치기구를 혁신하고 근대국가를 수립한다는 구체적 비전을 가지고 정치체제 개혁운동을 전개하였다. 개화파는 갑신정변과 갑오개혁을 거치면서 군국기무처를 설치하여 근대국가 체제를 형성하기 위한 개혁을 추진하고, 내각제도를 실시하고 헌법의 초기 형태인 '홍범 14조' 를 반포하여 입헌군주제적 정치제도를 완성시켜 나갔다.

아관파천 이후 친로 수구파 정권이 형성되면서 배제된 개화파는 최초의 근대적 사회정치단체인 독립협회를 조직하여 대중운동을 전개하면서 근대국가 건설이라는 목표를 완수하고자 하였다. 독립협회는 '민권(民權)' 개념을 정립하고 종래의 전제군주제를 3권 분립에 기초한 입헌대의군주제로 전환하고 의회를 설립하고자 하였다. 개화파의 근대국가 건설 시도는 비록 실패로 귀결되었지만, 근대로의 전환기에 근대국가에 대한 구체적 비전을 제시한 진보적 변혁운동이었다.

"박정희 집권기 대중동원의 전개와 의미"는 박정희 집권기 동원의 동학을 지배전략의 관점에서 검토하였다. 지금까지 대부분의 박정희 시대에 관한 연구들은 박정희 집권기 대중의 집합적 참여가 드러나는 '동원'을 적시하고 있다. 그러나 박정희 집권기 동원의 전개와 그 의미에 대한 기존의 해석과 평가는 '위로부터의 강제' 또는 '아래로부터의 동의'라는 이분법적 틀을 벗어나지 못하고 있다.

동원의 동학을 지배전략의 관점에서 검토하기 위하여 박정희 집권기의 대표적 동원인 '농촌새마을운동'을 사회적 관습의 구조화, 경제적 유인, 그리고 '농촌 근대화' 이데올로기의 확산이라는 측면에서 살펴보았다. 1970년대를 전후하여 총체적 위기상황에 직면한 박정희 체제는 체제안정과 유지를 위해 대중적 지지와 결집의 지배전략이 필요하였으며, 농촌새마을운동은 이러한 대중지지와 결집을 위한 지배전략적 실천으로 작동되었다. 또한 이것은 기존 연구들이 주장하는 '강제' 또는 '동의'의 일면만으로 구성된 것이 아니라, 양자를 동시에 수렴하는 지배전략적 실천이었다.

"민주화 이후 공안정국의 전개와 사례 비교"는 민주화 이후 조성된 세 차례의 '공안정국'을 주도세력, 형성방식과 전개과정, 민주화에 대한 함의라는 세 가지 측면에서 접근하였다. 국가와 시민사회의 관계변화라는 관점에서 공안정국의 성격변화를 해명하기 위해 당시의 국면과 사건 수준에서 구체적으로 분석한 후, 분단사회라는 특수한 환경에서 진전된 한국사회의 민주화 과정을 설명하고자 하였다.

세 차례의 공안정국은 국가와 시민사회의 관계라는 틀에서 검토했을 때 주도세력과 방식 및 함의가 매우 대조적이다. 분단요인이 민주화 과정에 일정한 영향을 미쳤다는 것은 추상 수준이 높은 분단체제, 분단구조 등의 개념을 동원한 일반화 작업과 논의를 통해 광범하게 인지되어 왔다. 그러나 구체적 수준에서 실제 사례를 통해 접근한 선례는 매우 빈약하다. '공안정국'의 사례를 관찰하면 민주화 이후 그 주체, 형태와 성격이 민주화 이전과 다르며 민주화의 전개에 따라서 민주화 이후에도 사례별로 달라지고 있음을 볼 수 있다. 시기에 따른 차별성의 의미를 해명하기 위해 1989년 방북파동, 1994년 조문파동, 1998년 사상검증 파동에 대한 사례 비교분석을 시도하였다.

"일제강점기 안동지역에서 사회주의 사상의 수용과 민족해방운동의 전개"는 일제강점기 민족해방운동사에서 사회주의 사상과 사회주의 운동의 위상을 지역적 차원에서 검토하였다. 이를 위하여 경북 안동지역을 대상으로 사회주의 사상이 어떻게 수용되고 확산되었으며, 이를 수용한 인물들이 이 지역에서 민족해방운동을 어떻게 이끌어 나갔는가를 살펴보았다.

안동지역에서 사회주의 사상의 수용과 사회주의 운동의 전개는 3 · 1운동을 전후한 시기 민족해방운동의 연장선상에서 나타났으며, 대부분 사회주의 세력 내 '화요회' 그룹과 관계를 맺으면서 활동을 전개하였다. 이들은 '풍산소작인회'와 '화성회' 결성 등을 통하여 안동지역 사회운동의 사상적 변화를 주도하였다. 그 결과 1920년대 중반에 안동지역

사회운동의 전반적 분위기는 사회주의 성향이 강하였고, 운동의 범주도 크게 확대되었다. 이후 '신간회' 안동지회의 조직적 한계에 대한 대응으로서 '안동콤그룹'이라는 볼세비키적 사회주의 조직이 결성되어 조선공산당의 재건을 시도하였다. 이 조직이 와해된 이후 해방이 될 때까지 안동지역에서 사회주의자들의 활동상이 더 이상 드러나지 않았다.

그러나 해방이 되면서 안동지역에서도 사회주의자의 활동이 다시 적극적으로 나타나게 되는데, 그것은 1920-1930년대 초반 사회주의 세력의 활동을 통해 이미 안동지역에 사회주의 사상이 그만큼 광범위하게 확산되어 있었기 때문이었다.

"10 · 1사건의 배경과 의미"는 10 · 1사건을 다양한 각도에서 접근하였다. 10 · 1사건은 사건발생 이후부터 오랫동안 접근 자체가 금기였다. 1980년대 이후 산발적으로나마 연구대상으로 복원된 이 사건은 그간 해방공간의 다른 연구대상에 비해 상대적으로 소외되어 왔다.

이 글은 이러한 상대적인 무관심이 빚어진 배경을 메타이론 차원에서 비판적으로 검토하고, 사건에 대한 다각도의 이론적 해석 필요성을 제기하였다. 그리고 국가건설 이전에 발생한 사건이므로 '해방공간의 시대적 성격'에 대한 고찰이 선행되어야만 배경과 의미에 대한 전모 파악이 가능함을 주장하였다. 이를 위해 '복수주권', '폭력과 국가건설', '지방정치' 측면에서 배경 수준의 요인을 탐색하고, 이로부터 사건의 의미와 명칭 및 성격에 관한 문제를 제기하였다. 10 · 1사건과 같은 '국가건설 이전'의 대규모 폭력사태에 대한 평가 여부와 관련하여 이 연구는 사건에 대한 학문적 논의와 아울러 정치사회적 공론을 통한 엄정하고 객관적인 평가가 때늦게나마 이루어져야 함을 제안하고 있다.

"1980년대 학생운동과 반미주의의 전개"는 1980년대를 '한국 학생운동의 전성기'라고 규정하면서 '광주항쟁', '86–87년', '전대협'이라는 '이념적 분기점', 즉 1980년대 학생운동의 이념적 상황에 대한 연대기적 시기구분의 의미를 가지면서 이 시기 학생운동 이념의 특정한 국면을 만들어낸 핵심적인 계기 혹은 환경을 중심으로 이 시기 학생운동의 이념적 상황이 진행되는 과정을 추적하였다. 그리고 이와 맞물리면서 학생운동의 이념적 '최대 주주'로서 '반미주의적 자주노선'이 전개되는 과정에 접근하였다.

이러한 논의의 결과로서 첫째, '역사적 트라우마티즘'으로 작용한 '광주항쟁'은 '사고의 전환'을 강제함으로써 '반미'의 발생 등 학생운동이 이념적으로 급진화되는 계기로 작용하였다. 둘째, '자민투–민민투'를 중심으로 학생운동의 총체적 변혁이념이 정착되는 '86–87년'에서는 '자민투'를 중심으로 주체사상과 자주노선이 적극적으로 결합하게 되었다. 셋째, 6월항쟁을 거치면서 '반미NL'의 자주노선을 중심으로 '전대협'이 결성되면서 이후 학생운동은 '조국통일투쟁' 등 '반미자주노선'의 이념이 전국적으로 확산되었다.

"한국사회와 좌파"는 '탈이데올로기'의 의미를 '이데올로기의 부재가 아니라 다양한 이데올로기들의 평화적 교류와 공존'으로 이해하면서 최근 한국사회에서 좌파정치의 출현가능성에 주목하였다. 이러한 관점에서 '비정상적 이념균열의 구조'와 '지역균열의 과잉에 따른 이데올로기 균열의 최소화'라는 기준을 중심으로 한국사회에서 좌파의 현재적 위상을 검토하였다.

그후 한국사회에서 좌파 개념의 정확한 설정을 위하여 우선 좌파와 진보를 개념적 · 현실적으로 구별할 필요성을 제기하고 양자를 개념적으로 구별하였다. 또한 기존 논의를 검토하여 한국에서 좌파의 개념을 '사회주의 지향성'을 중심으로 자본주의에 대한 체제적 대안을 모색하는 세력으로 설정하였다. 이를 바탕으로 한국사회에서 이념을 구분하는 기준으로 흔히 제시되는 '북한관'에 대한 비판을 진행하였다.

9편의 글을 가지고 지배와 저항의 한국정치사를 모두 소화할 수는 없겠지만, 공유된 문제의식을 바탕으로 각자 진전된 연구의 진행을 기약해 본다. 역설적이게도 민주화 이후 사회과학에 대한 관심, 진지함, 고민이 사회는 물론 대학에서도 크게 사그라든 탓에 이와 같은 작업의 진행이 쉽지만은 않다. 출판을 기꺼이 맡아준 인간사랑에 감사드린다.

목차

1 지배의 정치

■□□□□ 조선조 왕실의 상징정책 : 군주설화를 중심으로 _문재윤

■■□□□ 조선왕실의 리더십 형성과 제가의 방법론 _문재윤

■■■□□ 근대국가 건설을 위한 개화파의 정치체제 개혁구상 _최병덕

■■■■□ 박정희 집권기 대중동원의 전개와 의미 :
지배전략의 관점에서 본 농촌새마을운동을 중심으로 _하재훈

■■■■■ 민주화 이후 공안정국의 전개와 사례 비교 _이창희

조선조 왕실의 상징정책*

-군주설화를 중심으로-

Ⅰ. 서론

한국 정치문화 현상에 대한 연구를 보다 심도 있게 진행하기 위해서는 한국의 전통사상과 문화의 특수성에 대한 이해를 바탕으로 하지 않으면 그 목표를 달성하기 어렵다고 하겠다. 특히 전통의 힘이 강력하게 작용하는 경우에는 더욱 그러할 것이다. 이러한 사실을 유념하면서 본 연구는 『조선왕조실록』에 기록된 '꿈'에 관한 이야기를 분석해 봄으로써 조선조 정치사를 보다 심층적으로 이해해 보고자 시도하였다. 조선조 정치과정에서 '꿈'설화가 담고 있는 정치적 의미를 분석하는 작업은 당대의 정치문화와 당대인들의 정치의식을 이해해 보

* 이 논문은 2006년도 정부(교육인적자원부)의 재원으로 한국학술진흥재단의 지원을 받아 수행된 연구임(KRF-2006-351-B00002).

는 데 하나의 방법이 될 수 있을 것이며, 군주와 관련된 '꿈' 설화가 담고 있는 정치적 의미를 분석하는 작업은 특히 중요하다고 하겠다.

어떠한 시대, 어떠한 장소였든 간에 그 정치공동체의 최고권력자에 대한 민중들의 관심은 지대했다. 따라서 최고권력자의 출생[1]과 성장과정, 그리고 행동양식 등에 관한 수많은 이야기들이 민중들 사이에 전파, 전승되었다. 그리고 이 전파 내지 전승과정에서 민중들의 정치적 입장이나 이해관계에 따라 최고권력자에 관한 이야기는 첨삭되기도 하며 다양한 형태로 윤색되기도 하는 것이다. 선정을 베푼 권력자에 관한 이야기는 그의 비범한 자질이나 덕성, 지혜에 관한 아름다운 이야기와 찬양으로 이루어질 것이며, 악정을 행한 권력자에 관한 이야기는 그의 부덕과 어리석음에 관한 비난과 멸시로 이루어질 수밖에 없다는 것은 쉽게 이해될 수 있는 부분일 것이다. 이와 같이 군주에 관한 이야기, 특히 군주에 관한 '꿈' 설화는 당대의 민중들에게 광범위하게 유포되고 전승되었다. 하나의 문화현상으로서 꿈에 대한 미신, 특히 군주에 관한 '꿈' 설화는 그 역사적인 측면에서도 매우 오랜 원류를 가지고 있을 뿐만 아니라 사회생활 및 정치과정에서도 상당한 영향을 미쳤다고 할 수 있다.

최고권력자에 대한 민중들의 이와 같은 관심은 무엇으로부터 비롯

---

1 2005년 9월 7일 한나라당 박근혜 대표와의 영수회담에서 노무현 대통령은 자신에게는 출생과 관련된 태몽도 없었으며, 따라서 자신은 전설이 없는 대통령이라고 언급한 바 있다. 이는 역으로 생각할 때 최고권력자의 출생 등과 관련된 각종 설화가 현실정치에서 일정 부분 역할을 해왔음을 의미한다고 하겠다. 예컨대 전두환 전대통령은 『황강에서 북악까지』라는 자신의 자전적 소설에서 자신이 태어날 때 태몽으로 용꿈이 있었음을 서술하고 있는데, 사실이든 아니든 이러한 예는 최고권력자의 출현과 그 특출성, 그리고 권력획득의 정당화 과정 등과 밀접한 관련성을 가지고 있다고 할 수 있다.

되는 것일까? 그것은 그 시대 대중들의 삶의 조건과 밀접한 관련이 있을 것이다. 시간을 거슬러 올라갈수록 민중들의 삶의 조건은 정치적 조건, 특히 최고 권력자의 정치적 역량에 결정적 영향을 받아왔다고 할 수 있는 것이다. 따라서 최고 권력자에 관한 각종의 '꿈'설화는 당대 민중들의 정치적 소망과 평가가 축약된 것이라고도 할 수 있을 것이다.

다른 한편 최고권력자의 측면에서도 민중들 사이에서 회자되는 자신 또는 자기 일족에 관한 이야기에 깊은 관심을 기울일 필요가 있었다. 민중들의 지지 없이는 어떠한 정치권력도 유지될 수 없는 것이므로 최고권력자 측은 민중들의 애정과 존경, 복종과 지지를 획득할 수 있는 자신과 자기 일족의 특출한 우월성과 비범성에 관한 이야기를 확산하기를 의도하게 되는 바였다. 곧 군주와 왕실의 입장에서는 신민들의 복종과 충성과 협력을 어떻게 확보하고 유지할 것인가, 혹은 어떻게 해야만 그들의 눈에 정당하게 비칠 것인가라는 문제들에 직면하는 것이었고, 민중들의 심리적 복종을 획득하기 위해서는 군주와 왕실이 일반의 범인들과는 다른 우월적인 무엇인가를 가지고 있다는 점을 설득력 있게 과시할 필요가 있었던 것이다. 그리고 이러한 문제들에 대한 군주와 왕실의 대응이 성공할 때, 그를 통해 왕조는 지배의 정당성을 획득함으로써 통치의 토대를 확고하게 할 수 있었던 것으로, 군주에 관한 '꿈'설화의 정립과 기록, 그리고 그것의 유포와 확산은 매우 유용한 대민통치장치로 기능하였던 것으로 판단된다.

이와 같은 측면에 유념하면서 본 연구에서는 왕실의 최고대표자이자 최고권력자인 군주와 관련된 '꿈' 설화 기록을 『조선왕조실록』[2]을 토

2 『조선왕조실록』은 『연려실기술』 등과 같은 사찬(私撰)의 역사서와는 그 성격이 다

대로 분석함으로써 조선조 정치사의 특질을 좀더 분명히 밝혀보고자 한다. 꿈에 대한 맹목적인 믿음(미신)과 그것이 정치에 미친 영향에 대한 탐색은 조선조 정치문화의 특색을 밝힐 수 있는 하나의 방법론이 될 수 있으며, 이를 통해 당대인들의 심리상태와 사유방식 등까지도 이해할 수 있는 하나의 초석이 될 것이다.

Ⅱ. 정당성 획득수단으로서의 상징정책

1. 군주권력의 신성화

왕조정치는 막스 베버에 의해 분류된 지배의 세 가지 종류, 즉 전통적 지배, 카리스마적 지배, 법적 지배 중에서 전통적 지배에 해당된다고 할 수 있다. 전통적 지배는 옛날부터 통용되어 오는 전통의 신성성과 그 전통에 의해서 권위가 부여된 자의 정당성에 대한 평소의 신앙에 기인되는 지배이며(이극찬 2004, 218), 장로체제→족장체제→세습체제로 변천되었다. 왕조정치의 가장 중요한 성격 가운데 하나는 왕위승계가 혈통에 기반한 세습제라는 점이며, 특히 대개의 경우 맏아들에게 왕위를 물려주는 장자세습제의 원칙이 성립되었다.

르다. 곧 국가기구에 의해 기록된 정사(正史)이므로 왕실과 지배계층의 정치의식과 역사관 등이 그대로 투영되어 있다고 할 수 있다.

왕조정치의 또 다른 중요한 성격은 군주권력의 강대함에 있다고 할 수 있다. 왕토사상에 의하면 군주는 모든 것의 소유자였다. 따라서 최고 권력자인 군주의 통치행위에 의해 신민들의 삶이 결정적인 영향을 받게 된다는 점에서 누가 군주의 지위에 오를 것인가 하는 문제는 그 정치공동체의 가장 중요한 문제였던 것으로, 군주에게는 혈통의 정통성과 비범한 자질이 동시에 요구되었다고 할 수 있다.

왕의 어원에 대하여 허신(許愼)은 '王' 자의 자형을 'ㅣ'이 '三'을 관통한 모양으로서, '三'은 하늘[天], 사람[人], 땅[地]을 가리킨다고 풀이하였는데(天下所歸王也 董仲舒曰 古之造文者 三劃而連其中謂之王 三者 天地人也 而參通之者王也 孔子曰 一貫三爲王), 이는 '왕(王)'이 하늘과 사람과 땅을 묶는 존재임을 뜻한다고 하겠다.[3] 그리고 이 묶음은 삼재 통일과 우주적인 것의 조화를 의미하며, 또 삼재는 우주 만물의 근본 이치이므로 왕은 우주 만물의 이치를 한 손에 거머쥐고, 천, 지, 인 3계를 일관할 능력이 있는 존재임을 의미하는 것이다.[4] 우리의 건국신화는 왕과 천지의 연결이 혈연관계인 것으로 그리고 있는데, 이는 왕과 신(神)이 혈연적 관계일 때 그 관계의 견고함이 훨씬 강하며 정통적인 것으로 생각하던 신화시대 사람들의 일반적인 믿음이 투사된 것이다. 그리고 이와 같은 관념에서는 한 나라의 군주는 예외 없이 성스러운 존재이며, 이 군주는 천상(天上)의 힘을 위임받은 자로서 지상의 생활을 지배하는 것으로 인식되

3 조선의 태조 이성계는 등극 전에 무너지는 가옥에서 3개의 서까래를 짊어지고 나온 꿈을 꾸고서 왕이 되었다고 전한다. 그리고 이 꿈의 내용은 '王'의 자형(字形)을 상징화한 표현인 것이다. 여기에 관해서는 『연려실기술』 태조조 고사본말을 참조할 것.

4 한국문화상징사전편찬위원회, 『한국문화상징사전 2』(동아출판사 1995, 545).

었다. 이와 같이 신화시대의 군주들은 현재의 질서를 수립한 하나의 천제 또는 신적인 영웅의 혈통을 이어받은 자로서, 신의 성질을 분유(分有)한 것으로까지 인정되었던 것이다.

이러한 관념을 바탕으로 하여 고대사회로 거슬러 올라갈수록 왕조의 정당성 문제는 군주와 왕가에 관한 신화에 의지하는 바가 컸다. 그리고 사실 어떤 가문이든 그 조상을 신격화함으로써 자기 가문에 대한 신성성과 당위성, 그리고 가문에 대한 자존(自尊)을 높이는 것이 일반적 현상이었다. 더욱이 왕가의 경우, 왕조의 정통성과 당위성을 담보해내기 위하여 그 조상을 신격화하거나 천상적(天上的)인 신성성과 관련시키는 것은 너무나 당연한 현상이었다고 할 수 있다. 그리고 실제 고대 삼국시대의 군주와 왕실은 신성한 존재로 인식되었고 그에 걸맞은 신화를 가지고 있었다.[5]

고대 군주신화의 바탕은 '천(天)'이었으며, 유교적 전통에서도 '천(天)'에 관한 논의는 그 역사가 아주 오래된 것이었다. 특히 공맹(孔孟) 이전의 소위 원시유교에서는 사물의 근원(창조자)이요 주재자라는 의미로서 천(天), 제(帝), 상제(上帝) 등의 어휘가 자주 등장하며, 이는 중국 고대 천(天)사상의 유산인 것이다.[6] 원시유교에서 천은 인간의 길흉화복을

5 고구려 왕실의 천손(天孫)의식이나 신라 왕실의 진종(眞種)의식은 일반 귀족이나 백성들보다 왕실의 가계가 혈연적으로 우월하다는 의식을 기반으로 하고 있다. 그리고 이러한 혈연적 우월성에 관한 신화는 고려 왕실까지 이어져 왔다고 할 수 있으며, 그 주요 내용은 하늘과의 특별한 친연성을 강조하는 것이었고, 이를 통해 왕권에 의한 지배를 정당화시키고 있다.

6 여기에는 중국의 황제를 가리키는 천자(天子)라는 말이 참고될 수 있다. 천자란 말 그대로 하늘(인격천)의 아들이란 뜻으로, 왕을 하늘과 혈연적 관계로 묶어놓은 것이다.

주관하는 최고신으로 묘사되고 있는데, 특히 왕조의 흥망성쇠는 오직 천의 뜻, 곧 천명(天命)에 좌우된다고 보았다.[7] 그리고 이러한 왕조변혁의 천명은 수명자(受命者)의 특출한 자질, 민심의 향배, 그리고 초자연적인 이적(異蹟)을 함축하는 것이었다(유종선 1997, 11).

이와 같이 동양에서는 인격화되었든 아니든 간에 하늘이 최고의 권위를 표상하는 절대가치를 가진 것으로 인정되고 있었으므로 천에 연원을 둔 정통성[8]의 획득은 가장 중요한 과제가 되는 것이었다. 군주가, 그것도 세습왕권 하에서 건국조가 하늘의 아들이라면 그후의 왕통을 잇는 모든 군주가 천손인 것으로 인식되며, 인간으로서 하늘에 제사를 지낼 수 있는 자격을 가진 자는 군주에 한정되었다. 고대사회로 거슬러 올라갈수록 모든 군주들이 자신들의 혈통을 하늘에 두었던 것은 군주의 세속적 권위를 보장해 줄 수 있는 절대적 배경으로 하늘을 택할 만한 사유가 있었기 때문이었으며, 그 사유란 말할 것도 없이 앞에서 말한 하늘의 절대가치에 의탁하자는 것이었다(나경수 1993, 181).

이처럼 하늘의 절대가치에 의탁한 권위는 지배자를 신격화하는 측면이 있다. 하늘이 유일 · 최고의 성격을 갖고 있으므로 하늘을 대신하는 인간의 지배자 또한 유일 · 최고의 권위를 갖게 되는 것이었다. 이것은

7 『중용』 24장에서는 “나라가 번영하려고 할 때는 반드시 상서로운 조짐이 나타나고, 나라가 쇠망하려고 할 때는 반드시 불길한 조짐이 나타난다”라고 말하고 있는데, 이는 명확한 천인감응론이라 할 수 있다.

8 통치권적 차원의 지배이념은 그 시대의 주도적인 사상과 관련되는 한에서 정통성을 인정받을 수 있다고 하겠다. 전제군주사회에서는 통치권 자체가 신(하늘)에 의해 주어진 것으로 믿어지는 만큼 군주는 신성불가침의 카리스마를 가질 수 있었다. 그리고 한국 건국신화의 기저에는 사상적이며 기능적인 측면에서 바로 이러한 신성불가침의 지배이념이 깔려 있다고 할 수 있다(나경수 1993, 179).

군주에 의한 전제적 지배를 정당화하는 논리로, 최고권력자인 군주만이 하늘과 서로 감응할 수 있는 권리를 갖고 있음을 은연중 과시하여 군주는 일반 백성들과는 그 격이 다르다는 점을 인식시킴으로써 절대군주에 대한 신비스러움을 증대시켰던 것이다(김춘식 1996, 40). 국가 최고통치권자의 탄생과 등극 등은 일반의 범인(凡人)들과 다르다는 민간신앙적인 관념을 바탕으로 하고 있었던 것이다. 국가를 다스리는 최고통치자의 출현은 인간적인 차원을 넘어 어떤 절대적인 존재의 뜻에 따라 일어나며, 이때 절대자는 무엇인가를 통해서, 그리고 대개의 경우 '꿈'[9]이나 상서를 통해서 인간들에게 암시한다는 것이었다. 바로 여기에 군주에 관한 각종 설화가 가지는 정치적 효용성이 있었다.

2. 상징조작으로서의 군주 '꿈' 설화

여기에서는 정당성 획득의 수단으로서 설화의 정치적 기능을 살펴

9 『조선왕조실록』에 기록된 '꿈' 설화 가운데 중국 은나라 고종이 부열(傅說)을 얻는 꿈이 가장 많이 언급되고 있다. 『서경(書經)』「설명(說命)」편에 실린 기록은 이러하다. "하느님께서 고종에게 어진 도움자를 보내주시고서 그가 고종의 말을 대신하게 될 것이라고 하는 꿈을 꾸었다. 이에 그의 형상을 그려서 천하에 두루 찾게 하셨다. 열(說)이 부암(傅岩)이라는 들에서 성을 쌓고 있었는데 매우 닮았다. 이에 그를 재상으로 삼았다." 오늘날의 합리적 관점에서 볼 때 이 꿈은 고종이 파격적인 인물기용을 위해 만들어낸 것일 가능성이 높다고 하겠다. 곧 고종이 정치적 박해를 피해 민간에 있을 때 이미 부열의 현능함을 알았었지만 즉위 후 하루 아침에 발탁하여 재상으로 삼으려니 반대가 많을 것이므로 '꿈'이라는 민간신앙적인 전통적 관념을 이용하여 부열을 등용시킨 것이다(유문영 1993, 34-36).

보고 그 연장선상에서 '꿈' 설화가 가지는 정치적 의미에 대해 고찰해 보고자 한다.

새로운 왕조정치를 개창한 창업군주는 자신의 왕업을 후손들에게 안정적으로 계승시키기를 소망하게 된다. 그리고 이를 위해서는 지배계급에게서는 물론이고 일반 백성들로부터도 자발적이든 비자발적이든 군주와 왕가에 대한 애정, 존경, 지지 등을 지속적으로 확보할 방법을 모색하게 되는 것이다. 이것은 왕조의 정당성에 대한 인민들의 승인을 어떠한 방법으로 획득 · 유지시킬 것인가 하는 문제로 귀결되는 것이다. 곧 정치는 권력의 정당화 과정 등과 같은 고도의 상징적 차원을 수반하는 범주로서 '의미의 체계'와 직결되는 영역이라고 할 수 있으며, 치자의 명령을 피치자가 납득하고 수긍하기 위해서는 그 명령이 적절한 상징적 양식을 갖추어야 한다. 그리고 이 상징적 양식은 치자와 피치자들이 공유하고 있는 의미의 체계에 어울릴 경우에 효율성을 갖는 것이다(유정환 1995, 46). 이와 같이 정치가 고도의 상징성[10]을 함축하는 것인만큼 한 나라의 정치를 그 나라 고유의 '의미체계'인 문화를 통하여 해석해 볼 필요가 있을 것이다.

한편 어느 시대든 정치권력을 최종적으로 뒷받침해 주는 것은 '물리

---

10 설화는 상징적 표현이다. 곧 설화는 경험과 상상의 내용을 바탕으로 하여 그 시대 인민들의 인생관, 세계관에다가 예술성을 가미하고, 거기에다가 하나의 가치까지 설정하여 서사적 형식과 내용을 취해 이루어진다고 할 수 있는 것으로, 한 사회의 역사를 통하여 다듬어지는 역사의 산물임과 동시에 고도의 추상적 구상물이라고 할 수 있다. 성공한 혁명가인 고려의 왕건이나 조선의 이성계가 용설화를 가지는 데 비하여 실패한 혁명가인 견훤은 지렁이설화를 가지는 것은 이러한 상징적 표현의 한 예이다.

적 강제력'인 것이 사실이나, 왕조정치 시기에 있어서는 군주의 권력을 합리화 · 신성화시켜 주는 이른바 '정치적 상징(political symbol)'을 통한 '상징조작(symbol manipulation)'이 통치행위의 일부로서 중요한 기능을 수행하였다.[11] 정치적인 의미를 지니고 사용되는 정치적 상징은 구체적으로 정치적 언어(강령, 공약, 슬로건 등), 정치적 행위(의례, 대회 등), 정치적 신화(건국신화, 영웅신화 등), 정치적 관념(이데올로기 등), 정치적 인물(애국자, 침략자 등), 정치적 물건(깃발, 조형물 등), 정치적 사건(전쟁, 혁명 등), 정치적 제도(법률 등) 등 다양한 형태를 취하고 있는데(유영옥 2005, 150-153), 대표적인 것이 국가의례이다. 이러한 정치적 상징은 반복적으로 주입될 경우에 사람에게 지속적으로 영향을 미침으로써 사람의 의식과 행태를 조작할 수 있게 되는 것이다.

이와 같은 측면에서 '상징조작'의 정치적 중요성이 부각될 수 있다. '상징조작'이란 어떤 사람이 상징을 이용해서 다른 사람들의 행태를 그의 의도에 가깝게 조정하는 것을 뜻하는데, 정치권력은 이러한 정치적 상징조작을 통해 사람의 지각에 영향을 미침으로써 대중들의 정치적 태도 및 행태를 변화시킬 수 있는 것이다. 권력은 다양한 정치적 상징조작[12]을 통해 공통의 표현이나 유대감, 또는 하나라는 감정을 부각시킴으

11 권력이 '남으로부터 신뢰를 받을 수 있는 것(credenda)'과 '찬미를 받을 수 있는 것(miranda)'의 실체라고 할 때, 이러한 상징작용을 통한 권위의 획득은 필수적인 것이 되는 것이다. 그리고 권력이 어떠한 상징적 수단을 통해서든 권위를 획득하게 되면 존경과 신뢰는 자연히 따라오게 된다고 할 수 있을 것이다.

12 상징성을 활용한 체제유지정책은 크게 세 가지로 구분할 수 있는데, 첫째는 국가와 민족의 차원에서 애국 · 애족심을 고취시키고 민족적 자부심을 갖도록 유도하는 정책이고, 둘째는 체제의 차원에서 이념교육 등을 통해 당대의 정치 · 경제체제에 대한 지지를 확보하려는 정책이며, 셋째는 정권담당자의 차원에서 현 통치세력

로써 정치사회적 결속을 강화시킬 수 있는 것이며, 이는 대중들로 하여금 불평등이나 사회적 모순을 인식하고 있음에도 불구하고 저항감을 무력화시키고 권력이나 체제에 대한 복종과 충성심을 제고시키는 메커니즘으로 작용하고 있는 것이다. 그리고 정치적 신화로서의 군주설화는 전통시대에 있어서 민중들의 지지와 복종, 그리고 충성심을 제고시키는 데 있어서 일정 부분 중요한 기능을 했다고 할 수 있다.

이러한 측면에서 군주설화는 한 정치공동체에서 그 집단의 최고권력자인 군주에 대한 사상과 감정, 그리고 숙원 등을 표현한 것이기 때문에 그 시대 그 민족 전체의 운명과 소망, 그리고 신앙 등이 투영되어 있다고 할 수 있을 것이다. 따라서 군주설화에는 당대의 정치문화와 당대인들의 정치의식이 깊이 투영되어 있는 것이다. 왕조권력은 자신들의 정당성을 획득하기 위해서 정치적 상징을 적절히 활용할 필요가 있었으며, 정치적 상징의 중요한 구성요소의 하나로서 군주설화가 기능하고 있었다고 할 수 있다.

인민의 의식이 발달함으로써 이와 같은 군주에 관한 각종 설화는 시대의 변천과 더불어 그 효용성은 점차 상실되어 갔다고 할 수 있다. 그러나 그럼에도 불구하고 지배의 정당성을 획득하기 위해서는 신화적 과장성을 줄이고 인민들이 수용할 수 있는 보다 그럴 듯한 대민 심리수단을 강구할 필요가 있었던 것이다. 왕조지배를 유지하기 위한 정당성의 근거가 천상적인 신성성이나 육신의 특출한 능력으로부터 수신에

의 지지확보를 위해 정치권력(자)의 정통성 · 당위성을 선전하는 각종 정책이다 (유영옥 2005, 151–152). 본고에서의 주요 분석대상은 세 번째의 경우라고 할 수 있다.

의한 후천적 덕성 · 지혜로 옮겨갔으며, 창업군주의 영웅적 행적을 토대로 한 인민들의 승인과 복종이라는 것도 왕조의 개창자에게 국한되는 한시적인 것이었다. 따라서 이제 인민들에게 '믿을 수 없는' 군주에 관한 신화를 만들어 전파하기보다는 민간신앙에 바탕을 둔 '믿을 수 있을 만한' 이야기를 만들고 전파함으로써 군주와 왕실에 대한 복종과 기대를 이끌어내고자 하였던 것이며, 바로 여기에 '꿈'설화의 효용가치가 발현되는 것이었다.

Ⅲ. 신왕조 개창과 군주설화의 존립양상

1. 개국기 군주설화의 성립

앞에서 살펴본 바와 같이 정치는 권력의 정당화 과정 등과 같은 고도의 상징적 차원을 수반하는 범주이다. 따라서 통치자에 의한 지배를 피치자로 하여금 받아들이고 복종하게 하기 위해서는 그 지배의 정당성을 확인해 줄 수 있는 적절한 상징적 양식을 갖추어야 했다. 그리고 이러한 상징적 양식은 통치자와 피치자들이 공유하고 있는 의식체계와 어울릴 경우에만 정치적 효과를 가질 수 있었다. 조선왕조 초기에 있어서 왕조권력의 정당화를 위해서 취한 중요한 상징정책의 하나는 국가의례체계의 정비였다.[13] 다른 한편 군주권의 신성화를 위해서 군주설화를 정립하고자 하였다. 그 중에서도 군주 '꿈'설화는 두 가지 측면에서 중요한

상징조작의 도구로 이용될 수 있었다.[14]

첫째, '꿈'설화에 대한 조작의 용이함이다. 군주가 천명을 받았다는 것을 증명하는 한 가지 방법은 하늘이 상서(祥瑞)를 내려주었다는 것인데, 여기서 상서라는 것은 하늘이 내려준 길상을 나타내는 것으로, 매우 얻기 어려운, 객관적으로 존재한다고 믿어지는 실재하는 물상(곧 봉황, 거북, 무지개 등)들이다. 따라서 이러한 것들은 눈으로 증명이 가능한 것이어야 했다. 그러나 꿈은 달랐다. 꿈의 내용은 꿈을 꾼 군주 자신만이 알 수 있는 것이다. 따라서 최고통치자의 지위에 오른 군주가 자신이 꾼 꿈과 그 해몽을 근거로 해서 자신이 하늘로부터 천명을 받았음을 증명하고 주장하는 것은 무척이나 편리했던 것이다.

둘째, 군주 '꿈' 설화가 중요한 상징조작의 도구로 이용될 수 있었던 이유는 꿈에 대한 민중들의 전통적인 믿음이었다. 즉 꿈의 계시기능을 믿는 광대한 대중들이 존재하던 시대에서 군주들은 이러한 민간신앙적 관념을 이용할 수 있었다. 따라서 군주에 관한 '꿈' 설화는 민중들에게 군주의 신이성을 확신시키고 심리적 복종을 획득할 수 있는 가장 중요하고도 가장 손쉬운 도구로 기능할 수 있었던 것이다.

꿈에 대한 신비한 관념이 민중들의 머릿속을 아직 지배하고 있던 전통시대의 시점에서는 각종의 '꿈' 설화는 왕권을 논증해 주는 신학적 근거로써 작용했기 때문에 매우 중요한 작용을 하고 있었다고 할 수 있다. 곧 꿈이라는 것이 신령이 통해서 이루어진 것이라고 인식되고 있는 이상 해몽에 근거해서 군주 자신이 '하늘로부터 천명을 받았음' 을 주장하

13 여기에 관해서는 조성윤의 글을 참조할 것.

14 여기에 관해서는 유영문의 글 220-233쪽 참조.

는 것은 더없이 편리한 것이었다. 따라서 역대 군주들의 출생이나 등극에는 거의 대부분 신비스러운 몽조(夢兆)[15]를 지니게 되었다. 왕비가 군주가 될 아이를 임신할 경우에는 반드시 천신으로부터 해(日)를 받거나 해를 가슴에 품는 꿈이 있었고,[16] 군주가 등극하기 전에는 반드시 용을 타거나 하늘로 오르는 꿈 등이 있었던 것으로, 이러한 것이 거의 하나의 고정된 틀을 이루게 되었다.

이러한 측면에서 조선왕조와 같은 전통시대에 있어서 군주의 신성성은 인민들에게 별 저항 없이 받아들여질 수 있었다. 최고 통치자인 군주가 신비스러운 출생설화를 가지는 것, 그리고 그에 따라 비범한 자질을 가지게 되어 이적(異蹟)을 행할 수 있는 것은 하늘의 뜻, 곧 천명(天命)인 것으로 인민들에게 받아들여졌던 것이다. 곧 최고통치자는 하늘이 점

15 꿈을 꾼 사람에 대한 길흉의 전조(조짐)라는 의미의 몽조는 원시인들에게는 상당히 한정되었을 것이나 사람들의 활동이 날로 복잡해짐에 따라 몽조에 대한 습관적인 해석으로부터 몽조에 대한 복잡한 분석에 이르게 됨으로써 원시적인 몽조미신은 곧 해몽미신으로 전화되게 되었다고 할 수 있을 것이다.

16 일본의 토요토미 히데요시는 "일본국 관백(關白)은 조선국왕 합하에게 바칩니다 … 일찍이 나를 잉태할 때에 자모(慈母)가 해가 품 속으로 들어가는 꿈을 꾸었는데, 상사(相士)가 '햇빛은 비치지 않는 데가 없으니 필시 팔방에 어진 명성을 드날리고 사해에 용맹스런 이름을 떨칠 것이 분명하다' 하였는데, 이토록 기이한 징조로 인하여 나에게 적심을 가진 자는 자연 기세가 꺾여 멸망하는지라, 싸움에 반드시 이기고 공격하면 반드시 빼앗았습니다(日本國 關白, 奉書 朝鮮國 王閣下 … 雖然, 余當托胎之時, 慈母夢日輪入懷中, 相士曰 : "日光所及, 無不照臨. 壯年必八表聞仁聲, 四海蒙威名者, 何其疑乎?" 依此奇異, 作敵心, 自然摧滅, 戰必勝, 攻必取)"라고 하여 자신의 태몽에 그 어머니가 해를 품는 꿈을 꾸었다면서 자신의 비범함을 자랑하는 한편 이를 통해 조선을 협박하였다. 이러한 측면에서 '꿈' 설화는 권력의 정당화 과정뿐만 아니라 정치권력자의 정신적 무기(자부심)로도 기능하였다고 할 수 있을 것이다. 『선조수정실록』 24년 3월 정유일.

지하는 것이므로 군주가 신성성을 가지는 것은 당연한 것으로 인민들에게 인식된다. 그리고 그러한 신성성은 군주의 초월적 힘이나 신성한 자질을 보장하는 것이다. 군주에 대한 이와 같은 신화는 천부의 초월적 능력을 가지고 태어난 군주가 국가를 잘 다스려 마침내는 태평성대를 가져올 것이라는 인민들의 소박한 소망을 기반으로 하고 있었다.[17] 그리고 이를 통해 군주는 신성한 자격과 자질을 갖춘 이로서 국가통합력의 상징이 될 수 있었던 것이다. 조선조의 군주와 왕실, 그리고 지배계급은 이러한 내용의 정치적 의미를 잘 인식하고 있었다.

조선을 처음 개국한 태조 이성계, 그리고 정도전을 비롯한 창업공신들 또한 조선왕조의 개창[18]에 대한 백성들의 복종과 지지를 이끌어내야 했다. 이에 따라 다양한 방면의 정당화 작업이 진행되어야 했으며, 군주와 관련된 설화의 기록도 그 중에 하나였다. 하지만 조선왕조에서의 군주설화는 전(前)왕조, 곧 삼국시대나 고려의 왕조와는 확연한 차이를 가질 수밖에 없었다. 예컨대 고구려와 신라 및 가락의 시조왕들은 처음부터 신으로 내림한 왕자들의 이야기로 구성되어 있으며, 고려의 왕가 시조들은 인간으로 존재하다가 특정 과정을 거쳐 성화된 이야기로 구성되어 있다. 삼국의 시조왕에 대한 전승은 '탄생의 신이→신이의 행적→사후의 신이'로 엮어져 자족성을 지니고 있으며, 고려의 왕가 시조들은 왕

17 조셉 캠벨에 따르면 꿈은 사적인 심층의 어두운 체험으로서 사적인 신화라고 표현할 수 있으며, 반면에 신화는 사회가 꿈꾸는 집단적인 꿈으로서 공적인 꿈이라고 할 수 있다고 한다(campbell 1992, 92). 이러한 측면에서 왕조시대의 건국신화와 군주탄생설화 등은 태평성대를 소망하는 인민들의 꿈의 표현이었다고 할 수 있다.

18 태조가 잠저에 있을 당시 '꿈'을 비롯한 여러 가지 개국의 조짐이 나타났다는 내용에 대해서는 『태조실록』 1년 7월 병신일 조항을 참조할 것.

권의 신성화를 주로 결혼담[19] 부분에서 엮어가고 있는 것이다(고려대 민족문화연구원 2001, 35). 그러나 조선이 개국하던 시기는 삼국시대나 고려시대에 비해 훨씬 더 신화시대보다 멀어졌다. 즉 신화시대에는 시조의 혈통을 하늘이나 신에게서 찾음으로써 그들에게 초월성과 신성을 부여하였으나, 조선왕조의 창업과 그 신화는 신화시대의 산물이 아니기 때문에 천신하강이나 난생이라는 신성함과 신이한 이적을 그대로 적용시킬 수는 없었다. 더욱이 유교사상의 합리적 사유방식은 신화의 비합리적 사유방식과는 거리가 멀었다.

이와 같이 조선의 군주는 기본적으로 전왕조의 군주들과는 달리 초월적 존재로부터 추락해 있었던 것은 사실이다. 그러나 그럼에도 불구하고 조선의 개창자들은 왕가와 군주의 신성화를 통한 왕조개창의 정당화 작업을 포기할 수는 없었다. 신성화의 대표적인 예가 『용비어천가』의 제작이었다.[20] 『용비어천가』의 첫구절(제1장)을 "해동 육룡(곧 목조, 익조, 도조, 환조, 태조, 태종필자주)이 ᄂᆞᄅᆞ샤 일마다 천복이시니 … "라고 하여 왕조(王祖)나 왕족의 천부성을 꾀했던 바는 바로 이러한 사실을 간명하게 보

19 『고려사』에서는 왕건의 할머니를 서해 용왕의 딸로 기록하여 태조 왕건이 용의 혈통을 이어받았다는 점을 드러내고 있다. 거기에 더하여 왕건의 할머니인 용녀가 딸들만 데리고 용궁으로 돌아갔다는 이야기 구조를 취함으로써 왕건의 집안만이 용의 혈통을 이어받았고 왕권을 잡을 수 있는 자격이 있음을 강조하고 있다(김종대 2001, 314-317).

20 『용비어천가』 서문의 다음 내용은 이러한 인식을 잘 보여주고 있다. "아아! 우리 임금님들께서 아직 보위에 오르시기 전 그 문덕과 무공의 성대함이며, 천명과 인심을 모으심이며, 여러 부서(符瑞)의 나타남이며, 모두가 백대에 두드러진 것이니 그 왕업이 그칠 날 없이 영원하고 천지에 둘러싸인 만물과 어울려 한계가 없을 것은 미리 알 수 있는 일이다."

여주는 예라고 할 수 있을 것이다. 또한『용비어천가』제13장에서 "노래를 부를 이 많되 천명을 모르실새 꿈으로 일러주시니" 하고, 제22장에서는 "흑룡이 한 살에 죽어 백룡을 살려내시니 자손지경(子孫之慶)을 신물(神物)이 사뢰오니"[21]라고 하였으며, 제83장에서는 "자(尺)로 제도(制度)가 날새 인정(仁政)을 맡기오리라 하늘 위의 금척(金尺)이 내리시니", 제86장에서는 "석벽(石壁)에 숨었던 옛글이 아니런들 하늘 뜻을 뉘 모르오리"라고 하여 왕조개창의 정당성을 하늘에 연원하는 것으로 설파하고 있는 것이다. 그 연장선상에서 100장에서는 "집 위의 용이 어상(御床)을 향하오니 보위(寶位) 타실 상서시로다"라고 하여 태종에 의한 왕위승계도 정당화하였던 것이다.

조선 왕조개창의 최고 공신이었던 정도전의 다음과 같은 전문(箋文)도 이러한 사실을 잘 보여주고 있다.[22]

> 상서로운 봉(鳳)이 뭇 새들보다, 신령스러운 지초(芝草)가 보통 풀보다 그 남(生)이 반드시 다르게 되니, 성인(聖人)이 일어날 적에 영

21 도조의 꿈에 백룡이 나타나 구원을 청하였는데, 꿈이 깬 후 약속한 장소로 가보니 백룡과 흑룡이 못 가운데서 싸우므로 도조가 흑룡을 쏘아 죽이니, 뒤에 도조의 꿈에 백룡이 와서 사례하기를 "공의 큰 경사(慶事)는 장차 자손에 있을 것입니다"라고 하여 조선 왕조의 개창을 암시하였다고 한다. 여기에 관해서는『태조실록』총서를 참조할 것. 한편 백룡과 흑룡의 싸움은 선(백)과 악(흑)의 상징이라고 풀이할 수도 있을 것이다.

22 이와 같이 군주에 관한 '꿈' 설화는 왕조의 정당성과 왕위의 정통성을 과시하기 위해 의도적으로 창작된 이야기이기 때문에 창작자가 누구인지를 대략 알 수 있다. 곧 왕위의 정당성을 알림으로써 정치적 이익을 획득하는 자가 바로 창작자가 되는 것이다. 따라서 군주, 왕실, 집권 사대부 신료 등이 창작의 주체라는 추정이 가능하다.

이(靈異)한 상서(祥瑞)가 먼저 감응하게 되는 것은 또한 이치의 필연적인 것입니다 … 우리 주상 전하(태조필자주)께서는 잠저에 계실 때에 꿈에 신인(神人)이 금자(金尺)를 주면서 말하기를, "이것을 가지고 국가를 정제(整齊)하십시오" 라고 한 것[23]과, 또 어떤 사람이 이상한 글을 얻어 바치면서 말하기를, "이것을 숨기고 함부로 남에게 보이지 마십시오" 라고 한 것[24]이 그후 10여 년 만에 그 말이 과연 맞게 되었으니, 이것은 모두 하늘이 오늘날의 일을 미리 알려준 것입니다.[25]

이와 같이 조선왕조의 개창기부터 이성계를 비롯한 왕실, 그리고 정도전을 포함한 개국공신들은 군주 '꿈' 설화를 바탕으로 역성혁명의 천명성(天命性)을 밝힘으로써 새로운 왕조개창의 정당성을 하늘에 연원하

23 「몽금척(夢金尺)」의 악사(樂詞). 이성계의 꿈에 신인이 금자를 받들고 하늘에서 내려와 말하기를 "시중 경복흥은 깨끗한 덕망은 있으나 늙었으며, 최영은 강직한 명성은 있으나 고지식하다"라고 하면서 덕망과 문무를 겸비한 이성계에게 금자를 주었다고 한다. 이 꿈을 두고 정도전은 "상제(上帝)는 우리의 마음을 헤아려서 국가를 정제하게 했으니, 꼭 맞은 그 증험은 천명을 받은 상서(祥瑞)입니다(帝用度吾心兮, 俾均齊于家國 貞哉厥符兮受命之祥)라고 하여 조선왕조 개창의 정통성을 하늘(상제)에 두고 있다. 『태조실록』 2년 7월 기사일.

24 「수보록(受寶籙)」의 악사(樂詞). 태조가 잠저에 있을 때 어떤 사람이 지리산 석벽 속에서 이상한 글을 얻어 바쳤는데, 그 글에 용감한 木子(곧 이성계)가 돼지를 타고(조선조가 개창한 돼지해를 뜻함) 내려와서 삼한의 강토를 바로 잡을 것인데, 走肖(곧 조준), 非衣(곧 배극렴), 三奠三邑(곧 정도전–이상 필자주)이 도와서 이루었으며, 신도(神都)에 도읍을 정하여 왕위를 8백 년이나 전한다는 내용이 기록되어 있다고 함.

25 然祥鳳之於衆禽 靈芝之於凡草 其生必異. 當聖人之作 靈異之瑞 所應先感 亦理之必然者也. … 我主上殿下 在潛邸 夢神人以金尺授之 若曰 "以此均齊家國." 又有人得異書以獻之曰 "秘之勿妄示人." 後十數年 其言果驗 是皆天以今日之事 預告之也. 『태조실록』 2년 7월 기사일.

는 것으로 설명하는 한편, 다른 한편으로는 새로운 왕실과 군주의 신성화 작업을 수행했던 것이다.

2. 군주설화의 존립양상

앞에서 살펴본 바와 같이 군주에 관한 '꿈'설화는 일반적으로 왕조의 정당성과 왕위의 정통성을 보장하기 위하여 군주를 신격화하거나 천상적인 신성성과 관련시켜 말하는 것으로, 이는 세계적인 현상이었다.[26] 최고권력자인 군주의 탄생과 등극, 그리고 그의 정치행위 등에 신이성(神異性)을 부여함으로써 정치공동체의 구성원들에게 왕권이 가지는 신성성과 절대성을 납득시켜 원활한 통치를 의도하는 것이었다.

조선왕조도 그 개창기부터 새로운 왕조개창의 정당성을 하늘에 연원하는 것으로 설명하였으며, 그와 관련된 군주설화의 내용을 비문[27]으로, 또는 악사(樂詞)로 만들고 유포시켰던 것이다.[28] 그리고 역대의 군주

26 예컨대 『성경』에서도 꿈풀이에 대한 설화가 다수 등장하고 있다. 대표적인 것이 요셉에 관한 내용이다. 형들의 미움을 받아 죽을 고비를 넘기고 이집트의 노예로 팔려간 요셉은 파라오의 꿈, 곧 7년간의 풍년과 7년간의 흉년이 이어질 것을 암시하는 꿈의 내용을 정확하게 풀이함으로써 이집트의 기근문제를 해결하고 파라오를 보좌하는 권력자가 되었다고 한다. 『성경』 창세기 41-50장 참조.

27 『태종실록』 9년 윤4월 을묘일 참조.

28 군주 '꿈' 설화가 무조건적으로 인정된 것은 아니었다. 예컨대 태종은 「몽금척」과 「수보록」의 악장을 "꿈 가운데 일이거나 도참의 설이다"라고 하며 "제왕이 흥하는 것이 천명과 인심에 있으니, 어찌 부참(符讖)을 족히 믿을 수 있겠는가?"라고 하여 악부에 싣는 것을 반대하였다. 『태종실록』 11년 윤12월 신사일과 12년 1월 갑신일 참조. 한편 뒷날 세종은 태종이 생전에 「몽금척」에 관한 견해를 바꾸었다

와 신료들은 왕조의 정당성에 관한 다양한 설화를 정립하고 또 기록 · 유포하였다. 예를 들어 다음과 같은 『정조실록』과 『고종실록』의 기록은 조선왕조 500여 년에 있어서 군주의 '꿈'설화에 따른 왕실의 상징정책이 건국과 쇠망의 과정 속에서도 놀라울 정도로 일관성 있게 추진되었다는 점을 확인시켜 주는 중요한 예라고 할 수 있을 것이다.

> 안변 석왕사에 어제(御製) 비문을 써주다.
>
> 태조가 왕업을 일으킬 조짐이 있는 꿈을 꾸고 토굴 속에 있는 신승(神僧) 무학(無學)에게 가서 그 뜻을 풀어보게 하였다. 즉위한 뒤에 토굴이 있던 곳에 절을 세우고 이름을 석왕이라 했다. 태조가 소나무와 배나무를 손수 심었으며, 또 숙종과 영조 두 분의 어제비가 있다. 이때에 와서 상이 그 곁에 비석을 세우고 어제의 글과 어제의 글씨를 돌에 새기게 하였다.[29]

> 조서를 내려 각 훈장의 이름과 뜻을 밝히며,
>
> 옛날 태고조황제(이성계필자주)가 아직 왕위에 오르기 전에 꿈에 금척(金尺)을 얻었는데, 나라를 세워 왕통을 전하게 된 것이 실로 여기에서 시작되었으므로 천하를 다스린다는 뜻을 취한 것이다. 그래서 가장 높은 대훈장의 이름은 금척이라고 하였다.[30]

고 술회하면서 신료들에게 악부에 싣기를 지시하였다. 여기에 관해서는 『세종실록』 14년 2월 을해일 조항 참조.

29 書御製碑于安邊 釋王寺 … 太祖夢興王之徵, 就神僧無學於土窟中, 釋其義. 及卽位, 建寺土窟之址, 名曰釋王. 有太祖手植松梨, 又有肅宗, 英宗 兩朝御製碑. 至是, 上命竪碑其傍, 以御製御筆, 勒諸石. 『정조실록』 15년 4월 신유일.

곧 건국기 태조 이성계의 등극 설화에서 등장하는, 이른바 몽금척(夢金尺)의 설화와 쇠망기 대한제국의 최고 훈장이 '금척'인 것은 왕실의 상징정책이 왕조 전체를 관통하는 일관성을 가졌다는 점을 증명해주는 중요한 예라고 할 수 있을 것이다. 뿐만 아니라 이 몽금척에 관한 설화는 후대 군주들에게 의도적으로 교육되어졌다. 그리고 그 교육의 효과는 군주와 왕실에게 흔들리지 않는 자존의식을 심어주는 기능을 하였다. 다음의 기록은 이러한 측면을 잘 보여주고 있다.

> 임금이 경현당에 나아가 왕세손의 회강을 하게 하였다 … 임금이 세손에게 말하기를 "태왕이 거빈(去邠)한 것이 우리 시조의 일과 서로 부합되어, 기산에서 봉황이 운 것과 태조의 꿈에 신인이 금척을 준 것은 모두 저절로 상서가 이르렀으니, 하늘에 순종하는 임금은 바로 이런 상서가 있게 된다."[31]

다른 한편 왕실뿐만 아니라 신료들도 군주와 관련된 각종의 '꿈'설화를 중요시하고, 또 그것을 기록으로 남겨두고자 노력하였는데, 다음의 기록은 군주에 관한 '꿈'설화가 얼마나 중요하게 인식되었는지에 대한 하나의 예이다.

> 영의정 김창집이 차자를 올렸는데 대략 이르기를, "신이 어영대장

30 詔曰 … 昔太祖高皇帝在龍潛時. 夢得金尺. 創業垂統. 實兆於是. 取義於財成天下也. 爰定最上大勳章之名曰金尺. 『고종실록』 37년 4월 17일.

31 上御景賢堂, 王世孫會講 … 上謂世孫曰 : "太王之去邠, 與我始祖事相符, 岐山 鳴鳳, 神人金尺, 皆自致之祥, 而人君之順乎天者, 乃有此祥." 『영조실록』 38년 4월 무자일.

> 김석연으로부터 삼가 듣건대, '효묘(孝廟)께서 꿈을 꾸었는데, 세자빈의 침실에 이불로 덮어놓은 물건이 있어서 열어보니 그 가운데에 용(龍)이 있었으므로, 효묘께서 꿈을 깨어서 기뻐하여 말씀하시기를, 「이는 반드시 원손(元孫 : 숙종 필자주)을 낳을 기이한 조짐이다」 하고 미리 원손의 자(字)를 명보(明普)로 정했다' 하였습니다. 그 말이 반드시 적실할 것이니 마땅히 지문(誌文)에 기록해야 할 듯합니다. 찬진(撰進)한 대신이 압록강을 건너기 전에 오히려 왕복하여 일을 완결지을 수 있습니다. 도감으로 하여금 빨리 변통하여 수록하게 하소서."[32]

곧 죽은 숙종 임금의 지문(誌文)에 그의 탄생에 관한 '꿈' 설화가 누락되었으므로 그 내용을 지문에 싣기 위하여 중국으로 사신길에 오른, 지문을 찬진했던 대신을 귀경조치시키고 있는 것이다.

한편 군주 '꿈' 설화와 관련된 내용을 기록하는 것과 그에 따른 기념행사, 그리고 기념물의 설치 등과 같은 상징정책의 수행은 비단 왕실과 집권 사대부 관료들에 의해서만 행해진 것은 아니었다. 다음과 같은 기록은 일반 백성들에게 있어서 군주 '꿈' 설화가 가지고 있는 정치적 의미를 잘 보여준다고 할 수 있을 것이다.

> 해주 유생 정지근 등이 해주에 네 성조(태조, 선조, 원종, 인조 필자주)의 사적에 비석을 세울 것을 상소하다.

32 領議政 金昌集 上箚. 略曰 : 臣因御營大將 金錫衍, 伏聞 孝廟 夢, 世子嬪寢室, 有衾覆之物, 開視有龍在其中. 孝廟 覺而喜曰 : "此必元孫誕育之奇兆", 預定元孫小字曰某. 其言必爲端的, 似當載於誌文. 撰進大臣, 未及渡江, 尙可以往復停當. 令都監, 急速變通, 得以收錄. 『경종실록』 즉위년 8월 계묘일.

"(태조, 선조, 원종과 관련된 설화를 언급한 후) … 을미년 11월 7일 (해주에서) 인조대왕께서 탄강하셨는데, 이날 특이한 향내가 방안에 가득차고 붉은 빛이 비추었으며, 또 부부인 신씨의 꿈에 붉은 용이 방안에서 솟구쳐 올라갔습니다. 그 지령(地靈)이 모이고 상서(祥瑞)가 나타난 것이 이러하였던 것입니다."[33]

이와 같이 군주의 탄생과 등극에 관한 '꿈' 설화가 실록에 다수 기록되어 있다. 조선조 정치과정에서 '꿈'은 정치권력의 정당화와 밀접한 관련을 갖고 있었다. 곧 '꿈'에는 신령이 깃들이므로 '꿈'의 권위를 빌려 정치권력과 정치행위를 정당화하였던 것이다.

다른 한편 반정이나 역모 등 주요한 정치적 변동에 있어서는 항상 약방의 감초처럼 '꿈'에 관한 이야기가 출현하고 있다. 예컨대 이무가 왕이 되는 꿈을 꾸고 이를 발설했다는 이유만으로 정인수와 한용이 사형에 처해진 내용(『태종실록』 10년 7월 기사일), 이현로가 안평대군이 임금의 자리에 오를 것임을 암시하는 꿈내용(『단종실록』 1년 5월 을해일), 김일손의 사초에 실린 김종직의 조의제문(弔義帝文)에 대해, 꿈에 가탁하여 선왕(세조)을 훼방하였다면서 사화가 발생하는 내용(『연산군일기』 4년 7월 신해일), 숙종이 왕비 민씨를 폐하면서 꿈내용으로 투기를 했다는 내용(『숙종실록』 15년 5월 기해일), 효종의 어찰내용에, 꿈에 역적 김자점이 칼을 들고 왕의 침실에 들어왔다는 내용(『숙종실록』 20년 윤5월 정축일)

33 海州 儒生 鄭知勤 等 上疏曰 : … 至乙未十一月七日, 惟我 仁祖大王 膺時誕降, 是日異香滿室, 赤光照耀, 且府夫人 申氏 夢, 赤龍騰于室中. 其地靈之所毓, 禎祥之所告, 有如此也. 『정조실록』 14년 3월 병신일.

등 정치적 사건과 관련된 다양한 내용의 꿈이 기록되어 있다. 또 다른 하나의 예로 인조반정이 성공하자 인목대비는 '꿈'을 인용하여 반정의 발생과 그 성공을 계시받았음을 말하고 있다.

> 역괴(광해군필자주)는 선왕에 대하여 실로 원수이다. 조정에 간신이 포진하여 나에게 대악의 누명을 씌우고 10여 년 동안 가둬놓았는데, 어젯밤 꿈에 선왕께서 이 일(인조반정필자주)이 있을 것을 말하시더니 경들이 다시 인륜을 밝히는 것을 힘입어 오늘을 볼 수 있었다.[34]

한편 실록의 기록에는 역모의 주모자[35]에 대해서도 '꿈'을 통해 그 인물됨의 위험성을 표현하고 있다.[36] 예컨대 선조조 정여립의 경우에는 다음과 같이 표현하고 있다.

> 여립은 동래 정씨이다 … 아버지 정희증이 … 일찍이 꿈에 전조(前朝-고려필자주)의 역신 정중부를 보고 나서 여립을 잉태하였는데, 출

34 "逆魁於先王, 實是仇讐. 朝廷之上, 奸臣布列, 加予以大惡之名, 而拘囚十餘年, 疇昔之夢, 先王語予以此事, 賴卿等, 復明人倫, 得見今日, 卿等之功, 何可勝言!" 『인조실록』 1년 3월 계묘일.

35 예를 들어 유자광이 그 동생인 유자석에게 "해가 처음 떠오르는데 쏘아 맞혀 곧 떨어졌거든"이라고 하여 모반의 성공 가능성을 암시하는 꿈내용을 발설했는데, 이것이 그의 호위 병졸에 의해 고변됨으로써 옥사(獄事)가 발생했다. 여기서 '해'는 물론 임금을 상징한다. 『성종실록』 1년 4월 신해일.

36 물론 역모자뿐만 아니라 훌륭한 유학자들에 대한 '꿈' 설화도 기록하고 있다. 예컨대 송시열의 경우 꿈에 공자가 여러 제자를 거느리고 집에 이르러는 것을 보고 송시열을 낳았기 때문에 소자(小字)를 성뢰(聖賚)라 하였다고 한다. 『숙종실록』 15년 6월 무진일.

> 산하는 날 밤이 되자 또 중부를 만나는 꿈을 꾸었다. 이웃사람들이 남자 아이 낳은 것을 하례하였으나 희증은 기뻐하는 빛이 없었다. 집안 식구들만은 그 뜻을 알았다.[37]

이상에서 살펴본 바와 같이 조선조 전체 기간에 있어서 군주설화가 정립되고 그에 따른 각종 상징정책이 수행된 것은 백성들로부터의 승인 획득이라는 정치적 목적을 가진 것이었다. 곧 군주의 탄생과 등극 등은 하늘이 꿈을 통하여 예시해 주는 것이며, 역괴의 등장 또한 하늘이 꿈을 통해 예시하였다는 것으로, 그 기본 바탕은 군주와 왕실만이 하늘의 정당한 대행자임을 강조하는 것이었다.

Ⅳ. 군주설화의 정치적 함의

1. 왕조권력의 정당화

최고권력자를 중심으로 정치공동체를 한데 뭉치게 하는 것은 적어도 개별 구성원들의 합리적 계산만이 아니라는 점은 인정될 수 있을 것

37 汝立, 東萊 姓籍人 … 父 希曾 … 嘗夢見前朝逆臣 鄭仲夫, 已而胎孕 汝立, 及解娩之夜, 又夢 仲夫. 隣里賀生男, 希曾 無喜色, 家人獨知其意. 『선조수정실록』 22년 10월 을해일.

이다. 그리고 왕조정치시대의 군주들과 지배계급들은 그 정치공동체의 조직과 질서를 유지하는 데 '비합리적' 요소들이 얼마나 중요한가를 잘 인식하고 있었다. 이러한 측면에서 왕조시대의 왕실과 지배계급은 '꿈' 설화[38]를 통해 군주를 신비화시킴으로써 군주를 모두가 복종할 수 있는, 또 복종해야만 하는 존재로 만들 수 있음을 인지하고 있었다.

조선조 정치과정에서 '꿈', 특히 군주와 관련된 '꿈' 설화는 다양한 형태로 기록되어 있으며, 현실정치에서 일정부분 영향을 미쳤던 것으로 판단된다. 『왕조실록』에 기록된 군주 '꿈' 설화의 주요 내용을 요약하면 다음과 같다.

첫째, 군주의 '꿈' 설화에 있어서 가장 많이 등장하는 내용은 군주의 탄생에 대한 내용이었다. 이는 군주탄생이 하늘로부터 연원한다는 사실을 과시하여 군주의 비범성을 강조함으로써 통치를 원활히 하겠다는 정치적 목적을 지닌 것이었다.

둘째, 군주 '꿈' 설화와 관련하여 정치적으로 의미가 있는 것은 등극을 암시하는 내용이 다수 기록되어 있다는 사실이다. 말할 것도 없이 이것이 지향하는 목적은 부족한 정통성을 보완하기 위한 것이었다. 태조, 태종, 세종, 세조, 인조, 효종, 영조 등의 군주가 여기에 해당한다.

셋째, 정치과정에서 군주의 비범한 능력과 덕성, 지혜 등을 강조하

38 꿈의 신빙성 여부에 관한 논란의 대표적인 기록의 하나는 은나라 고종이 부열에 대하여 꾼 꿈과 공자가 주공을 만난 꿈에 대한 정자영과 구종직의 논쟁이다. 정자영은 "성인은 지기(志氣)가 청명하기 때문에 그 생각하는 바가 바르고, 그렇기 때문에 그 꿈꾸는 바 또한 바르다"고 하여 고종과 공자를 옹호하였으나 구종직은 "꿈 속의 일은 허망한 것으로, 고종과 공자가 모두 잘못되었다"고 비판하였다. 『세조실록』 14년 7월 을유일.

는 데에도 '꿈'이 이용되고 있었다.[39] 꿈과 관련하여 가장 많은 내용이 등장하는 군주는 영조인데, 그는 자신이 꾼 '꿈' 내용을 다양한 형태로 발현하였다. 예컨대 '꿈'에 현자를 만나 국사를 의논하였으므로 이는 필시 훌륭한 보필을 만날 징조일 것이라고 하여 과거를 실시하였으며(영조실록 51년 11월 정해일), '꿈'에 선왕을 만났으므로 행행(行幸)을 결정하였고(『영조실록』 11년 6월 정해일), '꿈'에 죽은 대신을 만났으므로 그 유족을 위로하였으며(『영조실록』 47년 2월 갑오일), '꿈'에 인원왕후를 만났으므로 그 조카를 승지로 발탁하였고(『영조실록』 47년 4월 무자일), '꿈'에 그 어머니가 학문에 정진하는 자신을 가상히 여겼으므로 한 달에 세 번 강경(講經)하도록 하였으며(『영조실록』 34년 4월 경신일), 심지어는 당습에 얽힌 '꿈' 이야기를 하면서 신료들을 신칙하기도 하였다(『영조실록』 30년 8월 을축일).

넷째, 『조선왕조실록』에서 '꿈'과 관련하여 정치적으로 의미를 가지는 것은 역모 · 변란사건에 등장하는 '꿈' 이야기이다. 대부분의 역모 · 변란사건에는 등극을 예시하는 꿈내용이 등장하는데, 이것은 역모의 주모자들이 '꿈'에다가 천명을 가탁한 것으로, 꿈의 예시기능에 대한 믿음을 바탕으로 역모의 성공가능성에 대한 확신을 가졌던 것이다. 이는 '꿈'의 예시기능에 대한 믿음이 당시에 상당히 광범위하게 퍼져 있었음을 시사한다고 하겠다. 그리고 역모 · 변란의 실패는 곧 이씨왕실만이 천

39 국난극복의 구심점으로서 군주의 역할에 대한 '꿈' 설화의 예로서는, 임진왜란을 예시하는 선조의 꿈(한 여자가 머리에 볏단을 이고 남쪽으로부터 도성으로 들어와 대궐에 불을 질렀다는 내용으로 倭의 파자를 설화화한 것)과 병조호란 당시 인조의 꿈(꿈에 온조왕이 와서 적병이 성에 오르는 것을 알려주었다는 내용-『정조실록』 3년 8월 경신일 참조) 등을 들 수 있다.

명의 정당한 대행자임을 강조한 것이라고 할 수 있을 것이다.

이와 같이 조선의 군주와 왕실은 한국 왕조정치사에 있어서의 공통된 특정한 역사적 경험, 곧 왕조 건국신화나 군주 탄생설화 등을 정립하고 강조하였다. 그리고 이를 통해 자신들 또한 고대 삼국이나 고려왕실에 비견될 수 있다는 점을 부각시킴으로써 조선왕실의 정당성을 합리화하고자 하였다. 군주설화는 왕권을 신성한 것으로 인식시키게 하고 나라의 기틀을 강고하게 틀지워 주는 정신적 초석이 되는 까닭에 군주와 왕실은 물론이려니와 사대부 관료들도 그에 대해 깊은 관심을 가졌다. 조선의 건국설화와 역대 군주들의 설화 등은 군주와 왕실로 하여금 그들을 생산한 뿌리 깊은 역사의 과정에 대한 성찰을 하게 함으로써 흔들리지 않는 자존의식을 갖게 하였다. 그리고 다른 한편으로는 백성들의 심리적 복종을 획득할 수 있게 함으로써 왕조의 오랜 역사를 담보해 줄 수 있는 기능을 하였던 것이다.

문맥적 상황으로 볼 때 하늘(天), 해(日), 꿈, 상서(祥瑞), 신이(神異) 등을 바탕으로 하는 군주 '꿈' 설화의 현세지향은 한마디로 말해서 건국의 신성화와 왕통의 정통성을 목적한 것이라고 할 수 있을 것이다. 그리고 군주 '꿈' 설화는 단순히 권력의 정당화 과정만을 의미하는 것이 아니라, 천명의 대행자로서 군주를 신성화시킴으로써 국가통합의 상징으로 만들고자 했던 것이다.

2. 군주설화의 변천과 그 의미

한편 조선조에 있어서 군주에 관련된 '꿈' 설화의 내용을 『조선왕조실록』의 기록을 통해 검토해 본 결과 개국 초기에서부터 왕조 말기에 이르기까지 그 내용에 있어서 의미 있는 변화가 있음을 확인할 수 있었다.

첫째, 개국기의 태조 이성계를 논외로 한다면, 후대로 내려올수록 군주 '꿈' 설화에 관한 내용이 많이 나타나고 있다는 점이다. 군주의 출생과 그 등극의 예언을 둘러싼 '꿈' 설화에 대한 기록은 조선 전기보다는 조선 후기에 더욱 활발하였다. 『조선왕조실록』의 기록내용이 초기에는 상세하고 풍부하나 후기로 내려올수록 그 내용이 빈약해진다는 점을 고려해 볼 때 이는 특이한 현상이라고 할 수 있다. 이러한 현상은 왕의 권위가 추락함에 따라 그 보완대책의 하나로 군주의 비범성을 강조하면서 군주 '꿈' 설화를 보다 상세히 기록하지 않았는가 하는 추론을 가능케 한다. 문종에서 광해군에 이르기까지의 군주들에게 있어서 탄생에 관한 '꿈' 설화는 보이지 않으나 인조에서 순종에 이르기까지 조선 후기의 군주들에게는 탄생과 관련한 '꿈' 설화가 기록되어 있는 것이다. 조선의 군주는 법을 초월한 존재로 인식되었으며, 그 바탕은 그가 인간의 영역으로부터 초월된 존재였던 데 있었다(오종록 2001, 285-286). 그러나 후기, 특히 '황제'의 칭호가 붙었으나 법으로 그 권한을 규정한 것은 조선의 군주가 인간적 존재로 추락해 버렸음을 의미한다고 하겠다. 이러한 역설이 군주 '꿈' 설화에 있어서도 비슷한 양상을 보이고 있는 것이다. 즉 조선 후기의 군주들은 '꿈' 설화에 군주권의 정통성과 그 권위를 가탁해 보고자 하는 처량한 상황으로 전락한 것이었다.

둘째, 반정(反正)으로 등극한 군주나 정통성에서 하자가 있는 군주일수록 탄생, 등극에 관한 설화의 기록내용이 그렇지 않은 군주보다 상대적으로 훨씬 많다는 점이다. 태종, 세조, 인조, 영조 등의 군주에 관한 '꿈' 설화의 기록은 상대적으로 많았다. 이는 군주 등극의 예언을 보여주는 '꿈' 설화를 통해 정통성의 결핍문제를 보강할 정치적 필요가 있었기 때문이었다.[40] 또한 연산군이나 광해군 같이 폐위된 군주에 관해서는 탄생이나 등극에 관한 설화가 전혀 보이지 않고 있다. 이러한 점이 군주 '꿈' 설화가 가지고 있는 정치적 기능을 확실히 보여준다고 할 수 있을 것이다.

셋째, 후대로 내려올수록 비(妃)와 빈(嬪)의 출생에 관한 '꿈' 설화의 기록이 많아진다는 점을 지적할 수 있다.[41] 개국 초기에는 비빈의 출생설화에 대한 기록이 전혀 나타나지 않다가 후대로 내려올수록 상세히 기록되고 있다. 비빈의 출생에 관한 신이한 이야기 또한 왕실의 권위 추락에 대한 하나의 보완기능을 하였으리라 판단되는 점이다. 또한 이 점은 조선조 후기에 이르러 등장하고 있는 벌열(閥閱)들의 정치적 위상을 보여주고 있다. 비빈의 가계(家系)에 대한 상세한 기록이 이를 상징적으로 보여주고 있다고 하겠다. 심지어 외척 세도정치기에 이르러서는 철종의 왕위계승의 정통성을 김조순에게 연원[42]하는 것으로 이야기하는 '꿈' 설

40 예를 들어 세조의 등극에 관한 임운의 꿈을 들 수 있다. 임운이 사관 김유에게 세조실록 편수여부를 묻고 말하기를 "예전에 세조께서 잠저에 계실 때 신(臣)이 꿈에, 태조께서 세조께 금인(金印)을 주며 말씀하시기를, '이것은 전가(傳家)의 보물인데 이제 너에게 천명이 있으므로 와서 주는 것이다' 하시니, 세조께서 굳이 사양하였으나 이루지 못하고 드디어 받고서 절하시는 것을 보고, 이튿날 세조께 그 꿈 이야기를 아뢰었더니 세조께서 꾸짖어 말씀하시기를, '네가 어찌하여 그런 말을 내느냐? 다시 그 꿈 이야기를 말하면 죽이리라' 하셨다 … 이제 세조께서 승하하셨으니 만약 여기에 싣지 않으면 후세에 누가 다시 이를 알겠는가?" 하였다. 이러한 꿈의 내용이 표면화되는 정치적 의도는 너무나 명백한 것이라고 할 수 있다. 『예종실록』 1년 8월 무오일.

41 여기에 관한 대표적인 예로는 『숙종실록』 44년 2월 계묘일, 「세자가 빈궁의 행실을 써서 정원에 내린 내용」을 참조할 것.

화까지 등장하고 있다.

넷째, 초기와는 달리 후기에 이르러서는 등극 이전에 사망한 왕세자의 출생설화가 상대적으로 상세히 기록되고 있다는 점도 특징적이다.[43] 이는 조선 후기에 이르러 왕위계승의 자격이 있는 후계자의 수가 격감했다는 점과 관련이 있는 것으로 판단된다.

V. 결론

이상에서 논의한 내용을 요약함으로써 결론에 대신하고자 한다.

최고권력자를 중심으로 정치공동체를 한데 뭉치게 하는 것은 적어도 개별 구성원들의 합리적 계산만이 아니라는 점은 인정될 수 있을 것이다. 그리고 왕조정치시대의 군주들과 지배계급들은 그 정치공동체의 조직과 질서를 유지하는 데 '비합리적' 요소들이 얼마나 중요한가를 잘 인식하고 있었다. 군주와 왕실이 신료와 백성들로부터 지지를 획득하기 위해서는 그들로부터 복종심을 유발할 수 있는 장치가 필요했으며, 이러한 측면에서 군주와 왕실은 '꿈' 설화를 통해 군주를 신비화시킴으로써

---

42 "순원성모의 꿈 속에 영안국구(김조순-필자주)가 한 어린아이를 봉진하면서 고하기를 '이 아이를 잘 기르시오' 하였는데, 기유년 봉영할 때 보니 의표와 용안이 과연 꿈 속에서 본 것과 똑같았다." 「명순왕비가 써 내린 행록」. 이외에 「철종대왕행장」, 「철종대왕묘지문」, 「철종대왕시장」 등에도 같은 기록이 있다.

43 이러한 예로는 영조의 맏아들인 효장세자, 순조의 맏아들인 효명세자가 해당된다.

군주를 모두가 복종할 수 있는, 또 복종해야만 하는 존재로 만들 수 있음을 인지하였다.

군주의 '꿈' 설화에 관한 『조선왕조실록』의 각종 기록은 무엇보다 먼저 군주와 왕실에 의한 정치적 지배를 정당화하는 기능을 수행했다고 할 수 있다. 천명에 의해 개창된 조선왕실이 백성들의 복종과 지지 속에서 계속 존재하기 위해서는 천(天)과의 연계성을 계속 확보할 필요가 있었다. 따라서 개국조인 태조 이성계가 하늘로부터 왕으로 점지받았듯이 그의 혈통을 이어받은 후대의 군주들 또한 하늘로부터의 상서(祥瑞)가 있었음을 과시할 필요가 있었을 것이다. 이러한 측면에서 사실이든 아니든 군주가 될 자손에게 신이한 탄생, 등극 등과 같은 '꿈' 설화를 남겨준다는 것은 왕조 지배의 안정성을 확보하기 위한 아주 유효한 장치였다고 할 수 있다. 앞에서 살펴본 바와 같이 군주의 탄생과 등극을 예고해 주는 신이한 징조와 꿈들이 조선왕조 내내 계속해서 이어졌으며, 그 신이함을 표출하는 주요 내용물은 하늘, 해, 용, 거북, 무지개 등등으로 이들은 우리 역사에 있어서 민중들에게 신령스러운 존재들이었다.

한편 만약 새로운 군주의 탄생이나 등극을 예고해 주는 상서나 '꿈' 설화가 나타났는데, 이것이 군주의 탄생이나 등극 즈음에 백성들 사이에 회자되고 사라진다면 이러한 군주 '꿈' 설화의 정치적 의의는 아주 미미할 것이다. 그러나 그러한 '꿈' 설화가 당대는 물론 후손 대대로 전승된다면 그것은 상당한 정치적 의의를 가지게 될 것이다. 이런 점에서 조선조 군주와 왕실은 군주에 관한 '꿈' 설화를 의도적으로, 그리고 주도적으로 『조선왕조실록』에 기록되도록 시도하였다. 그렇게 함으로써 역대 군주 '꿈' 설화는 『조선왕조실록』에 기록될 수 있었다. 건국기 태조 이성계의 등극설화에서 등장하는 이른바 몽금척(夢金尺)의 설화와 쇠망기 대한 제국의 최고 훈장이 '금척'인 것은 '꿈'설화를 통한 왕실의 상징조작이 왕조 전체를 관통하는 일관성을 가졌다는 점에서 왕실이 군주 '꿈'설화를 얼마나 중요시하였는가를 보여주는 중요한 예라고 할 수 있을 것이다.

또 다른 한편 조선조에 있어서 군주에 관련된 '꿈'설화의 내용을 『조선왕조실록』의 기록을 중심으로 검토해 본 결과 개국 초기에서부터 왕조 말기에 이르기까지 그 내용에 있어서 의미 있는 변화가 있었음을 확인할 수 있었다. 후대로 내려올수록 군주와 관련된 '꿈'설화가 많이 나타나고 있으며, 반정으로 등극한 군주나 정통성에 하자가 있는 군주일수록 탄생, 등극에 관한 기록이 상대적으로 많고, 또한 후대로 내려올수록 비(妃)와 빈(嬪)에 관한 '꿈'설화의 기록이 많아진다는 점을 지적할 수 있다. 이러한 점은 군주와 왕실의 권위추락에 대한 하나의 보완기능을 하였으리라고 추론할 수 있다.

이상에서 살펴본 바와 같이 조선조 정치과정에서 군주에 관한 '꿈'설화에 대한 고찰은 조선조의 정치사와 당대의 정치문화, 그리고 당대인들의 정치의식을 이해하는 데 하나의 방법론이 될 것으로 판단된다.

참고문헌

『경국대전』. 『고려사』. 『국조오례의』. 『국조인물고』. 『동국통감』. 『삼국사기』. 『삼국사절요』. 『삼국유사』. 『서경』. 『성경』. 『시경』. 『연려실기술』. 『중용』. 『용비어천가』. 『조선왕조실록』.

강광식. 2000. 『신유학사상과 조선조 유교정치문화』. 집문당.
강재철. 2004. "동양의 설화채록제도와 정치적 목적." 『민속과 정치』. 민속원.
고려대학교 민족문화연구원. 2001. 『한국민속의 세계 7』.
김기홍. 2001. "삼국시대의 왕." 『역사비평』 54호. 역사문제연구소.
김용직. 1988. 『상징』. 문학과 지성사.
김춘식. 1996. "왕권신수설과 천명사상의 비교연구." 『한국정치학회보』 30집 3호.
김화경. 2002. 『한국의 설화』. 지식산업사.
나경수. 1993. 『한국의 신화연구』. 교문사.
박병련. 2002. "다산 정약용의 정치리더십론 연구." 『유교리더십과 한국정치』. 백산서당.
오종록. 2001. "조선시대의 왕." 『역사비평』 54호. 역사문제연구소.
유경환. 1998. "한국신화에 나타난 '하늘'에 대한 상징적 의미와 기능을 중심으로." 『새국어교육』. 한국국어교육학회.
유영옥. 1997. 『상징과 기호의 정치행정론』. 학문사.
유영옥. 2005. "남 · 북한 보훈정책의 상징성 비교." 『대한정치학회보』.
유영옥 · 정우일. 1991. 『상징정책론』. 홍익재.
유종선. 1997. "조선 후기 天 논쟁의 정치사상." 『한국정치학회보』 31집 3호.
이극찬. 2004. 『정치학』. 법문사.
이동철. 2005. 『한국 용설화의 역사적 전개』. 민속원.

이태진. 1990. "조선왕조의 유교정치와 왕권." 『한국사론』 23.

임재해. 1992. 『민족설화의 논리와 의식』. 지식산업사.

임재해. 1995. 『민족신화와 건국영웅들』. 천재교육.

임철호. 1989. 『설화와 민중의 역사의식-임진왜란 설화를 중심으로』. 집문당.

임태승. 2002. "제의 : 상징의 향연." 『유교문화연구』. 성균관대 유교문화연구소.

장현근. 2004. "고대 중국신화의 변천과 정치화." 『정치사상연구』 10집 2호.

조성윤. 1998. "정치와 종교-조선시대의 유교의례." 『사회와 역사』 53. 문학과 지성사.

한국문화상징사전편찬위원회. 1995. 『한국문화상징사전 2』. 동아출판사.

한채영. 1994. "꿈과 민간사고-해몽의 방법과 사례를 중심으로." 『한국민속학보』 4호. 한국민속학회.

유문영(저) · 하영삼 · 김창경(역). 1993. 『꿈의 철학-꿈의 미신, 꿈의 탐색』. 동문선.

Campbell, Joseph.(저) · 이윤기(역). 1992. 『신화의 힘』. 고려원.

Cooper, J. C.(저) · 이윤기(역). 1994. 『세계문화상징사전』. 까치.

Elias, Norbert.(저) · 박여성(역). 2003. 『궁정사회』. 한길사.

Gaddis, John Lewis.(저) · 강규형(역). 2004. 『역사의 풍경』. 에코리브로.

Hobsbawm, Eriz 외(저) · 박지향 · 장문석(역). 2004. 『만들어진 전통』. 휴머니스트.

조선왕실의 리더십 형성과 제가의 방법론

Ⅰ. 서론

한국 현대정치사에 있어서 공과 사의 개념이 착종하는 문제는 언제나 뜨거운 논쟁거리였다. 각종 선거와 인사청문회 등에서 불거지는 정치지도층의 가족과 관련된 비리문제는 그 책임의 소재와 범위를 두고 항상 많은 논란을 야기시켜 왔다. 특히 최고권력자와 그 주변의 가족들이 관계되는 불미스러운 사건들은 한국 정치 전체를 소용돌이치게 만들었고, 결과적으로 최고권력자와 그 가족들뿐만 아니라 전체 국민들에게 불행을 안겨주었던 것이 우리의 역사적 경험이었다. 이승만 대통령에서부터 전두환, 노태우, 김영삼, 김대중 등 전직 대통령의 가족이 관련된 각종 부패사건은 많은 국민들에게 실망감을 넘어 분노를 느끼게 하였다. 이와 같이 최고 지도층과 그 가족들의 도덕적 해이와 부정부패는 심각한 정치적 결과를 초래하였으며, 그 후유증으로 인해 대다수 국민들은 정치불신과 국론분열의 깊은 수렁에 빠졌던 것이다. 그리고 이것은 한국 현대정치사에 있어서 하나의 커다란 비극인 것이다.

이러한 문제의식 하에 필자는 '제가(齊家)'를 위한 조선조 왕실의 전통에 대해 관심을 가지게 되었다. 주지하다시피 조선은 500년이 넘는 장구한 세월 동안 유지된 왕조국가였다. 이러한 체제유지의 장구성과 안정성을 분석하는 경우, 지금까지의 연구경향은 군신 간의 권력구조나 통치 이데올로기 측면에서의 분석이 주를 이루고 있었으며, 대개의 경우 신권(臣權)의 입장에서 군주론에 관한 논의가 전개되었다.[1] 필자는 이러한 연구의 유용성을 인정하면서도 다른 한편으로는 조선왕조의 내적 지구력의 배경[2]으로서 왕실 내부의 역량에 주목할 필요가 있다고 판단하고 있다. 왕조시대의 정치는 군주에게서 시작되고 최종책임도 군주가 진다는 측면에서 볼 때 군주를 정점으로 하는 왕실의 입장에서 어떻게 현실 정치를 운영하려 하였는가에 대한 심층적 분석이 필요하다는 것이다.

기본적으로 유교의 정치이념을 기반으로 하는 조선왕조에서는 '수신제가치국평천하'라는 확고한 정치원칙이 자리잡고 있었으므로 지배

1 이와 같은 연구경향의 원인과 그 문제점에 대해서는 이태진이 잘 지적하고 있다(이태진 1990, 215). 한편 조선시대 왕에 관한 연구가 어려운 원인으로 『조선왕조실록』, 『승정원일기』, 『일성록』 등과 같은 방대한 역사자료를 섭렵하기 어렵다는 점도 그 한 요인으로 지적되고 있다(오종록 2001, 283).

2 조선 왕조체제의 장구성과 안정성의 요인으로는 대개 첫째 '고위관료와 하위관료' 사이에 마련된 관료제 내부의 제도적 견제장치와 군주권을 제약하는 정당의 존재, 둘째 군주가 실정(失政)했을 때 왕조를 바꾸지 않고 왕가에서 종친 중의 한 사람으로 대체한다는 '반정(反正)'에 의한 정권교체 방식, 셋째 중국왕조와의 사대관계에 따른 대내외적 안전보장과 한반도의 지정학적 위치, 넷째 공론(公論)정치라는 정치운영 방식, 다섯째 세습적인 지배계급의 안정성 등이 일반적으로 지적된다.

계층의 대표자인 군주와 왕실이 도덕적 정당성과 우월성을 확보하는 일은 정치의 성패를 좌우하는 핵심 사안이었다. 따라서 조선조에서는 군주와 왕실의 도덕적 정당성을 담보해내기 위해 신료와 유림에 의한 간쟁(諫諍)이 극도로 보호되는 바였으며, 다른 한편으로는 왕실 내부에서 군주와 종친의 일탈에 대한 규제장치가 왕조 내내 작동되고 있었던 것이다. 다시 말해 조선왕조에서는 지배의 정당성을 확보하기 위해 일종의 '노블레스 오블리주' 의 엄격한 전통이 오랜 세월 동안 작동했던 것으로, 그러한 규범적 제약은 특히 군주와 왕실에게 한층 더 엄격히 요구되었던 것이다.[3] 따라서 조선왕조의 군주와 왕실은 정치적 지배의 정당성과 안정성을 획득하고, 유지하고, 강화하기 위해서 끊임없는 도덕적 자기 규율과 자기 교정의 노력을 기울이지 않을 수 없었던 것이며, 그 주요 내용은 '제가' 의 문제로 집약된다고 할 수 있을 것이다.

이상과 같은 문제의식을 가지고 필자는 조선조 정치에 있어서 왕실의 역량에 주목하게 되었다. 조선조 왕실의 선의의 역량, 곧 민중을 착취하는 데 발휘한 능력이 아니라, 지배의 정당성을 확보하고 민중들의 지지와 존경을 받으면서 오랜 기간 동안 평화로운 정치사회를 유지시킬 수 있었던 바로 그런 역량에 주목하고자 하며,[4] 특히 유교정치이념에서

3 16세기 후반 이후 조선사회를 주도했던 선비문화의 형성에는 이들 선비들의 노블레스 오블리주를 적절히 활용했던 왕실에 일정한 공이 돌아가야 한다는 김기현의 진단은 시사하는 바가 매우 크다고 할 수 있다(김기현 2002, 234).

4 아리스토텔레스는 "정치학을 연구하는 사람은 있는 그대로 일정하게 주어진 정치질서를 탐구하여 그것이 어떻게 발생했으며 그것이 어떻게 하면 가장 오랫동안 지속될 수 있는가를 밝혀낼 수 있어야 한다"고 지적한 바 있다. 이러한 관점에서 보았을 때 세계사적으로 별 유례가 없이 장기 지속된 조선조 정치사회의 특성을 분석하고 그것의 장기지속 원인을 규명하려는 사회과학적 작업은 매우 필요하면서도 중

왕실의 '제가'를 위한 방법론에 연구의 초점을 두고자 한다. 그리고 이러한 연구분석을 위해 조선조 제왕학을 완성시킨 것으로 평가받고 있는 율곡의 저술, 곧 『성학집요』의 서술체계를 본 연구에 원용하였다.[5] 이를 통해 '제가'를 실현하기 위해서 왕실이 수행했던 철저한 도덕적 자기 규율과 자기 교정의 노력을 전통의 형성이라는 관점에서 살펴봄으로써 동서고금을 막론하고 '노블레스 오블리주'가 가지는 정치적 의의를 확인해 보고자 한다.

Ⅱ. 유교정치이념에서 '왕가(王家)'의 정치적 의미

1. '가(家)'의 의미

유교정치이념에서 '제가(齊家)'의 문제를 논의하기 위해서는 먼저 '가(家)'[6]의 의미를 살펴볼 필요가 있다. '가'는 주자성리학의 이론적 틀

요한 작업이라고 할 수 있을 것이다. 왜냐하면 그 속에서 현재 우리의 정치체제를 안정적으로 지속시킬 수 있는 방법을 모색할 수 있을 것이기 때문이다.

5 율곡의 명저인 『성학집요』는 「수기(修己)」·「정가(正家)」·「위정(爲政)」의 삼각체제로 구성되어 있는데, 「정가」편은 군주가 자신의 집안, 곧 왕실을 다스리는 법도를 설명한 것이다. 그 세부목차는 효경, 형내(刑內), 교자(敎子), 친친(親親), 근엄, 절검 등으로 구성되어 있는데, 본고에서도 이 분류를 원용하고자 한다.

6 한자에서 '가(家)'자는 의미론적으로 매우 다양한 발전을 이루었는데, 이는 '가'의 범위가 넓어지고 결속력이 높아지면서 권력에 의해 사회의 기초단위로 인식되

을 뒷받침할 수 있는 정치·사회·경제적 제도로 고안되었던 것으로, 특히 주자성리학의 핵심적인 정치제도로 기능하였다. 즉 송(宋)이 성립되는 과정에서 당시의 중소 재지지주(在地地主)들은 새로운 사상과 제도를 정립시키면서 자신들의 이념으로는 주자성리학을, 체제로는 '가'를 채택하였던 것이다. 이들 중소 지주 출신의 사대부들은 국가권력으로부터 '가'의 독립성을 유지한 채 독자적인 세력기반을 유지하고자 하였는데, 이러한 요구에 부응하여 개발된 것이 한편으로는 제왕학, 성리학 등의 이론체계이며, 다른 한편으로는 '가'의 체제론이었다. 이들 사대부들은 '제왕학' 등을 주창하면서 군주에게 나라를 통치할 자격을 얻으려면 '수신(修身)'과 '제가(齊家)'를 할 것을 요구하였는데, '학문'과 '실천'의 양 측면에 대한 강조를 통해 황실과 귀족에 동시에 대항할 수 있었던 것이다. 곧 '치국평천하'의 전제로서 '수신제가'를 외침으로써 자의적이고 독단적인 통치를 제어하는 '도덕적' 규제장치의 설치를 통해 군주와 귀족이 갖추기 힘든 기준과 자격을 통치의 조건으로 제시한 것이다(함재봉 2000 겨울, 96-98). 그리고 이러한 '수신제가'의 정치원리는 군주의 전제권에 대한 좋은 견제가 될 수 있었던 것이다.

송의 주자성리학 이념[7]을 국시로 받아들인 조선왕조의 정치에 있어

고, 또한 사회적·정치적 중요성이 갈수록 증대하였다는 사실을 내포하고 있다. '가' 개념의 중요한 용례는 ① 사람이 살아가는 장소, ② 가정, 가문, 가족 등 피를 나눈 혈족집단, ③ 대대로 내려오는 전문 가업(家業)이나 가산(家産), ④ 어떤 분야의 전문가나 학파 등으로 나눌 수 있는데, 본고에서의 '가'는 물론 ②의 의미로 사용하고 있다(장현근 2000, 16-20).

7 본 논문의 내용과 관련하여 조선조의 역대군주들이 송을 표준으로 삼았다는 다양한 기록이 존재하고 있다. "宋朝家法最(極)正" 등의 내용이 『세종실록』 18년 12월 18일(기축), 『중종실록』 12년 7월 26일(기해), 『중종실록』 14년 6월 23(을유), 『명

서도 '가'의 이념은 특별한 의미를 가졌으며, 또한 중요한 정치적 의미를 가졌다. 조선은 강고한 '가' 중심의 체제를 구축하였던 것[8]으로, '가묘(家廟)'를 설치하고 그곳에 위패를 모시는 조상의 후예들이 한 마을에 모여서 '집성촌'을 이루면서 사는 체제를 이상으로 설정하고 꾸준히 정책적으로 추진하였다. 조선의 국가체제는 곧 '집성촌 연방체제'였던 것으로, 한 개인의 정체성은 자신의 성씨로부터 출발하고 있었고, 성씨의 고향인 집성촌은 그의 정체성의 제도적 기반이 되었다(함재봉 2000 겨울, 80-82). 따라서 과거에 급제하여 중앙정계에 진출한 사대부들도 사직 후에는 꼭 낙향을 하였고, 사후에는 선산에 묻혔으며, 그 후손들은 '가묘'를 중심으로 '가통(家統)'을 이어가며 가문적 화합을 중요시하게 되는 것이었다.

이와 같이 조선왕조가 그 통치 이데올로기로 도입한 유교의 정치이념체계에서 '가'란 특별한 정치적 의미를 가지는 것이었다. 곧 가(家)는

종실록』 22년 1월 10일(병인), 『인조실록』 9년 5월 2일(을해), 『효종실록』 4년 7월 2일(을축), 『현종실록』 10년 2월 5일(무진), 『현종개수실록』 1년 11월 12일(계해) 등에 많이 기록되어 있다.

8 '가'에는 세 가지 기능이 있다. 첫째는 조직을 유지하는 기능으로서, '가'의 유지와 계승을 위해 결혼, 출산, 양육, 출가, 입후 등을 통해서 '가'의 소속원들을 조직하고 관리하며, '우리'에 바탕한 공동체 의식을 통해 소속원들에게 '가'에 대한 정체성을 심어주는 동시에 '가'를 중심으로 단결된 힘을 갖도록 한다. 둘째는 생업적 기능으로서, '가'의 소속원들이 생업을 영위함으로써 생활에 필요한 물적 토대를 마련하게 하는 기능인데, 이는 봉건의 원리에 따라 국가적 차원의 분업체계를 중심으로 사농공상의 신분으로 규정된다. 셋째는 종교적 기능으로서, 가묘(家廟)와 제사로 대표되는데, 이때 '가'는 종교적 구심체로서 소속원들에게 삶의 근원적인 의미를 제공하는 것을 말하며, 가통(家統)을 통해 '가'는 집단적 생명과 영속성을 지닌 조직이 된다(최봉영 1999, 67-70).

유교교육의 장으로서 가장 중시되는 1차적 사회공간으로, 이 '가'의 공간 안에서 인간은 처음으로 혈연의 사적이고 친밀한 관계를 통해 예의를 습득하게 되는 것이다. 그리고 그것은 위로 부모에 대한 '효', 좌우로 형제에 대한 '제', 그리고 아래로 자녀에 대한 '자'의 내용으로 구성되었다.[9] 그 중에서 특히 효는 국가의 기초단위인 각 '가'에서 이루어지는 것으로서 사회와 국가유지를 위한 필수적인 기본덕목으로서, 특히 실천적 측면에서 한층 그 중요성이 강조되었다. 이러한 효 · 제 · 자의 가족적 도덕규범은 상하좌우의 확장을 통하여 사회적 인간관계로 넓혀갈 수 있게 되는 것이었다(금장태 1996, 96). 이와 같이 유교정치이념에서의 '가'란 도덕적인 인간이 되기 위한 근본으로서, 그리고 유교적 소양을 갖춘 정치가가 양성되는 교육의 장으로서 그 역할이 주어지는 것이었다. 유교의 사회의식이 이와 같은 가족관계를 기초로 하고 있으므로 '가'란 유교정치의 기본 단위로서의 정치적 의미를 가지게 되는 것이었고, 국가는 가정의 확대된 형식으로 이해되는 것이었으며, 왕가는 그 최고 정점에 위치해 있었다. 그리고 조선의 주자학자들은 올바른 '가'의 확립이야말로 패도나 법치로도 다스릴 수 없는 난세를 다스릴 수 있다고 믿었으며(함재봉 2000 겨울, 101), 이를 통해 종국적으로 유교의 정치적 이상인 '천

---

9 가족주의와 유교는 밀접한 관련을 갖고 있는데, 특히 『대학』에서는 가족구성원 간에 유지되어야 할 덕목과 가정 밖에서 공직자로 임무를 수행할 때의 덕목을 긴밀히 연결하고 있다. 즉 "이른바 '나라를 다스리려면 반드시 나의 집안을 먼저 가지런히 하여야 한다'는 것은 다음을 의미한다. 자기 집안 사람들조차 교화시키지 못하면서 사회 사람들을 교화시킬 수 있는 사람은 없다. 그래서 유덕한 통치자는 집 밖에 나가지 않고서도 나라의 백성을 교화시킬 수 있다. 집안에서의 효는 국가에서는 임금을 섬기는 근거가 되며, 집안에서의 제(悌)는 국가에서는 임금을 섬기는 근거가 되고, 집안에서의 자(慈)는 국가에서는 백성을 부리는 근거가 된다." 『대학』 9장 1절.

하일가(天下一家)'를 이룰 수 있는 것으로 믿었던 것이다.

2. 왕권과 왕가의 성격

조선왕조는 왕권의 정당성을 확보하기 위하여 그 통치이념으로 유교를 채택하였으므로 군주의 통치행위는 유교원리에 따랐다. 따라서 조선왕조는 유교 통치철학으로부터 유래되는 수신에 기반을 둔 덕정체제의 확립을 목표로 하였으며, 그것이 곧 왕도정치였다. 그리고 모든 정치행위가 군주에게서 시작되고 군주에게로 귀결되는 왕조정치[10]의 특성상[11] 군주의 개인적 능력과 리더십, 군주권의 확립 여부, 왕가의 단결, 그리고 왕가의 군주에 대한 지지와 신망 등은 왕조정치의 성패를 좌우하는 핵심 요소였다고 할 수 있다. 따라서 이 시기 군주권과 왕가에 대한 이해는 왕조정치의 설명을 위한 기본 전제가 되는 것이다.

---

10 왕조정치는 막스 베버에 의해 분류된 지배의 세 가지 종류, 즉 전통적 지배, 카리스마적 지배, 법적 지배 중에서 전통적 지배에 해당된다고 할 수 있다. 전통적 지배는 옛날부터 통용되어 오는 전통의 신성성과 그 전통에 의해서 권위가 부여된 자의 정당성에 대한 평소의 신앙에 기인되는 지배이며(이극찬 2004, 218), 장로체제, 족장체제, 세습체제로 변천되었다.

11 왕조정치의 가장 중요한 특성으로는 왕위승계가 혈연에 기반한 세습제라는 점이며, 대개의 경우 맏아들에게 왕위를 물려주는 장자세습제의 원칙이 성립되었다. 왕조정치의 또 다른 중요한 성격은 군주권력의 강대함에 있다고 할 수 있다. 최고권력자인 군주의 통치행위에 의해 신민들의 삶이 결정적으로 영향을 받게 된다는 점에서 누가 군주의 지위에 오를 것인가 하는 문제는 그 정치공동체의 가장 중요한 문제였던 것이다. 그리고 그 연장선상에서 군주가 속해 있는 왕가는 정치의 핵심에 위치해 있었다고 할 수 있다.

먼저 군주권에 대해서 살펴보면, 유교문화권에서 군주권이란 정치적인 통치권 이상의 다양한 권한을 의미하고 있었다. 즉 군주는 인민의 주인으로서 정치 전반의 모든 현실적 · 물리적 최고 권한을 행사할 뿐만 아니라 백성을 교화시킬 책임을 가지고 있었다. 그리고 관념적 요소들, 즉 천명사상, 신성성(신화성), 도덕성, 정통성, 가부장성 등이 군주권을 신성화 · 합리화시킴으로써 군주권의 권위를 높이는 이론적 기반이 되었다. 따라서 역대의 조선 군주들은 그들의 정치적 권력의 토대로 군사나 경제문제에 못지 않게 역점을 둔 것이 경연을 통한 학문과 덕성의 함양, 제사를 비롯한 각종 전례의 준행, 학교를 중심으로 한 교화사업 등 유교적 도덕성과 명분을 확립하고 왕위계승에 있어서 종법적 정통성을 확보하는 등의 관념적 요소들이었다(이영춘 1998, 81-82).

이러한 측면에서 조선의 군주들은 자신들의 군주권을 확립 · 유지하기 위해서 현실 정치가로서 정사에 능숙해야 할 뿐만 아니라 군자로서 높은 도덕적 우월성을 확보해야만 했다. 즉 현실적인 정치운영 능력과 신민들이 복종할 수 있는 도덕성, 이 두 가지를 겸비해야 했던 것이다. 그러므로 군주에 의한 왕실 전통의 수립과 준수는 왕권의 정통성을 담보해내는 핵심적 요소였다고 할 수 있다. 왜냐하면 왕실 전통에는 현실정치운영론과 군주수신론에 대한 가르침이 내포되어 있었기 때문이다. 더구나 왕실 전통은 '성현'이었던 선대왕들이 이루어 놓은 것이므로 그것을 부정하거나 수정한다는 것은 곧 '불효'가 되는 것이었다. 그리고 유교정치이념에서 볼 때 불효의 행위는 정당성에 있어서 치명적인 상실을 초래하게 됨으로써 반정(反正)의 명분이 되었기 때문이다.

한편 군주가 속한 가문인 왕가는 조선조 정치사의 핵심에 있었다. 조선왕조의 국가운영은 신분적 직분구조와 이것에 입각한 설관분직(設

官分職)의 기초 위에서 이루어졌으며, 이러한 정치 질서 속에서 왕가는 당대 최고의 명문가로 자리매김하고 있었고, 군주를 정점으로 하여 결속되어 있었다. 그리고 전통적으로 유교사회에서 일체의 인륜관계는 기본적으로 가족윤리에 바탕을 둔 것이었으며, 나아가 사회조직 또한 수많은 가(家)가 결합하여 계층적 체계를 이루고 있는 것으로 이해되는 것이었다. 이러한 유교사회의 계층적 체계에서 왕가는 최상위의 위치를 차지하고 있었던 것이다.

왕가는 특히 군주가 탄생하고 성장한 1차적 사회공간이자 혈육의 정을 느끼는 공간[12]이었으므로 군주의 인간관과 세계관, 그리고 여타의 모든 경험에 대한 원천이 되었다. 따라서 왕가가 가진 군주에 대한 정서적 영향력은 지대하였다고 할 수 있으며, 그만큼 왕가의 정치적 영향력 또한 컸다고 할 수 있다. 군주 또한 1차적으로 자신의 가문적 배경을 통해 나라 전체를 지배해야 했으므로 '제가'를 통한 왕가의 안정과 번영에 깊은 관심을 가져야만 했던 것이다.

이상과 같은 측면에서 왕가는 전주 이씨 대종가로서의 사적인 성격을 가짐과 동시에 국가를 소유·경영해 가는 군주의 가문이라는 공적인 성격을 함께 가지게 되는 것이었다. '제가'와 '치국'의 문제가 일직선으로 연결되는 정치이념에서 왕가의 '제가' 문제는 국가의 흥망성쇠와 직접적 관련이 있는 것으로 인식되었다. 특히 조선왕조와 같이 양반관료들의 공론(公論)이 중시된 정치 시스템에서는 왕가 내부의 문제는 단순히

12 공간적 의미로서의 왕가는 군주의 일차적인 행동영역으로서의 궁궐보다는 훨씬 더 넓은 범주이다. 한편 서구사회에서 궁궐이 가진 정치적 의미와 성격에 대해서는 Elias의 『궁정사회』(한길사, 2003)를 참고.

왕가의 사적인 문제로 국한되지 않았고, 많은 경우 왕가의 문제는 그 자체가 곧 조정의 문제, 즉 정치일반의 문제로 전이되었다. 따라서 왕가의 문제는 정국의 전개에 대단히 중요한 변수로 작용하였다. 예컨대 예송논쟁에서 분별주의 예학 대 보편주의 예학의 대립[13]이 있었던 것처럼, 조선조의 많은 정치적 사안들이 왕가의 문제와 직 · 간접적으로 연결되어 군주권과 신권의 대립 또는 각 정파 간의 정국 주도권을 둘러싼 정치적 대립으로 현실 정치과정에 투영되었던 것이다.

또 다른 한편 왕가의 이러한 양면적 성격 때문에 대부분의 조선 군주들은 실정법의 집행에 있어서 심각한 딜레마에 빠지지 않을 수 없었다. 특히 종친이 관련된 역모사건이 발생할 경우에는 더욱 그러하였다. 법이란 만인이 지켜야 할 천하의 공기(公器)로서 공변된 것이지만, 군주의 입장에서는 사사로운 정을 폄으로써 인륜과 집안의 화목을 지켜내는 일 또한 중요하였기 때문이다. 그러므로 조선왕조에서는 군주가 이러한 고통스러운 딜레마에 빠지는 것을 원천적으로 방지하기 위하여 제도와 관례의 양 측면에서 종친과 외척의 직접적인 왕정참여를 차단하는 전통을 확립하고자 하였다.[14]

13 왕실 전례를 두고 일어난 이러한 논쟁의 주된 입장 차이는 왕실 전례에 있어서 그 고전적인 원리에 따라 왕실만의 특수성을 견지할 것인가(王者禮不同士庶論), 아니면 왕실 전례에서도 사대부의 예인 「가례」의 보편적인 원리를 적용할 것인가(天下同禮論) 하는 문제였다. 그리고 이 문제의 정치적 배경에는 한편에서는 군권과 신권의 대립이, 다른 한편에서는 각 붕당 간의 정국주도권을 둘러싼 대립이 있었다(이영춘 1998, 76-77).

14 대표적인 예로 종친의 경우 「친진(親盡)」한 연후, 곧 골육관계에서 조상에게 제사 지내는 대(代)의 수효가 다한 다음(임금은 5대까지)에야 과거에 응시할 수 있게 한 제도를 들 수 있다. 『경국대전』, 종친부.

이와 같은 왕권과 왕가의 성격을 배경으로 하여 대부분의 군주들은 그 통치과정에 있어서 기본적으로 두 가지 힘겨운 싸움에 직면해야만 했다. 그 첫째는 끊임없이 군주권에 도전하는 신권과의 싸움이었다. 일면 무소불위의 권력을 가진 것으로 보이는 군주권[15]도 실제의 정치과정에서는 이른바 공론(公論)을 무기로 한 신료들의 견제[16]에 무력화되기 쉬웠다. 따라서 확대 · 강화의 특성을 가진 권력의 속성상 군주들 또한 실질적인 군주권의 확립을 목표로 하게 되는 것이며, 그것은 곧 군주 리더십의 문제로 귀결되는 것이었다.

둘째는 왕가 내부에서의 도전이었다. 모든 것을 얻거나 모든 것을 잃게 되는, 처절한 제로섬의 게임법칙이 지배하는 왕조정치에서 역모사건의 대부분은 왕실인사에 의한 모반이었다. 특히 후기로 내려올수록 적장자 계승의 원칙에서 벗어난 대통승계가 잦아짐으로써 이러한 경향은 심화되었다. 그러므로 군주의 입장에서는 주요 종친인사들과의 친목을 통한 왕가의 단결을 추구해야 했다. 왜냐하면 종친에 의한 역모사건 그 자체가 곧 군주의 수신의 부족에 따른 '제가'의 실패로 인식되는 것이

15 김운태는 조선조 군주권의 제약요인으로 첫째 중국과의 국제관계에 의한 지정학적 요인, 둘째 홍익인간사상 등과 같은 전통 정치문화상의 요인, 셋째 정치체제의 구조적 분화 요인으로 대별하고 있다(김운태 1980, 96-98). 한편 전통 유교정치사상에서는 군주권 제한의 근거로 혁명론(폭군방벌론), 신료의 간언, 재이(災異)에 의한 자연적 제한 등을 들고 있다.

16 신료들이 군주와의 관계에서 실질적으로 정치적 주도권을 행사하는 제도적 장치는 두 가지로 대별할 수 있는데, 그 하나는 개별적인 것으로 경연에서의 진강이나 언론3사에서의 언관활동에 의한 간쟁 등으로 군주의 자의적 행동을 규제하는 것이며, 다른 하나는 집단적인 방식으로 당론형식의 공론을 일으킴으로써 군주에게 집단적으로 영향력을 행사하는 것이었다(강광식 2000, 78-79).

며, 이는 군주의 지도력에 심각한 손상을 초래하였기 때문이다. 그리고 이 문제 또한 군주의 리더십 문제로 귀결되는 것이었다.

이상에서 살펴본 바와 같이 군주를 정점으로 한 왕가는 당대 최고의 명문가로서 그에 걸맞은 행위양식을 가져야만 했으며, 그것은 도덕적 정당성의 확보와 가문적 결속이라는 두 가지 문제로 집약될 수 있었다. 그리고 이를 통해 일반 사가(私家)에 대한 지도력을 가질 수 있었다. 즉 왕가는 일반 백성들로부터 무언으로 요청되는 행위규범에 대응해야 했으며, 이에 적절하게 대응할 때만 왕가로서의 가문적 지위와 그에 따른 특권을 확보하여 왕업을 안정적으로 계승시킬 수 있었다. 만약 왕가로서의 지위에 합당한 전통과 규범을 확립하지 못했을 때 왕가는 백성들로부터 승인과 지지를 상실하게 되고, 왕가를 기반으로 성립된 왕조체제는 밑바탕으로부터 붕괴될 수밖에 없다는 사실을 왕가와 역대 군주들은 잘 인식하고 있었던 것이다.

실질적인 권력과 지도력을 상실한 군주, 그리고 왕가 내부에서 인망을 잃은 군주의 모습은 역대의 군주들이 상상하고 싶지 않은 군주상이었다고 할 수 있다. 그러한 군주가 출현할 경우 그것은 군주권의 상실은 물론 왕업의 단절로 이어질 것이며, 왕조정치에서 이는 곧 후손들의 멸족을 의미하는 것일 수도 있었다. 따라서 역대 군주들은 자신들의 왕업을 후손들에게 대대로 안정적으로 승계시키기를 소망하게 되는 것이며, 이를 위해서는 후대 군주들의 리더십의 함양과 '제가'의 실현방법에 관심을 가지지 않을 수 없는 것이다. 따라서 자신들의 통치경험을 바탕으로 한 치국의 요체를 후대의 군주들에게 전수시키는 것이 중요하였으며, 가법 등을 통한 왕가의 다양한 형태의 가문적 전통의 수립은 가문적 단결과 화합을 통한 군주 리더십의 함양에 그 목적이 있었다고 할 수 있다.

Ⅲ. 유교정치와 '제가(齊家)'

1. 조선조 유교왕정체제에서의 군주 리더십론

조선왕조가 통치이념으로 채택한 유교는 그 어떤 사상보다도 정치지도자의 역할을 강조한다. 심지어 부정적인 의미에서 인치(人治)로 매도당할 만큼 적임자에 의한 정치를 강조한다. 유교정치이념에서 공동체 전체의 운명은 사실상 정치지도자의 지도에 좌우되며, 특히 그것은 궁극적으로 최고정치가의 도덕성에 좌우된다고 간주했다. "먼저 자신을 바로 잡을 수 없으면 어떻게 백성을 바로 잡겠는가"[17]라는 공자의 말은 도덕적 인격인에 의한 정치운용을 강조한 것이었다. 이와 같이 유교통치이념에서는 최고통치자의 도덕적 수양 및 공동체 구성원의 도덕적 교화를 무엇보다도 강조했다(안외순 2002, 13). 이러한 측면에서 일반적으로 유교사상의 논리구조가 함축하고 있는 리더십의 측면은 『대학』의 '수기치인' 구조에 내장되어 있다고 할 수 있다. 즉 수양을 통한 도덕적 자아의 확립(格物致知 誠意正心)을 정치적 리더십의 근원으로 보는 것이다. 따라서 구체적인 정치문제의 해결을 정치영역의 독자성을 인정하는 바탕에서 찾는 것이 아니라 치자(治者)의 도덕성으로 환원시킨 '군주수신론(성학론)'으로 해결할 수 있다는 환원주의적 입장에 서 있다. 이러한 인식을 바탕으로 하여 유교에 있어서 정치적 리더십의 전형은 한마디로 도덕적

17 不能正其身 如正人何. 『論語』「子路」.

완전성과 통치권의 장악이라는 토대 위에서 구성되는 것으로, 이것이 내성외왕(內聖外王), 곧 성왕(聖王)인 것이다(박병련 2002, 121-126).

이와 같은 인식을 토대로 조선조에서 군주의 통치행위는 성학(聖學)[18]에 바탕을 두어야 한다고 주장되었다.[19] 성학이란 글자 그대로 성인의 학문, 즉 유교를 지칭하는 것이며, 군주의 통치의 궁극적 목적은 성인의 학문을 현실정치에서 실현하는 것이었다. 그러므로 성학을 부단히 연마하는 학습자이자 유덕자로서의 이미지 창출과 그 실현에 군주가 부심했던 것은 유덕자로서의 이미지가 지배의 정당성과 관련되기 때문이었다(유미림 2001, 8).

또한 조선조에서의 군주는 통치권자로서 정치행위만을 책임지는 존재가 아니었다. 군주의 말을 '교(敎)'라고 한 사실에서 단적으로 나타나듯이 군주는 군사(君師), 곧 통치자일 뿐만 아니라 큰 스승이 되는 것이 이상(理想)이었던 것이다(정옥자 1996, 76). 이에 따라 조선조에서의 이상적인 군주상은 정통 유교정치이념에서 내세우는 군자, 곧 수기(修己)에 토대를 둔 제반 덕목을 일반 백성들에게 베풀면서 교화시킬 수 있는 존재로 상정되는 것이며, 가능하다면 더 나아가 성인의 반열에 들 수

18 이러한 인식은 퇴계의 '성학을 두텁게 하여 다스림의 근본을 세워야 한다. … 어찌 학문을 쌓고 덕을 이루는 것으로 다스림의 근본을 삼지 않겠는가. … 큰 근본이 서면 천하의 정치는 모두 여기에서 나오는 것이다'라는 말에 잘 나타나 있다. 『퇴계선생문집』 권6, 「戊辰六條疏」.

19 조선중기에 퇴계의 『성학십도』와 율곡의 『성학집요』 등 성학이란 이름의 군주학이 등장하는 것은 주목되는 역사적 현상이다. 이러한 현상의 배경으로는 성리학에 대한 이해의 심화, 사림(士林)의 역할 증대 등을 들 수 있지만, 무엇보다도 중국의 제왕학을 소화하여 조선화하였다는 점을 주목해 볼 수 있다(정재훈 1999, 93-115 및 정재훈 1998, 101-136).

있을 정도의 자기 수양이 된 인물인 것이다. 왕정체제 하에서 군주의 통치에 요구되는 제 덕목과 자질, 규범과 기술, 책략 등에 관해 군주에게 진달되는 모든 논의를 군주론이라는 이름 하에 포괄한다면, 조선에서의 군주론은 유교적 통치이념 하에 그 덕치주의적 성격이 부각됨으로 인해서 군주성학론에 귀결되어 기본적으로 도덕주의가 강조되는 방향으로 흘렀던 것이며(유미림 2001, 8), 이러한 전통을 바탕으로 하여 왕조개창시부터 강조된 '유덕자 군주론'이 퇴계의 『성학십도』와 율곡의 『성학집요』에서 더욱 체계적으로 완성되었던 것이다. 그리고 이를 바탕으로 한 진정한 의미에서의 통치의 완성은 군주가 내면화한 도덕적 규범을 정치사회에서 실천규범으로 제시해 주어 기강이 확립된 예치의 사회를 이루는 것이었다.

이상에서 살펴본 바와 같이 조선왕조는 유교정치이념에 입각하여 왕조개창기부터 지배계층에 대한 규범적 제약을 군주에게 더욱 엄격히 요구하는 전통을 보여주었는데, 왕실 또한 그 연장선상에 있었다. 즉 이전 왕조와는 달리 조선왕조는 초월적 권위에 기대어 왕실의 존엄성을 확보하기보다는 도덕적 존재로서의 군주와 왕실이 사회적 무질서의 해결을 위해 힘에 의한 통치가 아닌 덕에 의한 통치를 목표로 하게 되는 것이었다.

유교의 가르침에서 인간은 사물의 객관적 세계에서 올바른 지식을 얻고(格物致知) 의지를 정성스럽게 하며(誠意) 마음을 바르게 함(正心)으로써 자신의 덕을 닦을 수 있으며, 이런 수신의 방법을 기초로 하여 가정을 바로 잡고(齊家) 나라를 다스리며(治國) 천하를 평화롭게 하는(平天下) 성취를 이룰 수 있는 것으로 인식된다(『대학』 1장). 이와 같이 자신을 닦아 백성을 편안하게 한다(修己而安百姓)는 공자의 통치원리는 자신을 닦는 주체의 수양적 조건을 전제하고 있는 것이며, '수신'과 '치국평천하'를 매개하는 실천규범으로서 '제가'가 존재하는 것이다. 그러므로 군주는 자기 수양에 충실해야 함은 물론 치국평천하를 이루기 위해서는 그 중간단계로서 '제가'의 문제 또한 경시할 수 없었다.

가정에서 부자의 윤리인 '효'는 국가 차원에서는 군신의 윤리인 '충'으로 나타나게 되는데, 이러한 유교의 전통에서 군주는 국민의 아버지 역할을 갖는 종법제도의 질서 속에 포함되었다. 그러므로 국가란 가정생활의 연장선상에 있는 것이기 때문에 군주가 수신을 성취하였으나 제가를 이룩하지 못하면 치국평천하를 할 수 없는 것으로 인식된다. '제가'에 실패한 군주는 종국적으로 '수신'에 실패한 군주일 수밖에 없는 것이므로 최고통치자의 자격이 없는 것으로 인식되는 것이다. 그리고 설령 제가의 실현 없이 치국평천하를 이루었다 하더라도 그 치국평천하의 생명력은 길지 못하다는 것이 유학자들의 생각이었다. 그러므로 일개 유학자가 아닌 국가를 통치하는 군주의 입장에서는 '수신'과 '제가'의 문제는 불가분의 관계에 있는 것으로, 두 측면 모두 군주의 성공적인 통치의 한 전제가 되는 것이었다.

2. '제가(齊家)'의 중요성 인식

앞에서 살펴본 바와 같이 유교적 가족주의에서 '가'는 단순히 외면적 측면에서 그 구성원의 범주를 나타내는 협의의 의미를 가지는 것은 아니었다. 즉 그것은 가족, 가업, 가산, 가례, 가법, 가통, 가묘, 가보(家譜)와 가승(家乘), 가사(家史) 등을 포괄하는 하나의 전체적이고 완결된 구조를 갖추고 있는 광의의 의미를 가지는 개념이었다(최봉영 2000, 277). 그리고 이러한 '가'의 조직은 국가나 천하로 확대되어[20] 궁극적으로는 천하일가(天下一家)의 정치이상을 추구하면서 모든 사회를 규정하는 원리로 작용하였다. 곧 '가'의 평화는 '국가'의 평화와 '천하'의 평화를 이루는 근본이 되는 것이었다.

이러한 맥락에서 '가'에서 경(敬)을 중심으로 한 효의 실천은 군주에 대한 충(忠)의 전제가 되는 것으로 인식되었으며,[21] 군주의 경우에 있어서는 이러한 효를 바탕으로 하여 수신과 '제가'에 노력할 때만이 치평(治平)을 이룰 수 있는 것으로 인식되는 것이었다. 그러므로 '수신'과 '제가'의 실현을 바탕으로 할 때만이 치국평천하가 가능해지는 것이었다.[22]

이와 같이 성리학적 가족공동체에서 가족원들은 이와 같은 '가'의 목표를 실현하기 위해 '가'를 효율적으로 운영하여야 했다. 그리고 이를 위해 '가'를 운영하는 원리로 '가도(家道)'를, 가도의 운영방향을 설정해 놓은 것으로 '가훈(家訓)'을, 그리고 가도와 가훈을 구체화한 것으로 가법(家法)을 두었다. 또한 가정의 실제적인 운영을 가정(家政)[23]이라 하는

20 天下之本 在國 國之本 在家 家之本 在身. 『맹자』「이루」상.

21 求忠必於孝 予之用人 必先問其內行之如何者此也. 『홍재전서』 제177권 일득록.

22 "大學之平天下 … 而語其要則不過曰修身 知所以修身 則知所以治人 知所以治人 則知所以治天下國家矣"라는 정조의 언급이 여기에 해당된다고 할 수 있다. 『홍재전서』 제169권 일득록.

23 가정(家政)은 '가정을 다스린다'는 뜻으로 가사(家事)를 처리하는 것을 말한다. 조선시대의 『가정(家政)』이라는 책에는, 택거정(擇居正), 선수신(先修身), 칠정(七情), 언어(言語), 용의(容儀), 의복(衣服), 음식(飮食)부터 역농상(力農桑), 치재용(治財用), 방화재(防火災), 비도적(備盜賊) 등에 이르는 가사의 세세한 내용이 기록되어 있다.

데, 가정은 살림살이의 이모저모에 따라 세세한 조목으로 나뉘게 되었다.

'가'를 운영하는 기준은 어디까지나 제(齊), 곧 질서를 좇아서 가지런하게 하는 것에 초점을 두었다. 가도나 가훈, 가법, 가정을 중시한 것은 '가'의 운영에 일관성을 기하여 효율성을 높이고 소속원들에게 '가'의 일원으로서의 정체성을 함양하기 위한 것이었다. 이렇게 하여 아름다운 가풍(家風)을 만들고 전함으로써 '가'의 번성을 꾀하고자 하였던 것으로(최봉영 1999, 70), 그 핵심은 '가'의 원칙과 규율을 세우는 것이었다고 할 수 있다.

유교의 원리에서 자신을 닦아 백성을 편안하게 한다(修己而安百姓)는 공자의 통치원리는 자신을 닦는 주체의 수양적 조건을 전제하고 있는 것이며,[24] '수신'과 '치국평천하'를 매개하는 실천규범으로서 '제가'가 존재하는 것이다.[25] 이러한 인식에서 올바른 '가'의 확립을 통해서만이 난세를 다스릴 수 있다는 신념이 형성되는 것이었으며, 이러한 측면의 인식에 있어서 왕가에서의 '제가'는 더욱 절실한 문제였다고 할 수 있다.

조선왕조는 왕권의 정당성을 확보하는 통치이념으로 유교를 채택하였으므로 지배의 정당성을 획득하기 위해 왕의 통치행위는 유교의 원

24 子曰 其身正 不令而行 其身不正 雖令不從. 『논어』「자로」.

25 이와 관련하여 율곡의 『성학집요(聖學輯要)』를 주목해 볼 필요가 있다. 『성학집요』는 「수기(修己)」·「정가(正家)」·「위정(爲政)」의 삼각체제로 구성되어 있는 바, 「정가편(正家篇)」은 군왕이 자신의 집안, 곧 왕실을 다스리는 법도를 설명한 것이며, 그 세부목차는 총론(總論), 효경(孝敬), 형내(刑內), 교자(敎子), 친친(親親), 근엄(謹嚴), 절검(節儉), 공효(功效)의 8장으로 구성되어 있다. 조선조 제왕학을 완성시켰다는 평가를 받는 율곡도 치국의 전제로서 제가의 문제를 지극히 중요시하였음을 알 수 있다.

리에 따라야 했다. 따라서 조선왕조는 초월적 권위에 기대어 왕실의 존엄성을 확보[26]하기보다는 유교 통치철학으로부터 유래되는 수신에 의한 후천적 모범성을 통해 통치의 정당성을 확보하고자 하였던 것이다. 또한 실제의 정치운용에 있어서 중요한 한 가지 요소는 개인으로서의 군주뿐만 아니라, 군주를 포함하는 집단으로서의 왕가 또한 도덕적 정당성을 획득해야만 했던 것이다. 그러므로 새로운 왕조를 개창한 조선왕실은 이전의 왕조를 비판적으로 극복해야만 했으며, 비판의 기준이 되는 교과서는 어디까지나 유교경전이었다.

이러한 역사적 배경으로서는 조선조의 통치이념으로 자리잡은 성리학의 이념체계가 있었다. 성리학자들은 올바른 '가'와 '가례'를 확립함으로써만이 '난세'를 치유할 수 있다고 믿었다. 즉 강력한 왕권과 중앙정부에 의한 통제만으로는 시대의 혼란을 막을 수 없으며, 성리학적 질서가 체현되는 올바른 '가'의 확립과 그것의 사회적 확산을 통해서만이 패도나 법치로도 다스릴 수 없는 난세를 다스릴 수 있다고 믿었던 것이다. 그러므로 특히 왕가의 경우에 있어서 국가 기강을 총괄하고 종족을 결속시켜 백성들에게 '제가'에 성공했음을 보여주기 위해서는 종법을 세워 계보를 분명히 하고 올바른 가법을 정립하여 조상들의 지혜를 후손들이 본받게 하는 것 등이 왕업의 안정적 계승을 위해 반드시 필요한 것으로 인식하였던 것이다.

왕실의 '제가'의 중요성에 대해서는 왕조 초기부터 군주와 신료가 모두 동의하고 있었다. 예를 들어 초기의 세조는 "선왕의 법을 준수하여

26 이러한 예로서는 고구려 왕실의 천손(天孫) 의식과 신라 왕실의 진종(眞種) 의식 등이 대표적이다.

과오가 되는 것은 없다"라는 옛말을 인용하면서, "제왕의 정치는 몸으로부터 집으로 나라로 천하에 미치는 것인데, 가법이 한번이라도 바른 것을 잃으면 화(禍)가 곧 따르는 것이다"[27]라고 하였다. 또한 세조 1년 집현전 직제학 양성지가 "가법의 정대함은 전조를 훨씬 앞서고 있다"(『세조실록』 1년 7월 무인조)라고 한 것은 조선조의 우월성에 대한 자신감의 피력이었던 것이다. 이와 같이 가법의 중요성에 대한 인식은 왕조 초기부터 있었고, 제가의 실현은 곧 올바른 가법의 정립과 그 준수 여부에 달려 있는 것으로 인식되었다. 따라서 왕가 가법에는 가법의 중요성과 그것의 준수에 관한 역대 군주들의 가르침도 있었다. 이에 따라 "선대의 유지를 계승하는 것이 곧 가법"(『현종개수실록』 4년 7월 신묘조)이 되며, "제왕가의 가법은 엄절하게 하는 것"(『영조실록』 29년 2월 경자조)이며, 또한 이를 바탕으로 "가법을 명백히 잇고 계승"(『정조실록』 3년 12월 경오조 등)해야 하며, "치법(治法) · 정모(政模)는 으레 가법을 준수"(『정조실록』 4년 3월 정해조)해야 하고, "임금의 가법은 반드시 집안을 바루는 것을 먼저"(『현종실록』 13년 8월 임신조)해야 한다는 것이 강조되었는데, 이는 곧 '제가'를 위한 왕실 전통이 형성되는 과정인 것이다.

'제가'와 가법의 중요성에 대한 이러한 인식은 왕조 초기에서부터 후기에 이르기까지 일관되고 있었다. 조선조에서 경연이 가장 활성화된 영 · 정조시대를 중심으로 가법과 제가의 문제에 대한 언급을 살펴보면 그러한 내용이 잘 나타나 있다. 다음의 영조와 사도세자 간의 문답에서도 그것을 알 수 있다(『영조실록』 24년 10월 갑진조).

27 "且帝王之治 自身而家 而國天下 家法一或失正 禍旋隨之." 『세조실록』 11년 9월 기유조.

- 영　조 : 네가 사서(史書)를 살펴보건대 한 · 당 · 송 세 왕조 가운데 어느 나라가 가장 나은가?
- 세　자 : 한나라가 제일 위이고 송나라가 그 다음이며 당나라가 가장 하위입니다.
- 영　조 : 당나라가 무엇 때문에 가장 하위인가?
- 세　자 : 제가(齊家)를 잘 하지 못했기 때문입니다(임금이 칭찬하고 매우 기뻐하였다).

이러한 문답의 내용을 통해 조선왕조의 군주교육에 있어서 '제가'가 얼마나 중대한 의미를 가지는가를 알 수 있다. 그리고 이 '제가'를 실현시키기 위한 구체적이며 실천적인 방법론으로서 가법 등이 중시되는 것이었다. 정조와 당대의 대학자인 이가환이 나눈 문답의 내용도 그것을 잘 보여주고 있다(『정조실록』 2년 2월 을사조).

- 정　조 : 당나라 태종은 곧 영명한 임금으로, 정관의 정치는 지극히 훌륭하다고 이를 만 하고 번진(藩鎭)의 설치는 또한 응당 조리가 있게 된 것인데, 두어 대(代)를 전하지 못하여 그만 바로 문란해졌음은 또한 무슨 까닭이겠는가?
- 이가환 : 당나라 태종은 영명하였고 세운 법은 진실로 좋은 것이었으나 그런 제도가 오래 가지 않아서 추락되어 버렸음은 가법(家法)이 올바르지 못했던 까닭으로 자손들이 능히 세수(世守)하지 못한 데에 말미암아서 그렇게 된 듯합니다. 송조(宋朝)의 세운 법이 비록 당나라만은 못하였으나 여러 대를 인

> 후(仁厚)하게 서로 전해갔으며 … 가법(家法)이 이처럼 올바르게 되었기 때문에 자손들이 능히 세수하여 잃어버리지 않게 된 것입니다.

이와 같이 조선왕조에서는 초기부터 후기에 이르기까지 '제가'와 제가의 실현을 위한 방법론으로서 '가법' 등을 중시하고 있었다. 그리고 이 왕가 가법 등과 같은 왕실의 전통은 선왕들이 만든 전범(典範)으로서 후대 왕들이 함부로 바꿀 수 없는 상경(常經)의 지위를 가지게 되는 것이었다. 가법이나 왕실 전통에 위배된다는 것은 곧 상경의 원칙론을 파기하는 것이며, 이는 선대 왕들에 대한 불효의 행위가 되었다.[28] 그러므로 올바른 왕실 전통의 정립과 그것의 후대 왕에게로의 전수는 제왕들에게 있어서 효행의 실천이었으며, 그것은 왕가의 성격상 직접적으로 국가의 안녕과 직결되는 문제였다.

28 "제왕의 효도는 조종(祖宗)을 따라 감히 폐지하지 않는 것보다 더 높은 것이 없다"라는 역대 군주들의 언급이 그 좋은 예이다. 『숙종실록』 39년 1월 기축조.

Ⅳ. '제가'의 실현을 위한 왕실 전통의 내용

1. '법조(法祖)' 개념과 전통[29]의 존중

신생왕조를 개창한 초기의 군주들은 후대 군주들의 능력을 제고시켜 인민들의 요구에 부합하도록 함으로써 자신들의 왕업을 안정적으로 계승시키를 소망하게 되고, 이를 위해 자신들의 통치경험을 바탕으로 하여 치국의 요체를 후대에 교훈으로 남길 필요가 있었다. 그리고 그러한 교훈의 핵심이 되는 주요 내용은 조종의 덕행을 바탕으로 하는 바였고, 그러한 표현 중의 하나가 곧 '법조'의 개념이었다.

이러한 인식의 바탕에는 조선조 역대의 군주들에게 선대로부터 금과옥조로 전수된 임금의 도리에 대한 훈계가 있었으며, 그 내용은 크게 첫째 하늘을 공경하며, 둘째 조상을 본받고, 셋째 백성을 사랑하며, 넷째 어진이를 높인다는 것으로 요약되었다.[30] 그리고 그 중에서 조상을 본받

29 에릭 홉스봄에 의하면, 많은 경우 전통들은 만들어지며, 만들어진 전통들은 첫째 특정한 집단들의 사회통합이나 소속감을 구축하거나 상징화하는 것들, 둘째 제도, 지위, 권위관계를 구축하거나 정당화하는 것들, 셋째 그 주요 목표가 사회화나 혹은 신념, 가치체계, 행위규범을 주입하는 데 있는 것들로 이루어진다고 한다(hobsbawm, 2004, 33). 이러한 측면에서 조선왕실 또한 왕족들의 소속감과 사회화, 행위규범 등을 주입하기 위해서 '전통들'을 '만들어' 갔다고 할 수 있다.

30 임금의 도리에 대한 이러한 가르침은 조선 말기에 이르기까지 계속 강조되었다. 여기에 관해서는 『헌종실록』 6년 12월 신사조, 『철종실록』 8년 8월 정사조, 『고종실록』 3년 2월 계묘조 등을 참조할 것.

는다는 것이 가장 핵심적인 내용이었다고 할 수 있다. 왜냐하면 경천(敬天)·애민(愛民)·존현(尊賢)의 이 세 가지는 조상을 본받는 행위, 곧 법조(法祖)에 당연히 포함되는 것이었기 때문이다. 이런 측면에서 후대 군주들은 선대 군주들이 남긴 큰 법도를 서로 이어받아 준행하여 지킬 때 오래도록 나라를 편안히 다스릴 수 있는 것으로 인식하였다.[31] 군주의 행위는 자손 만세의 모범이 되고 또한 후손들이 왕실의 전통으로 삼게 되므로 군주는 한편으로는 선대의 행적을 표준으로 삼고, 다른 한편으로는 후대의 모범이 되도록 그 행위에 있어서 신중에 신중을 기해야만 하였다. 그리고 이제는 치국의 요체의 하나로서 왕실 전통의 전수 그 자체가 전통이 되어졌던 것이었다. 그러므로 이러한 왕실 전통의 분석을 통해 왕조정치에서 역대 군주들이 구상하였던 경세(經世)의 종합적인 틀을 확인할 수 있는 것이다.

조선왕조는 개창기부터 전시기의 신화·종교·미신 등이 담당했던 신비적 역할을 크게 약화시키고, 그에 대신하여 세속적·합리적 원리를 가진 대민통치의 기법을 개발함으로써 조선왕조의 정당성의 근거를 확립하고자 하였다. 물론 조선왕조도 『고려사』나 『용비어천가』 등을 통해 태조 이성계와 그 조상들에 대해 천명을 받은 존재로 규정하면서 조상들의 영웅적인 활약상을 신화화하고 있다. 그러나 고대의 건국신화나 고려조의 그것과 비교해 볼 때 그 신비화의 강도는 현저히 약화된 것이었다. 특히 건국영웅인 이성계보다는 그 조상들의 활약상을 더욱 상세히 서술

31 "나라를 세우고 가훈(家訓)을 계승하는 것은 영원히 소인(小人)의 화(禍)를 끊는 것이다"라는 영조의 언급은 치국(治國)과 왕가 가훈, 그리고 제가의 문제와의 상관관계에 관한 이러한 인식을 잘 보여주고 있다. 『영조실록』 1년 8월 11일. 「위훈 삭거를 종묘에 고하고 반포하는 교서」.

하고 있다는 점을 주목할 필요가 있다. 그것은 건국영웅인 태조 이성계의 개인적 역량보다는 그를 존재하게 한 뿌리 깊은 집안의 내력, 즉 오랜 세월 공덕을 쌓아온 조상의 음덕의 중요성을 부각시킨 것이었다. 이른바 천명(天命)이라는 것은 하늘로부터 무조건적으로 우연히 주어지는 것이 아니라 선대로부터의 선 · 덕행이 축적된 결과인 것이다. 그리고 그것은 조상 대대로 쌓아온 공덕의 결과, 마침내 그 후손들이 국가를 소유하고 통치할 자격을 하늘로부터, 그리고 인민들로부터 획득하였음을 은연중 과시하는 것이었다.

이러한 배경 하에서 대개의 경우 새로운 군주가 대통을 승계할 때 가장 먼저 천명하는 것은 선왕의 성덕과 선행을 이어가는 일이었다. 즉 대권을 계승한 군주는 성현이었던 선왕들이 이루어 놓은 정치적 전통을 계술(繼述)해야만 했다. 이것은 조선왕조 정책결정의 세 가지 준거틀, 곧 유교경전, 경국대전, 선례(박창진 1996, 18-21)에 따라 정사(政事)를 펼치겠다는 의미를 내포하는 것이었고, 모든 조선의 군주들은 그 즉위교서에서 계지술사(繼志述事), 곧 선대의 뜻을 이어받아 정사를 펼치겠다는 뜻을 중외에 선포해야 했다.[32] 선대의 뜻을 이어받아 정사를 펼치겠다는 것의 정치적 함의는 곧 개별 군주의 개인적 역량보다는 왕조를 존속시켜

32 헤겔은 중국의 황제에 대해 “황제는 그 지위상 친히 통치하지 않으면 안 되게 되어 있고, 따라서 법관이 실제상으로는 그의 일을 해준다고 할지라도 그 자신이 국법과 국무에 통달해 있어서 이것을 심판하지 않으면 안 된다. 그러나 황제의 독단의 여지는 극히 적다. 왜냐하면 일체는 옛적부터 전해 내려오는 나라의 원리(古訓-필자)에 의거해서 행해지기 때문이다”라고 평가한 적이 있는데, 이것은 조선왕조에 있어서도 똑같이 적용될 수 있다고 판단된다. 이는 동양적 왕조정치에 있어서 전통의 힘이 얼마나 강대하였는가를 보여주는 것으로 그 바탕에는 ‘효(孝)’ 사상이 자리매김하고 있었다(Hegel 1991, 190).

온 뿌리깊은 왕가의 가문적 전통과 내력, 즉 오랜 세월 공덕을 쌓아온 선대 군주들의 덕행을 그대로 따르겠음을 천명하는 것이었다. 다시 말해 성현이었던 선대 군주들에 의해 훌륭한 정치가 계속되었기 때문에 왕조 정치가 안정적으로 계승되었다는 역사인식을 가지는 것이었다.[33] 그러므로 새로이 대통을 승계한 군주는 성현이었던(후대 군주들의 표현에 의하자면) 선대 군주들이 이루어 놓은 훌륭한 전통을 준수함으로써 왕업의 안정적 운영이 가능하다는 믿음체계를 가지게 되는 것이었다.

이와 같은 믿음체계에서 조선의 군주들은 선대 군주들의 행적을 본받는 문제에 지대한 관심을 가지게 되는 것이었다. 대표적인 예가 왕명에 의해 『국조보감(國朝寶鑑)』이 편찬되는 경우이다. 이는 성현(聖賢)이었던 선대군주들의 공덕을 기술하고 선양함으로써 후대 군주들에게 정치적 감계(鑑戒)를 하기 위한 것이었다. 비록 국조보감의 성격상 상징적이고 의례적으로 군주의 '좋은 말과 착한 행동'을 기록한 측면이 있으나 군주의 행동에 하나의 기준을 제시했다(정재훈 2002, 37-40)는 측면을 고려해 본다면 군주의 역할과 위상 등 전반적인 군주의 통치행위와 관련하여 하나의 리더십 교본의 역할을 하였던 것이다. 세조가 재위시 그 아들인 예종을 경계하기 위하여 저술한 『훈사(訓辭)』 10장이나 영조가 그

33 이와 같은 동양적 역사인식을 주목하면서 헤겔은 중국을 '지속의 왕국(the empire of duration)'이라 평가하였다. 곧 "중국은 고대에 벌써 오늘과 같은 상태에 도달해 있었다. 왜냐하면 객관적인 존재와 그에 대한 주관적 운동 사이의 대립이 아직 없기 때문에 변화는 일체 없고, 언제까지나 동일한 것이 되풀이 나타난다"라고 하였다(Hegel 1991, 183). 이러한 평가를 그대로 받아들인 제국주의 시대 일본인 학자들은 이를 정체성(停滯性) 이론으로 왜곡시킴으로써 반도론(半島論), 당파성론(黨派性論) 등과 함께 일제(日帝)에 의한 조선의 식민지배를 정당화하는 도구로 이용하였다.

손자인 정조를 위해 직접 『어제조훈(御製祖訓)』이라는 교재를 만든 것, 그리고 순조대에 역대 군주의 행적 중에서 왕세자에게 교훈이 될 내용을 모아 춘방에서 편찬한 『모훈집요(謨訓輯要)』 등도 그러한 성격의 저술이었다. 이와 같이 조선조에서는 군주의 통치행위 전반을 기록해 둠으로써 후대 군주들을 감계(鑑戒)시키는 역할을 하였는데, 통치사의 기록에 대한 관심 그 자체가 실제에 있어서는 선대를 표준으로 정사(政事)를 펼치게 하는 기능, 곧 전통을 존중하도록 하는 기능을 수행하였던 것이다.[34]

이러한 측면에서 보자면 왕가 가법의 정립과 전수도 '제가'를 위한 왕실 전통의 형성과정이라고 할 수 있다. 왕가 가법의 핵심 내용은 왕업의 안정적 계승을 이루기 위해서 선대 군주들로부터 오랜 세월 동안 축적 · 전수된 지혜로운 가르침이었다. 왕업의 안정적 계승을 목표로 하는 왕가 가법은 그 세부내용으로 첫째 군주의 수신생활에 관한 내용, 둘째 왕가의 단결과 화합을 위한 내용, 셋째 치국의 요체와 그 전수에 관한 내용으로 이루어져 있었다. 그리고 이러한 가르침을 후대 군주들이 준수하도록 '강제' 했다는 측면에서 가법은 가훈(家訓), 가범(家範), 가도(家道) 등과는 그 의미하는 바가 달랐다. 즉 왕가 가법이라는 용어에는 왕가의 가문적 전통을 '법삼아' 반드시 준수해야만 한다는 당위론적 강제규범의 성격을 내포했던 것이다. 달리 표현하자면 조상들의 공덕의 결과 그 후손들이 국가를 소유 · 통치하게 되었다면, 후손 대대로 국가를 소유하

34 이극찬은 리더십의 유형을 ① 전통적(신분적) 리더십, ② 대표적 리더십, ③ 투기적(선동적) 리더십, ④ 창조적 리더십의 네 가지로 분류하였는데(이극찬 1999, 276-279), 본고에서 논의하고 있는 왕실 전통의 정립 · 축적 · 전수과정은 곧 전통적(신분적) 리더십의 형성과정이라고 할 수 있겠다.

고 통치해 가기 위해서는 선조들이 쌓아온 공덕을 '반드시' 본받고 그 가르침의 내용을 '반드시' 준수해야만 왕업의 오랜 역사를 담보해낼 수 있다는 믿음체계를 바탕으로 한 것이었다. 이러한 측면에서 왕가 가법은 그 믿음체계의 핵심에 해당된다고 할 수 있다. 따라서 왕가 가법은 군주들의 통치활동에 있어서 가장 중요한 실천지침으로서의 역할을 하게 되었던 것이다.

2. '제가'를 위한 왕실 전통의 내용과 그 정치적 함의

이상에서 살펴본 바와 같이 왕실 전통과 왕가 가법 등은 성인(聖人)이었던 선대 군주들이 남긴 치국의 요체였으므로 후대 군주들이 이를 계술(繼述)함으로써 선대의 덕택(德澤)이 그 후손과 백성들에게 내려간다는 믿음체계를 그 기반으로 하고 있었다. 그리고 그것의 궁극적 목적은 왕업의 안정적 계승이었으며, 이를 위해서는 유덕자 군주에 의한 대통의 승계가 필수적 전제조건이었다. 따라서 역대의 군주들은 후대의 군주들에게 군주로서의 역량과 덕성을 갖추게 하는 데 지극한 관심을 가지고 있었다. 왕실의 전통은 바로 그러한 선대 군주들에 의해 정립 · 축적 · 전수된 치국의 요체를 함축하고 있는 것이며, 또한 지혜의 보고(寶庫)인 것으로, 그 핵심 내용의 하나는 '제가'를 통한 군주의 리더십 함양에 관한 가르침이었다고 할 수 있다.

다른 한편 후대 군주들이 왕실의 전통을 준행한다는 것은 곧 효행의 실천이었다. 조종의 업을 이어서 힘을 다하여 정사에 임하고, 어버이를 섬기는 데 정성과 공경을 다하며, 동시에 덕행과 교화를 백성에게 미치게 함으로써 제왕의 효행이 왕가에 사랑을 일으키게 하고 온 나라에 사랑을 일으키게 하는 것, 그리하여 조종의 왕업을 만세에 이어주는 것, 이것이 왕실의 전통을 충실히 준행하는 제왕의 효도이자 또 그것을 통해 얻어지는 효과인 것이다.

이상에서 살펴본 바를 바탕으로 하여 왕실이 집안을 바르게 하기 위해 하나의 전통으로 형성했던, 곧 '제가'를 위한 가르침의 내용을 『실록』의 기록을 중심으로 살펴보자면 다음과 같다.

첫째, '제가'를 위한 효경(孝敬)의 전통에 관한 내용이다. 집안을 다스리는 도는 효도와 공경하는 일을 그 첫째로 삼으며, 그 주요 내용은 사친(事親)의 도리, 살아서 섬기는 도리, 죽어서 장사지내는 도리, 제사지내는 도리, 효로써 수신(守身)하는 데 대한 내용, 효도로써 천하에 미루는 것에 대한 내용 등으로 이루어졌다. 그 구체적인 내용으로는 "제왕의 정치는 몸으로부터 집으로 나라로 천하에 미치는 것"(『세조실록』 11년 9월 기유일)으로, "제왕의 효도는 사직을 편안하게 하고 조종을 계승하는 것으로 중함을 삼는 것"(『선조실록』 8년 2월 경진조 등)이라는 조종의 가르침이 있으며, 일상에서의 예로는 대비 거둥시 영송(迎送)하는 것(『광해군일기』 1년 2월 무오조 등), 자전 배알 때 전문(殿門)을 바라보고 반드시 수레에서 내려 걸어 효경의 모습을 보이는 것(『정조대왕행장』 등)의 내용이 있다. 그 외에 선대 유지 계승(『숙종실록』 39년 1월 기축조 등), 장례절차(『영조실록』 38년 7월 계유조 등), 상복예법(『현종개수실록』 9년 11월 신해조 등), 삼년상(『연산군일기』 1년 5월 경술조 등), 제사(『중종실록』 5년 12월 경인조 등), 삭망과 상향의 몸소 거행(『정조실록』 즉위년 3월 신사조 등) 등의 내용이 있다.

둘째, '제가'를 위한 형내(刑內)의 전통에 관한 내용이다. 집을 다스리는 데는 먼저 아내를 바르게 하여야 하는데, 그 주요 내용은 선(善)이 본보기가 될 만한 것에 대한 내용과 악(惡)이 경계가 될 만한 것에 대한 내용으로 이루어져 있다. '제가'를 위한 형내의 내용으로는 "부부는 인륜의 근본으로 금슬과 같이 화합한 뒤에 가도가 이루어지는 것"(『세종실록』 15년 6월 을미조 등)으로, "혼인의 예를 바르게 한 연후에야 가도(家道)가 바르게 되는 것"(『성종실록』 16년 7월 계해조 등)이며, "중전 간택을 신중히"(『중종실록』 12년 10월 병인조 등) 해야 하는데, "왕비 간택시 그 가법을 살펴 외척의 환란을 방비해야"(『선조실록』 2년 9월 을미조 등) 하며, "가법을 엄하게 하여 여알(女謁)을 행하지 못하게"(『예종실록』 1년 12월 경신조 등) 하고, "적첩의 분수를 엄하게"(『태종실록』 3년 11월 임진조 등) 하며, "여색을 경계"(『중종실록』 20년 9월 임술조 등)할 것 등에 대한 내용이 있다.

셋째, '제가'를 위한 교자(敎子)의 전통에 관한 내용이다. 그 주요 내용은 세자를 가르치는 방법에 관한 내용으로 이루어져 있으며, "원자를 일찍부터 보양 교도"(『명종실록』 9년 5월 무오조 등)해야 한다는 내용으로부터 시작하여 "산림 인재를 발탁하여 동궁을 교육해야"(『광해군일기』 즉위년 4월 정사조 등) 하며, "수시로 동궁을 시좌시켜 궁관으로 하여금 문난(問難)하게 하는 법규"(『영조실록』 22년 3월 정해조 등)를 지켜야 하고, "세자 가르침의 방도로써 일찍부터 대전에 나와 국가정사를 익히게"(『순조실록』 23년 5월 계사조 등) 하여야 한다는 등의 내용이 있다.

넷째, '제가'를 위한 친친(親親)의 전통에 관한 내용이다. 부모에 대한 효도와 자식에 대한 자애를 미루어 나가는 데는 친척을 친애하는 것보다 앞서는 것이 없는데, 공족(公族)이 죄가 있으면 세 번 그 죄를 용서해 주고 난 다음에 형벌을 준다는 내용이 있으며, 주요 내용은 왕가의 가문적 화합과 단결을 위한 가르침이었다. 실록에 기록된 주요 내용으로는 "종법의 진흥을 통해 화목"(『중종실록』 11년 12월 기유조 등)해야 하며, "모든 근척의 가(家)에 대해 돈서(敦敍)하는 의리를 극진히 하여야"(『홍재전서』 권31 등) 하고, "종친에게는 그 죄의 처벌에 있어서 신중해야"(『숙종실록』 1년 5월 임신조 등) 하며, "죄를 범한 종친이라도 문안을 함으로써 사사로운 정리를 펴야"(『정조실록』 4년 6월 임자조 등) 했다. 또한 현실정치과정에서는 "척리를 멀리하여 억제하고 조정신하를 친근히 하여야"(『홍재전서』 권168 등) 한다는 내용이 있다.

다섯째, '제가'를 위한 근엄(謹嚴)의 전통에 관한 내용이다. 근엄에서는 부부 간의 분별이 근엄해야 한다는 내용(『성종실록』 25년 8월 신사조 등), 적첩의 분별이 근엄해야 한다는 내용(『태종실록』 3년 11월 임진조 등), 중전을 간택하는 데 근엄해야 한다는 내용(『중종실록』 10년 병인조 등), 친척을 다스리는 데 근엄해야 한다는 내용(『숙종실록』 1년 5월 임신조 등), 환관 내시를 대하는 데 근엄해야 한다는 내용(『영조실록』 13년 3월 갑인조 등) 등으로 이루어져 있다.

여섯째, '제가'를 위한 절검(節儉)의 전통에 관한 내용이다. 절검은 무엇보다도 임금에게는 가장 미덕이 되는 것이므로 일상생활에서 이에 힘써야 함을 강조하고 있다. "검약"(『태조실록』 1년 10월 경신조 등), "부지런히 일하고 검소함을 밝히는 것"(『홍재전서』 권170 등), "근검하고 안일을 경계"(『홍재전서』 권177 등), "사치를 억누르는 가법"(『홍재전서』 권134 등), "재변시 진연(進宴)하지 않는 것"(『숙종실록』 31년 2월 갑오조 등), "재해시 견감(蠲減)의 조치"(『효종실록』 7년 3월 갑오조 등), "술 많이 마시지 않기"(『효종실록』 9년 2월 정해조 등) 등의 내용이 있는데, 절검을 통하여 왕실이 여민동락(與民同樂)하는 모습을 보여주어야 함을 강조하였다.

Ⅴ. 결론

이상에서 살펴본 조선조 군주 리더십론과 '제가'를 중심으로 한 왕실 전통의 형성에 대한 내용을 요약함으로써 본 논문의 결론을 대신하고자 한다. 조선은 500년이 넘는 장구한 세월 동안 유지된 세계사에서 그 유례가 별로 없는 왕조국가였다. 이러한 체제유지의 장구성과 안정성의 요인을 분석할 때 필자는 왕가 그 자체의 내부적 역량에 관심을 가질 필요가 있다고 판단하였으며, 그 중에서 특히 왕실의 '제가'를 위한 장치에 특별히 주목하였다.

왕조시대에 있어서 왕가는 당대 최고의 명문가였으며, 이 왕가는 군주를 정점으로 하여 결속되어 있었다. 또한 유교정치이념을 기반으로 하는 조선왕조에서는 '수신제가치국평천하'라는 확고한 정치이념이 자리잡고 있었으므로 지배계층의 대표자인 군주와 왕실의 도덕적 정당성과 우월성의 확보는 왕정의 성패를 좌우하는 핵심 사안이었다. 따라서 왕가는 군주의 도덕성과 통치역량을 최대화함으로써 지배의 안정성을 영속화하고자 하였던 것으로, 왕실 전통의 형성은 이러한 목적에서 오랜 세월 동안에 걸쳐서 정립되었던 것이다.

조선왕조는 개창하자마자 『고려사』나 『용비어천가』 등을 통해 조상들의 영웅적인 활약상을 신화화하고 있었는데, 건국영웅인 이성계보다는 그 조상들의 활약상을 더욱 상세히 서술하고 있다는 점을 주목할 필요가 있다. 그것은 건국영웅인 태조 이성계의 개인적 역량보다는 그를 존재하게 한 뿌리 깊은 집안의 내력, 즉 오랜 세월 공덕을 쌓아온 조상의 음덕의 중요성을 부각시킨 것이었다. 이른바 천명(天命)이라는 것은 하늘로부터 무조건적으로 우연히 주어지는 것이 아니라 선대로부터의 선 · 덕행이 축적된 결과인 것이다. 그리고 그것은 조상 대대로 쌓아온 공덕의 결과 마침내 그 후손들이 국가를 소유하고 통치할 자격을 하늘로부터, 그리고 인민들로부터 획득하였음을 은연중 과시하는 것이었다.

이러한 배경 하에서 대개의 경우 새로운 군주가 대통을 승계할 때 가장 먼저 천명하는 것은 선왕의 성덕과 선행을 이어가는 일이었다. 즉 대권을 계승한 군주는 성현이었던 선왕들이 이루어 놓은 정치적 전통을 계술해야만 했다. 이것은 조선왕조 정책결정의 세 가지 준거틀, 곧 유교경전, 경국대전, 선례에 따라 정사(政事)를 펼치겠다는 의미를 내포하는 것이었다. 그리고 모든 조선의 군주들은 그 즉위교서에서 계지술사(繼志述事), 곧 선대의 뜻을 이어받아 정사를 펼치겠다는 뜻을 중외에 선포해야 했다. 선대의 뜻을 이어받아 정사를 펼치겠다는 것의 정치적 함의는 곧 개별 군주의 개인적 역량보다는 왕조를 존속시켜 온 뿌리 깊은 왕가의 가문적 전통과 내력, 즉 오랜 세월 공덕을 쌓아온 선대 군주들의 덕행을 그대로 따르겠음을 천명하는 것이었다. 다시 말해서 성현이었던 선대 군주들에 의해 훌륭한 정치가 계속됨으로 인해서 왕조정치가 안정적으로 계승되었다는 역사인식을 가지는 것이었다. 그러므로 새로이 대통을 승계한 군주는 성현이었던 선대 군주들이 이루어 놓은 훌륭한 전통을 준수함으로써 왕업의 안정적 운영이 가능하다는 믿음체계를 가지게 되는 것이었으며, 특히 치국의 전제로서 '제가'의 문제에 깊은 관심을 기울였던 것이다.

이와 같이 현실 정치과정에서 군주의 통치행위에 커다란 규제력으로 작용했던 '제가'를 위한 왕실 전통 형성의 일차적 목적은 군주 리더십의 함양을 통한 왕업의 안정적 운영이었다고 할 수 있으며, 이를 위해서 '제가'의 내용에는 왕의 수신(修身)과 도덕적 생활의 영위에 관한 내용, 왕가의 단결과 화합을 이루기 위한 내용, 효경, 형내, 교자, 친친, 근엄, 절검 등의 내용 등으로 이루어져 있었고, 그 구체적 실천지침으로 후대 왕들을 감계(鑑戒)시키고자 하였다.

'제가'의 방법론을 중심으로 살펴본 조선조 왕실 전통의 형성에 관한 내용이 오늘날에 가지는 정치적 함의는 무엇일까? 동서고금을 막론하고 정치와 정치사회화의 기본 단위로서 가정의 중요성과 지도계층의 도덕적 모범에 대해서 아무리 강조해도 지나치지 않을 것이며, 건강한 가정의 확대와 지도층의 모범생활은 국가 정치안정의 기본바탕이라 할 수 있는 것이다. 무릇 국가를 비롯한 모든 정치공동체의 건강성은 어떤 특정 계층이나 집단에 의해서만 유지될 수 있는 것은 아니며, 또한 어떤 특정 시대의 사회구성원들에 의해서만 획득될 수 있는 것도 아닐 것이다. 그것은 기본적으로 오랜 세월 동안 면면히 내려온 전통의 힘에 대한 끊임없는 발전적 승화과정을 거쳐야 한다. 또한 지도계층의 도덕적 모범생활과 책임의식이 대중들로 하여금 생활의 표본으로 본받고자 하는 승인과 존경을 획득할 때, 그리고 지도계층과 대중들 사이에 그러한 의식이 상승작용을 일으켜 발전적으로 승화되고, 그러한 과정이 지속적으로 유지될 때 그 정치공동체의 건강성이 유지될 수 있는 것이다. 그러므로 '제가'와 관련된 우리의 전통과 사상을 시대에 뒤떨어진 것으로 폄하하거나, 그와 정반대로 지나치게 숭배하는 태도를 지양하고 오늘날의 사회구조 속에서 발전적으로 승화시켜 적용할 필요가 있는 것이다. 이러한 측면에서 왕가의 '제가' 문제와 그것의 지배계급의 도덕률과의 상관관계에 관한 고찰은 오늘날 한국사회에서 건강한 가정의 수립과 운용, 그리고 그것을 바탕으로 한 안정적이고 평화로운 정치공동체의 운영이라는 측면에서 커다란 시사점을 줄 수 있으리라 판단된다.

참고문헌

『경국대전』. 『고려사』. 『대학』. 『동국통감』. 『삼국사절요』. 『조선왕조실록』. 『퇴계전서』. 『홍재전서』.

강광식. 2000. 『신유학사상과 조선조 유교정치문화』. 집문당.
금장태. 1996. 『유학사상의 이해』. 집문당.
김기현. 2002. 『대학-진보의 동아시아적 의미』. 사계절.
김문식 · 김정호. 2003. 『조선의 왕세자 교육』. 김영사.
김병국(외). 1999. 『한국의 보수주의』. 인간사랑.
김운태. 1980. "조선왕조정치체제에 있어서 국왕의 지위와 정무기구의 권력관계변천." 『행정논총』 18집 1호.
박병련. 2002. "다산 정약용의 정치리더십론 연." 『유교리더십과 한국정치』. 백산서당.
박창진. 1996. "조선조 중종대 권력구조연." 경북대박사학위논문.
안외순. 2002. "맹자의 왕도정치론에 나타난 정치리더십론." 『유교 리더십과 한국정치』..백산서당.
오종록. 2001. "조선시대의 왕." 『역사비평』 54.
유미림. 2001. "18세기 군주성학론의 심학화." 『한국정치학회보』 35집 3호.
이극찬. 1999. 『정치학』. 법문사.
이상익. 2002. "율곡의 성왕론과 리더십." 『유교 리더십과 한국정치』. 백산서당.
이영춘. 1998. 『조선후기왕위계승연구』. 집문당.
이태진. 1990. "조선왕조의 유교정치와 왕권." 『한국사론』 23.
임재해. 1995. 『민족신화와 건국영웅들』. 천재교육.
정옥자. 1996. "정조의 교화사상." 『규장각』 19.
정재훈. 2002. "국조보감을 통해 본 조선전기의 정치사상-사조보감과 선묘보감을 중심으로-." 『국사관논총』 100집.
조선시대사학회. 1999. 『동양 삼국의 왕권과 관료제』. 국학자료원.
차장섭. 1997. 『조선후기벌열연구』. 일조각.
최봉영. 2000. 『주체와 욕망』. 사계절.
최봉영. 1997. 『조선 시대 유교 문화』. 사계절.
한국정신문화연구원(편). 2002. 『유교 리더십과 한국정치』. 백산서당.
한상권. 1996. 『조선후기 사회와 소원제도』. 일조각.
함재봉. 2000. "家의 이념과 체계." 『전통과 현대』 겨울호.
곽존복(저). 김영수(역). 1998. 『권력장』. 푸른숲.
박종채(저). 박희병(역). 1998. 『나의 아버지, 박지원』. 돌베개.
Campbell, Joseph(저). 이윤기(역). 1992. 『신화의 힘』. 고려원.
Elias, Norbert(저). 박여성(역). 2003. 『궁정사회』. 한길사.
Hegel, G. W. F.(저). 김종호(역). 1991. 『역사철학강의』. 삼성출판사.
Hobsbawm, Eric 외(저). 박지향 · 장문석(역). 2004. 『만들어진 전통』. 휴머니스트.
Palais, James. B.(저). 조선시대사학회(역). 1999. "조선왕조의 관료적 군주제." 『동양 삼국의 왕권과 관료제』. 국학자료원.

근대국가 건설을 위한 개화파의 정치체제 개혁구상

Ⅰ. 문제제기

19세기 중엽 이후 조선조 정치사회는 새로운 근대사회로 이행한다는 세계사의 거대한 흐름에 어떻게 우리가 동참할 것인가, 또 그 근대의 힘으로, 근대의 탈을 쓰고 침투해 들어오는 제국주의를 어떻게 막아낼 것인가 하는 역사적 과제에 당면하고 있었다. 당시 조선조 정치사회가 당면한 '근대'와 '제국'의 도전은 체제 내부로부터 발생한 전근대적 정치체제에 대한 개혁요구와 체제 외부로부터 발생한 자본주의 열강의 개국통상 요구에 기인하는 것으로, 구체적으로 외세의 침략에 대응하여 국가와 민족을 수호하고 근대적인 국가를 수립하는 것과 중세적인 사회체제를 청산하고 근대적인 사회체제를 수립하는 과제로 귀결되었다(한국역사연구회 1997, 133).

조선 후기 사회에서 상품화폐경제가 발전하고 농촌사회의 변화가 크게 확대되면서 기존의 신분적 질서와 봉건적 통치체계가 점차 붕괴되자 관료 · 지식인층은 물론이고, 밑으로부터 민중에 의해서 내부적 모순을 해결하고 새로운 질서를 구축하기 위한 운동이 다양하게 제기되었다. 그러나 조선왕조의 기본구조 개혁이라는 과제가 완결되기도 전에 일본에 의해 조선사회가 세계자본주의 체제로 강제로 편입됨으로써 새로운 모순이 중첩되었다. 그래서 당시 조선조 정치사회의 개혁과제는 기본적으로 조선왕조의 봉건국가체제를 해체시키고 외세의 침략으로부터 민족을 수호하는 자주독립의 근대국민국가로 발전시켜 나아가야 한다는 이중성을 띠게 되었다(정창렬 1994 ; 왕현종 2003, 15).

이러한 역사적 과제에 부응하기 위해 당시 조선조 정치사회에서는 다양한 사상분파들이 등장하여 각 분파의 계급적 조건과 역량에 따라 다양한 형태의 변혁운동을 전개하였다. 당대에 등장한 다양한 변혁운동 분파들 중에서 진보적 관료와 지식인으로 구성된 개화파 세력들은 당시의 다른 사상적 분파들과 달리 서세동점으로 야기된 변화를 적극적으로 수용하면서 밖으로부터의 위기에 대응하여 '부국강병'을 이룩하여 나라의 자주독립을 유지하고, 안으로의 위기에 대응하여 봉건적 정치기구를 혁신하고 민중에 대한 불법수탈을 제거함으로써 근대국가를 수립하는 방향으로 변혁운동을 전개하였다. 이 글에서는 19세기 후반 "근대화에의 구체적 비전을 제시하고 세계사적 동시성을 획득"(姜在彦 1980, 265)하려 했던 개화파 세력들이 근대국가 건설이라는 비전을 구체화시키기 위해 제시하고 실천하고자 했던 정치체제의 개혁구상에 대해 분석하고자 한다.

조선조 정치사회에서 근대사회로 나아가기 위한 국가체제의 개혁은 1880년대 초 문호개방과 개화정책에서부터 시도된 이래 1882년 임오군란, 1884년 갑신정변, 1894년 농민전쟁과 갑오개혁, 1896년 이후 독립협회와 대한제국의 개혁운동 등으로 이어졌다(이광린 1974 ; 김영작 1989 ; 신용하 1987 ; 왕현종 2003). 개화파 세력들이 근대국가에 대한 구체적 비전을 가지고 정치체제 개혁을 시도한 집단이긴 하지만, 그들이 당시 근대국가로 나아가는 과정에서 항상 주도적 역할을 담당하면서 근대적 개혁을 이끌었던 것은 아니었다. 당시의 조선조 정치사회는 격동기로 다양한 계층의 요구가 폭발하였고, 각각의 계층들은 자신들의 역량을 최대한 동원하면서 정국의 주도권을 장악하고자 하였다. 개화파 역시 자신들의 역량을 최대한 동원하여 자신들의 정치적 구상을 현실화시키고자 하였지만 역관계의 변화에 따라 주도권의 장악과 상실이라는 부침을 겪어야만 했다.

그럼에도 개화파 세력은 당시 근대국가에 대한 가장 구체적 비전을 가지고 변혁을 추진한 세력이었다. 개화파 세력들이 근대국가에 대한 비전을 구체적으로 표출하고 그것을 실현하고자 하는 최초의 움직임은 갑신정변을 통해 나타났고, 그들이 권력의 중심부를 장악하게 되는 갑오개혁기에 그들이 구상한 근대국가로 나아가기 위한 정치체제 개혁을 본격적으로 추진하였다. 그러나 갑오개혁은 좌절되고 개화파 세력들도 정계에서 축출되고 만다. 그래서 그들은 새로운 방향을 모색하였고, 그것이 최초의 근대적 사회정치단체라 할 수 있는 독립협회를 조직하여 민중의 힘에 기반하여 근대국가의 완성을 위한 정치개혁운동으로 나타났다. 하지만 당시 개화사상은 소수 선진적 지식인의 사상이었고, 아직 이를 실천할 수 있는 사회적 기반과 민중의 지지가 취약했다. 그렇기 때문에 실천과정에 많은 문제점을 드러냈고, 결국 근대국가의 건설이라는 목표를 달성하지 못하였다.

이 글에서 근대국가 건설을 지향한 개화파 세력들의 정치체제 개혁구상을 분석하고자 하는 것은 근현대사의 개혁운동의 경험이 단순히 지나간 과거의 역사상이 아니라 현재의 우리의 삶과 사유를 형성하는 기본요소로 작용하였으며, 앞으로 우리가 나아가야 할 방향을 모색하는 데 많은 시사점을 제공하기 때문이다. 즉 21세기 세계화라는 무한경쟁의 국제정세의 변화는 국민국가의 해체를 의미하는 것이 아니라 오히려 국민국가의 형성을 더욱 강력하게 요청하고 있다. 이러한 국제환경의 변화 속에서 근대국민국가라는 제도적 틀이 본격적으로 형성되기 시작한 시점에, 당대의 지식인들이 가졌던 문제의식과 대응양상을 검토하는 것은 국민국가의 재정립이 강력하게 요청되는 현재적 정세에서 우리가 당면한 과제를 해결해 나가는 데 조금이나마 시사점을 얻을 수 있을 것이라 기대하기 때문이다.

Ⅱ. 19세기 후반 한반도의 정세와 개화파의 동향

모든 정치개혁운동이 특정한 역사적 상황에서 특정한 주체에 의해 전개되었다고 할 때, 본 연구의 목적인 근대국가 건설을 위한 개화파의 정치체제 개혁구상을 분석하기 위해서는 우선 당시 한반도의 정세와 관련하여 근대국가 건설이라는 과제가 어떠한 의미를 가지는가를 분석하고, 나아가 그러한 과제를 수행하고자 개혁운동을 전개한 운동의 주체인 개화파에 대해서 살펴볼 필요가 있다.

1. 19세기 후반 한반도의 정세

조선조 정치사회는 기본적으로 신분제를 근거로 차별적인 사회관계를 유지하는 봉건국가였다. 국가의 정점에는 군주가 놓여 있었으며, 군주가 양반지배층과 더불어 상 · 천민을 지배하는 정치체제였다. 중앙의 국가권력이 향촌권력을 매개로 하기는 하지만 지방관의 일률적인 파견을 통해 집권적으로 지방을 통치했다. 그러나 조선 후기에 이르러 이러한 자기완결적인 정치체제가 붕괴하기 시작했다. 상품화폐경제가 크게 발전하고 농촌사회에 변화가 일어났기 때문이다. 이로써 경제적 부가 재편성되기 시작했으며, 기존의 지배질서도 동요되었다(김용섭 1995).

19세기 전반기 조선사회에는 양반 특권세력이 지배층으로서 엄연히 존재하고 있었고, 신분제에 의거한 차별적인 사회관계와 국정교학으로서 성리학적 질서도 여전히 지속되고 있었다. 그런데 19세기 중반에 이르러서 조선사회에서는 봉건사회의 모순을 시정하려는 변혁운동이 크게 일어났고, 그것이 1862년 농민항쟁을 통해 전국적 규모로 확대되었다. 조선조 정치사회의 봉건적 모순은 더 이상 부분적인 이정(釐定)사업으로는 해결할 수 없는 단계로 비화되었던 것이다(망원한국사연구실 19세기 농민항쟁분과 1988). 이에 대응하여 1864년 고종의 왕위승계로 대원군 정권이 성립했다. 흥선 대원군은 무엇보다 왕권을 강화하여 조선조 정치체제를 유지해 나가려 했다. 그는 대체로 '내수외양'이라는 입장을 취했다. 이러한 정책의 기조는 세도정권의 집권관료세력을 약화시키고 중앙관제를 개편함으로써 국가체제를 강화시키는 것이었다. 그러나 이 시기 정치개혁은 조선조 정치사회의 해체라는 위기에 대응하여 새로운 계층의 등용이나 제도개혁의 토대를 마련하는 데까지는 나아가지 못했다.

이러한 상황에서 1873년 11월 24일 고종의 친정으로 대원군이 정치 일선에서 물러나고 고종 및 왕비 민씨의 측근세력이 권력을 장악했다. 이들은 이전의 쇄국정책과 달리 일본을 비롯한 서구열강에 대해 과감한 문호개방정책을 추진했다. 따라서 19세기 후반에 이르러 조선조 정치사회는 지금까지 누적된 봉건적 모순을 미처 해결하지도 못한 채 서구 제국주의 열강의 침략을 동시에 받게 되었다. 그것은 단순히 개항통상의 문제가 아니라 내부적 사회제도의 변화와 국가체제의 개혁을 요구하는 문제였다. 이로서 조선사회는 새로운 사회, 국가체제로 개편되어야 하는 상황에 직면했다. 그런데 그것은 제국주의에 의한 식민지로의 전락을 강요한다는 점에서 결국 '강요된 근대체제'로의 전환 요구였다(왕현종 2003, 41).

19세기 후반에 조선조 정치사회는 체제전환을 강요하는 세 가지의 도전에 직면하고 있었다(구종서 1996, 410-411). 첫째, 구미 선진자본주의 열강의 내침으로 인한 밖으로부터의 도전, 즉 서세동점이었다. 산업혁명을 거쳐 공업화에 성공한 유럽과 미국의 제국주의 강대국들은 남·서 아시아와 아프리카에 대한 식민지 분할을 끝내고 동아시아로 확장해 오기 시작했다. 외국의 이양선들이 수시로 조선연안에 출몰했고, 상선들이 무단침범하여 통상을 요구했다. 한편 천주교가 조선의 기층사회에 널리 유포되었고, 열강들은 개국을 강요해 왔다. 강력한 무력을 앞세운 서구 제국주의의 내침은 조선의 국가적 존립과 사회경제체제, 문화구조를 위협하는 중대한 도전이었다.

둘째, 봉건적 모순에 도전하는 민중세력의 변혁요구인 밑으로부터의 도전이었다. 양반관료층의 가혹한 착취와 신분적 차별로 빈곤과 절망에 빠진 인민들은 각지에서 민란을 일으켰다. 서양 천주교의 침투에 맞서 일어난 동학은 민중사회에 널리 확산되어 민중을 의식화 · 조직화해 나가기 시작했다. 이러한 일련의 내부적 도전은 조선의 봉건질서와 사회체제를 근본적으로 위협하고 있었다.

셋째, 낙후되고 취약한 조선을 개혁하여 근대화를 달성하고자 한 신진 엘리트의 변혁요구인 내부로부터의 도전이었다. 이는 강대한 서양 선진세력의 도전과 광범한 기층 민중세력의 위협으로부터 국가의 독립을 지키고 민중의 고통을 해결하기 위해서는 먼저 나라를 근대화시켜 부강케 하려는 시도였다. 그러나 당시 조선조 정치사회에는 근대화를 이룰 만한 정신적 · 물질적 역량이 준비돼 있지 못했다.

이와 같이 19세기 후반을 체제 해체기의 위기에 대응하여 다양한 사상적 조류들과 사회세력이 등장하여 서로 경합하고 있던 시기였다. 일부에서는 봉건적 질서를 재건하려 하였고, 또 다른 세력은 근대적 사회질서를 수립하고자 하였지만, 근대국가의 건설이라는 관점에서 보았을 때 19세기 후반 조선조 정치사회는 전근대적 정치체제에 대한 개혁요구와 외세의 침략에 대응한 국가와 민족의 수호, 그리고 관료 지식인층의 사회개혁론과 민중운동의 압력에 직면하여 근대적 사회체제를 수립하고 근대 국민국가를 건설해야 하는 역사적 과제를 안고 있었다.

2. 개화파의 동향

조선조 정치사회에서 근대국가 건설을 위한 정치체제 개혁운동이 본격적으로 전개된 것은 개화파라는 새로운 정치세력이 형성된 이후의 일이었다. 개화파는 19세기 후반 형성되어 전통적 지배 이데올로기였던 성리학과는 다른 사상적 무장을 통하여 근대적 사회변혁의 이상을 키워 나간 정치세력이었다.[1]

한국의 개화론과 개화사상은 조선조 후기의 실학사상을 계승하고 중국으로부터 구입해 온 신서(新書) 등의 도움으로 1850년대에 형성되었으며(신용하 2001, 161), 그것을 주도한 인물들의 상당수는 전통적 권력 집단인 권문세가 출신이 아니라 사회의 주변적 위치에 속하는 중인과 서자 출신이었으며, 권문세가 출신의 경우에도 대지주보다는 주변적 양반의 위치에 있는 인물들이었다.[2]

개화사상을 현실정치에서 실현하고자 했던 정치세력이 개화파였으며, 이들은 고종의 도움으로 정치세력화하였다. 내적 부패와 외적 침입이라는 국가의 위기를 극복하기 위해 어떠한 방도라도 동원할 필요가 있었던 고종은 김옥균, 김윤식, 어윤중을 발탁하여 개혁을 추진하려 하였다. 박규수 등 초기 개화사상가들에게서 영향을 받은 이들 청년관료들은 집권세력 속에서 개화파라는 하나의 정치세력을 이루면서 부르주아적 개혁을 추진하고자 했다. 이들은 공통적으로 사회개혁의 필요성에는 공감했으나 개혁의 목표와 방법에 있어서는 상당한 차이를 보이면서 급진 개화파와 온건 개화파로 분화되어 갔다.

김윤식을 비롯한 온건 개화파는 서구의 사회제도나 정신적 유산은

1 개화파에 대한 규정은 논자에 따라 매우 다양하게 전개된다. 여기서는 갑신정변과 갑오개혁을 주도하였고 이후 독립협회의 주축이 된 인물들을 개화파로 규정한다.

2 개화파의 중심 인물인 김옥균은 강릉부사를 지낸 양부에 의해 길러졌지만 원래 집안의 배경은 오랫동안 벼슬을 지낸 조상을 갖지 못했다(김석형 1990, 15).

거부한 채 물질적 기술의 도입만을 주장하였으며, 김옥균 · 박영효 등 급진적 개화파는 일본의 명치유신을 모방하여 단순한 서구의 기술 도입이 아니라 근본적인 정치체제의 변혁을 추구하였다.[3] 근대화의 사상적 논의가 한 세대에 걸쳐 온건한 양무론에서 급진적 변법론으로 진화해 간 중국과는 달리, 한국의 개화파는 두 사상이 공존하는 이질적 요소의 집합체로 간주될 수 있는데(김영작 1989, 158-159), 개화파의 분화는 시간이 지날수록 개혁의 이상이 여러 사회세력에 의해 공유됨에 따라 집단 내의 이질성이 점차 증폭되면서 나타났다.

근대국가를 건설하기 위한 개화파의 정치체제개혁 구상은 1884년 김옥균, 박영효 등이 일본의 후원 하에 갑신정변을 일으켜 급진적 사회개혁을 시도하면서부터 표출되기 시작했다. 갑신정변은 한국 근대사상 갑오개혁, 독립협회운동, 애국계몽운동 등으로 이어지는 일련의 부르주아 개혁운동의 선구로 역사적 의미를 가지고 있으며, 갑신정변의 주역들은 대외적으로 청국과의 종속관계를 청산하여 자주독립국가의 면모를 갖추는 동시에 대내적으로 '봉건적' 인 제도를 타파하고 부국강병을 이룩함으로써 근대적인 민족국가체제를 수립하고자 시도했었다(한철호 1998, 59). 그러나 일본의 태도변화와 청국의 개입으로 갑신정변은 실패로 귀결되었고, 그 결과 급진 개화파가 몰락하고 보수파가 권력을 장악하였고, 근대화를 지향한 일련의 사회변혁의 추진도 중단되었다.

보수파 의해 장악된 정치권력의 틈바구니 속에서 개화파가 다시 부

3 이들이 급진성을 띠게 된 것은 내적으로 극심한 부패가 체제의 위기를 가져온 조선의 내정에 대한 문제의식과 외적으로 미야자와 유기치(福澤諭吉)를 거쳐 도입된 외래사상의 영향 때문이었다(靑木功一 1985, 211, 229).

상하게 된 계기는 사회개혁의 요구가 밑으로부터 집합적 행동으로 분출한 동학농민운동이었다. 사회개혁을 통해 민심을 가라앉혀야 했던 고종과 대신들은 개화파에 다시 눈길을 돌렸다. 이에 김홍집, 김윤식, 어윤중 등의 온건 개화파와 1890년대에 성장한 김가진, 조희연, 유길준 등 새 세대 개화파가 개혁의 주체로 등장했다. 이들이 정권을 장악하고 개혁을 추진한 데에는 일본의 개입이 결정적인 힘으로 작용했지만 그들이 일본의 의도에 따라 개혁을 추진한 것은 아니었다. 갑오개혁기 개화파들은 전통적 관료가 가진 양반의 사회적 지위와 대지주의 경제적 지위가 결여되었기 때문에 이들로 구성된 국가의 관료집단은 사회의 세력집단, 특히 양반-지주계급으로부터 자율성을 확보할 수 있었고, 농민군의 폐정개혁의 요구안을 수용하면서 광범위한 영역에서 대규모의 근대적 개혁을 추진하였다. 그러나 청일전쟁 이후 조선의 내정에 적극적으로 개입하려는 일본을 견제하려는 서구제국의 간섭으로, 어느 정도 일본에 의존했던 개혁지향적 엘리트들도 힘을 상실하면서 개혁이 중단되었다(김동노 1999, 40-41).

갑오개혁이 중단된 이후 친로 보수정권이 등장하면서 개화파 세력들은 정권에서 배제되기 시작하였다. 이에 그들은 새로운 방향에서 대중계몽운동에 전력하였다. 점증하는 외세의 침입으로부터 조선을 지키기 위해서는 민중 속으로 침투하여 이들을 계몽할 필요가 있었기 때문이다. 개화파 세력들은 대중계몽을 위해 《독립신문》을 창간하고 독립협회를 조직하여 대중운동을 전개하였다. 조직적 역량이 커지고 1897년 후반을 고비로 관료층 참여세력이 이탈하면서 독립협회는 정치개혁운동의 성격을 띠게 되었다. 그 일환으로 1898년 10월 윤치호의 주도 하에 관민공동회(官民共同會)를, 같은 해 11월부터 만민공동회(萬民共同會)와 같은 민중집회를 개최하면서 근대국가의 완성을 위한 개혁운동을 전개하였다. 그러나 보수관료의 방해와 급진적인 입헌군주제의 요구 등에 위협을 느낀 국왕의 냉담한 반응으로 인해 이 운동도 결국 실패로 귀결되고 말았다. 이는 곧 위로부터 국가, 사회개혁운동의 종말을 의미하며, 결국 조선의 식민지화를 피할 수 있는 가장 유력한 가능성이 소멸되었음을 의미한다(김동노 1999, 41–42).

Ⅲ. 근대국가 건설을 위한 개화파의 정치체제개혁 구상

1. 갑신정변과 입헌군주제적 정치기구 수립

조선정부는 대외개방의 추세에 부응하기 위해 1880년 12월 통리기무아문(統理機務衙門) 설립, 1886년 7월 기무처 설립, 11월 통리아문 설치 및 12월 통리교섭통상사무아문으로 개칭 등 근대화 추진 기구를 잇따라 설치하면서 여러 나라와 수호통상조약을 체결하고 근대사회로 전환하기 위한 개혁을 추진해 나갔다. 그러나 실제 사회개혁정책은 크게 진전되지 못하였다. 특히 1882년 임오군란을 진압한 청군이 조선에 계속 주둔하면서 정치 · 군사적 영향력을 확대시키고 있었고, 민씨정권 역시 '친청수구'의 태도를 보이면서 그동안 추진해 온 개화정책을 크게 후퇴시키고 있었다. 그에 따라 이 시기 대외적 간섭의 위기와 조선의 자주적 개혁을 둘러싸고 여러 정치세력 간의 대립과 갈등이 불거져 나왔다. 1882

년 문호개방의 확대 이후 1880년 후반에는 청 · 일 및 서구 제국주의 열강의 침략은 이제 단순히 외압이 아니라 조선사회의 내적 모순으로 전환되어 있었다. 문제는 개항통상에 의해 외래상품이 급속도로 확산되면서 경제적 종속이 가중되고 있었다는 측면보다도 청국과 일본에 의해 정치침략이 추진되고 있다는 점이 더 중요했다. 이에 대응하여 조선조 정치사회는 독자적인 대응논리를 마련해야 했다.

이러한 상황에서 민씨정권의 개화정책에 참여하면서 독자적 정치세력으로 성장한 개화사상의 선구자들의 지도와 영향 밑에서 성장한 김옥균, 김윤식 등의 청년관료들이 수구적 민씨정권에 대항하고 근대국가를 건설하기 위한 정치체제 개혁운동을 전개하였다. 초기 개화파 내에는 근대국가 수립을 위한 개혁을 추진하는 방법에 있어서 다양한 분파가 존재하고 있었다. 그 중 일부 급진적 세력이 갑신정변이라는 급진적 방법을 통해 수구적인 민씨정권을 타도하고 혁신정부를 수립함으로써 근대적 국가로의 개혁을 단행하고자 하였다. 혁신적 개화파에 의해 주도된 갑신정변은 대외적으로 청국과의 종속관계를 청산하고 자주독립국가의 면모를 갖추는 동시에 대내적으로 '봉건적'인 제도를 타파하고 부국강병을 이룩함으로써 근대적인 민족국가체제를 수립하고자 한 최초의 정치개혁운동이었다.

갑신정변을 일으킨 개화파는 신정부를 수립하고 정치개혁의 방향을 제시한 '혁신정강'을 선포하였다. 갑신정변 때 개화파의 신정부가 공포한 정강의 자세한 내용과 조항수가 현재 정확히 알려져 있지 않다. 『고종실록』, 『승정원일기』, 『일성록』 등 관찬기록에서는 갑신정변 기사를 모두 빼버려서 혁신정강뿐만 아니라 이 정변에 대한 기록이 모두 결여되어 있다. 현재로서는 김옥균의 『갑신일록』에[4] 요약된 14개 조항만이 전해지고 있다(한국학문헌연구소 편 1978, 95-96). 그렇기 때문에 혁신정강의 내용만으로 갑신정변을 통해 수립된 신정부가 어떠한 방향으로 정치체제를 개혁하고자 했는지를 정확하게 파악하기 어렵다. 그래서 갑신정변을 전후한 시기에 개화파의 기관지 역할을 한《한성순보》를 통해 그들의 정치개혁 구상을 추론할 수밖에 없다. 여기서 우리는 갑신정변을 주도한 개화파 세력이 근대국가 건설을 위해 국왕의 권한을 극도로 제한하여 입헌군주제의 초기 형태인 입법권과 행정권을 가진 '내각제도'를 창설할 것을 내용으로 하는 입헌군주제적 정치구조를 수립하고, 양반 신분제도 및 문벌을 폐지함으로써 일반 민중의 정치참여 기회를 확대시키는 방향으로 정치체제를 개혁하고자 했음을 파악할 수 있다.

《한성순보》제10호(1884년 음력 1월 3일자)「구미입헌정체」라는 논설에서는 한국 역사상 처음으로 서양의 입헌군주제를 상세히 소개하였다. 그 논지를 보면 군민동치정체(君民同治政體, 입헌군주제), 합중공화정체(合衆共和政體, 공화제), 삼권분립, 의회제도와 선거방법, 행정제도와 국정감사, 그리고 입헌국가에서 군주 · 의회 · 정부의 관계 등 민주주의 정치제도에 대하여 전반적으로 해설하고, 삼권분립과 입헌정체의 우월성과 이익을 강조하였다(강재언 1983, 91-92). 또한 '재상불가부달민정론(在上不可不達民情論)'에서는 서양 각국에 '의회'가 있어 "안으로 가학잔혹한 정치가 없고 밖으로 방위보수의 옳음이 있다"든가 상하 · 군민이 일체화하는 관건은 '의회'에 있다고 하여 의회제도를 찬미하였다. 즉 이미 개화사상가들은 서세동점으로 말미암아 조성된 민족적 위기 속에서 전제

---

4 강범석(2006)은 이 책이 김옥균의 저서가 아니라 일본에 의해 쓰여진 위작이라고 주장하였다.

군주제의 취약성과 입헌군주제의 강점을 잘 알고 있었고 입헌군주제를 선망하고 있었다.

이와 같이 서구의 입헌군주제에 대한 이해를 가진 개화파가 갑신정변을 통해 실현하고자 한 정치개혁의 방향은 입헌군주제였다. 그러한 구상은 혁신정강 제13조와 제14조에서 읽을 수 있다. 혁신정강 제13조는 "대신과 참찬은 날마다 합문(閤門) 안에 있는 의정소(議政所)에 모여서 토의결정한 후 정령(政令)을 포고하여 정사(政事)를 시행할 것"이라고 선언하고 있고, 제14조는 "정부의 육조(六曹) 이외에 모든 쓸데없는 관청은 모두 없애고 대신과 참찬으로 하여금 토의하여 처리하게 할 것"이라고 포고하고 있다. 여기서 모든 국가행정은 대신과 참찬으로 구성된 의정소에서 토의결정한 후 정령을 발표하여 집행한다는 것과 육조 이외에 일체 불필요한 관청을 두지 않고 대신 · 참찬에 의하여 정사를 심의하고 결정하고 집행한다는 것은 사실상 내각제도를 창설하여 내각의 기본 행정기구 이외의 일체의 행정기구 권한을 인정하지 않는다는 것을 의미한다(신용하 2001, 194-195). 또한 혁신정강 제4조의 "내시부를 폐지"한다는 것 역시 당시 봉건적 군주전제의 부패와 문란을 제도적으로 돕고 있던 것이 이 내시부에 모였던 환관들의 국정간섭이었다는 점을 상기할 때, 국왕의 전제와 척족의 국정간섭을 막고 내각제도의 확립에 의한 입헌군주제적 국정운영의 비전을 담고 있는 조처라 할 수 있다(김영작 1989, 140).

이상에서 본 바와 같이 갑신정변을 일으킨 개화파는 근대적 내각제도를 실시할 의지를 가지고 있었으며, 앞에서 언급한 논설 「구미입헌정체」와 관련시켜 볼 때 명백히 입헌군주제적 정치체제로의 전환이라는 정치적 전망을 가지고 있었다고 평가할 수 있다(윤순갑 1996, 18-19). 그러나 갑신정변을 주도한 개화파가 입헌군주제 실현에 대한 정치적 전망을 가지고 있었다고 하더라도 그것을 당시의 정치현실에서 바로 실현하고자 한 것은 아니었다. 왜냐하면 갑신정변이 발생한 당시의 조건으로서는 입헌정체에 대한 지향이 현실의 정치에 그대로 드러날 수가 없었다. 개화파 세력이 대중에 뿌리내리지 못하고 있었고 봉건적 문벌이 지배체제를 강고히 장악하고 있었던 갑신정변기에는 군주권의 일정한 비호 아래에서만 개혁이 가능했기 때문에 군주권의 타파는 현실적으로 불가능했다. 그래서 개화파들은 집권 문벌세력의 타파에 초점을 맞추고 의정소를 설치하여 군주권을 제한하고자 하였을 뿐이다. 즉 갑신정변을 주도한 개화파는 근대국가에 대한 비전을 가지고 있었지만, 당시에는 그들이 구상한 근대국가에 부합되는 정치제도를 바로 실현하기보다는 현실적 조건을 고려하여 우선 전제군주제를 제한하는 데 초점을 두었다. 그것이 입헌군주제의 초기 형태인 입법권과 행정권을 가진 내각제도와 유사한 의정소를 설치하는 것이었다.

2. 개화파 정권의 형성과 근대국가체제로의 개혁

갑신정변이 실패로 돌아간 이후 국내에서 급진적인 개화파는 일단 자취를 감추고 청국의 힘을 배경으로 계속 집권하게 된 민씨정권이 동도서기론의 기조 위에서 개화를 진행하고 있었고, 상당수의 재야 유생들도 동도서기론으로 기울어져 있었다. 그런데 당시 민씨정권은 형식적으로는 동도서기론을 내세우고 있었지만 실질적으로는 전제군주제를 고수하면서 농민에 대한 수탈을 자행하고 있어 동도서기적인 개화도 제대로 추진하지 못했다. 갑신정변이 실패하면서 표면적으로 급진 개화파는 사라졌지만, 관료층 내부에서는 다시 새로운 소장 개화파 세력이 자라나 동도서기론조차 제대로 실천하지 못하는 민씨정권의 고식적인 개혁정책에 의해서는 자주 부강한 근대국가를 수립할 수 없다고 판단하고 보다 급진적인 개혁을 위한 기회를 엿보고 있었다. 1894년 동학농민혁명의 발발은 갑신정변 이후 스스로 자신의 근대국가 구상을 실현할 계기를 만들지는 못했던 개화파에게 다시 한 번 기회를 주었다.

1894년 김홍집, 유길준, 김가진, 안경수 등의 소수 개화파 세력이 일본의 군사적 원조를 얻어 민씨정권을 타도하고 김홍집 내각을 형성한 다음 농민군의 폐정개혁(弊政改革)의 요구를 수용하면서 근대국가체제로 전환하기 위한 일련의 개혁을 추진하였다. 이 시기 개화파들도 국왕의 전제권을 근본적으로 제한함으로써 입헌군주제를 실현하려 했던 갑신정변기 급진 개화파들과 같은 맥락에서 구제도를 참작하고 서양의 제도를 적극 도입하여 근대적 내각제도를 수립하고 점차 입헌군주제를 수립하려 하였다.

갑오개혁기 초기에는 유길준에 의해 주도된 군국기무처를 중심으로 입헌군주제를 실현하기 위한 개혁이 진행되었고, 후기에는 박영효가 중심이 되어 내각제를 실시하면서 군주의 행정 관여를 사실상 완전히 봉쇄하고 헌법의 초기 형태인 '홍범 14조'를 반포함으로써 군주도 법령을 지켜야 한다는 원칙을 세움으로써 입헌군주제를 완성하였다.

(1) 군국기무처와 의정부 관제개혁

1894년 동학농민혁명이 폭발하여 아래로부터 농민들이 대개혁을 요구하였고, 청군과 일본군이 국내에 상륙하여 내정에 개입하고 남의 국토 위에서 청일전쟁을 도발하였다. 이러한 상황에서 소수의 온건개화파는 이 기회에 청국세력을 몰아내고 민씨정권을 타도한 후 대개혁을 단행하기 위한 정권장악을 시도하였다. 그들은 마침내 1894년 6월 25일 일본군의 힘을 배경으로 정권을 장악하여 김홍집 정권을 수립하고 동시에 대개혁을 단행하기 위한 입법기관으로서의 군국기무처(軍國機務處)를 설치하는 데 성공하였다.

군국기무처는 설립 다음날 제정 · 공포된 「군국기무처 장정」에서 "軍國機務 一切更張之處也"라고 한 바와 같이 국정 전반에 걸쳐 개혁을 수행하는 기구였고, 중앙의 행정 · 사법기구를 비롯하여 국정개혁 및 식산흥업 등 일체 군국사무를 담당하는 의결기구였다(『更張章程存案』 開國 503/06/26). 군국기무처가 관장하는 대상은 모든 분야에 걸쳐 있었으며, 그 주된 분야는 제도나 법령의 개혁에 관련된 '입법' 분야였다. 따라서 군국기무처는 온건 개화파들이 정권을 장악하자마자 설치한 '개혁입법기관'이었다고 볼 수 있다(신용하 2001, 15-17).

군국기무처는 갑오개혁을 주도한 유길준의 정치구상이 반영된 국가개혁기구로 종래 조선의 봉건지배기구에서는 찾아볼 수 없는 입법권과 행정권을 통합한 성격을 가진 국정을 심의 · 결정하는 최고정책결정기관이었다. 군국기무처의 성립은 입법부의 기능을 가지고 봉건적 전제정치에서 입헌군주제로 향하는 잠정적 · 과도적 조치로서 획기적 의미를 가지는 것이었으며, 그 후속조치로 개혁된 의정부 관제는 그러한 입헌군주제로의 과도적 조치로 새 체제의 행정부의 기능을 담당해 나갈 집행기관의 의미를 띠고 있었다(김영작 1989, 302).

유길준은 『서유견문』에서 "대개 정부의 시초의 제도는 제왕으로 전하든지 대통령으로 전하든지 인민의 마음을 합하여 일체를 형성하고, 그 권세로 사람의 도리를 보수하기에 있는고로, 그 사업과 직책이 인민을 위하여 태평한 복기(福基)를 도모함과 보전함에 불출(不出)하나니"(유길준 1972, 140-141)라 하여 '국민에 의한', '국민을 위한' 정부관을 가지고 있었다. 또한 각국의 정치제도를 ① 군주의 천단(擅斷)하는 정체, ② 군주의 명령하는 정체 또는 압제(壓制)정체, ③ 귀족의 주장(主張)하는 정체, ④ 군민의 공치하는 정체 또는 입헌정체, ⑤ 국인의 공화하는 정체 또는 합중정체(合衆政體)로 구분하고, 당시 조선의 정체를 "군주의 명령하는 정체"로 규정하였다(143-145). 그는 "각국의 정체를 상교(相較)하건대 군민의 공치하는 자가 최미(最美)의 규모(規模)"(151)라고 하면서 영국식 입헌군주제를 가장 이상적인 정치제도로 파악하였다. 여기서 유길준이 이해하는 입헌군주제는 3권분립이 이루어지는 것이었으며, 내각제도의 설립에 의하여 내각의 결정사항을 군주의 명령으로 행하는 군주권에 근본적 제한을 가하는 제도였다(164-165). 그는 서양 각국이 아시아제국에 견주어 부국강병의 면에서 앞서가고 있는 원인이 정부의 제도와 규모의 차이에 있다고 보면서, 당시 조선이 부강해지기 위해서는 당연히 정치제도의 개혁이 필요하고, 궁극적으로 "군민이 공치하는 정체"가 되어야 하는 것으로 보았다.

그러나 그는 현실적으로는 정치제도를 개혁할 때에도 각국의 역사적 전통과 실정, 특히 인민의 지적 수준이 고려되어야 하므로 "인민의 지식이 부족한 국(國)은 졸연히 그 인민에게 국정참섭(國政參涉)하는 권을 허함이 불가한 것"이라고 하면서 조선에서 "국민의 공화하는 정체"를 취하거나 민중이 직접 국정에 참가하는 것을 도입하는 것에 대해서는 유보하는 입장이었다(151-152). 유길준은 조선이 봉건적 전제국가와 같은 "군주의 전단하는 정체"에서 입헌군주제로 이행하기 위해서는 과도적 단계가 필요한 것으로 보았고, 그것이 갑오개혁기의 군국기무처(軍國機務處)라는 개혁기구로 나타났던 것이다(김영작 1989, 299).

군국기무처에서 근대국가체제를 수립하기 위해 추진한 정치개혁의 방향은 왕권을 제한하고 관료권을 확장시킴으로써 입헌군주국가로 이행하기 위한 토대를 마련하는 것이었다. 조선왕조의 권력구조는 근대국가의 그것과 달리 왕실업무와 일반 행정이 분리되어 있지 않아 행정이 비효율적이었으며, 각 부서 간의 소관사항이 중복되어 비능률적인 폐단을 가지고 있었다. 또한 육조는 점차 복잡 · 다기해진 근대국가의 다양한 업무를 관장 · 처리하기에는 부적합하였다. 그래서 군국기무처에서는 "의정부 이하 각 아문의 직무와 관장사무를 본조(本朝)의 성헌(成憲)을 본으로 하고 각국의 통례(通例)를 참고하여 협의하여 결정한다"(『更張議案存案』 開國 503/06/28)는 원칙 하에 의정부 관제를 개혁하여 근대 법치국가의 내각제도에 따라 국정을 운영하고자 하였다.

이러한 원칙에 의해 시행된 왕조국가의 권력구조를 변경하는 개혁은 의정부를 중심으로 중앙행정기구를 통폐합시키고 의정부와 궁내부를 분리하여 국가와 왕실의 권한을 구분하는 방향으로 전개되었다. 군국기무처에서 근대 법치국가의 내각제도를 수립하기 위해 종래의 의정부를 내각으로 고치고 총리대신을 두었으며, 종래의 육조를 폐지하고 내무, 외무, 탁지, 군무, 법무, 학무, 공무, 농상의 8아문을 두었다. 각 아문의 장관으로 대신(大臣)을 두고 차관으로 협판(協辦)을 두었다. 그리고 중요한 국사는 총리대신이 주재하는 내각회의에서 심의 · 결정하여 국왕에게 품(稟)한 후 재가를 얻어서 시행하도록 하였다(『更張章程存案』, 「議政府官制」 및 「各部官制」). 이러한 정치개혁에 의해 국왕의 전제권에 근본적인 제한이 가해지기 시작하였다. 또한 '궁내부 관제'를 만들어 국가와 왕실, 국유재산과 왕실재산을 엄격히 구분하고 국왕의 국유재산의 침여(侵與)를 엄격히 배제하였다. 그리고 1894년 7월 14일부터는 각 아문의 규칙을 제정하여 모든 행정이 법률과 규칙에만 의거하도록 개혁함으로써 국왕의 행정에의 간여가 근본적으로 배제되기 시작하였다.

군국기무처의 중앙정부조직 개혁을 통해 국가사무와 궁중사무가 엄격히 구분되어 국왕과 왕비의 국정에 대한 제한 없는 간여가 차단되었고, 총리대신과 내각회의의 지휘 아래 정령을 공포하며 행정을 시행하였다. 또한 모든 국가재정이 일원화되어 탁지아문에서 예산과 결산을 편성하게 되었고, 종래 왕실이 직접 관장하던 각 궁(宮)과 사(司)의 국민에 대한 조세와 지대 징수권도 폐지되었으며, 왕실의 경비도 국가재정의 예산 안에서 탁지아문이 지출하게 되었다. 그 결과 왕실의 농민에 대한 직접적 수탈이 폐지되었을 뿐만 아니라, 제도적으로 왕실과 국가를 엄격히 구분하지 않고 자주 혼효시키던 국가체제의 부분적이며 가산제적 성격의 잔존 부분도 모두 불식되었다(신용하 2001, 30).

(2) 홍범 14조와 내각제도의 수립

청일전쟁에서 승리한 일본이 본격적으로 내정에 간섭하게 된 갑오개혁 후기에는 박영효가 근대국가로의 개혁을 주도하였다. 이 시기 개화파의 근대국가로의 개혁구상을 집약하고 있는 것은 '홍범14조'라 할 수 있다. 헌법의 원초적 형태라 할 수 있는 '홍범14조'는 국왕이 종묘에 나아가 서고(誓告)하는 형식으로 이를 포고하여 국왕도 이를 준수하도록 규제하였는데, 입헌군주제를 지향하던 개화파에게 있어서 군주의 전제권을 제한하기 위해 필요한 장치였으며, 근대국가를 건설하기 위한 초석의 하나가 되었다. 실제로 '홍범14조'는 제1조의 자주독립의 조항을 제외하고는 모두 내정개혁의 항목을 설정하면서 국왕의 전제권을 제한하는 방향으로 개혁을 선언하고 있어 근대국가의 기초를 다지는 내용으로 구성되었다.

또한 이 시기에 의정부 제도를 폐지하고 내각제도를 수립함으로써 입헌군주제적 근대국가체제를 형성하려 하였다. 제2차 김홍집 내각 초기에는 군국기무처가 폐지되고 전제군주제가 일시 부활하였으나 내무대신 박영효 등 급진 개화파는 종래의 의정부 제도를 폐지하고 그들이 갑신정변 때 추구했던 내각제도를 수립하였다. 그들은 의정부를 국무대신으로 구성되는 합의제 정책심의기관인 내각으로 개칭하고, 아문을 부로 개편하고 농상무아문과 공무아문을 통합하여 농상공부로 만들어 8아문을 7부로 바꿈과 동시에 '내각관제'를 제정하여 의정부 제도를 폐지하고 내각제도를 수립하였다. 또한 칙령 제39호로서 '내각 소속 직원관제'를 제정·공포하여 내각 총리대신의 일과 내각회의의 사무관장을 보완하였다(『일성록』 고종 32년 3월 25일조; 『고종실록』 고종 32년 3월 25일조).

내각제 하에서 정치운영은 내각 총리대신을 수반으로 대신들이 내각회의를 구성하여 법률·칙령, 예산·결산, 내·외국채, 국제조약 및 국제적인 사안, 칙·주임관의 임명, 조세의 신설·존폐·변경 등의 사항을 결정하였다. 각의 결정사항 가운데 왕의 재가를 필요로 하지 않는 것은 그대로 시행하고, 내각이 청한 안건을 왕이 재가하지 않을 경우에는 그 이유를 명시하여 다시 회의에 하부해야 했으며, 왕이 안건을 발의할 때는 반드시 내각회의를 거치도록 규정되었다. 이와 같은 내각제도가 수립되면서 군권이 크게 제한되었다. 종래 전제군주였던 조선 국왕은 이제 사실상 입헌군주제 하에서의 '군림하되 통치하지 않는' 군주와 같이 그 지위 · 권한이 약화되어[5] 조선에서 전제군주제는 거의 폐지된 상태나 다름없었다.

한편 갑신정변을 주도한 개화파 세력들이 구상하지 못했던 의회에 대한 인식도 등장하였다. 군국기무처는 스스로를 '의회'라고 생각했고, 그것을 의회로 개정하고자 시도하기도 하였다(『更張議定存案』 開國 503년 9월 11일조). 그러나 군국기무처는 해산되어 임명제 의관이 법률 · 칙령안과 내각의 자문사항을 심의 · 의정하는 기능을 수행하는 중추원에 합치되었다. 이 시기 중추원은 일본 추밀원의 성격이 가미된 것으로 1894년 7월 정부의 자문기관으로 만들어진 중추원보다 기능이 강화되었으며, 관선입법부적 성격을 띠고 있었지만 실제로는 유명무실한 매직(賣職)기관에 불과하였다. 그러므로 1895년 귀국한 서재필은 중추원 고문에 취임하면서 중추원을 명실상부한 관선입법부로 활성화시키려고 시도하였다. 이 때문에 중추원은 독립협회의 의회개설운동의 근거가 되었다.

이상에서 본 것처럼 갑오개혁은 갑신정변 이래 개화파가 실현하고자 한 내각제가 구체화되었으며, 근대국가의 기본이 되는 '의회'에 대한 인식까지 나타났다. 또한 개혁관료 주도의 위로부터의 개혁을 통해 봉건적 신분제가 철폐되면서 근대적 국민형성의 중요한 기틀이 마련되었다. 그러나 이 시기 근대국가로의 개혁은 아직 입헌군주국가의 그것이라고 할 수 없다. 왜냐하면 '의회'를 개설하지도 못하였고, 국민을 참정시키

5 내각제 실시로 정무에 관한 권한을 완전히 상실한 고종은 "군주권이 없는 허위를 감내할 수 없으니 차라리 대신들이 원하는 대로 국체를 변혁해서 새로 공화정치를 일으키든가 또는 대통령을 선출하든가 너희들 마음대로 하라"고 역정을 낼 정도였다(국사편찬위원회 1986, 31-32).

지도 못하였으며, 헌법도 제정하지 못하였다. 오직 군국기무처와 내각제도를 수립하는 데 성공하여 전제군주제에 근본적 제한을 가하고 입헌군주제로 가는 과도적 정치체제와 국가체제를 수립한 것이었다. 즉 기왕의 왕실 중심의 전제군주국가를 내각 중심의 제한군주국가로 개혁하여 근대적인 입헌제국가로 나아가려는 도정에 있었다고 할 수 있다.

3. 독립협회의 의회설립운동

1896년 2월 아관파천으로 갑오개혁 내각이 붕괴되고 친로(親露)정권이 등장하면서 입헌군주제를 지향한 근대국가 건설 움직임에 제동이 걸렸다. 아관파천 후 러시아 공사관에서 조직된 신정부는 '구본신참(舊本新參)'의 원칙을 내세우면서 갑오개화파가 수립한 내각제도를 폐지하고 다시 의정부제도를 부활시키는 등 전제군주제에 제한을 가하였던 정치체제 개혁을 거의 무효화시키면서 전제군주제로 복귀하였다. 친로 수구파가 집권하게 되면서 권력집단에서 소외된 개화파는 우리나라 최초의 근대적 사회정치단체라 할 수 있는 독립협회를 조직하여 근대국가 건설을 위한 정치체제 개혁운동을 지속적으로 전개하였다.

1896년 7월 2일 창립된 독립협회가 근대국가를 건설하기 위해 우선적으로 전개한 사업은 민중계몽운동이었다. 독립협회의 창설자인 서재필은 그의 자서전에서 "우리나라의 독립은 오직 교육, 특히 민중의 계발에 달렸다"는 확신을 가지고 민중을 '자유주의 민주주의적 개혁사상'으로 계발하여 민주역량을 가진 국민의 힘으로 '자주독립의 완전한 국가'를 만들기 위하여《독립신문》을 창간하였으며, 이를 위한 '정치적 당파'

의 필요에서 독립협회를 창설하였다고 회고하였다(김도태 1972, 230-248). 이전의 개화파 세력이 주도한 갑신정변과 갑오개혁이 민중부재의 근대개혁 시도였던 것과 달리, 독립협회는 국가의 자주독립과 민주주의적 개혁에 '민중 에너지의 동원'을 우선적으로 생각하고 창립된 것이었다(유영열 1994, 261).

독립협회는 민중계몽을 위하여 독립기념물을 건립하고, 신문과 회보를 발간하였으며, 토론회와 강연회를 개최하였다. 독립기념물 건립사업은 국민적 모금과정에서 일반 민중의 마음 속에 독립의지와 애국정신을 불러일으켰으며, 자주독립의 기치 아래 국민적 공감대를 형성하여 민중계몽에 크게 이바지하였고, 《독립신문》과 『독립협회보』는 민중을 근대지식과 국권 · 민권사상으로 계몽하여 독립협회의 민중적 기반을 마련하는 데 크게 기여하였다. 독립협회의 토론회는 회원과 민중에게 조선의 당면문제를 인식시키고 회원들에게 회의진행법, 연설법 등 효과적인 의사표현 방법과 표결, 다수결원칙 등 민주적 행동성향을 배양케 하였으며, 민중을 독립협회 모임에 참여케 하여 독립협회의 민중적 단체화에 크게 기여하였다(유영열 1994, 261-263).

또한 나라의 주인인 국민이 참정권을 가지고 국정에 참정해야 국민의 힘으로 나라를 지킬 수 있게 되고 나라가 부강하게 된다고 주장하면서 한국 역사상 처음으로 국민의 권리[民權]의 개념을 정립하고 국민들 사이에 보급하여 종래의 전제군주제를 3권분립에 기초한 입헌대의군주제로 개혁하려고 하였다. 독립협회에서는 나라라 하는 것은 "백성들이 합심하여" 만든 것 또는 "임금과 정부와 백성이 동심협력하여" 세운 것이라고 하고, "당초에 나라 생긴 본의는 여러 사람이 의론하여 전국에 있는 인민을 위하여 각색 일을 마련한 것"이라고 하면서 '국민을 위한 국가관' 을 제시하고, 인민은 나라의 '주인' 이고 관인은 인민의 '사환' 이라 하고(독립신문 1898/11/16), "정부에서 벼슬하는 사람은 임금의 신하요 백성의 종"(1898/11/21)이라고 하면서 국민이 나라의 주인임을 강조하였다. 또한 전제군주제 하에서는 "나라가 위태한 때를 당하여도 백성은 권리가 없으므로 나라 흥망을 전혀 정부에다가 미루고 수수방관만 하고 정부는 나중에 몇몇 사람이 순절만 할 줄로 성사를 삼"기 때문에 나라가 망하는 폐단이 많다고 비판하였다(1898/12/15).

이러한 인식을 가진 독립협회가 근대국가 건설이라는 목표를 구체화시키기 위해 전개한 활동은 3권분립을 전제로 한 의회설립운동이었다. 독립협회는 의회가 설립되어 국민의 참정이 실현되고 국민의 의사가 국정에 반영되며, 개혁파 정부가 수립되어 정부가 자기의 직무를 충실히 수행하면 정부와 국민 사이에 신뢰와 의사소통과 이해가 생겨 지금까지의 상호 간의 불신을 씻고 굳게 단결해서 안으로 자강을 실현하고 밖으로 외세의 침략을 막을 수 있는 것으로 보았다(신용하 1986, 67).

독립협회의 의회설립운동은 1898년 봄부터 본격적으로 전개되었다. 그해 3월 서재필, 윤치호 등 독립협회 지도자들은 의회설립 문제를 의논하고, 4월 3일에는 독립협회 토론회에서 "의회원을 설립하는 것이 정치상에 제일 긴요함"이라는 의제로 의회의 필요성을 공식 거론하여 의회설립운동을 표면화시켰다(독립신문 1898/03/29, 03/30, 04/09). 독립협회는 의회설립에 필요한 예비지식을 보급하기 위해 윤치호가 번역한 『의회통용규칙(議會通用規則)』이라는 의회의 회의진행법에 관한 책자를 간행하여 회원들에게 배포하고, 6월에는 《독립신문》에 광고를 내어 일반 국민들에게 판매하였다(『尹致昊日記』 1898년 3월 18일조 ; The Korean Repositary 1898 ; 독립신문 1898/04/14에서 06/21 광고). 독립협회의 이러한 움직임에 대하여 정부에서는 정부의 자문기관으로 중추원을 활성화시키는 것이 바람직하다는 입장을 표명하였다. 4월 14일에는 정부 고문인 리젠드르(Legendre)가 윤치호를 방문하고, 정부 대신들의 행정을 감시하는 기관으로는 독립협회 간부들이 주장하는 '완전한 대의정체'는 모두 현실에 맞지 않다고 하면서 절충안으로 자문원의 설치를 제의하였다(『尹致昊日記』 1898년 4월 14일조).

이에 대하여 《독립신문》은 1898년 4월 30일자 논설에서 반드시 의회를 설립해야 하는 이유와 의회설립이 국민뿐만 아니라 정부와 황제와 대한제국 전체에 큰 이익과 나라의 자주부강을 가져오게 하는 핵심적 개혁임을 주장하면서 독립협회의 목표가 의회설립을 통한 완전한 대의정부의 수립임을 명백하게 주장하였다(독립신문 1898/04/30). 그리고 7월 3일과 12일에 거듭 상소를 올려 동양에서도 사람을 쓸 때에는 반드시 국인(國人)의 의논을 존중하며, 구주제국은 전제정치일지라도 상원과 하원을 설립하여 언로를 열고 있으니 우리나라도 그 대책으로 중추원을 개편하여 의회를 설립할 것을 간곡하게 제의하였다(『上疏存案』 광무 2년 7월 3일조 ; 『承政院日記』 고종 광무 2년 음 6월 2일조 「前中樞院議官尹致昊登疏」). 이에 대해 고종은 "말하는 바가 비록 조정의 일을 우애(憂愛)한 데서 나온 것 같으나 분수를 벗어나서 망론하지 말라"(『承政院日記』 고종 광무 2년 음 5월 21일조 「前中樞院議官尹致昊登批旨」)고 부정적인 반응을 보였다. 그럼에도 불구하고 의회설립 문제는 7월 중순경 조야(朝野) 간에 일단 중추원의 의회식 개편으로 가닥을 잡아갔으며, 7월 하순에는 중추원을 국가의 최고기관으로 개편한다는 설이 신문에 보도되기도 하였다(독립신문 1898/08/01).

그러나 중추원의 의회식 개편에 대한 정부와 독립협회의 의도는 근본적으로 달랐다. 정부의 의도는 전제군주체제 내에서 정부 자문기관으로서의 중추원을 활성화하여 독립협회의 의회설립운동을 무마시키려는 것이었다면, 독립협회의 의도는 완전한 의회제도를 갖추는 것은 아닐지라도 실질적으로 전제군주제를 입헌군주제로 전환시켜 국민에게 참정권을 주고, 정부가 의회식 중추원에 책임지게 하는 입헌군주제적 근대국가체제를 갖추려는 것이었다(유영열 1994, 269).

독립협회는 의회설립 요구가 친로 수구파 정부에 의해 받아들여지지 않자 1898년 가을에 접어들면서 개혁내각 수립운동을 전개하였다. 그 해 9월 고종독살미수사건을 계기로 만민공동회를 개최하고 수구내각 대신 탄핵운동을 전개하였고, 10월 초에는 황국중앙총상회(皇國中央總商會)와 수차에 걸쳐 합동상소를 올리고 합동연설회를 개최하여 친로 수구내각의 퇴진을 요구했다. 여기에 수많은 시민과 학생들이 합세하여 밤낮으로 시위와 농성을 감행한 결과 10월 12일 마침내 수구파 정부를 해체시키고 박정양 · 민영환 중심의 개혁파 정부를 수립하는 데 성공하였다. 당시 외국 공사들은 개혁파 정부의 수립을 "대중의 요구에 의하여 거의 전면적인 내각개편이 이루어진 하나의 평화적 혁명"이라고 평가하였고(Allen 1898), 《독립신문》 영문판에서는 이를 독립협회의 "승리" 또는 "압제적인 한국에서 결코 볼 수 없었던 일"이라고 논평하면서 앞으로 독립협회의 운동방향이 의회설립에 의한 국민 참정의 실현임을 천명하였다(The Independent 1898/10/13 , 10/18).

독립협회는 개혁파 정부가 수립되자 신정부와 협의하여 10월 14일 의회를 설립하는 데 원칙적으로 합의하고, 독립협회가 그 초안을 작성하기로 하여 10월 24일 중추원을 의회로 개편하여 의회를 설립하는 안인 「중추원관제개편안」을 정부에 제출하였다. 그 결과 독립협회의 주도하에 한국역사상 처음으로 의회설립이 가능하게 되었다.

독립협회는 의회설립운동이 그들의 구상대로 진전되자 관민공동회를 개최하여 국정개혁의 대강을 마련하고 개혁정책을 강력히 추진하려고 하였다. 1898년 10월 28일부터 11월 2일까지 독립협회 주최로 서울 종로에서 개최된 관민공동회에서는 '헌의육조(獻議六條)'를 채택하고, 국민과 정부와 앞으로 개설될 의회가 굳게 단결하여 나라의 독립을 지키고 내정을 크게 혁신할 것을 결의하였다. 《독립신문》에서는 "관민이 합심하여 국가정치를 바로 잡자 하는 것은 우리나라에 처음 있는 큰 일이라"고 평가하였다(독립신문 1898/11/03).

독립협회가 주최한 관민공동회가 성공리에 끝나고 박정양을 수반으로 한 개혁파 정부가 민중의 지지 위에서 개혁정책을 단행할 수 있게 되자 11월 4일 정부는 관선의원 25명, 민선의원 25명의 의석을 규정한 한국사상 최초의 의회설립법인 「중추원신관제」를 공포하고(『高宗實錄』 광무 2년 11월 2일조 ; 『官報』 광무 2년 11월 4일자) 독립협회에 의관을 선출하여 명단을 보내줄 것을 요청하였다. 독립협회는 정부의 통고에 따라 1898년 11월 5일 독립관에서 투표에 의해 25명의 중추원 의관선거를 실시하기로 하였다.

당시 '헌의6조'의 채택과 의회식 중추원 관제의 반포는 황제와 정부가 민회와 민중의 요구를 받아들여 우리 역사상 처음으로 의회설립법을 마련하여 제한된 범위에서나마 국민참정권을 공인한 것이며, 독립협회가 추진한 근대국가 건설을 위한 국민참정 · 국정개혁운동의 거대한 승리를 의미하는 것이었다.

그러나 한국 역사상 최초로 의회를 설립하려 한 독립협회의 시도는 그 성공 직전에 저지되고 말았다. 의회설립을 하루 앞둔 11월 4일 밤 친로 수구파의 조병식이 군부대신 유기환 등과 결탁하여 독립협회가 왕정을 폐지하고 공화정을 수립코자 한다는 모략문서를 유포한 익명서 사건을 일으켰고(윤치호 1926, 59-60), 이에 고종은 11월 4일 밤부터 5일 새벽 사이에 시위대(侍衛隊)와 경무청을 동원하여 독립협회 간부들을 체포하고 독립협회 해산명령을 내림과 동시에 관민공동회의 의결사항에 서명날인 한 박정양 내각의 각 대신을 파면시키고 조병식을 수반으로 하는 친로 수구파 정부를 재조직하였다. 새 정부가 독립협회와 개혁파 정부의 의회설립령을 취소하면서 한국사상 최초의 의회설립이 좌절되었다.

독립협회가 중추원을 개편하여 의회를 설립하려 한 시도가 비록 독립협회의 강제해산으로 실패하고 말았지만, 1898년 11월 4일의 「중추원 신관제」는 독립협회가 국민참정권사상을 제도화하여 실현시킨 것이었으며, 자유민권사상을 의회민주주의 형태로 일시적이나마 제도화시킨 획기적인 것으로 평가할 수 있다.

Ⅳ. 결론

19세기 후반 조선조 한국사회는 봉건적 사회모순을 해결하지 못한 가운데 제국주의 열강의 침략을 받게 되면서 근대와 제국의 도전이라는 이중의 과제를 안고 내부 사회관계와 국가체제의 개혁을 모색하고 있었다. 이러한 과제에 대응하기 위해 등장한 다양한 사상분파들 중에서 진보적 관료와 지식인으로 구성된 개화파 세력들은 당대의 다른 사상적 분파들과 달리 서세동점으로 야기된 변화를 적극적으로 수용하면서 밖으로부터의 위기에 대응하여 "부국강병"을 이룩하여 나라의 자주독립을 유지하고, 안으로의 위기에 대응하여 봉건적 정치기구를 혁신하고 민중에 대한 불법수탈을 제거함으로써 근대국가를 수립한다는 지향성을 가지고 있었다. 그래서 본 논문에서는 개화파가 근대국가건설을 위해 정치체제를 어떠한 방향으로 개혁해 나가고자 했는가를 분석하였다.

조선조 정치사에서 19세기 후반은 근대국가 건설의 계기적 발전을 이루는 시점이었고, 그것을 주도한 핵심 세력은 개화파였다. 근대국가건설을 위한 개화파의 정치체제 개혁구상은 갑신정변을 계기로 구체적으로 표명되었고, 개화파가 일시적으로 정권을 장악한 갑오개혁기에 본격적으로 실현되었다. 갑오개혁이 좌절되면서 정권에서 배제된 개화파 세력은 방향을 전환하여 독립협회를 조직하여 대중적 정치개혁운동을 전개하였다. 이러한 계기적 사건을 통해 표출된 개화파의 근대국가건설을 위한 정치체제개혁 구상을 요약하면 다음과 같다.

1884년 개화사상의 선구자들의 지도와 영향 밑에서 성장한 김옥균 · 김윤식 등의 청년관료들은 집권세력 속에서 개화파라는 하나의 정치세력을 이루어 근대국가 건설을 위한 개혁을 단행하고자 갑신정변(甲申政變)을 일으켰다. 혁신적 개화파에 의해 주도된 갑신정변은 대외적으로 청국과의 종속관계를 청산하고 자주독립국가의 면모를 갖추는 동시에 대내적으로 '봉건적'인 제도를 타파하고 부국강병을 이룩함으로써 근대적인 민족국가체제를 수립하고자 한 최초의 정치개혁운동이었다. 갑신정변을 통해 개화파 인물들은 정치권력을 장악한 문벌을 타파하고 봉건적 통치체제에 기반한 전제군주제를 제한하고 의정소를 통하여 입헌군주제의 초기 형태인 입법권과 행정권을 가진 내각제도를 창설함으로써 근대국가 건설을 지향하는 정치체제를 수립하고자 하였지만 3일천하로 끝나고 말았다.

1894년 동학농민혁명은 갑신정변이 실패 이후 스스로 자신의 근대국가구상을 실현할 계기를 만들지는 못했던 개화파에게 다시 한 번 기회를 주었다. 개화파 혁신관료에 의해 추진된 갑오개혁은 초기에는 유길준이 주도한 군국기무처에서 근대국가체제 형성을 위한 개혁을 진행하였고, 후기에는 박영효가 주도하여 내각제를 실시하고 헌법의 초기 형태인 '홍범14조'를 반포하여 군주도 법령을 지키게 함으로써 입헌군주제적 정치제도를 완성시켜 나갔다. 그러나 갑오개혁기 근대국가체제로의 개혁은 아직 입헌군주국가의 그것과 다소 거리가 있다. 왜냐하면 '의회'를 개설하지도 못하였고, 국민을 참정시키지도 못하였으며, 비록 유사한 것이 있긴 하지만 헌법도 제정하지 못하였다. 오직 군국기무처와 내각제도를 수립하는 데 성공하여 전제군주제에 근본적 제한을 가하고 입헌군주제로 가는 과도적 정치체제와 국가체제를 수립한 것이었다. 즉 기왕의 왕실 중심의 전제군주국가를 내각 중심의 제한군주국가로 개혁하여 근대적인 입헌제국가로 나아가려는 도정에 있었다.

그리고 갑오개혁 내각이 붕괴되고 친로 수구파 정권이 형성되면서 개화파는 정권에서 완전 배제되어 새로운 길을 모색하지 않을 수 없었다. 그래서 개화파 세력들은 독립협회를 조직하여 대중운동에 기반한 근대국가 건설운동을 전개하였다. 독립협회는 나라의 주인인 국민이 참정권을 가지고 국정에 참정해야 국민의 힘으로 나라를 지킬 수 있게 되고 나라가 부강하게 된다고 주장하면서 한국 역사상 처음으로 국민의 권리[民權]의 개념을 정립하고 국민들 사이에 보급하여 종래의 전제군주제를 3권분립을 전제로 한 의회를 설립함으로써 입헌대의군주제를 실현하고자 하였다.

이상에서 본 바와 같이 개화파의 근대국가건설을 위한 정치제제개혁 구상이 현실상황과의 괴리 속에서 실현되지는 못하였지만, 제국의 도전과 근대로의 전환이라는 역사적 과제에 대응하여 세계사적 추세에 적극적으로 부합하여 근대국가건설이라는 구체적 비전을 제시한 진보적 정치사상이었다고 평가할 수 있다. 또한 제국과 근대의 도전에 직면하여 국가정체성을 확보하기 위한 개화파의 근대국가로의 개혁이 좌절되면서 겪게 된 역사적 경험을 통해 우리는 오늘날의 세계화라는 추세 속에서 국민국가의 정체성을 확립하는 문제의 중요성을 다시 한 번 상기하게 된다.

참고문헌

『更張議定存案』. 『更張章程存案』. 『高宗實錄』. 『上疏存案』. 『承政院日記』.

『日省錄』. 『官報』. 『駐韓日本公使館記錄』. 『尹致昊日記』.

강재언. 1983. “개화파에 있어서 자유민권사상의 형성성.” 『근대한국사상사연구』. 한울.

姜在彦. 1980. 『朝鮮の開化思想』. 東京 : 岩波書店.

구종서. 1996. “조선조 말기의 근대적 정치 스펙트럼.” 『한국정치의 재성찰』. 한울.

김도태. 1972. 『서재필박사자서전』. 을유문화사.

김동노. 1999. “한말 개화파 지식인의 근대성과 근대적 변혁”. 『아시아문화』 제14호.

김석형. 1990. “김옥균의 생애와 활동.” 북한사회과학원 역사연구소 편. 『김옥균』. 역사비평사.

김영작. 1989. 『한말 내셔널리즘 연구–사상과 현실』. 청계연구소.

김용섭. 1995. 『조선후기농업사연구 (1)–농촌경제 · 사회변동』. 지식산업사.

망원한국사연구실 19세기 농민항쟁분과. 1988. 『1862년 농민항쟁–중세말기 전국 농민들의 반봉건투쟁』. 동녘.

신용하. 2001. 『갑오개혁과 독립협회운동의 사회사』. 서울대학교 출판부.

신용하. 1986. “19세기 한국의 근대국가형성 문제와 입헌공화국 수립 운동.” 『사회와 역사』 1권.

신용하. 1987. 『한국근대사회사상사연구』. 일지사.

왕현종. 2003. 『한국 근대국가의 형성과 갑오개혁』. 역사비평사.

유길준. 1972. 『西遊見聞』. 경인문화사.

유영열. 1994. “개화기의 민주주의정치운동.” 『한국사상의 정치형태』. 일조각.

윤순갑. 1996. “개화사상의 정치이념적 구조.” 『한국정치학회보』 30집 3호.

윤치호. 1926. "독립협회의 시종." 『新民』 14(1926년 6월).

이광린. 1974. 『한국개화사연구』. 일조각. 1974.

정창렬. 1994. "근대 국민국가 인식과 내셔널리즘의 성립과정." 『한국사11-근대민족의 형성1』. 한길사.

靑木功一. 1985. "초기개화파의 정치사상." 양상헌 편. 『한국 근대 정치사 연구』. 사계절.

한국역사연구회. 1997. 『한국사상사의 과학적 이해를 위해』. 청년사.

한국학문헌연구소 편. 1978. 『김옥균전집』. 아세아문화사.

한철호. 1998. "시무개화파의 개혁구상과 정치활동." 『한국근대 개화사상과 개화운동』. 신서원.

Allen. 1898. *Communications to the Secretary of State from U.S. Representatives in Korea* : H.N. Allen, NO. 152. October 13. "Change of Cabinet, Peaceful Revolution, Independence Club."

The Independent. 1898. October 13. "Victory."

The Independent. 1898. October 18. "A Forward Movement."

The Korean Repositary. 1898. Vol. 5. No. 4 (April). "Literary Department."

《독립신문》.

《한성순보》.

박정희 집권기 대중동원의 전개와 의미
-지배전략의 관점에서 본 농촌새마을운동을 중심으로-

Ⅰ. 서론

1. 문제제기

박정희 집권기는 '국가재건', '경제개발', '근대화'를 위한 '국민총화'의 시대였으며 '동원(mobilization)'의 시대였다. 박정희 체제가 자본주의적 산업화를 성공적으로 이끌었다는 긍정적 평가와 권위주의적 지배로 인해 민주화를 제약하였다는 부정적 평가가 지속적으로 대립하는 상황 속에서도 박정희 시대에 관한 대부분의 연구들이 박정희 집권기 대중의 집합적 참여가 드러나는 '동원'을 적시하고 있다는 사실은 이를 대변해 준다(김정렴 1990 ; 손호철 1993, 38 ; 김대환 1993, 54-60 ; 최장집 1996 ; 전재호 1998, 2000 ; 정상호 1998, 104 ; 김일영 1998, 391-392 ; 임지현 2000a, 2000b, 2004 ; 황병주 2000, 2004 ; 임지현 · 이상록 2004 ; 조희연 2004, 2005a ; 이병천 2003, 45-46, 2004, 24 ; 홍성태 2005, 69 ; 김정주 2005b, 23 ; 고원 2006). 경제개발에 의한 것이든 또는 '강제'와 '동의'가 결합된 근대적 지배 메커니즘의 작동에 의한 것이든 간에 이들 연구들은 박정희 집권기 동원과 이 과정에서 드러나는 대중의 집합적 참여를 인정하고 있다.

하지만 이러한 지적에도 불구하고 박정희 집권기 동원의 전개와 그 의미에 대한 해석과 평가는 상반된 입장으로 나누어진다. 박정희 시대에 관한 '긍정' 대 '부정'의 규범적 평가의 대립과 관련하여 그 시대 동원에 대한 연구와 논의 역시 접점을 찾지 못한 채 대립되고 있다. 박정희 체제를 긍정적으로 평가하는 입장에서는 박정희 집권기 동원을 사회적·경제적 욕망의 실현이라는 '아래로부터의 요구'가 박정희 체제에 의해서 수렴되며, 동시에 대중의 '집합적이며 자발적인 참여'가 드러나는 '동의'의 정치과정으로 이해되고 있다. 반면, 박정희 체제를 부정적으로 평가하는 입장에서는 박정희 집권기 동원을 지배의 정당화를 위한 '위로부터의 규율'이 실천되고, 동시에 대중참여에 있어서 '압도적인 국가주도'가 드러나는 '강제'의 정치과정으로 이해되고 있다.

그러나 박정희 집권기 동원의 전개와 의미에 있어서 '대중의 집합적·자발적 참여=동의' 또는 '압도적 국가주도=강제'라는 등식이 과연 유효성을 가질 수 있는가? 이러한 단순화된 등식은 박정희 시대에 대한 연구들에서 나타나는 '지배 대 저항'의 이분법적 분석시각과 '경제 또는 정치' 중심의 일면적 평가, 그리고 이로부터 확장된 인식론적 차별성[1]을 심화시키고, 상반된 두 입장의 통합적 또는 '완충지대적' 연구공

1 '대중독재론'을 둘러싼 논쟁은 이러한 현상을 잘 보여준다. 박정희 체제에 대한 광

〈표-1〉 박정희 체제의 평가에 대한 기존 연구의 경향성

연구 관점	박정희 체제에 대한 평가	논자
경제개발	총량적 성장과 자발적 대중참여에 긍정적 기여	김정렴(1990)
	총량적 성장에도 불구하고 질적 · 구조적 모순 심화에 따른 부정적 기여	김용복(1998), 김정주(2005b)
민주주의의 실현	분단과 냉전질서 속에서 한국적 민주주의의 실현, 또는 민주화의 물적 토대구축에 긍정적 기여	유순달(1986), 김일영(1995)
	반민주적 · 반인권적 · 반민족적 지배체제의 특징, 또는 민주화 제약에 따른 부정적 기여	손호철(1993), 김대환(1993), 김호기(1998), 김용복(1998), 정상호(1998), 홍성태(2005)
근대적 지배	박정희 체제의 파시즘 헤게모니와 대중동의를 긍정	임지현(2000a ; 2000b ; 2004), 임지현 · 이상록(2004)
	헤게모니 없는 독재에 따라 광범위한 대중동의를 부정	조희연(2004 ; 2005a), 홍윤기(2003)

간을 협소화시킬 우려의 소지가 있다. 따라서 이러한 등식에 입각한 논의들로부터 벗어나 '강제'와 '동의'를 동시에 수렴하는 동원의 전개과정과 동학을 포착하고, 대중의 집합적 참여를 통하여 동원의 의미를 새롭게 검토할 필요성이 있다.

물론 이러한 문제의식으로부터 제기된 다양한 연구와 논의들이 존

범위한 '대중동의'와 이로부터 확장된 '아래로부터의 독재'를 둘러싼 논쟁은 문제제기의 적실성과 그 의의를 통하여 보다 과학적인 분석적 시도로 이어지기보다는 박정희와 그 시대에 대한 연구자들의 '인식론적 위치'에 대한 논쟁으로 변질되는 경향을 보인다. 이 논쟁에서 사용되는 '악마론', '혐의', '오역', '좌파적 억울함' 등의 수사적 표현은 이러한 인식론적 차별성과 대립을 보여주는 것이라고 할 수 있다.

재하지 않았던 것은 아니다. '대중독재' 논쟁을 통하여 기존의 박정희 시대 연구들이 '지배' 또는 '저항'의 이분법적 시각에 매몰되었으며, 박정희 시대의 '지배'와 관련하여 '강제'와 '동의'의 상호 침투와 교호작용을 담아내지 못하였으며, 나아가 강압적 지배에 동의를 보낸 '광범위한' 대중(국민)의 존재를 드러내지 못하였다는 문제제기와 이를 둘러싼 논쟁이 전개되기도 하였다. 또한 '개발독재' 논쟁을 통하여 박정희 시대 연구들이 '경제성장' 또는 '민주화 제약'의 일면적 분석과 평가를 시도함으로써 '자본주의적 산업화'와 '민주화' 사이의 상호관계에 대한 해명을 충분히 하지 못하였다는 문제제기와 논의들이 활발하게 전개되었다.

하지만 '대중독재' 논쟁은 박정희 시대 지배의 문제와 관련하여 새로운 연구지평을 제공하였다는 긍정적 평가에도 불구하고, '과연 박정희 체제에 있어서 광범위한 대중동의를 논의할 수 있는가'라는 물음으로부터 다시금 박정희 시대에 대한 긍정과 부정의 인식론적 대립을 확대·재생산하였으며, 이 속에서 박정희 집권기 동원은 여전히 상반된 입장의 논리적 근거로 제시될 뿐 구체적으로 검토되지 못하였다. 한편, '개발독재' 논쟁은 '경제성장'에 있어서 일면 긍정성과 '독재'에 있어서 일면 부정성이 혼재하는 박정희 체제의 '이중성'을 포착하였다는 점에서 긍정적 기여를 하였다고 볼 수 있지만, 이 논의들 속에서도 박정희 집권기 동원은 경제개발을 위한 '국가강제' 또는 경제적 욕망 실현을 위한 대중의 '자발적 요구'라는 이분화된 논의의 틀을 벗어나지 못하고 있다.

이러한 문제의식으로부터 본 연구는 박정희 집권기 동원을 '강제'와 '동의'가 동시에 수렴된 통치행위의 산물로 이해하고자 한다. 따라서 박정희 집권기 동원의 전개과정을 일차적으로 검토하고, 이 속에서 드러나는 대중의 집합적 참여의 원인과 성격을 검토함으로써 박정희 체제의 지배전략적 실천으로써 동원의 의미를 밝히도록 한다. 이를 위하여 본 연구는 1970년대 '농촌새마을운동'을 분석대상으로 삼는다. 1970년대 새마을운동은 박정희 체제가 시도한 동원의 통합적 산물이었으며, 계급 · 계층 · 지역을 망라한 동원이었다. 이 속에서 '농촌새마을운동'은 가장 핵심적 부문운동이었다. 박정희 체제는 1961년 집권과 동시에 '국가재건운동', '자조근로사업', '농어민소득증대사업' 등의 다양한 동원을 시도하였다. 이러한 동원들은 궁극적으로 농 · 어민의 참여부재 등으로 인해 실패한 것으로 평가되지만 이러한 동원들의 공과는 고스란히 새마을운동으로 통합되었다.[2] 이러한 점에서 볼 때, 새마을운동은 박정희 집권기 동원을 대표할 뿐만 아니라 전체적인 동원 그 자체를 의미한다고 볼 수 있다. 따라서 본 연구는 1970년대 농촌새마을운동을 통하여 박정희 집권기 동원의 전개와 그 의미를 검토하도록 한다.

2. 기존 연구 검토와 연구방향

기존 농촌새마을운동 연구는 크게 두 가지 시각에서 논의되어 왔다. 첫째, 농촌개발 또는 지역사회개발 등을 중심으로 '개발전략'의 일환[3]으

2 1961년 12월부터 전개된 '재건국민운동', 1964년 '자조사업', 1966년 '농어촌소득증대사업' 등의 사업내용과 방식, 조직체계, 그리고 인적 구성 등은 사실상 1970년대 새마을운동에 그대로 적용되었다.

3 농촌새마을운동을 '근대화 전략'의 일환으로 보는 연구들도 있다. 하지만 이러한 연구들은 대부분 경제적 차원에서의 개발 또는 발전에 초점을 둠으로써 자본주의적 산업화, 정치적 민주화, 그리고 사회적 합리성의 통합적인 변화 · 발전을 지향하

로 보는 시각이다(박섭 · 이행 1997 ; 임수환 1997). 둘째, 박정희 체제의 사회규율과 통제 등을 중심으로 '지배(통치)전략'의 일환으로 보는 시각이다(임경택 1991 ; 박진도 · 한도현 1999 ; 김대영 2004 ; 조희연 2004 ; 고원 2006). 최근 연구들의 경향은 농촌새마을운동을 체제안정과 유지를 위한 박정희 체제의 '지배전략'적 실천이었다는 점에 동의하며, 둘째 시각을 중심으로 논의되고 있다. 특히, 1990년대 후반부터 재점화된 '박정희 현상'과 '대중독재' 논쟁 이후에는 새마을운동을 박정희 체제의 '헤게모니적' 지배와 관련하여 논의하고 있다. 이러한 점에서 본 연구는 농촌새마을운동을 박정희 체제의 지배전략적 실천과정에서 작동된 동원으로 이해한다. 따라서 여기에서는 '개발전략'의 관점에 서 있는 기존 연구들에 대한 검토는 생략하고 '지배(통치)전략'의 관점에서 이루어진 최근 연구들을 중심적으로 검토하도록 한다.

최근 연구들은 (a) 헤게모니적 지배전략의 관점에서 접근하는 연구, (b) 강제와 통제의 지배전략의 관점에서 접근하는 연구로 나눌 수 있다. (a)의 연구들은 새마을운동을 통하여 박정희 체제의 헤게모니를 긍정하는 견해(황병주 2004)와 헤게모니적 지배전략의 실천은 존재하였지만 권위주의 체제의 강압성으로 인해 대중(농민)의 자율성이 극도로 제한되었다는 점에서 박정희 체제의 헤게모니를 부정하는 견해(고원 2006)로 나누어진다.

황병주의 연구는 '대중독재론'의 시각에서 박정희 체제에 대한 대중의 자발적 참여와 지지, 그리고 동의형성을 새마을운동을 통하여 주장

는 '근대화'로 확장되지 않고 있다. 따라서 본 연구에서는 이러한 '근대화 전략'의 관점에서 이루어진 연구들도 '개발전략'의 관점에 포함하여 논의하도록 한다.

한다. 새마을운동은 국가주도의 동원에서 대중의 자율적 참여를 통해 자발적인 '대중운동' 으로 전화되었으며, 박정희 체제는 이러한 대중정치와 대중동원의 결합을 통해 대중을 근대적 주체로 세울 수 있었다고 주장한다. 즉, 새마을운동은 동원주체였던 국가가 스스로를 근대화했을 뿐만 아니라 사회와 대중 전체를 근대화하고자 했던 기획의 산물이며, 이러한 근대화는 효율적 · 생산적 주체의 생산과정이었다(황병주 2004, 479). 따라서 그의 연구에서 새마을운동은 '위로부터의 발전주의적 동원' 에 사회적 · 경제적 욕망의 실현을 지향하는 '아래로부터의 요구' 가 긴밀하게 결합됨으로써 박정희 체제의 헤게모니가 실천된 정치과정으로 나타난다(황병주 2004 , 480).

고원의 연구는 농촌새마을운동의 전개과정 속에서 박정희의 국가권력이 폐쇄적으로 전환됨으로써 농민의 자율성이 제한된 것으로 파악한다. 그의 연구는 새마을운동을 '가난에서 해방되고 싶은 농민의 일상적 · 자생적 욕망' 과 농민을 경제적으로 동원하고 동시에 정권의 지지기반으로 삼고자 하였던 '국가적 강제력' 사이의 갈등, 침투, 변용과 전유, 새로운 동의와 균열을 창출해 가는 복잡한 '근대적 대중정치의 메커니즘' 이라고 본다(고원 2006, 183). 이러한 점에서 농촌새마을운동은 농민들의 집합적 참여와 호응이 상당한 정도로 존재하였으나 동시에 다양한 차원에서 농민들의 저항 역시 쉽게 발견된다고 한다(고원 2006, 194-195). 이러한 저항의 문제는 국가의 직접적인 강제력 없이도 마을 내에서 자체적으로 해결되었고 새마을운동의 전개 자체를 훼손할 만큼 사회적 갈등문제로 확장되지 않았다는 점에서 박정희 체제의 헤게모니적 지배전략이 전개된 것으로 파악한다(고원 2006, 195-196). 그러나 이러한 헤게모니적 지배전략의 실천이 곧 박정희 체제의 헤게모니 획득을 의미하는 것은 아니라고 보는데, 1970년대 후반 새마을운동의 쇠퇴와 지배전략의 자체적인 한계가 이를 대변한다고 본다. 즉, 국가는 사회의 변화를 수용할 수 있는 탄력성을 가져야 함에도 불구하고 박정희 체제는 오히려 농민의 자율성을 극도로 제한하였다는 것이다.

(b)의 연구들은 강압적 사회규율과 통제에 초점을 둠으로써 박정희 체제의 헤게모니를 부정하면서 박정희 체제의 강제와 통제를 새마을운동을 통해서 주장한다. 다시 말해, 이들 연구들은 박정희 체제가 새마을운동을 통하여 대중지지와 동의를 얻기 위한 지배방식, 즉 강제와 동의의 복합적 작동 또는 자발적 선택이 유도된 동원을 시도한 것은 분명하지만, 강압적 지배방식과 억압적 대중통제의 틀을 벗어나지 않았다는 점에서 동일한 맥락을 견지한다. 이러한 관점에서의 연구는 조희연의 연구(2004)[4]와 김대영의 연구(2004) 등이 있다.

조희연의 연구는 '대중독재'의 시각에 대한 비판적 입장을 주장하면서 새마을운동을 경험적 · 논리적 근거로 제시한다. 그의 연구는 박정희 체제의 개발주의적 동원의 대표적 사례로서 새마을운동을 제시하면서 '위로부터의 동원'과 '아래로부터의 역동성'이 결합된 결과로 농민의 자발적이고 능동적인 참여가 존재하였으나, 그 확산과정에서 '위로부터의 동원성과 작위성'이 부각됨으로써 지배에 대한 동의기반을 확장시키지 못했다고 본다. 그의 연구는 1960년대 이후 박정희 체제는 1950

4 조희연의 연구는 '대중독재' 논쟁과 관련하여 박정희 체제의 파시즘 헤게모니성에 대한 비판적 입장을 전개하면서 그 논리적 근거로서 새마을운동을 제시하고 있다. 따라서 이 연구는 새마을운동을 독립적인 주제로 다룬 것은 아니지만 최근 박정희 시대에 대한 논의들 속에 내재된 논쟁적 지점을 언급하고 있다는 점에서 본 논문에서 함께 다루고자 한다.

년대 이후의 반공주의적 조건을 계승하고 체계화하고 증폭하면서, 다른 한편으로는 새롭게 개발주의적 동원을 실천함으로써 이를 통해 지배의 동의기반을 확충하려는 노력을 시도한 것으로 파악한다(조희연 2004, 162). 즉, 1960년대 이후 지속된 저항운동의 확산과 이를 통한 동의의 축소를 보완하기 위한 지배블록의 전략은 강압성을 전면화하는 것이었으며, 반공주의적 동원과 개발주의적 동원의 체계화와 작위화는 여기서 비롯된 것으로 본다(조희연 2004, 171-172). 여기에서 새마을운동은 강압의 전면화와 민중의 주체화라는 1970년대 속에서 박정희 체제의 개발주의적 동원을 시도한 전략적 실천으로 전개되었다고 본다(조희연 2004, 177). 그의 연구는 새마을운동 초기 분명 위로부터의 동원의 성격이 강했지만, 동시에 개발에 대한 대중의 자발적 동의와 능동적 행위가 존재하였다고 한다(조희연 2004, 178). 그러나 궁극적으로 새마을운동은 지배의 동의기반을 확장하는 데 기여하지 못한 것으로 결론내린다. 새마을운동의 확장과정에서 나타나는 '위로부터의 동원성과 작위성'으로부터 광범위한 동의가 아니라 저항이 나타났으며, 도시새마을운동의 경우 물질적 보상보다는 정치적 동원성이 강했기 때문에 동의기반을 축소하는 방향으로 전개되었다는 것이다(조희연 2004, 179).

김대영의 연구(2004)는 18년간 집권한 박정희 체제의 통치를 살펴본다는 입장에서 국가동원 메커니즘으로서 새마을운동을 분석한다. 그의 연구는 국가동원 체계를 억압적 통제, 비자발적 동원, 자발적 동원으로 구분하고 새마을운동을 자발적 동원으로 파악한다.[5] 즉, 박정희 체제는

5 김대영의 연구는 통제와 동원을 구분하여 사용한다. 그의 연구에 의하면 통제는 물리력의 사용을 통한 강요된 복종을 의미하며, 동원은 이념적이거나 도덕적인 홍보,

농민에 대하여 억압적 통제와 동원을 동시에 행사하였으며, 새마을운동은 농민의 자발적 선택을 유도한 동원의 성격을 가진다고 본다. 이러한 '자발적 선택이 유도된' 동원으로써 그람시의 '역사블록(Historical Bloc)' 개념을 원용하여 박정희 체제의 정치적 역량결집을 분석한다.[6] 그의 연구는 압축적 고도성장으로 인해 농촌과 농민은 현실적으로 소외당하고 피폐한 상황에 놓여 있었으나 도시와 비교했을 때 상대적으로 박정희 체제에 대한 정치적 지지도가 높았다는 사실을 지적하고, 박정희 체제의 농민통제와 동원에서 그 원인을 밝히고자 한다(김대영 2004, 176-180). 그의 연구는 박정희 체제가 새마을운동을 통하여 '조국 근대화' 이념을 농촌사회 속으로 확장시켰으며, 농촌지역에 유기적 통로를 구축하였다고 본다. 즉, 생활향상을 원하는 농민, 지식인, 새마을지도자 등의 역할을 통하여 '조국 근대화' 이념은 확산되었으며, 새마을지도자, 농촌지역 공무원, 새마을부녀회를 통해 여성 등이 유기적 통로를 형성함으로써 새마을운동을 통한 박정희 체제의 역사블록이 구축 · 강화되었다고 본다(김대영 2004, 187-201).

이들 연구들은 공통적으로 두 가지 문제점을 가지고 있다. 첫째, 박정희 체제의 헤게모니를 긍정하든 아니면 부정하든 간에, 또는 박정희 체제의 강압적 통제를 강조하든 아니면 대중의 자발성을 유도한 동원을 강조하든 간에 기존 연구들은 새마을운동의 동학을 충분히 설명하지 못

선전 등을 통해 대중을 순응 · 지지하게 하기 위한 정치적 행위로 본다. 또한 동원은 대중의 자발적 선택을 배제한 일방적 동원행위를 '비자발적 동원'으로, 대중의 자발적 선택을 유도하는 동원행위를 '자발적 동원'으로 명명한다(김대영 2004, 180).

6 김대영의 연구는 그람시의 '역사블록' 개념을 '헤게모니적 국가운영을 위한 정치적 역량결집'을 의미한다고 본다(김대영 2004, 176).

하고 있다. 기존 연구들은 새마을운동의 전개와 관련하여 자본주의적 산업화의 성과와 한계를 주요한 동인으로 파악한다. 즉, 자본주의적 산업화로부터 드러나는 박정희 체제의 지배의 정당화 시도와 근대화 프로젝트가 대중의 사회적 · 경제적 욕망을 자극함으로써 새마을운동에서 대중의 집합적 참여가 결합될 수 있었다고 파악한다. 그러나 경제개발의 성과라는 한 측면만으로 박정희 체제에 대한 대중지지와 동의를 충분히 설명하지 못하는 것과 마찬가지로 실제 새마을운동에 있어서, 특히 농촌새마을운동에 있어서 나타났던 농촌마을 내부의 사회적 '관습' 에 대한 영향력이 동시에 검토될 필요가 있다. '대동계', '대동회', '부락회의', '마을회의' 등의 각종 공동체 조직은 기존 연구들에서 논의되는 공동노동 · 공동소유 등으로 대표되는 생산적 기능과 역할을 넘어서 '규약', '규약이행의무', '공동제재' 등을 통한 공동체의 '자기 규율과 통제' 의 기능을 더욱 핵심적 기능으로 삼았다. 따라서 이러한 '자기 규율과 통제' 의 사회적 '관습' 을 통해 농촌새마을운동의 전개와 동인을 살펴볼 필요가 있다.

둘째, 새마을운동에 대한 해석과 평가를 박정희 체제 전반에 걸친 긍정 또는 부정의 평가와 관련짓는 '단선적 인식' 의 한계를 극복하지 못하고 있다. 기존 연구들은 박정희 체제의 지배전략적 관점에서 정도의 차이는 있지만 '헤게모니적' 지배를 인정하다. 즉, 새마을운동을 통해서 박정희 체제는 '강제' 와 '동의' 가 결합된 지배 메커니즘을 작동하였다고 보고 있다. 하지만 궁극적으로 새마을운동을 통해서 '박정희 체제가 헤게모니를 획득하였다' 는 입장과 대중의 자율성이 부정된 '헤게모니 없는 독재였다' 는 입장, 그리고 억압적 통제와 더불어 작동된 '자율성이 유도된 동원이었다' 는 입장으로 나뉘고 있다. 이러한 입장들은 '박정희 체제의 헤게모니적 지배→동원에서 대중의 자발적 참여와 동의 획득→

박정희 체제의 헤게모니 긍정→박정희 체제에 대한 긍정적 평가'라는 인식과, '박정희 체제의 강압적 지배→동원에서 대중의 참여 강제→박정희 체제의 헤게모니 부정→박정희 체제에 대한 부정적 평가'라는 인식의 대립으로 확장되고 있다. 특히, 이러한 현상은 '대중독재' 논쟁의 전개과정에서 심각한 문제로 대두되었다. 논쟁은 애초의 문제제기를 벗어나 주장과 반론, 반론에 대한 재반론의 거듭된 과정을 통해서 이러한 '단선적 인식'을 심화시켰다.

여기에서 본 연구는 박정희 체제의 권위주의적 지배와 체제유지를 위한 전략적 실천은 구분될 필요가 있다고 본다. 18년에 걸친 집권과정에서 박정희 체제가 체제유지를 위한 최소한의 대중적 지지와 동의를 획득할 수 있었던 것은 분단과 냉전이라는 한국적 특수성에서 비롯된 반공주의의 영향이든, 상징조작에 의한 국가통치자에 대한 왜곡된 이미지의 심화 때문이든, 아니면 '피도 눈물도 없는' 독재적 '철권통치'에 의한 것이든 간에 '성공적인' 지배전략의 실천에 의한 것이라고 할 수 있다. '성공적인' 지배전략의 실천을 지배체제에 대한 긍정적 평가의 근거로 삼을 근거는 없다. 권위주의적 지배체제의 체제유지가 성공적인 것이었다는 것이 지배의 강압성과 비민주성을 극복하고 회피한 것은 아니기 때문이다. 즉, 체제유지를 위한 지배전략의 실천을 권위주의적 지배로 일반화시키고 그 평가로 등치 또는 확장시킬 수는 없는 것이다. 체제유지와 대중적 지지기반을 위한 지배전략적 실천과 18년에 걸쳐 축적된 권위주의적 지배의 공과는 다른 층위에 존재하기 때문이다. 따라서 지배전략적 관점에서 새마을운동에 나타나는 대중의 집합적 참여, 그 자체를 박정희 체제에 대한 동의 또는 긍정으로 해석하고 평가하기보다는 체제유지를 위한 대중적 기반을 확보하기 위한 '성공적' 지배전략의 실천이었는가 아니었는가에 대한 의미 모색이 필요하며, 박정희 시대 연구에 있어서도 보다 유용한 의미를 가질 수 있다.

이러한 기존 연구 검토와 문제의식으로부터 본 연구는 세 가지 차원에서 농촌새마을운동을 검토하도록 한다. 첫째, 지배전략의 관점에서 농촌새마을운동의 전개과정에서 나타나는 박정희 체제의 실천이 비록 위로부터의 통치행위임에는 틀림없지만 그 자체가 '강제'의 일면만을 담고 있지 않음을 전제한다. 대중적 지지와 동의 획득을 위해 작동되는 통치행위 역시 '강제'와 '동의'의 기제를 동시에 수렴한다는 점을 감안하여 농촌새마을운동을 '강제' 또는 '동의'의 일면적 시각으로 파악하지 않을 것이다. 둘째, 농촌새마을운동의 동학과 관련하여 기존 연구들에서 중심적으로 논의되는 사회경제적 구조와 더불어 농촌마을 내부에 존재하였던 사회적 '관습'의 영향력을 동시에 고려한다. '경제개발'과 '농촌근대화'에 작용한 1960–1970년대의 사회경제적 구조의 영향력은 부정되지는 않는다. 그러나 새마을운동의 조직화, 경제적 유인 등의 전개과정에서 드러나는 사회경제적 구조의 영향력은 농촌마을의 전통적 · 문화적 '관습'과 밀접한 관계를 맺고 있음을 간과해서는 안 된다. 농촌마을에서 나타났던 대중적 집합행위가 '아래로부터의 요구'라는 참여의 양상을 띠게 된 요인은 경제적 욕망의 실현이라는 현실적 요구와 더불어 전통적 · 문화적 '관습'으로부터 강제된 농촌마을 내부의 자기 규율과 통제의 영향력이 동시에 작용하였기 때문이다. 따라서 농촌마을의 사회적 '관습'이 농촌새마을운동의 전개에 어떠한 동인으로 작용하였는지를 검토할 필요가 있다. 셋째, 농촌새마을운동의 해석과 평가와 관련하여 농촌새마을운동의 전개가 박정희 체제에 있어서 체제유지와 대중적 지지기반 확충을 위해 어떠한 의미를 가지는가를 해명하도록 한다.

즉, 동원에 대한 대중의 집합적 참여의 의미를 통하여 '성공적인' 지배전략의 실천이었는지 아니면 '실패한' 지배전략의 실천이었는지를 밝히도록 한다.

Ⅱ. 농촌새마을운동의 배경

농촌새마을운동이 전개될 시점에서 박정희 체제는 내 · 외적 위기국면에 처해 있었다. 내적으로는 총량적 성장에도 불구하고 도농격차 · 빈부격착 · 노동자의 권리요구가 심화되었으며, 1971년 대선을 통하여 전통적인 체제유지 기반으로 여겨졌던 농민계층의 동요가 일어났다. 또한 1970년대를 전후하여 국제 경제환경의 변동에 따른 국내 수출주도기업의 부실화와 산업정책의 변화가 급박하게 요구되었다. 외적으로는 냉전과 남북분단, 그리고 미국의 대외정책의 변동에 따른 위기국면이 조성되었다. 따라서 1970년대를 전후한 시점은 박정희 체제에게 있어서 총체적 위기국면으로 인식되기에 충분하였다.

그러나 이러한 위기의 근본적 원인은 무엇보다 박정희 체제의 '지배의 정당성' 문제에 기인한 것이었다. 1961년 5 · 16 군사 쿠데타를 통한 집권과 권위주의적 지배체제 구축, 그리고 1972년 유신체제 수립 등 일련의 집권과정은 항상적으로 '지배의 정당성' 문제로부터 자유로울 수 없었기 때문이다. 따라서 이 시점에서 박정희 체제는 체제안정화와 유지를 위한 대중적 지지와 결집이 어느 때보다도 더 절실히 필요했으며, 1960년대 이후 이어진 '국가재건', '경제개발', '조국 근대화'의 구호는 이러한 대중적 지지와 결집을 위한 '국민총화'의 지배전략을 구성하게 되었다. 새마을운동은 이러한 박정희 체제의 지배전략이 실천된 동원의 장이었다. 여기에서는 1970년 농촌새마을운동의 배경을 살펴보도록 한다.

1. 1960년대 경제개발과 사회경제적 변동

한국사회는 1960년대부터 전개된 산업화 정책의 추진으로 인해 총량적 차원의 경제성장을 경험하였다. 이러한 총량적 성장이 박정희 체제에 있어서 지배의 물적 토대 구축이라는 측면에서 영향력을 제공하였다면, 사회경제적 측면에서는 산업구조의 불균형, 도농격차와 빈부격차의 심화, 노동자 배제의 정책 등 질적 차원의 문제를 도출하였다. 이러한 사회경제적 변동으로부터 박정희 체제는 새로운 지배전략의 구축을 시도하게 되었다. 특히, 농촌사회와 농민에게 있어서 심화되는 소외감과 상대적 박탈감을 해소하기 위한 전략적 요구가 절실하게 되었다.

1960년대 초부터 전개된 노동집약적 수출주도형 산업화의 결과 제3공화국 하에서 한국은 세계에서 가장 급속한 경제성장을 이룩하게 되었다. 연평균 GNP 실질성장률을 보면 제1차 경제개발 5개년계획 기간 동안(1962-1966)에는 7.8%, 제2차 경제개발 5개년계획 기간 동안(1967-1971)에는 10.5%에 달했다(경제기획원 1997, 3). 국민 1인당 실질소득은 1962년 87달러이던 것이 1972년에는 293달러로 증가했다(경제기획원 1997, 3). 이러한 총량적 성장의 결과 절대빈곤층의 비율이 감소되었다. 1965년 총

인구의 40.9%가 절대빈곤층으로 분류되었으나 1970년에는 23.4%로 줄어든 것으로 추산된다(오창헌 2001, 86). 이러한 총량적 성장의 요인은 해외자본과 기술, 그리고 국내 양질의 값싼 노동력이라고 보는 시각이 일반적이지만(한명화 1986, 131−132) 미국의 대외원조정책 역시 주요한 요인이 되었다(전재호 1998, 91). 1961년 등장한 케네디 행정부는 '발전의 시대(Decade of Development)'라는 구호를 내걸고 공산주의에 대한 우월성을 군사력이 아닌 제3세계의 경제부흥을 통해서 입증하는 데 목표를 두었으며, 군사적 원조보다는 경제적 원조에 무게중심을 두게 되었다(전재호 1998, 91). 이에 따라 박정희 체제는 미국 대외원조정책의 변화에 따라 민주당 체제의 경제개발계획에 기초하여 1964년 제1차 계획 수정보완계획을 발표하고 경공업 중심의 외연적 공업화(수출주도 산업화)를 전개하였다. 이러한 산업화 정책의 전개 이후 국내외 경제환경이 개선되고 경제성장률과 수출의 증대, 산업구조의 개선, 사회간접자본의 확충 등의 성과가 나타났다(전재호 1998, 111).

1960년대 경제성장은 박정희 체제에 있어서 지배의 물적 토대 구축에 영향력을 행사하였다. 행정공무원의 수적 증가와 조세증수 능력의 제고는 국가 통치능력의 증대로 이어졌으며, 국민통합과 동원의 기본 역량으로 작동되었다. 1960년대 이후 박정희 체제에서 국가공무원과 지방공무원의 수는 지속적으로 증원되었다. 중앙집권적 관료체제 하에서 국가직과 지방직 공무원의 동시적 증가는 국가 통치능력의 강화를 의미하는 것이었다. 또한 이러한 국가 통치능력의 강화는 사회통제 기능의 증대를 의미하는 것이었다. 1961년 집권 이후부터 1971년까지의 공무원의 충원을 살펴보면 국가공무원은 약 17만 명이 증가하였으며 지방공무원은 약 6만 명이 증가하였다. 이것은 1961년을 기준으로 각각 180%, 288% 증가

〈표-2〉 1960년대 공무원 증가 현황

연도	국가공무원		지방공무원	
	공무원수	증감률(%)	공무원수	증감률(%)
1961	204,039	100	31,417	100
1963	244,820	120	43,168	137
1965	264,683	128	50,308	160
1967	301,633	148	54,298	173
1969	322,225	158	61,194	194
1971	371,374	180	90,625	288

출처 : 경제기획원, 『한국통계연감』 해당년도에서 재구성.

한 것에 해당된다.

이러한 국가 통치능력의 증대는 조세징수 능력의 증대를 통해서도 확인된다. 1961년부터 1970년 사이 국가의 일반재정 세입 규모를 볼 때 국민이 부담하는 조세의 비중이 점차적으로 확대되었다. 1961년 37.8%에서 1965년에 51.8%로 증가하였으며, 1968년에 이르러서는 70%를 상회할 정도로 급격하게 증가하였다. 이러한 조세징수 능력의 증대는 1966년 조세개혁에 따라 국세청이 설립되었기에 가능한 것이었다. 조세징수 능력의 신장은 국가의 행정력뿐만 아니라 재정부분의 안정, 공무원들에 대한 안정적인 반대 급부의 제공이라는 효과를 동시에 가져왔다.

한편 1960년대 급속한 총량적 성장은 1970년대를 전후하여 산업구조의 불균형, 농촌의 상대적 빈곤, 노동자와 빈민계층의 상대적 소외 등 질적 모순을 심화시켰다. 특히, 농촌사회와 농민에게 있어서 1960년대 경제성장은 수출주도의 산업화 정책에 따른 결과이면서 동시에 박정희 집권 이후 지속되었던 '저곡가정책'의 결과이기도 했다. 수출지향적 산

〈표-3〉 조세부담 추이(1961-1970) (단위 : 백만 원, %)

회계연도	일반재정 세입(A)	조세(B)	조세부담률(A/B, %)
1961	61,354	23,199	37.8
1962	93,214	28,242	30.3
1963	75,923	31,078	40.9
1964	79,388	37,421	47.1
1965	105,481	54,634	51.8
1966	153,777	87,646	57.0
1967	198,961	129,241	65.0
1968	275,826	194,288	70.4
1969	376,041	262,823	69.9
1970	445,857	334,273	75.0

출처 : 기획예산처(2001) 『예산연대표』를 재구성.

업화 정책과 농업소외는 농촌사회의 인적 구성과 농업의 구조적 변화 등 사회경제적 변동을 초래하였다. 이러한 사회경제적 변동은 박정희 체제에 대한 전통적 지지기반으로 여겨졌던 농민계층의 동요와 무관한 것은 아니었다. 따라서 대중적 지지와 결집을 필요로 했던 박정희 체제는 이러한 농촌사회와 농민의 사회경제적 변동에 맞선 새로운 지배전략의 구성과 실천이 요구되었다.

먼저 산업구조와 산업별 종사자의 구성비를 살펴볼 때 농업의 상대적 비중의 감소와 농업인구의 감소 추이가 두드러진다. GNP의 농업비중이 1961년에는 38.7%에서 1970년 26.8%로 11.9% 감소되었으며, 1961년부터 1970년 사이 산업별 종사자의 구성비에서도 농업인구는 10.4% 감소하고 취업자의 비중도 6.6% 감소하였다(시거드슨 · 김영철 1981, 206). 이러한 산업구조적 차원에서의 농업의 상대적 소외는 농민의 소득 수준의 상대적 저하로 나타났다. 1960년대 후반 도시근로자의 소득과 농촌의 농가소득을 단순 비교하여 볼 때, 1965년 전국 근로자 소득의 81.6%였던 농가소득이 1969년에는 60.7%로 떨어졌으며(한도현 1998, 113), 소득의 상대적 감소는 농촌사회와 농민에게 상대적 박탈감을 주기에 충분한 것이었으며, 이농의 주요한 원인으로 작용하였다. 농가 소득의 상대적 감소는 새로운 소득원의 창출로 해결할 수도 있었지만, 1960년대 농가 소득의 구조는 농업소득에 절대적으로 의존하는 경향을 보임으로써 그마저도 이루어지지 못하였다. 1964년 농가 총소득의 82.5%를 차지하였던 농업소득이 1970년에는 75.8%로 약 6.7%정도밖에 개선되지 않았다는 점은 이러한 사실을 잘 보여준다(농수산부 1971).

사회적 소외와 상대적 박탈감은 농촌사회와 농민에게 있어서 이농, 고령화, 여성 노동력의 증가 등의 심각한 사회구조적 변동을 초래하였다. 1960년대 전반기 국내 인구이동 추이를 살펴보면 농촌에서 도시로의 이동이 급속하게 이루어짐을 알 수 있다. 특히 1960년대 후반기 농촌에서 도시로의 인구이동은 약 180만 명 이상을 기록하고 있는 반면에 도시에서 농촌으로의 이동은 약 38만 명에 그치고 있다.

농촌사회의 이농현상은 고령인구의 증가와 여성 노동력의 역할증대를 초래하였다. 1960년대 후반 농가 경제활동 인구의 총수는 1965년부터 1970년 사이 약 100만여 명이 감소하였으며, 농가의 남성 경제활동 인구는 1965년에서 1970년 사이 약 53만여 명, 여성 경제활동 인구는 42만여 명이 줄어들었다. 하지만 이러한 감소에서 주목할 것은 남성에 비하여 여성의 상대적 비중이 증가하였다는 것이다. 1970년에 남성 경제활동 인구가 46.98%, 여성 경제활동 인구가 53.02%를 차지함으로써 여성의 상대적 역할의 증대가 이루어지고 있음을 알 수 있다. 즉, 농촌사회에

〈표-4〉 1960년대 국내 인구이동의 추이

이동방향	1961-1964년		1965-1970년	
	이동 인구수	비율	이동 인구수	비율
도시 → 도시	500,433	34.7%	685,405	21.5%
농촌 → 도시	587,697	40.7%	1,826,665	57.3%
도시 → 농촌	153,500	10.7%	387,075	12.2%
농촌 → 농촌	200,691	13.9%	287,840	9.0%

출처 : 홍승직(1977, 55).

서 여성 노동력의 중요성이 부각되었으며, 농가의 여성 경제활동 인구가 점증적으로 높아지는 것을 의미하였다.

〈표-5〉 1960년대 후반 농가 경제활동 인구분포 (단위 : 1,000명, %)

구분	농가 경제활동 인구 총수	남성		여성	
		경제활동인구	비율	경제활동인구	비율
1965년	9,353	4,477	47.87	4,876	52.13
1966년	9,266	4,463	48.17	4,803	51.83
1967년	9,057	4,325	47.76	4,732	52.24
1968년	8,874	4,202	47.35	4,672	52.65
1969년	8,572	4,094	47.76	4,478	52.24
1970년	8,393	3,943	46.98	4,450	53.02

출처 : 노동청(1971, 10-11).

따라서 1960년대 급속한 경제성장은 수출주도 산업화 정책의 결과였으며, 이로 인해 국가적 차원에서 국가 통치능력의 증대에 영향을 주었다면, 사회적 차원에 있어서 농촌사회와 농민에게는 상대적 박탈감과 소외감을 각인시킴으로써 농업인구의 고령화, 이농, 여성노동력의 상대적 역할 증대 등 사회경제적 변동을 초래하였다. 이러한 사회경제적 변동은 전통적으로 체제유지와 안정화의 지지기반으로 여겨졌던 농촌과 농민의 동요로 이어질 가능성이 컸으며, 실제로 1971년 실시되었던 대통령 선거결과 박정희 체제에 대한 농촌과 농민의 지지는 과거와 다른 양상을 보이고 있었다. 따라서 박정희 체제는 이러한 농촌과 농민을 결집시킬 수 있는 새로운 지배전략의 구성이 필요하였다. 이러한 지배전략은 총량적 성장에 걸맞는 사회적 · 경제적 욕망의 실현이라는 '아래로부터의 요구' 와 1970년대를 전후하여 나타난 국제 경제환경의 변동에 상응하는 지속적 산업화와 경제성장이라는 '위로부터의 필요성' 을 동시에 수렴할 수 있는 '동원의 정치' 를 필요로 하였던 것이다.

2. 권위주의적 지배체제 구축과 대항세력[7]의 등장

박정희 체제의 권위주의적 지배와 이에 맞선 사회적 대항세력의 등장은 1970년대 농촌새마을운동의 등장요인 중에 하나였다. 즉, 5 · 16을 통해 집권한 박정희 체제는 군정과 제3공화국, 그리고 제4공화국을 거치면서 박정희 일인 중심의 권위주의적 지배체제를 구축하였으며, 이러한

7 본 연구에서 지칭하는 '대항세력' 이란 지배세력에 반대하는 야당, 지식인, 학생, 노동자 등 모든 사회적 세력을 포괄한다. 그러나 지배세력의 잔여범주로서 피지배세력을 의미하는 것은 아니다. 지배세력의 부당한 또는 불법적 권력행사에 대한 반대와 저항을 명시적이고 구체적인 행위와 의사표시를 통하여 표출하는 세력을 의미한다.

강압적 지배는 야당과 지식인뿐만 아니라 노동자, 농민을 중심으로 하는 사회적 대항세력의 등장에 직면하게 되었다. 비록 이들 세력의 요구와 실천이 '반독재투쟁'의 전면화로 이어진 것은 아니지만, 박정희 체제는 이들 세력을 억제하고 동시에 다른 영역의 대중을 체제 내로 포섭할 수 있는 지배전략과 실천을 필요로 하게 되었다. 이러한 점에서 볼 때, 농촌 새마을운동은 사회적 대항세력을 대중으로부터 격리하고 광범위한 대중을 체제 내로 포섭하기 위한 지배전략이 실천된 '동원'이었다고 볼 수 있다.

1961년 5 · 16을 주도한 군부세력은 군정실시와 더불어 국가에 대한 직접적인 통제권을 장악하고 일련의 '정화조치'와 '반혁명사건' 등을 통하여 권력기반을 확고하게 구축하였다. 이러한 권력기반 강화는 입법 · 행정 · 사법 등 국가통치권을 장악한 '국가재건최고회의'를 통해서 실천되었다. 국회기능은 '군사혁명위원회'로 이전되었고, 15개 정당과 238개의 사회단체가 해산되었으며, 부패하고 무능한 정치집단으로서 장면 정권의 각료에 대한 구속과 정치활동정화법에 따른 4,369명에 달하는 정치인의 정치활동이 규제되었다(오창헌 2001, 156). '사회적 구악과 독소'들에 대한 정화조치라는 명분으로 2,100명의 '용공분자'와 4,200명의 폭력배가 검거되었으며(오창헌 2001, 156-157), 12차례에 걸쳐 당시 공무원의 10% 이상에 해당되는 약 33,000명의 공무원이 파면되었다(조선일보 61/06/23). 또한 5월 23일 군정포고 11호에 의해서 각종 언론사에 대한 폐쇄조치가 이루어졌으며, 그 결과 중앙과 지방을 합쳐서 115개에 이르던 신문사는 39개로, 216개였던 통신사는 11개로, 485개였던 주간지는 34개로 정리되었다(한국일보 61/05/28).

이러한 각종의 '정화조치'와 더불어 일련의 '반혁명사건'을 통해서 국가권력은 급속도로 박정희 일인중심의 권력구조로 전환되었다. 1961년 6월부터 1963년 5월까지 13건의 '반혁명사건'이 발각되었다는 사실은 이러한 권력구조의 변동을 잘 보여준다(오창헌 2001, 157). 1961년 7월 3일 '반혁명혐의'로 장도영 최고회의 의장 등 총 44명을 체포되었으며, 1963년 민정이양과 군부의 원대복귀를 주장하던 세력이 '반혁명혐의'로 축출되었다.

한편, 1963년 12월 17일 박정희가 제5대 대통령으로 취임함으로써 제3공화국이 출범하였다. 제3공화국은 중앙정보부 등의 정보기관과 군을 중심으로 한 강압적 통치기구를 통해 강력한 대통령 중심의 지배체제를 구축하였다. 군정 초기 설립된 중앙정보부는 제3공화국을 거치면서 국가안보를 위한 정보기관이라기보다는 실제로는 대통령의 권력유지와 강화를 위한 선봉대적 성격을 가지고 있었다(오창헌 2001, 114). 반공법과 국가보안법은 중앙정보부의 역할과 기능에 대한 법적 · 제도적 근거로 작용하였다. 법령이 가지는 포괄성과 모호성으로부터 폭넓은 재량권이 주어졌으며, 강력한 경찰권 행사와 함께 협박 · 구타 · 고문 · 테러 등 불법적인 수단들이 공공연히 동원되었다(오창헌 2001, 115). 또한 '군'은 제3공화국 각료들의 충원통로로써, 동시에 사회에 대한 국가강제를 담당하는 통치기구로써 작동되었다. 1964년부터 1972년까지 9년간 장관의 직위수는 199개였으며, 이 중 88개 직위를 군출신 인사가 차지하였다(김미나 2004, 92). 이와 더불어 박정희 체제는 보안사령부를 통하여 엄격한 군부통제를 실시하고 이를 통해서 군의 지지를 이끌어냈다(오창헌 2001, 120).

박정희 일인 중심의 권력구조 구축은 1972년 10월 유신으로 일단락되었다. 이러한 권력구조 개편에 반대했던 세력은 그것이 군부 내의 실력자이든 공화당 소속의 의원이든 간에 여지없이 축출되었다. 오로지 박정희 일인을 정점을 하는 권위주의적 지배체제가 구축되었던 것이다. 1969년 삼선개헌 반대파 축출과 '박정희 이후의 권력'을 노리던 공화당 내의 유력 국회의원들을 축출한 1971년 10월 2일 '10 · 2항명파동'이 이를 대변한다.

권위주의적 지배체제의 구축과정은 지속적으로 사회적 대항세력과 대면하게 되었다. 군정 성립 이후 기존 야당을 포함한 모든 정치세력들의 활동이 정지되고 시민단체들의 활동에 제약이 있었기에 군정 초기에는 대항세력이 제대로 형성되지 못하였다. 하지만 1963년 군정 연장 발표와 대통령 선거를 통해서 지식인과 학생을 중심으로 한 사회적 대항세력이 형성되었다. 이들은 군정 연장 시도와 박정희의 '교도적 민주주의 또는 민족적 민주주의' 주장은 인민의 자유를 억압하는 것이라는 점에서 비판을 제기하였다(김성식 1963, 50-52). 물론 이 시기 대항세력의 비판은 『사상계』 등을 통한 지식인들의 문제제기 수준을 크게 벗어나는 것은 아니었으며, 더욱이 1963년 대통령 선거를 통하여 박정희가 대통령에 당선됨으로써 구체적이며 조직적인 사회적 저항으로 표출되지는 않았다.

그러나 제3공화국 출범 이후 국가의 강압적 조치들이 '일상화' 됨으로써 국가강제력에 맞선 대항세력의 투쟁도 동시에 점증하게 되었다. 즉, '군대'를 동원한 비정상적이며 '일상적인' 강제는 사회적 대항세력의 '일상적' 저항과 직면하게 되었다. 1964년 한일 국교정상화 추진을 둘러싸고 대학생과 지식인들을 중심으로 한 '한일회담 반대투쟁'이 심화되었으며, 이에 대하여 박정희 체제는 1964년 서울 일원의 계엄령, 1965년 8월의 위수령 등과 같은 강압적 조치들을 취했다(조희연 2004, 161). 이러한 양상은 반복적으로 거듭되었다. 1967년 부정선거 규탄시위와 1969년 삼선개헌반대운동, 1971년 대학 휴업령과 서울 위수령, 그리고 국가비상사태 선포 등은 1970년대 이전 권위주의적 지배체제와 사회적 대항세력의 지속적인 충돌의 결과였다.

이러한 권위주의적 지배체제의 구축과 사회적 대항세력의 충돌은 박정희 체제에 있어서 새로운 지배전략과 실천을 추동하였다. 점증하는 사회적 대항세력을 억제하고 이들을 대중으로부터 격리하는 한편, 군정 이후 강조되었던 '국가재건', '경제개발', '조국 근대화'의 구호 아래 새롭게 대중적 지지와 결집을 이끌어낼 '동원의 정치'가 필요하였던 것이다. 농촌새마을운동에서 시도되었던 경제적 · 심리적 유인의 차별화는 이러한 포섭과 배제의 지배전략의 실천이었다고 할 수 있다.

3. 계도적 대중지향성의 리더십과 과거 동원의 경험

기존 새마을운동 연구들은 대부분 새마을운동을 박정희에 의해 착안되었으며 새마을 담론은 박정희의 최고 지배담론으로부터 구성되었다는 점을 지적한다. 또한 새마을운동은 박정희로부터 시작하여 그의 사망과 더불어 실질적인 종식을 맞이하였다(오유석 2002, 157-158 ; 박진도 · 한도현 1999, 37-38)는 주장도 존재한다. 이러한 점에서 볼 때, 새마을운동의 배경으로서 박정희의 정치사상적 내용과 그 실천으로부터 드러나는 과거 동원의 경험이 함께 검토될 필요가 있다.

박정희의 정치사상은 식민시대 · 해방 · 한국전쟁 등의 역사적 계기들과 가난 · 입신양명 · 명예 등 개인적 계기들의 총체적 영향으로부터 형성되었으며, 최고통치자의 이념적 지향으로서 국가주의적 사상으로 귀결된다(전인권 2001, 313). 그에게 있어서 '개인'은 '민족'과 '국가'를 위해 아낌없이 희생과 봉사를 다하는 존재였으며, '지도자'는 이들보다 한발 앞서 이끌어 나가는 '우월적' 존재였다(전인권 2001, 164). 이러한 박정희의 대중관과 지도자관에 기반한 정치사상의 실천은 '계도적 대중지향성'을 띠게 되었다. 즉, 대중에 대하여 '동지의식'을 강조하면서도 그 이면에는 대중에 대한 '우월적' 지도자의 상을 끊임없이 견지하였던 박정희의 정치사상은 그 실천적 차원에서 '계도적 대중지향성'을 드러냈다고 볼 수 있다.

박정희는 가난과 궁핍으로부터 대중을 해방시키고 경제개발과 조국 근대화의 과업을 짊어진 지도자로서 스스로를 규정하였으며, 대중에게는 '경제발전'과 '조국 근대화'의 국가적 과제와 목표를 각 개인의 실천적 과제이자 목표로 인식하도록 요구하였다. 5 · 16 직후 출간된 박정희의 저서 『지도자도 : 혁명과정에 처하여』(박정희 1961)에서는 박정희 정치사상의 근간을 읽을 수 있다. 여기에서 그는 피지도자에 대한 지도자의 동지의식을 강조하면서 동시에 지도자는 평등한 지위에서 일보 앞선 자임을 빠뜨리지 않고 있다. 박정희의 정치사상은 대중과의 의식적 교감을 강조하는 '엘리트주의적 지도자관'에 입각한 것이었다(전인권 2001, 163).

> 민주사상이 발달된 현대에 와서 지도자는 피지도자와 이해관계를 공통으로 가진 평등한 지위에서 일보 앞서 그들과 같은 길을 걷는 동지이며, 현대의 지도자란 대중과 유리되어 그 위에 군림하는 권위주의나 특권계급이 아니라 그들과 운명을 같이 하고 그들의 편에 서서 동고동

락하는 동지로서의 의식을 가진 자(박정희 1961, 18).

대중을 '가난으로부터 해방시키고 국가적 과업을 담당해야 한다'는 박정희의 최고통치자로서의 자기 인식은 집권과 더불어 전개된 다양한 동원과정에서 드러난다. 새마을운동의 전개과정에서 이미 여러 차례 밝히고 있듯이 박정희는 '과거로부터의 단절'과 '새로운 시대에 대한 희망'을 강조하였다. 그에게 있어서 과거는 '사대주의, 자주정신의 결여, 게으름과 불로소득 관념, 개척정신의 결여, 기업심의 부족, 악성적 이기주의, 명예관념의 결여' 등의 부끄럽고 반성해야 할 역사였으며(박정희 1962, 97-105), 이로부터 가난과 무지, 그리고 체념을 극복하기 위한 '과거와의 단절'(내무부 1975, 1070)이 요구되었다. 또한 대중은 '내'가 아닌 '우리' 또는 '민족'의 이름으로 호명되면서 희생과 봉사의 존재로 거듭나야 했다.[8] 박정희가 "새마을운동은 농촌부흥을 위해 노력한 세 번째 시도였으며, 첫 번째와 두 번째는 성공하지 못하였으나 세 번째는 그런대로 성공한 것으로 회상했다"(박진도 · 한도현 1999, 41)는 언급에서도 드러나듯이 박정희는 최고통치자로서 '농촌부흥'을 위한, 대중을 가난으로부터 '해방'시키기 위한 실천을 지속적으로 시도했으며, 이것은 '계도적 대중지향성'을 설명해 주는 좋은 사례라 할 수 있다.

1961-1971년 국가재건운동, 1964년의 자조근로사업, 1966년부터 전개된 자조개발 6개년계획사업, 1968-1969년까지의 농어촌소득증대사업 등 새마을운동 이전의 동원은 사실상 그 성과의 측면보다는 바로 '농

8 '나'보다는 '우리'를, '우리'보다는 '민족'과 '국가'를 먼저 앞세우며 희생과 봉사를 아끼지 않는 존재로서 국가와 민족에게 충성을 다해야 하겠습니다(대통령비서실 1973, 686).

촌부흥' 에 대한 박정희의 지속적 관심과 전략적 시도가 존재하였다는 측면에서 중요한 의미를 갖는다. 비록 이들 동원이 농어민의 참여 부재 등 다양한 원인에 의해 실패한 것으로 평가되지만, 무지한 농민에 대한 지도와 가난 극복을 위한 최고통치자로서의 실천적 내용이 고스란히 농촌새마을운동으로 이전 · 확장되었기 때문이다. 즉, 과거 동원을 통하여 구축되었던 조직체계, 공동사업 추진의 원칙, 인적 구성과 인력양성, 농민의 비협조와 회피의 양상과 이에 대한 철저한 원인분석과 평가 등은 '성공적인 농촌부흥' 사업을 위한 교훈으로 작용하였다.

국가재건운동은 그 실패에도 불구하고 새마을운동의 조직화에 그대로 적용되었다. '위로부터의 조직화' 라는 맥락에서 국가재건운동조직은 중앙본부에서부터 읍 · 면 · 동 · 리의 마을단위까지 중앙집권적 조직체계를 구축하고 있었으며(내무부 1980a, 50), 다양한 지역인사들을 중심으로 약 360만 명에 달하는 회원을 두고 있었다(박진도 · 한도현 1999, 41). 이러한 조직과 인력은 새마을운동에 그대로 이전되었다. 1964년과 1966년에 전개된 '자조근로사업' 과 '자조개발 6개년계획', 1968년부터 1971년까지 시행된 '농어촌소득증대사업' 등은 지역사회(농촌 및 어촌) 개발사업의 일환으로 전개되었다. 비록 박정희 체제가 선전한 통계적 실적과는 달리 자본과 기술의 부족, 조직적인 동원의 어려움 등으로 인해 실질적인 성과를 거두지는 못했지만 이 사업들은 사업목표 수립, 사업내용, 사업추진 방식 등에서 새마을운동에 그대로 적용되었다.

박정희 체제는 대통령비서실을 통하여 이 사업들에 대한 세밀한 평가와 문제점 해결에 노력하였다(대통령비서실 1966a, 926). 여기에서 주목할 점은 이 사업들의 평가 속에서 향후 자발적 농민참여를 이끌어내기 위한 방침들이 제시되었는데, 영세민에 대한 지원과 자활책 강구는 공동체의식의 복원과 극대화를 꾀하였던 새마을운동의 핵심적 사업방침과 동일한 맥락에 서 있는 것이다.[9] 박정희 체제는 동원과정에서 자발적 농민참여를 위해서는 경제적 이익분배가 반드시 필요하다는 사실을 깨닫게 되었던 것이다.

과거 동원의 경험은 가난과 무지로부터 농촌사회와 농민을 '해방' 시키기 위한 '농촌부흥' 정책의 결과였다. 비록 과거 동원이 실패한 것으로 평가되지만, 이러한 실패를 거듭하면서도 지속된 '새로운 동원' 의 시도는 바로 박정희 정치사상의 '계도적 대중지향성' 에 의한 결과라고 평가할 수 있다. 또한 이러한 '실패의 교훈' 이 새마을운동의 전개과정에서 고스란히 드러난다는 점에서 '새로운 동원' 을 통한 지배전략의 구성에 영향을 미친 한 요인이었다고 할 수 있다.

Ⅲ. 농촌새마을운동의 동학

농촌새마을운동의 전개는 1971년 '새마을가꾸기운동' 에서 비롯되어 1972년부터 본격화되었다. '새마을가꾸기운동' 은 집권 이후부터 지

9 자발적 농민참여와 관련하여 대통령비서실은 "취로영세민들에게 분배될 수 있는 국공유지 개간과 관개시설사업은 영세민 자활과 구호에 실효가 있음"을 지적하고 있다. 이러한 평가에 따라서 대통령비서실은 1967년 사업방향을 계속사업 치중, 지역사회를 중심으로 하는 소규모단지 개발사업 치중, 구호대상자 점감책으로 자활위주, 지방자원의 최대 동원 등으로 정하고 있다(대통령비서실 1966b, 1223).

속되었던 박정희 개인의 농촌부흥에 대한 강한 의지와 1969년 8월 4일 수해복구현장 순시 중 방문하였던 '경북 청도군 청도읍 신도리' 에서의 '교훈' (박진도 · 한도현 1999, 40-43),[10] 그리고 과거 동원의 교훈 등이 복합적으로 작용한 결과였다. 이러한 점에서 보면 '새마을가꾸기운동' 은 박정희 체제의 통치행위적 관점에서 본다면, 동원을 통한 통치행위의 결과이자 동시에 1972년 새마을운동의 본격화라는 '새로운 동원' 을 위한 중간과정이라고 할 수 있다.

1970년 4월 22일 한해대책 지방장관회의에서 박정희는 1969년 경북 청도군 신도마을을 예로 들면서 '새마을가꾸기운동' 을 전개할 것을 지시하였다. 이렇게 시행된 1970년 새마을가꾸기운동은 '농촌부흥사업' 또는 '마을가꾸기사업' 의 성격을 가지고 있었다. 1970년 10월 내무부를 통하여 전국 33,267개 행정 리 · 동 마을에 시멘트 335부대가 지급되면서 사업이 시작되었는데, 주로 마을 앞길 넓히기 · 퇴비장 만들기 · 마을 청소 등 마을공동사업을 마을주민들의 공동노동을 통하여 이루어지도록 하였다(조선일보 71/07/31). 이러한 사업실적에 따라 박정희 체제는 다양한 경제적 보상을 제공하였다. 사업실적이 좋은 700개 리 · 동(군당

10 1969년 8월 4일 박정희는 수해복구 시찰 도중에 '우연하게' 경북 청도군 청도읍 신도리를 방문하게 되었다. 수해지역이라고 믿기에 어려운 정리 상태와 마을 전경 때문에 박정희는 다른 지역 방문 도중 이 마을에 잠시 들렀으며, 여기에서 이 마을이 오래 전부터 자체적으로 '마을총회' 를 개최하여 마을안길 확장, 담장정리 등의 주변 환경개선사업을 실시하였고 기차역 유치를 통한 농산물 유통의 활성화와 수입증대를 이루고 있음을 보고받았다(김봉영 2006. 12. 1. 인터뷰). 이 점에서 보면 이 마을에서 전개하였던 마을총회의 의결, 마을공동사업의 추진, 그리고 전 주민의 협동과 참여 등의 사업전개 과정이 새마을운동의 사업전개 과정과 흡사함은 결코 우연이 아니었다.

5개)을 선정하여 부락 당 150만 원을 지원하고, 이 마을들을 표준부락으로 선정하여 사업활성화를 꾀하였던 것이다(조선일보 72/01/18). 또한 마을공동체에 대한 보상과 더불어 주도적으로 참여한 개인에 대해서는 국가유공자로서의 표창이 수여되었다(조선일보 71/07/31). 한편으로는, 대통령비서실을 통하여 사업의 성공 · 실패사례에 대한 철저한 평가를 시행하고 이후 사업전개에 반드시 관철되도록 하였다.[11]

1970년에서 1971년 사이의 새마을가꾸기사업은 외형적이지만 가시적인 성과를 내놓았다. 이러한 성과에 기인하여 1972년부터는 '새마을운동'이라는 명칭으로 본격적으로 전개되었다. 여기에서는 새마을운동의 가장 핵심적 부문운동이었던 '농촌새마을운동'의 동학을 밝히고자 한다. 박정희 체제의 지배전략의 실천이었다는 점에 기반하여 첫째, 지배구조의 강화라는 측면에서 농촌새마을운동의 조직화 과정을 검토하고 둘째, 지배의 물적 토대구축과 농민의 사회경제적 욕망 실현이라는 측면에서 농촌새마을운동의 경제적 유인을 살펴보며 셋째, 지배 이데올로기의 확장이라는 측면에서 농촌새마을운동의 교육과 상징을 통해 '농촌 근대화' 이데올로기의 확산을 검토하도록 한다.

11 이러한 사업의 평가와 반성, 그리고 향후 사업에 대한 반영의 관행은 1964년 자조사업 이후부터 1979년까지 지속되었다. 1966년 9월에 대통령비서실에서 작성된 '자조근로사업'에 대한 평가보고서는 이러한 평가의 전형이라고 할 수 있다. 사업의 목적, 대상, 확인기간, 확인내용, 확인반 편성, 평가보고(이후 반영방법을 포함)의 순서로 구성된 보고서는 사업의 적합성과 효과 그리고 문제점 등을 포괄하는 사업의 기본 계획과도 같은 것이었다(대통령비서실 1966c, 926).

1. 사회적 '관습'의 구조화

농촌새마을운동의 조직화는 박정희 체제의 지배구조 강화라는 측면에서 볼 때 중앙집권적 관료체제를 활용한 '위로부터의 조직화'라는 특징을 가진다. 그러나 '위로부터의 조직화'가 단순히 국가기구를 중심으로 한 조직체계 구성과 조직활용의 범주에 머무른 것은 아니었다. 농촌새마을운동을 통해 박정희 체제는 '대동계', '대동회', '마을회의' 등 농촌마을에 존재하였던 자치 · 자주 · 자생의 다양한 공동체를 적극적으로 운동조직으로 편입하고 활용하였다. 농촌마을에서 이러한 공동체는 '공동노동', '공동생산', '공동소유' 등의 사회적 '관습'이 유효한 생산공동체였으며, '마을규약', '계규약', '회규약' 등과 같은 마을공동규범과 이에 대한 마을구성원의 '이행의무'라는 사회적 '관습'이 존재한 생활공동체였다. 이러한 사회적 '관습'에 따라 농촌마을과 농민은 자기 규율과 집합행위를 정당화하고 견인하였다. 이러한 점에서 농촌새마을운동에서 박정희 체제가 시도한 '위로부터의 조직화'는 사회적 '관습'을 통해 농민의 집합행위를 구조적으로 강제한, 즉 사회적 '관습'의 구조화를 내재하였다.

박정희 체제는 1972년 새마을운동의 본격화를 선언하고(조선일보 72/02/09), 이를 위해 운동조직을 구축하였다. 먼저, 1972년 2월 8일 새마을운동의 효율화를 위한 중앙통제기구가 필요하다는 박정희의 지시에 따라 1972년 3월 7일 내무부 장관을 위원장으로 하고 중앙행정부처의 차관급을 위원으로 하는 '새마을운동중앙협의회'가 구성되었으며, 새마을운동중앙협의회 산하에 시 · 도, 시 · 군, 읍 · 면, 리 · 동, 마을 단위조직이 구성되었다. 특히, 농촌마을의 '마을회의'가 공식적으로 운동조직으로 편성됨으로써 마을의 각 세대주까지 운동조직 안으로 편입되었다(내무부 1980a, 154-157). 이러한 조직구성은 1977년 농촌마을의 다양한 공동체들을 운동조직으로 편입시킴으로써 일단락되었다. 1977년 농촌마을의 남성 세대주는 '새마을영농회'로(조선일보 77/07/30), 여성은 '새마을부녀회'로(조선일보 77/03/29), 청년들은 '새마을청년회'로, 그리고 노인층은 '새마을노인회'로 편입시킴으로써 새마을운동 조직을 일원화하였다. 그리고 농촌마을의 각종 '계'와 '회', 그리고 4H구락부 등의 자치조직 대표들을 리동단위의 '개발위원회'의 당연직 위원으로 위촉하여 운동조직을 확대 · 정비하였다.

중앙집권적 운동조직 구축과 더불어 운동의 활성화를 위해 대통령비서실과 국가기구의 정비가 실행되었다. 1972년 3월 대통령비서실 정무비서실에 '새마을담당관'이 설치되었으며,[12] 1972년 4월 문교부에 '새마을교육담당관'이, 1973년과 1974년에 걸쳐 내무부의 새마을 관련 부서에 대한 조직개편이 이루어졌다(내무부 1980b, 737-738). 특히, 국가기구정비의 차원에서 농촌마을 및 농민과 직접적 대면을 상시적으로 수행하는 지방행정기구에 대한 통제가 강화되었다. 이것은 면직 · 해임 등의 강압적인 인사권 행사와 물질적 · 심리적 보상의 이중적 통제를 통하여 이루어졌다.[13] 새마을운동에 비협조적이라는 또는 사업실적이 미진하다

12 대통령비서실은 1972년 새마을운동이 전개되는 시점부터 사업의 계획 · 지침, 업무분담, 경비배정 등을 각 부처에 하달하고, 지시사항에 대한 일선 기관의 결과 보고를 '반드시' 담당 비서관실로 보고토록 함으로써 새마을운동에 대한 강력한 통제력 행사하였다(대통령비서실 1972e, 556).

는 이유로 1972년 3월 15일부터 23일 사이에만 20여 명의 공무원이 해임 · 면직되었으며(조선일보 72/03/18 ; 72/03/21 ; 72/03/24 ; 72/03/26 ; 72/05/21), 이와는 반대로 가장 우수한 공무원을 각 도 · 시 · 군의 새마을과에 배치하여 이들의 근무평정에 가산점을 주거나 2년 근무연한제 및 우선승진제를 적용하는 등의 인사상 보상을 제공하기도 했다. 또한 읍 · 면 · 동 직원에 대해서는 '각하 하사품' 또는 '영부인 하사품'을 통하여 국가가 자신들의 역할에 대하여 각별히 관심을 가지고 있음을 끊임없이 시사하는 심리적 보상을 동시에 제공하기도 했다.[14]

이러한 측면에서 볼 때, 농촌새마을운동의 조직화는 국가주도에 의한 '위로부터의 조직화'라고 할 수 있다. 하지만 여기에서 주목할 점은 국가주도의 조직화에서 농촌마을의 자치 · 자주 · 자생조직이었던 다양한 형태의 '마을회의'가 운동조직으로 편입되었다는 것이다.[15] '마을회의'는 최고의사결정기구의 의미를 넘어 그 자체가 생산공동체이자 생활

13 이러한 조치들로 인해 농촌새마을운동의 초기과정에서 지방행정기구 사이에 '과열현상'이 일어나기도 하였다(조선일보 72/04/21).

14 새마을운동에 '헌신'하고 있는 읍 · 면 · 동 공무원에 대하여 '각하 하사품'으로 '새마을운동화'가 전국 41,250명의 공무원에게 지급되거나(대통령비서실 1972g, 704), 새마을여름학교의 지도요원들과 그 부인들에게 대통령과 영부인 명의의 '하사품'으로 만년필과 볼펜이 전달되기도 하였다(대통령비서실 1972f, 544).

15 농촌새마을운동 당시 농촌마을에는 '대동계', '동계', '촌계', '어촌계' 등 전통적으로 마을회의를 대신하는 공동체뿐만 아니라 '산림계', '상포계', '위친계', '영농계' 등의 생산과 경제와 관련된 공동체가 마을회의를 대신하고 있는 경우도 많았다. 이러한 공동체 역시 농촌새마을운동의 조직으로 편입됨으로써 농촌마을의 사회적 '관습'의 구조화는 강화되었다. 『영광의 발자취 : 마을단위 새마을운동추진사』 1, 2집(내무부 1978 ; 1979)에 수록된 성공마을의 경우를 보면 이러한 다양한 계조직의 존재를 확인할 수 있다.

공동체였다. 특히. 마을회의는 대부분 마을 전 세대의 가구주로 구성되었으며, 의결사항에 대한 마을 전 구성원의 '이행의무' 가 강제되었다. 따라서 이러한 '마을총의' 에 대하여 마을구성원이 불이행시에는 벌금, 집단 따돌림, 이주, 공동작업에서의 배제 등 마을공동체의 이름으로 다양한 제재가 가해졌다.[16] 이러한 '이행의무' 와 '공동체적 제재' 는 과거부터 존재하였던 사회적 '관습' 이었다. 생산공동체이자 생활공동체로서 마을은 이러한 집단적 자기 규율과 통제를 통해서 질서를 유지하고 생산과 생활을 공유하였던 것이다.

집단적 자기 규율과 통제의 유지는 '마을규약' 을 통해서 가능하였다. 농촌마을은 다양한 '마을규약' 을 통해서 마을구성원이 지켜야 할 규범을 명문화하고 일종의 '관습법' 으로 여겨왔다. 박정희 체제는 과거 동원의 경험과 교훈들 속에서 이러한 '마을규약' 의 자기 규율과 통제기능을 농민의 집합적 참여에 활용하였던 것이다. 박정희 체제는 새마을운동의 전개시점에서 대통령비서실을 통해서 전국 농촌마을에 대한 실사작업을 시행하였으며,[17] 이에 기초하여 '마을회의' 의 명칭을 '마을총회' 로

16 농촌새마을운동의 전개과정에서 공동체적 제재가 사회적 문제로 대두되기도 하였다. 마을 이장, 새마을지도자 등 주민 14명이 마을회의를 열어 전과자로서 평소 소행이 나쁘고 새마을사업에 비협조적이었다는 이유로 마을 주민을 구타, 중상을 입히고 목조초가를 반파하는 사건이 발생하기도 했으며(조선일보 73/ 04/ 27), 주민 30여 명이 마을회의를 열어 술장사를 하면서 평소 새마을사업과 마을일에 협조하지 않았다는 이유로 한 주민을 회초리로 때리고, 이를 목격한 피해자의 아내는 정신착란을 일으키는 사건이 발생하기도 했다(조선일보 74/ 02/ 07).

17 대통령비서실이 실시한 전국마을현황조사에 의하면 농촌마을의 가구 · 인구 · 면적 · 토지이용 · 문화시설 · 마을지도자 등의 외형적인 부분과 더불어 마을형성의 기원과 배경 · 공동재산과 기금조성의 실태 · 공동체조직의 현황 등 역사적 · 사회적 조건과 그 특징까지 면밀하게 파악되었다(대통령비서실 1972a, 207 ; 1972b, 300).

변경하고 일상적으로 상시화하였다. 즉, 마을 전 세대의 가구주로 구성되는 '마을회의'를 상시화하고, 이 속에서 '마을규약'을 제정하고 각종의 '마을총의'를 의결함으로써 마을구성원의 집단적 참여를 구조적으로 강제할 수 있었던 것이다.

새마을운동의 성공마을이든 실패마을이든 공통적으로 마을회의에 대한 지속적인 농민참여가 이루어졌다(유병용 외 2001, 58–59)는 것은 이러한 사회적 '관습'의 구조화에 기인한 측면이 높았다는 것을 의미한다. 마을회의를 통하여 마을의 모든 대소사를 비롯하여 '새마을사업'과 관련하여 농민 각자의 이해관계가 걸린 문제들이 '마을총의'의 이름으로 결정되었기 때문에 가능한 것이었다. 이러한 '마을규약'과 '의무이행', 그리고 '공동체 제재'의 내용은 새마을운동에서 성공사례로 선정된 한 마을의 규약을 통해서 확인된다(내무부 1978, 498).

> 첫째, 혼인은 양가 간 당일 행사로 치른다.
> 둘째, 상례는 6개 소집단으로 나누어 그 책임을 분담한다.
> 셋째, 복제는 3년에서 1년으로 축소한다.
> 넷째, 구정 세배는 60세 이상 경노회를 중심으로 단체로 실시한다.
> 다섯째, 도박자는 1차 훈계, 2차 벌금 5천 원, 3차 마을에서 추방한다.
> 여섯째, 음주자는 1차 설득, 2차 벌금 5백 원, 3차 마을에서 추방한다.
> 일곱째, 입산자는 1일 3명 1조로 감시 · 순찰하며, 적발된 입산자는 전원 고발한다.

따라서 농촌새마을운동의 조직화는 국가기구를 중심을 한 '위로부터의 조직화'를 특징으로 하지만, 마을단위 조직의 구성과 운영에 있어서는 농촌마을에 존재하였던 사회적 '관습'의 구조화를 내재하고 있었다. 즉, 공동노동 · 공동생산 · 공동소유의 생산공동체이자 '마을총의'에 대한 집합적 '의무이행'에 따른 생활공동체였던 '마을회의'를 운동조직으로 편입시킴으로써 '마을규약', '이행의무', 그리고 '공동체 제재'의 자기 규율과 통제를 통하여 집합적 참여를 강제할 수 있었던 것이다.

이러한 점에서 볼 때, 농촌새마을운동의 조직화에서 농민의 집합적 참여를 단순히 '강제' 또는 '동의'의 일면만으로 설명한다는 것은 한계가 있다. 국가주도에 의한 '위로부터의 조직화'를 강제의 일면으로, 사회적 '관습'의 구조화로부터 도출된 농민의 집합적 참여를 '동의'의 일면으로 해석할 수 없기 때문이다. 따라서 농촌새마을운동의 조직화에서 드러나는 지배전략의 작동은 '강제'와 '동의'의 복합적 산물로 이해될 필요가 있다.

2. 경제적 유인

농촌새마을운동을 통해서 박정희 체제는 '경제개발'과 '조국 근대화'의 구호 아래 지속적인 경제성장을 통해 지배의 물적 토대를 구축하고,[18] 다른 한편으로는 가난과 궁핍으로 찌든 농촌마을과 농민의 경제적

18 박정희는 새마을운동의 가시적 · 외형적 성과가 두드러지기 시작한 1973년부터 경제개발을 위한 '내자동원'에 새마을운동을 적극적으로 활용하고자 하였다. 1973년 8월 국무회의에서 "새마을사업을 통해서 농가소득 수준이 높아졌으며, 이를 저축과 투자로 이끌어낼 것"을 지시했으며(조선일보 73/ 08/ 11), 1973년 9월 '내자동원 극대화 방안'으로 농어촌에서 1조 원의 저축을 동원키로 결정하고 '전 가구 1통

욕망을 실현하고자 하였다. 농촌새마을운동에서 제공된 다양한 경제적 유인은 이러한 목표를 달성하기 위한 전술적 도구로 활용되었다. 여기에서 유의할 점은 경제적 유인이 단순한 물질적 보상과 지원 또는 차별화를 의미하는 것은 아니라는 것이다. 유인(inducement)[19]은 이러한 물질적 보상과 지원 또는 차별화를 포함하여 이러한 조건과 상황과 결합될 수 있는 환경을 동시에 포함한다는 점에서 볼 때, 농촌새마을운동에서 제공된 경제적 유인은 물질적 보상과 지원, 또는 차별화와 결합될 수 있었던 농촌마을과 농민의 내적 조건과 상황을 동시에 포괄하는 것이다.

기존 새마을운동 연구에서 농촌마을과 농민의 '능동적' 참여를 '박정희 체제가 어떠한 물질적 보상을 제공하고 차별화를 시도하였는가'[20]라는 점에 초점을 두어 설명하는 경우가 많다. 이러한 설명은 이들 양자 사이를 매개할 수 있었던 요인에 대한 설명을 간과함으로써 경제적 유인에 의한 농촌마을과 농민의 참여 동인을 밝히는 데 한계가 있다. 이러한 점에서 볼 때 박정희 체제가 제공한 경제적 유인과 결합될 수 있었던 '공동노동' · '공동생산' · '공동소유' 등의 일상적 '관습', 집합적 이익

장 갖기 운동', '1일 5원 개미저축' 등을 장려하기 시작하였다(조선일보 73/09/06).

19 여기에서 유인이란 유기체를 행동적으로 끌어당기는 유인(誘引, attraction)과 행위를 하도록 동기를 부여하는 유인(誘因, incentive)을 모두 포괄한다. 따라서 본성에 의지한 무의식적 힘에 의해서든 또는 주어진 상황과 조건 속에서의 선택에 의해서든, '외부로부터 주어진 인간 행위를 유발시키는 자극과 유혹으로서의 환경'을 의미한다(김훈기 2005, 243-247).

20 이러한 공동체 중심의 물질적 보상은 박정희 집권 이후 지속되었던 국가재건운동 · 자조사업 · 농어촌소득증대사업 등 과거 동원의 실패 속에서 체득된 것임에는 틀림없지만, 일제 식민지 시기에서도 이루어진 것(내무부 1980a, 43)으로 농촌새마을운동의 독창적 산물은 아니었다.

실현의 추구, 그리고 집합적 참여라는 농촌마을과 농민의 사회적 '관습'이 검토될 필요가 있다. 박정희 체제가 제공한 경제적 유인은 이러한 사회적 '관습'을 활용한 지배전략적 실천이었다.

농촌새마을운동에서 나타나는 경제적 유인은 마을의 '등급화'를 통해서 구체화되었다. 박정희 체제는 전체 마을을 기초 · 자립 · 자조의 3등급으로 나누어 그 실적에 따라 물질적 보상을 제공하였으며, 마을의 등급화에 따라 시행사업의 표준화를 실시하여 규격화되고 정형화된 사업을 전개하도록 하였다. '기초마을'의 경우는 공동우물 · 마을 안길 · 공동빨래터 · 하수구 · 마을회관 건립 등 기초지원사업을, '자조마을'의 경우는 농로개설 · 교량건설 · 논두렁정리 · 농업기계화 · 메탄가스 시설 · 지붕개량 · 농촌표준주택 건설 등 생산기반사업과 생활환경사업을, '자립마을'의 경우는 새마을양묘 · 새마을공산품개발 · 가내공업센터 건립 등 소득사업을 중심으로 추진토록 하였다(조선일보 72/10/26).

또한 박정희 체제는 새마을운동 우수부락 중 특히 탁월한 실적과 성과를 거둔 '모범사례'를 발굴하여 이에 대한 물질적 보상과 더불어 대대적인 선전을 시행하였다. 대통령비서실이 작성한 1973년 9월 '새마을우수부락 지원계획'을 보면, 사업실적을 토대로 제1차 새마을운동 우수사례를 각도별로 1개씩 8개를 선정하여 6개 마을에는 마을기금으로 마을 당 200만 원을, 2개 마을에는 가교 자재비용으로 마을 당 400만 원씩을 지원하였다(대통령비서실 1973c, 732). 또한 이러한 사례마을을 현지 취재하여 TV, 라디오, 신문 등 여러 언론매체를 통하여 전국에 보도함으로써 다른 마을의 본보기가 되도록 조치하였다(대통령비서실 1973b, 514). 이러한 물질적 보상과 차별화는 농촌마을과 농민으로부터 적극적 참여를 넘어서 마을 간의 과당경쟁과 과열분위기를 조성하기도 했다. 대통령비서실의 현황보고,[21] 국회 대정부질의에서의 국회의원과 국무총리 사이에서의 논의,[22] 각종 새마을 시찰에서 나온 보고,[23] 언론에서의 문제점 제기 등의 상황을 볼 때 이러한 현상은 단순한 '헤프닝'에 거치는 것이 아니라 사업전개에서 나타나는 구조적 문제였다.

그러나 이러한 문제점에도 불구하고 박정희 체제에 의해 실천된 경제적 유인이 농촌마을과 농민의 집합적 참여를 이끌어내는 데 기여했음을 부정하기는 어렵다. 즉, 물질적 보상과 차별화는 농촌마을과 농민의 일상적 '관습'과 결합됨으로써 경제적 유인으로 작동되었기 때문이다. 마을공동체 사업을 통해서 공동의 이익실현이 추구되었으며, 이것은 '공동노동'과 '공동생산', 그리고 '마을규약'에 의한 자기 규율과 통제에 따른 집합적 참여의 실천이 존재하였기 가능하였다. 실제 농촌새마을운동의 전개과정에서 '가교설치', '안길확장', '농로개설', '회관건립' 등과 같은 마을숙원사업을 '우리 힘으로 실현'하자는 구호 아래 공동노동이 이루어졌으며, 마을발전을 위해 마을구성원 모두가 동참해야 한다

21 대통령비서실의 한 보고서는 "국가가 제공하는 지원을 상금으로 인식하여 마을 간의 경쟁이 과열되어 빚을 내어 사업을 전개하는 부락들이 생겨나면서 상당한 문제가 되고 있음"을 지적하고 있다(대통령비서실 1972c, 300). 또한 다른 보고서에서는 "면 단위에서도 1등만 하면 150만 원이 나온다고 믿고 고리채 및 사채를 얻어 새마을사업을 시행함으로써 자금압박에 시달리는 부락들이 나타나고 있음"을 지적하고 "지나친 경쟁이 마을 간 불화의 씨가 될 수 있기에 경쟁보다는 협동을, 형식보다는 내실을 기하는 개발방식이 필요하다"고 지적하고 있다(대통령비서실 1973d).

22 1972년 7월 29일 국회 대정부질의에 있어서 김종필 국무총리는 "새마을사업에서 과당경쟁의 폐단이 존재함"을 인정하고 있다(조선일보 72/07/30).

23 1973년 언론인 새마을시찰 결과보고에서도 누차 마을 간 경쟁에 의한 부락 부채의 심각함이 지적되고 있다(대통령비서실 1973e, 836 ; 1973f, 19).

는 '마을총의'가 마을회의를 통해 '합의'되었으며, 이러한 성과를 통해 대통령하사금, 우수새마을 특별지원금, 시 · 도 지원금, 자매결연지원, 성금지원 등의 물질적 보상을 제공받음으로써 다른 마을과의 경쟁에서 앞서야 한다는 논리가 확산되었다.[24] 물론 이러한 집합적 참여에 동참하지 않는 마을구성원은 마을사업에 대한 비협조자라는 '낙인'이 찍히고 소외되거나 공동체의 제재를 감수해야 하였다.

농촌새마을운동에서 실천된 경제적 유인은 마을공동체사업과 공동의 이익 실현, 그리고 마을규약에 따른 자기 규율과 통제의 사회적 '관습'이 물질적 보상과 차별화라는 박정희 체제의 실천과 결합됨으로써 작동되었다. 따라서 이러한 경제적 유인은 농촌마을과 농민들로 하여금 공동재산 조성이라는 집단적 이익 실현에 동참시키는 데 유효성을 가졌으며, '마을총의'와 '공동체 제재'라는 규범을 통하여 다양한 갈등을 회피하고 균열을 봉합할 수 있었다.

3. '농촌 근대화' 이데올로기의 확산

박정희 체제는 농촌새마을교육과 새마을 상징을 통해서 '농촌 근대화' 이데올로기의 확산을 시도하였다. 이러한 '농촌 근대화' 이데올로기의 확산 속에서 농민들은 '상록수'와 '역사의 주역'으로 다시 태어났

24 1973년 우수사례로 선정된 한 마을에서는 노인회 · 청년회 · 부녀회 등 자치조직을 중심으로 마을 스스로 '마을공동사업 참여점수제'를 채택하고 월별 성과를 평가하여 마을 자치조직 상호 간의 경쟁을 이끌어내기도 하였다(대통령비서실 1971, 859).

으며,[25] 농촌은 '살기 좋은 내 고장' 으로 새롭게 단장되었다.

박정희는 새마을교육을 '모든 국민에게 새마을운동의 근본이 되는 근면 · 자조 · 협동하는 새마을정신을 기르고 실천하는 데 필요한 정신 계발과 기술을 습득하는 범국민교육' 이라고 정의하면서, 새마을교육의 목표는 유신이념의 실천과 승공, 그리고 생산과 소득의 증대에 있다고 밝혔다(내무부 1975, 1047). 이러한 점에서 볼 때, 새마을교육은 박정희 체제의 이데올로기적 기제로 활용되었음을 짐작할 수 있다. 특히, 1972년부터 1979년까지 8년간 약 6,779만여 명이 농촌새마을교육에 참여하였다(내무부 1980b, 61)는 사실에서 새마을 교육을 통해 '정신혁명' 과 '국민총화' 의 구호를 실천하고자 하였던 박정희 체제의 실천적 노력을 확인할 수 있다.

박정희 체제는 농촌마을과 농민에 대하여 다양한 교육 프로그램을 제공함으로써 경제개발과 근대화, 그리고 유신이념을 직접 체험하게 하였다. 농촌새마을교육은 크게 새마을지도자를 위주로 한 중앙교육과 일반 농민을 위한 새마을주민교육으로 구분되어 전개되었다. 새마을지도자 중앙교육은 농촌의 자립마을과 도시의 우수 새마을의 남녀 새마을

25 "민주사회의 영웅이란 자기 고향의 발전을 위하여 말없이 묵묵히 피땀 흘려 일하는 상록수들이라는 사실입니다. 지금 우리 사회는 바로 이러한 인간 상록수들을 가장 많이 필요로 하고 있습니다" (1971년 7월 30일 지방장관회의 유시 : 내무부 1975, 1110). "조국의 새 역사를 창조해 나가는데 누가 여기에 참여했고 또한 누가 어떤 일을 했는가, 내 마을 내 고장을 위하여 어떤 공헌을 했는가 하는 업적을 기록하여 우리 후손들에게 남기는 것은 하나의 민족의 역사인 동시에 민족의 얼인 것입니다. 이것이야말로 우리들이 후손들에게 물려줄 수 있는 가장 영광된 유산이라고 나는 생각합니다" (1973년 11월 22일 전국새마을지도자대회 : 내무부 1975, 1137).

지도자, 부녀단체 간부를 대상으로 하여 매년 2월에서 11월 농한기에 남자지도자는 10일간, 부녀지도자는 7일간 합숙교육을 통해 실시되었다. 여기에서 실시된 교육내용은 새마을정신과 영농기술을 중심으로 짜여졌으며, 정신계발 과목은 23시간, 전문과목 44시간, 새마을 성공사례 발표 10시간, 분임토의 13시간, 현지견학 8시간, 기타 5시간 등 총 103시간으로 구성되어 있었다(내무부 1980b, 1049). 새마을주민교육은 농촌마을을 순회하면서 전개되었는데, 영농지도자 훈련 · 작목별 영농기술 훈련 · 일반농민훈련 · 상설 새마을학교 교육 등을 통하여 다양한 프로그램에 의해서 진행되었다. 실제 농촌마을에서는 대체로 농한기에 주민들을 마을회관 · 광장 · 공공시설 등에 소집하여 강연, 성공사례 발표, 슬라이드, 영화상영 등의 내용으로 실시되었다.

이러한 농촌새마을교육에 대하여 농민들은 무엇보다도 영농기술보급과 소득증대에 대한 교육으로 인식하고 있었던 것으로 보인다. 1972년 대통령비서실에서 작성한 보고서에 따르면, 정신교육에 초점을 두고자

〈표-6〉 농촌새마을교육 내용에 대한 농민의견

구분	교육내용													
	응답합계	정신	정신영농	영농생활개선	영농	영농부업농기계	정신영농농기계	정신영농토목기술	소득증대생활개선	정신영농부업	영농부업	영농소득증대생활개선	부업	무답
여름학교	104	4	26	16	15	12	5	4	4	3	3		2	11
겨울학교	88	4	18	13	15	12	8	4		2		3	2	7

출처 : 대통령비서실(1972d, 300)을 참조하여 작성.

하였던 박정희 체제의 의도와는 달리 농촌새마을교육과 관련하여 농민들은 영농 또는 소득증대에 대한 관심이 높았음이 지적되고 있다(대통령비서실 1972d, 300). 새마을교육의 내용에 관한 농민의견은 다양한 항목들 중에서 '정신' 교육이 포함된 항목에 응답한 수는 여름학교 조사에서 42건, 겨울학교 조사에서 32건이었다. 그러나 '영농' 교육이 포함된 항목에 응답한 수는 여름학교 조사에서 93건, 겨울학교 조사에서 82건으로 나타났다. 이것은 새마을교육에 대한 농민의 요구가 경제적 이익실현과 직결되는 영농교육 중심을 더욱 많은 관심을 가지고 있었음을 보여준다.

하지만 초기 실시된 농촌새마을교육은 이러한 농민의 욕구를 충분히 반영하지는 못하였다. 지도요원들의 사용언어가 너무 어려워 교육을 받았던 농민들이 강의를 제대로 이해하지 못하는 경우도 발생하였다(조선일보 74/02/03). 그러나 이러한 시행착오 이후 농촌새마을교육은 작목별 훈련, 영농기술 검정시험, 영농지도자 훈련, 농업기계 훈련, 겨울철 새마을 영농기술교육 등 다양한 프로그램을 제공함으로써 농민들의 욕구에 접근하고자 시도하였다. 특히 영농기계의 보급에 따른 농업기계 훈련은 청소년회원에서부터 부녀회원에까지 널리 실시되었는데, 이 교육을 연수한 인원은 1970년부터 1971년까지 794명에 불과하였으나 1972년 35,000여 명으로 급증하여 1979년까지 약 480,000여 명에게 실시되었다(내무부 1980b, 63). 그러나 궁극적으로 이러한 박정희 체제의 시도는 교육의 대규모성, 다양한 프로그램의 제공에도 불구하고 성공적인 결과를 이루었다고 평가할 수는 없다. '농촌 근대화' 의 구호와 달리 교육의 내용은 '정신혁명', '국민총화' 의 정신교육 차원에 집중됨으로써 실질적인 '근대화' 를 위한 교육적 내용을 충족시키지 못하였기 때문이다.

한편, 박정희 체제는 다양한 새마을 상징을 활용하여 농민들에게 하나의 동질적인 집단의식을 부여하고 농민이 사회적 존재로서 대접받고 있음을 인식하도록 하였다. 전국적으로 대규모의 대중집회를 연례적으로 실시하였으며, 일년간의 고난 속에서 이루어낸 값진 성과에 모두가 감동받는 거창한 의식이 거행되었다. 그리고 이러한 집회와 의식 속에서 새마을운동은 조국의 새 역사, 민족의 역사, 그리고 민족 얼을 창조하는 과업으로, 농민은 역사 창조의 주체로 격상되었다.[26]

농촌새마을운동에서 각종 새마을 집회는 이러한 집회와 의식의 복합물로 작용하였으며, 새마을 집회는 다양한 새마을 상징의 집합체였다. 모든 참석자 기립한 가운데 대통령이 입장하고, 실내에는 대형 새마을기가와 각종 단체의 깃발이 함께 펄럭이며, 대통령이 직접 지었다는 '새마을 노래'가 합창되었다. 건국 이래 최대 인파가 운집한 체육관에서 새마을운동을 통해 국가에 심대한 공헌과 기여를 하였다는 모범 지도자와 모범 단체, 그리고 일반 대중에 대한 영광스러운 국가훈장과 포장이 수여되고, 이들의 희생과 헌신에 따른 성공사례가 발표되었으며, 그들의 성공사례는 집단적 성취감으로 전환되어 대대적으로 선전되었다. 그리고 새마을 집회의 마지막은 새마을지도자들에 의해 채택된 결의문이 낭독되는 것으로 장식되었다. 이 과정을 통해서 박정희 체제의 통치 이데

26 어떤 형식의 회의든지 아니면 집회이든지 간에 박정희는 새마을운동의 역사성과 농민의 주체성을 거듭 반복한다. 대표적으로 매년 말에 개최되었던 '전국새마을지도자대회'에서의 치사는 이러한 내용들로 가득 차 있다. "조국의 새 역사를 창조해 나가는데 누가 여기에 참여했고 또한 누가 어떤 일을 했는가, 내 마을 내 고장을 위하여 어떤 공헌을 했는가 하는 업적을 기록하여 우리 후손들에게 남기는 것은 하나의 민족의 역사인 동시에 민족의 얼인 것입니다. 이것이야말로 우리들이 후손들에게 물려줄 수 있는 가장 영광된 유산이라고 나는 생각합니다"(내무부 1975, 1137).

올로기는 집회에 참석한 지도자와 농민을 넘어서 전체 국민의 목소리로 공유되었다. 그 예로 1973년 6월 9일 제2회 새마을 양잠 시범대회에서의 농민의 결의문을 보면 다음과 같다(대통령비서실 1973a, 357).

> 우리는 10월 유신 1차년도를 맞이하여 조국 근대화의 기초작업이 농촌 근대화에 있다는 대통령 각하의 애국 · 애농의 정신을 받들어 … 새마을 건설로 빛나는 농촌 근대화에 이바지 할 것을 다짐하면서 다음과 같은 사항을 결의한다.
>
> 1. 우리는 유신이념에 불타는 새마을운동의 기수가 된다.
> 2. 우리는 근면성실한 기풍을 진작하여 농촌 근대화의 역군이 된다.
> 3. 우리는 새로운 양잠기술을 배우고 익혀 증산과 수출에 주역이 된다.

이러한 대규모 집회와 의식은 해를 거듭할 때마다 '유사 이래 최대 규모'로 거행되었다. 1972년 5월 18일에 개최된 '새마을소득증대촉진대회'는 당시에 '건국 이래 최대 규모'라는 이름 아래 거행된 농어민대회였다. 박정희를 비롯하여 국회의원, 장관, 군수, 전국의 새마을지도자, 독농가 등 4,500여 명이 참석하였다(조선일보 72/05/19). 그러나 매년 해를 거듭할수록 '유사 이래 최대'라는 수식어는 새롭게 장식되었다. 1974년 12월 18일 개최된 전국새마을지도자 대회는 각 시 · 도별로 4만 명이 참가하기도 하였다(조선일보 74/12/19). 이러한 대규모 집회와 의식 속에서 새마을운동의 성공적 결과가 대중에게 구체적으로 명시되고 '성취와 보람, 그리고 감동'의 공유가 실천되었던 것이다.

한편, 새마을유공자에 대한 훈 · 포장의 수여는 농민이 스스로 사회적으로 의미 있는 존재임을 인식하고 조국 근대화의 대열에 앞장서는 것을 자랑스럽게 여기도록 하는 효과적인 심리적 보상이었다. 이러한 훈 · 포장의 수여는 1971년부터 우수마을대회, 농촌진흥사업유공자표창, 월간경제동향보고회 등을 통하여 시행되다가 1973년 상훈법 개정 이후 전국새마을지도자대회를 통해 집중되고 규모가 확대되었다. 1973년 상훈법 개정 이전에는 국민훈장 · 포장 57명, 산업훈장 · 포장 16명, 근정훈장 1명 등 총 74명에게 수여되었으며(내무부 1980b, 377), 개정 이후에는 639명에게 훈장이 299명에게 포장이 수여되었다.

또한 모범 새마을지도자와 성공사례는 TV, 영화, 신문, 각종 새마을 간행물 등을 통하여 대대적으로 홍보되면서 새로운 모범 지도자와 성공사례들의 재생산에 기여하였다. 박정희 체제는 농촌새마을운동이 전개되자마자 '언론홍보대책반'을 구성하여 이러한 모범사례 발굴과 홍보에 전력을 기울였다. 대통령비서실에서 작성한 1973년 12월 '새마을 포상마을의 특집보도 계획'은 성공사례에 대한 선전 및 홍보에 대한 자세한 내용을 담고 있다(대통령비서실 1973g, 934). 대통령비서실은 1973년 11월 12일 전국새마을지도자대회 포상마을을 일간지에 특집으로 편성하여 대대적으로 보도하도록 했다. 7대 일간지 1개 면을 유료로 할애받아 사진 및 기사를 중심으로 마을의 변화 · 발전상과 더불어 성공담과 미담을 소개하도록 하였는데, 보도횟수 및 보도일자, 그리고 보도요령을 지침으로 전달함으로써 치밀하게 진행하였다. 사회 모든 계층이 참여하였던 새마을교육을 비롯하여 신문과 언론매체를 통하여 '모범'과 '성공'은 대중의 일상에 투영되었다.

이러한 점에서 볼 때, 농촌새마을운동에서 새마을교육과 새마을상징의 활용은 모범 새마을지도자, 모범마을, 그리고 이외의 '선택된' 농촌마을과 농민에 대한 심리적 보상과 더불어 스스로 의미있는 사회적 존재임을 각인하는 데 있어서 유효성을 가진다고 할 수 있다. 그러나 매년 '유사 이래 최대 규모'의 집회와 의식 속에서도 '농촌 근대화' 이데올로기가 농촌마을 구석구석까지 확장된 것으로 평가하기에는 무리가 있다. '농촌 근대화'는 실제 농촌마을과 농민에게 구체적으로 피부에 와 닿는 것이 아니라 그야말로 '정신혁명'과 '국민총화'의 구호 아래 존재하였기 때문이다. 즉, 농촌마을과 농민이 처했던 사회적 소외와 상대적 빈곤은 이러한 교육과 상징의 구호만으로는 해결되지 않았기 때문이다.

Ⅳ. 결론

이상과 같이 박정희 집권기 동원의 전개과정을 농촌새마을운동을 통하여 살펴보았다. 농촌새마을운동은 집권과정 속에서 총체적 위기를 맞았던 박정희 체제의 국민통합과 체제유지의 지배전략적 실천이었다. 이러한 지배전략의 관점에서 검토된 농촌새마을운동은 '강제'와 '동의'를 동시에 수렴하는 동원과정이었다.

지배구조의 강화라는 측면에서 볼 때, '위로부터의 조직화'는 농촌마을과 농민의 일상 속에 존재하였던 사회적 '관습'을 구조화함으로써 작동된 강제와 동의의 복합적 산물이라고 할 수 있다. 또한 지배의 물적 토대 구축과 농민의 경제적 욕망 실현의 측면에서 볼 때 물질적 보상과 차별화, 그리고 농촌마을과 농민의 사회적 '관습'의 결합을 통한 경제적 유인의 효과적 작동이 드러났다. 그러나 이러한 경제적 유인의 유효성

역시 '강제' 또는 '동의'의 일면만을 담고 있는 것은 아니었다. 마을공동체의 집단적 이익실현의 과정에서 드러난 농촌마을과 농민의 집합적 참여는 '강제'와 '동의'가 상호작용함으로써 가능하였던 사회적 '관습'에 기인한 측면이 강하였다. 마지막으로 지배 이데올로기의 확산과 관련하여 농촌새마을운동을 통해서 실천된 농촌새마을교육과 새마을 상징의 활용은 궁극적으로 '선택된' 농촌마을과 농민에게 있어서 유효성을 가지는 것으로 보인다. '정신혁명'과 '국민총화'의 구호 아래에서 '농촌근대화' 이데올로기가 농촌마을과 농민이 처했던 사회적 소외와 상대적 빈곤을 해소할 수 있는 구체적 대안책을 제시하는 것은 아니었기 때문이다.

궁극적으로, 농촌새마을운동은 박정희 체제에게 있어서 체제안정과 유지를 위해 대중적 지지와 결집을 모아내는 데 있어서 유효했던 지배전략적 실천이었다고 의미부여를 할 수 있다. 그러나 이러한 체제안정과 유지를 위한 지배전략적 실천이 곧 박정희 체제의 권위주의적 지배를 긍정적인 것을 평가하는 것은 아니다. 즉, '성공적인' 지배전략적 실천과 18년에 걸친 '권위주의적' 지배는 평가에 있어서 층위를 달리하는 문제이기 때문이다.

하지만 농촌새마을운동에서의 '성공적인' 지배전략의 실천에도 불구하고 박정희 체제가 이러한 실천적 노력의 연장에는 실패한 것으로 보인다. 1974-1975년을 기점으로 공장새마을운동과 도시새마을운동으로 확장되는 과정에서 박정희 체제는 노동운동의 억압과 노동자 배제 등을 통해 '권위주의적' 지배의 강압성을 전면화했으며, 대중 스스로 집합적 참여를 이끌어낼 수 있는 동인을 확보하지 못하였기 때문이다.

참고문헌

경제기획원. 1961-1975.『한국통계연감』.

경제기획원. 1976.『경제백서』.

경제기획원. 1977.『주요경제지표』.

경제기획원. 1980.『노동관계자료』.

경제기획원. 1987.『주요경제지표』.

고 원. 2006. "박정희 정권시기 농촌새마을운동과 근대적 국민 만들기."『경제와 사회』봄호.

김대영. 2004. "박정희 국가동원 메커니즘에 관한 연구."『경제와 사회』봄호.

김대환 외. 2003.『동아시아 경제변화와 국가의 역할』. 한울.

김대환. 1993. "박정희정권의 경제개발 : 신화와 현실." 역사문제연구소.『역사비평』겨울호.

김성식. 1963. "민족주의와 민주주의."『사상계』11월호.

김일영. 1995. "박정희 체제 18년. 어떻게 볼 것인가."『계간 사상』겨울호.

김일영. 1996. "한국의 정치경제적 발전경험과 그 세계사적 위상 : 산업화와 민주화의 상관관계를 중심으로." 이우진 · 김성주 공편.『현대한국정치론』.

김정렴. 1990.『한국경제정책30년사』. 중앙일보사.

김정주. 2005. "박정희 발전모델의 성공신화와 민주화 이후의 한국경제."『1960 · 70년대 한국사회와 민주화』. 민주연구단체협의회 2005년 학술심포지엄 자료집.

김 준. 2002. "1970년대 여성 노동자의 일상생활과 의식 : 이른바 '모범근로자'를 중심으로."『역사연구』제10호.

김태일. 1990. "한국농촌부락의 지배구조." 한국농어촌사회연구소 편.『한국농업 · 농민문제연구 II』. 연구사.

김태일. 1995. "유신체제를 어떻게 볼 것인가." 역사문제연구소.『역사비평』가을호.

김호기. 1999. "박정희시대와 현대성의 명암." 『한국의 현대성과 사회변동』. 나남.
김흥순. 2000. "근대화 프로젝트로서의 새마을운동에 대한 비판적 고찰." 한국지역개발학회 『한국지역개발학회지』 12권 2호.
내무부. 1978a. 『영광의 발자취』 제1집.
내무부. 1978b. 『영광의 발자취』 제2집.
내무부. 1975. 『새마을운동길잡이』.
내무부. 1980a. 『새마을운동 10년사』.
내무부. 1980b. 『새마을운동 10년사 : 자료편』.
노동청. 1971. 『한국노동통계연감』.
농수산부. 1971. 『농림통계연보』.
농수산부. 1980. 『농림통계연보』.
농협. 1970. 『농협연감』.
농협중앙회. 1977. 『77년 업무계획』.
대통령비서실. 1966a. 박정희대통령결재문서집 109. 보고번호 정무 제 926호.
대통령비서실. 1966b. 박정희대통령결재문서집 109. 보고번호 대비정(이) 제 1223호.
대통령비서실. 1966c. 박정희대통령결재문서집 109호. 보고번호 대외비(이) 정무926호.
대통령비서실. 1971. 박정희대통령결재문서집 131. 보고번호 정무 제73-859호.
대통령비서실.1972a, 박정희대통령결재문서집 109. 보고번호 정무 제72-207호.
대통령비서실. 1972b. 박정희대통령결재문서집 110. 보고번호 정무 제72-300호.
대통령비서실.1972c. 박정희대통령결재문서집 110. 보고번호 정무 제72-300호.
대통령비서실.1972d. 박정희대통령결재문서집 110. 보고번호 정무 제72-300호.
대통령비서실.1972e. 박정희대통령결재문서집 110. 보고번호 정무 제72-300호.
대통령비서실.1972f. 박정희대통령결재문서집 115. 보고번호 정무 제72-544호.
대통령비서실. 1972g. 박정희대통령결재문서집 117. 보고번호 정무 제72-704호.
대통령비서실.1973a. 박정희대통령결재문서집 123. 보고번호 정무 제73-357호.
대통령비서실. 1973b. 박정희대통령결재문서집 125. 보고번호 정무 제73-514호.
대통령비서실.1973c. 박정희대통령결재문서집 128. 보고번호 정무 제73-732호.
대통령비서실. 1973d. 박정희대통령결재문서집 128.

대통령비서실. 1973e. 박정희대통령결재문서집 130. 보고번호 정무 제73-836호.
대통령비서실. 1973f. 박정희대통령결재문서집 133. 보고번호 정무 제73-19호.
대통령비서실. 1973g. 박정희대통령결재문서집 133. 보고번호 정무 제73-934호.
대통령비서실. 1978.『새마을운동 박대통령 연설문선집』. 고려서적.
류제철. 2001. "박정희 정권과 지배이데올로기-새마을운동을 중심으로-."『청계논총』16권 3집.
박 섭 · 이 행. 1997. "근현대 한국의 국가와 농민 : 새마을운동의 정치사회적 조건."『한국정치학회보』31집 3호.
박정희. 1961.『지도자도』. 국가재건최고회의.
박정희. 1979.『민족중흥의 길』. 광명출판사.
박정희. 1997.『국가와 혁명과 나』. 지구촌.
박종철. 1988.『한국의 산업화정책과 국가의 역할. 1948-1972 : 1공화국과 3공화국의 비교연구』. 고려대 박사학위논문.
박진도 · 한도현. 1999. "새마을운동과 유신체제."『역사비평』1999년 여름호. 역사문제연구소.
박진환. 1987.『경제발전과 농촌경제』. 박영사.
박진환. 1994. "새마을운동 : 한국 근대화의 원동력." 김성진 편저.『박정희시대 : 그것은 우리에게 무엇이었는가』. 조선일보사.
새마을운동중앙협의회. 1973-1979.『새마을』.
손호철. 1995.『해방 50년의 한국정치』. 새길.
손호철. 1997. "현대한국정치." 사회평론.
오유석. 2002. "박정희식 근대화 전략과 농촌새마을운동."『동향과 전망』겨울호.
오창헌. 2001.『유신체제와 현대 한국정치』. 오름.
유병용. 2001.『근대화전략과 새마을운동』. 백산서당.
이광일. 2001. "개발독재기 국가 성격과 구조의 변화."『경제와 사회』2001년 봄호 특별부록.
이병천. 2003. "개발국가론 딛고 넘어서기."『경제와 사회』57호 봄호.
임경택. 1991.『한국 권위주의체제의 동원과 통제에 대한 연구 : 새마을운동을 중심으로』고려대학교 정치외교학과 박사논문.
임수환. 1997. "박정희 시대 소농체제에 대한 정치경제학적 고찰 : 평등주의. 자.

본주의. 그리고 권위주의.” 『한국정치학회보』 31집 4호.
임지현. 2004. “대중독재와 포스트 파시즘.” 『역사비평』. 가을호.
임지현. · 김용우 엮음. 2004. 『대중독재』. 책세상.
임지현. 2005. 『대중독재 2』. 책세상.
전인권. 2001. 『박정희의 정치사상과 행동에 관한 전기적 연구』. 서울대 박사학위논문.
전재호. 1998. 『박정희체제의 민족주의 연구 : 담론과 정책을 중심으로』. 서강대 박사학위논문.
전재호. 2000. 『반동적 근대주의자 박정희』. 책세상.
정상호. 1998. “박정희 신드롬의 정치적 기원과 그 실상.” 한국정치연구회. 『박정희를 넘어서』.
조희연. 1998a. 『한국의 국가 · 민주주의 · 정치변동』. 당대.
조희연. 1998b. 『한국의 민주주의와 사회운동』. 당대.
조희연. 2004. “박정희 시대의 강압과 동의.” 『역사비평』 봄호.
존. 시거드슨. 김영철. 1981. “한국의 농촌새마을운동에서 농업기계화와 농촌공업화문제에 관한 연구.” 『새마을운동의 이념과 실제』. 서울대 새마을운동종합연구소.
최장집. 1985a. “과대성장국가의 형성과 정치균열의 구조.” 『한국사회연구』 3. 한길사.
최장집. 1985b. 『한국현대사 Ⅰ』. 열음사.
최장집. 1996. 『한국민주주의의 조건과 전망』. 나남출판.
한국정치연구회 편. 1998. 『박정희를 넘어서』. 푸른숲.
한도현. 1998. “1960년대 농촌사회의 구조와 변화.” 한국정신문화연구원 현대사연구소. 『한국전쟁후 사회변동 연구』.
한배호. 1994. 『한국정치변동론』. 법문사.
홍성태. 2003. “폭압적 근대화와 위험사회.” 이병천 엮음. 『개발독재와 박정희시대』. 창비.
홍승직. 1977. “도시화의 사회문화적 의미.” 『산업사회와 도시』.
황병주. 2000. “박정희 시대의 국가와 ‘민중’.” 『당대비평』 가을호.
황병주. 2004. 임지현 · 김용우 엮음. “박정희 체제의 지배담론과 대중의 국민화.”

『대중독재』. 책세상.
hwp://www.mpb.go.kr (검색일 : 2005. 8. 25).
《조선일보》.

민주화 이후 공안정국의 전개와 사례 비교

Ⅰ. 문제제기와 연구목적

1980년대 이후 전개된 국가론과 1990년대에 이어진 시민사회에 대한 한국 사회과학의 이론적 관심은 양자 간의 관계에 대한 이론적 관심(유팔무 · 김정훈 2001)으로 이어지기도 했지만, 개념 자체에 대한 연구에 비해 현실적 · 역사적 맥락에 접목시킨 연구성과는 빈약했다. 이 글의 목적은 1989년, 1994년, 1998년 세 차례에 걸친 '공안정국'을 화두로 삼아 주도세력, 형성방식과 전개과정, 민주화에 대한 함의에 걸쳐 비교하고, '분단이 민주화에 끼친 영향'을 중범위 수준에서 분석한 후, 분단사회라는 특수한 환경에서 진전된 한국사회의 민주화 과정을 국가와 시민사회의 관계라는 틀에서 추이를 조망하고 이를 나름대로 설명하는 데 있다.

1989년 여소야대 상황에서 수세에 몰려 있던 노태우정부는 일련의 방북사태를 맞아 유화적 태도에서 강경노선으로 선회하여 이들을 억압하였고, 1990년 초 3당 합당에 이르는 과정에서 이른바 '공안정국'이 조성되었다. 이후에도 공안정국은 간헐적으로 출현해 왔다. 1993년 김영삼 정권이 들어서면서 '민족이 동맹에 우선한다'라는 파격적인 취임선언이 나오기도 했지만 그러한 분위기는 오래 지속되지 못했다. 얼마 후 진보적 성향의 한완상 부총리 해임, 김일성 주석 사망에 대한 국회 내부의 조문파동에 이은 '주사파 논란'으로 인하여 1994년 공안정국이 조성되었다. 이후 김대중 정권 초기였던 1998년 들어서는 대통령 정책자문위원장을 맡고 있던 한 정치학자의 연구업적 중 일부 표현에 대한 논란이 이른바 '공직자 사상 검증'에 대한 언론계와 학계의 논쟁으로 불거졌다.

이 사례들은 각각의 특수한 정치적 국면 요인이 작용한 결과인 동시에 '분단국가의 민주화는 어디까지 허용되는가'의 범위에 대한 입장 차이에서 비롯된 사례들이다. 이와 같은 차이가 발생하는 데는 여러 가지 요인이 있겠지만, 민간정권 출범 이후 국가와 정치사회에 진입한 과거의 민주화 운동 출신 세력이 진보적이고 전향적인 인식을 일정 부분 대변하여 개진한 대북관 확장과 '민주개혁정치'의 실현을 시도하는 과정에서 시민사회 내부에서 헤게모니를 여전히 장악하고 있던 보수세력이 대거 반발했기 때문이다. 1990년대 이후 사회운동 세력과 직간접적으로 연계된 이들이 국가영역으로 충원된 후 시민사회 내부의 균열에 부딪힌 것이다.

분단요인이 민주화 과정에 일정한 영향을 미쳤다는 것은 추상 수준이 높은 분단체제, 분단구조 등의 개념을 동원한 일반화 작업과 논의를 통해 광범하게 인지되고 공유되어 왔다. 그러나 구체적이고 경험적인 수준에서 실제 사례를 통해 접근한 선례는 매우 빈약하다. '공안정국'의 사례를 관찰하면 민주화 이후 그 주체, 형태와 성격이 민주화 이전과 다르며 민주화의 전개에 따라서 민주화 이후에도 사례별로 달라지고 있음을 볼 수 있다. 분단이 민주화에 끼친 영향은 구조 수준의 일반론이지만 국면이나 사건 수준에서 구체적으로 파악하기 위해서는 각 공안정국의 사례의 비교분석이 필요한 것이다. 이 글은 이러한 문제의식의 내용을 국가와 시민사회의 관계라는 형식적 측면에서 1989년 방북파동, 1994년 조문파동, 1998년 사상검증 파동에 걸쳐 비교분석을 시도할 것이다. 본문에서는 주로 그 함의에 대한 해석을 중심으로 삼을 것이며, 국가와 시민사회의 개념에 대한 이론사적 논의들과 각 사례별 사실관계는 간단히 축약하거나 부분적으로만 언급할 것이다.

Ⅱ. 연구 필요성과 연구방법

1. 선행연구

'분단상황'을 보다 적극적으로 한국사회의 특성과 결부시키려는 이론적 노력은 '분단체제'와 '분단구조', '대쌍관계동학' 등과 같은 거대이론적 혹은 중범위적 개념으로 나타났다. 이종석의 '분단구조' 개념은 완성된 이론적 개념이라기보다 유신체제와 유일체제를 성립하는 과정을 분석하기 위한 느슨하고 유연한 하나의 매개 개념이라 평가할 수 있다. 그에 의하면 분단구조는 자유주의와 사회주의 진영 간 적대적 모순이 한반도 내부의 복잡한 갈등과 중첩되어 결합한 구조이며 냉전체제의 하위구조라는 것이다(이종석 1998).

분단사회의 특성을 유형화한 시도로서 정치학 이외에 '전공'이 아닌 학자로 상당한 주목을 받은 백낙청(1994)과 강만길(1994 ; 2001)을 들 수 있다. 백낙청의 『분단체제론』(1994)은 남북관계의 지속성과 자기 재생산 능력, 상호 의존성을 개념화한 '분단체제론'을 제시하였다. 세계체제의 역사에서도 냉전이라는 특정한 시기와 한반도의 특정한 공간에서 구성된 결합체라는 것이다. 단일사회도 아니고 그렇다고 해서 병렬적으로 수합된 사회도 아닌 특이한 복합체라는 분단체제의 개념은 그 거대 이론적 추상성과 결정론적 성격, 그리고 사회과학계에서 비판하였듯이 '자기 완결성의 조건 부족과 작의적 개념화의 혐의'에도 불구하고 '분단'의 성격을 체계적으로 규명하려는 하나의 자아준거적이며 정초적인 시도였다는 점에서 '분단 변수'의 한국정치에 대한 영향을 규명하려는 문제의식의 발전과 적용에 공헌한 점을 부인할 수 없다. 박명림(1996)의 한국전쟁의 기원 설명에 동원되고 있는 '대쌍관계동학'은 해방공간과 한국전쟁의 연속선상에서 '1948년 질서'를 형성시킨 이후 이것이 전쟁으로 이어진 역사적 추이를 설명하기 위한 개념으로 제시되었다. 그러나 시기적으로 한국전쟁을 대상으로 하고 있는데다 일반화된 개념이라기보다 해방 직후 당시의 특정한 역사적 국면을 유형화한 개념이므로 민주화 이후 공안정국을 소재로 삼은 이 연구에 그대로 적용하기는 곤란하다.

대체로 이러한 개념들은 위에서 언급하였듯이 공통적으로 해방과 전쟁 이후의 남북한 간의 관계가 한국정치 대내적으로 어떠한 규정력을 갖는지에 대한 거시적 시각에서 정립된 개념들이므로 추상화 수준이 매우 높아서 국면이나 사건을 적절히 해명하기에는 적합하지 않다고 할 수 있다. 장기적이고 거시구조적인 역사사회적 분석에 적용될 수 있는 장점에도 불구하고 정권이나 정책, 인물, 제도 등을 둘러싼 국면이나 사건 수준의 구체적 사례 연구에 적용하기에는 무리가 있다. 오히려 역으로 국면과 사건 수준의 연구들이 축적됨으로써 이러한 거시구조적 개념을 뒷받침해야 할 필요가 있다. 김영명에 의하면 선행연구들이 학문과 행동에서 많은 공헌을 한 것은 사실이지만, 이런 제안들은 상식적이고 지당한 말일 뿐 구체적인 연구로 뒷받침되지 않아 왔다는 냉정한 비판을 받는 상황이다(국민일보 05/07/01).

상대적으로 볼 때, 위에서 본 거시구조적 개념들과 방법론적 제안 외에 실제로 현실 사례를 분석한 업적은 빈약하다(서진영 1993). 분단이 민주화에 어떠한 영향을 미치는가라는 질문은 '남북관계와 국내정치의 유기적인 상관성을 규명하고자 하는 이론적 노력' 으로 승화되었고, 이는 정치학과 관련 사회과학의 '정치사회학' 적 혹은 '정치경제학' 적 문제의식과 틀을 공유한 학자들(최장집 1996; 김일영 2001; 조희연 1998; 김동춘 1997; 손호철 1994)에 의해 '분단과 한국정치' 에 집중한 모노그래프보다는 '권위주의의 지속' 을 설명하기 위한 목적에서 그 유력한 구조 요인으로 분단을 주목한 일련의 연구들에 녹아 있을 따름이다. 더구나 앞장에서 지적한 것처럼 '민주화 이후 시기' 에 '공안정국' 과 같은 특정한 소재를 택하여 집중적으로 접근한 사례는 거의 찾기 힘들다. 관련된 선행연구가 빈약한 점은 다음 요인에서 비롯된다.

첫째, 문제의식의 편향성이다. 남북관계가 한국정치에 미친 영향은 남북관계 자체, 즉 '안보', '남북대화', '교류협력', '대북정책' 에 초점이 집중되어 온 것이 그간의 연구경향이다. 한국의 대내정치 수준에서 남북관계 혹은 분단요인이 작용하는 메커니즘의 동학을 규명하려는 문제의식은 극히 소수에 머물렀고, 이들도 대부분 해방과 전쟁 이후의 거시적 역사접근을 통한 구조 혹은 체제 수준의 이론화에 주력한 것이다.

둘째, 정치학이 쥐고 있는 이론적 도구의 '서구중심성'이다. 서구의 역사발전 과정을 경험적 근원으로 삼은 본원적 특성으로 말미암아 한국정치의 역사적 요인들을 효과적으로 포착하지 못할 수 있다. 20세기 현대사에서 분단은 세계적으로도 드문 현상이었기 때문에 이런 현상이 기존 사회과학의 이론화에 반영되었을 리가 없었다. 이 점은 주류학계나 진보학계 모두 마찬가지여서 1980년대 이후 '분단모순'을 둘러싼 좌파 내부의 논쟁 역시 정통 혁명론 시비에서 자유롭지 못했다.

셋째, 남북관계가 한국정치에 미친 영향은 그 정도와 성격에 대한 이견이 존재했을 뿐 '심증적'으로는 누구나 동의하고 있다. 이것이 오히려 '물증'이 될 법한 소주제별 탐색이 제대로 이루어지지 못한 역설적 요인으로 작용해 오지 않았나 싶다. 체계적이고 분석적인 접근을 거치지 않고 곧바로 저널리즘 차원의 비판과 제안이 주종을 이룬 것이다. 이 주제에 대한 비판적 접근을 시도할 여지가 많았던 진보적 정치학자들은 통일운동과 직결된 주제 자체의 성격으로 말미암아 '분석'보다는 곧바로 '실천과제'로 인식하는 경향이 압도적이었다. 주제의 중요성에 대한 전반적인 '심증 차원의 공감'은 있었으나 '물증이 될 분석'을 지향하는 객관적 접근은 빈틈(niche) 내지 태풍의 눈으로 남은 것이다.

대체로 '분단구조 혹은 분단상황'은 단편적 · 병렬적 요소라기보다 '민주화' 과정의 유기적인 변수라는 데는 합의가 이루어져 있다. '권위주의 정권' 시기의 반공체제 형성과의 인과 혹은 상관관계에 비하여 북한 내지 분단변수와 민주화와의 관계를 모노그래프 형식으로 풀어나간 연구가 양적으로는 별달리 축적되지 않았다. 그러나 민주화 이후 '민주주의와 민주화의 현실'에 대한 다각도의 접근이 활발한 현재, 한때 이론적으로 커다란 관심의 소재였던 국가와 시민사회의 관계를 기본틀로 삼아 '공안정국'이라는 특수한 국면을 분석하는 것은 한국사회의 현실을 추상적 개념에 대한 거대 담론에 머물렀던 '국가와 시민사회'의 이론에 접목시키는 의미 있는 작업이 될 수 있을 것이다.

2. 주제에 대한 접근방법

(1) 분석 수준의 설정 : 구조 수준의 일반론에서 국면과 사건 수준의 동학

민주화 이전을 대상으로 한 개념과 연구들이 대체로 '장기적 안목'에서 이루어진 '구조'에 대한 추상 수준을 높여 분석한 성과들이라면 이 주제의 대상 시기는 민주화의 각 '국면'에 해당한다. 상황적 국면과 일회성 사건은 결코 우연한 돌발사태에 머무르지 않고 장기적 구조와 상호작용한다. 공안정국이라는 비교적 단기간의 국면상황을 '분단'과 '민주화'라는 거시구조적 관점에서 분석하는 것은 이러한 상호작용을 동태적으로 파악할 수 있는 방법론적 장점이 있다. 한편 구조 개념이 갖게 마련인 '빈틈'을 메우기 위해 '이론적 정교함'보다 '역사사회적 상상력'이 요구되는 작업이므로 '분단국가의 민주화'에 대한 국면의 분석이 지니는 의의가 있다.

(2) 주요 변수의 설정 : 국가, 시민사회의 변화, 국가-시민사회 관계 변화

민주화는 의제에 있어 절차적 민주화를 중심으로 한 정치민주화의 차원, 그리고 실질적 민주화 의제를 구현하고자 하는 경제민주화를 포함하는 사회민주화의 차원으로 나누어 볼 수 있다(송호근 1997). 공안정국은 국가의 일방적인 주도뿐만 아니라 시민사회 일부 세력이 적극 가담하였을 뿐만 아니라, 이들은 민주화가 진전되고 정권교체가 실현된 후에는 공안정국을 유도 · 조성하기에 이르렀다. 즉 이 글의 연구주제를 분석하기 위해서는 국가와 시민사회의 갈등구도로만 연구대상을 볼 수는 없으며, 민주화 이행 이후 시기 분석을 위해서는 틀의 확장이 필요하다(김일영 2001 ; 최장집 2002 ; 손호철 1999).

민주화 이후의 민주주의에서는 적어도 국가 차원에서 '비민주정권'이 더 이상 존재하지 않는다. 시민사회의 이해관계와 역학관계에서 발생하는 균열에 대해 적어도 이념형 차원에서 '절차적 민주화' 혹은 '민주화 이행'은 국가를 현상적으로나마 중립적 존재로 전환시키도록 한다. 정치민주화로 인하여 국가권력을 장악한 정권담당 세력이 '색깔론' 공격을 받는 역전현상도 일어날 수 있다. 이 점에서 사회운동세력의 대북관 변화는 민주화 과정에서 국가-정치사회-시민사회의 전체적인 틀, 그리고 시민사회의 지형분화와 역학관계 변화라는 측면에서 조명되어야 타당할 것이다.

Ⅲ. 공안정국의 전개와 변화

1. 공안정국의 개념 정의와 유형화

'공안정국'은 민주화 이후 나타난 한국정치 특유의 현상이었지만 이에 대한 객관적이고 체계적인 개념 정의가 시도된 바는 없다. 본 연구는 공안정국의 개념을 '정권이 주도하여 반공주의적 질서유지를 위해 조성한 국가기관의 저항세력 탄압국면'이라는 종래의 협소한 인식에서 나아가 '권위주의 정권의 연장세력과 시민사회의 역진적 행위자들이 사회운동과 개혁정치를 적극적으로 저지하고 반공반북주의를 명분으로 기득 이해관계와 지배질서를 물리적 · 이념적 수단을 동원하여 지켜나가기 위해 조성한 정치적 위기국면'으로 규정하고자 한다.

정권 행위자 측면에 초점을 둔 공안정국 개념은 거슬러 올라가면 1948년 대한민국 정부 수립 직후의 국회 프락치 사건, 반민특위 해체 사건까지 포함될 수 있다. 이후 한국전쟁을 거치면서 지속된 조봉암 사건, 그리고 박정희 정권 이래 군부정권 시기의 상시적인 안보 이데올로기의 작용에 의한 억압과 통제의 국면을 일컫는 용어이다. 그러나 민주화 이후의 공안정국은 정권의 일방적 주도가 아니라 시민사회의 민간 행위자들 일부가 동조하거나 심지어 주도한 성격이 강하게 나타난다. 즉 민주화 이후에는 '정권 행위자', 즉 '국가에 의한' 공안정국이라는 행위자 측면보다 조성방식, 반공주의의 관성적 효과, 정치사회적 영향 등 그 내용적 측면이 두드러지게 나타난다.

1980년대 이후 사회운동세력의 변혁론은 실현 가능성과 별개로 '그러한 인식과 대안도 제기될 수 있다'는 가능성의 사회적 승인과 수용 자체로서 시민사회 내의 이념적인 폭을 확장시켰고, 따라서 민주화의 폭을 확장시켰다. 객관적으로 보아 사회운동세력도 시민사회의 주요한 행위자이자 영역으로 존재하고 있었기 때문에 그들의 주관적 의도와는 별개로 이념과 실천 자체는 민주화에 대한 순기능 효과를 발휘해 온 것이다. 그리하여 반공주의가 약화됨으로써 이전까지 금기였던 다양한 진보적 대안의 공론화, 관용적이고 다원적인 정치문화가 정착할 수 있게 되고, 이러한 변화는 다시 반공주의를 약화시키는 연쇄순환 효과를 발휘하였다고 볼 수 있다. 공안정국은 이러한 거시적이고 전체적 과정 중에 간헐적으로 조성되는 정치적 위기국면의 위상을 지니는 것으로 해석할 있다.

2. 공안정국의 시기별 전개

1980년대 후반 이후 사회운동세력은 여러 경로를 통해 국가와 정치사회의 합법적 공간에 진출해 왔고, 남북관계의 긴장완화와 전향적인 대북관의 실현을 시도해 왔으며, 이들의 주장은 제도권으로 수용되어 왔다. 이 과정에서 몇 차례 공안정국을 겪어온 점을 "분단이 민주화에 부정적 영향을 끼쳤다"는 거시적 일반화만으로는 설명할 수 없다. '분단'이 권위주의 정권 시기의 국가와 시민사회에 미친 영향의 거시구조적 수준에 대해서는 풍부한 이론적 유형화와 경험적 탐색이 이루어져 왔다. 사회과학 전반에 걸쳐 '반공규율사회', '냉전반공체제', '보수독점체제'와 같이 한국사회의 이념적 지형의 편협성과 극우 일색의 폐쇄성을 정의한 개념은 주로 한국사회의 내재적 발전과정의 특성을 '반공주의'라는 이념의 역할에 초점을 두고 유형화한 결과이다. 왜 공안정국이 발생하였는가, 누가 어떤 이유에서 공안정국을 유발 · 형성시켰는가, 세 시기의 차별성은 어디에서 연유하는가. 이러한 일련의 질문에 답하기 위해서는 분단이 민주화에 부정적 요인으로 작용했다는 구조 수준의 일반화에서 내려와 보다 구체적인 국면과 사건 수준의 해명작업이 필요하다. 거시구조적 유형화의 결과 도출된 개념들은 그 특성상 정태적 성격에 머무르는 한계를 보이기 때문이다.

반공반북의 태도와 자유민주주의를 등치시키거나 전자를 후자의 필요조건으로 위치짓는 수십 년 이래의 이데올로기적 유제가 1987년 이후, 좁게는 1998년 이후 '정권' 내지 국가 수준에서 점차 해소되고 있는데 비해 시민사회에서는 관성적 헤게모니 형태로 잔존 · 재생산되어 온 것이다. 민주화 이후의 공안정국과 이념논란은 시민사회의 역진적 행위자들이 반발하고 국가와 정치사회가 추수 · 대응하는 형국으로 전개되는 점이 민주화 이전과 대조적이다. 이처럼 1989년을 포함하여 민주화 이후 사회운동세력의 전향적 대북관이 인적 진출과 정책적 수용의 두 경로로 제도권에 수용되어 왔으나 이 과정이 순조로웠던 것은 아니며, 민주화 이후에도 이른바 '공안정국' 파동을 겪어왔다. 위에서 보듯이 세 사례의 공안정국의 성격은 한결같지 않았다. 예를 들어 공안정국을 주도한 주체세력을 보면 1989년은 연장된 군부정권을 중심으로 한 국가, 1994년은 국가 수준에서 민간정권의 한 축을 이루던 집권세력 내부의 보수파와 이에 동조한 시민사회 내부의 일부 언론, 1998년은 시민사회 내부의 보수세력 등으로 선명한 대조를 보인다.

민주주의 이행기에 나타났던 사회운동세력의 전향적 대북관과 이에 근거한 통일정책 및 운동은 노태우 정권에 의해 일정 부분 반영 · 포섭되었지만, 1980년대에 제기되었던 극단적이고 광범한 대안의 속출과 강도를 전적으로 수용할 수는 없었다. 상황적으로 아래로부터의 도전에 의해 촉발된 1987년 항쟁 이후 노태우 정권과 보수적 정치사회의 행위자들은 지속적으로 수동적 입장에 내몰리고 있었다. 구조적으로 이들은 시민사회 중 보수적 행위자들과 결탁하고 있었을 뿐 확장하고 있던 다른 영역, 예를 들어 재야나 대학가, 노동계에 대해서는 별다른 연계지점 없이 물리적 억압으로 대치하고 있었기 때문이었다. 이 과정에서 재야와 야당 인사들의 방북사건이 일어났고, 이를 빌미로 여소야대와 개혁정치의 압박으로 수세에 몰려 있던 정권은 공안정국을 앞장서 조성하게 되었다.

1989년 상반기 이후 정권은 지속적으로 '공안정국'을 수시로 조성하였으며, 대통령의 지시와 방침에 따라 1989년 4월 3일에는 검찰, 경찰, 안기부, 보안사, 문교부, 노동부, 문공부 등 관계기관으로 '공안합동수사본부'(합수부)를 구성하고 전국 12개 지역 검찰청에 '지역공안합동수사본부'를 상설하였다(경향신문 89/04/04). 1989년 4월 한달 동안에만 시국 · 공안사건과 관련하여 무려 234명을 구속했고 215명을 불구속입건시켰다. 학생이 130명으로 압도적 다수를 차지하고 있었고, 노동자 50여명 이외에 국회의원 보좌관까지 포함되어 있었다.

1993년의 문민정권은 절차적 정당성에도 불구하고 이행기 동안 청산되지 못한 과거 세력을 지지기반의 한 축으로 삼고 있던 태생적 한계를 안고 있었다. 그로 인해 사회운동세력의 대북관 변화를 주요한 개혁과제의 모티브로 삼았음에도 불구하고 얼마 가지 못하여 좌절하고 만다. 기반의 구조적 한계를 대통령 개인의 카리스마와 인치로 극복하기에는 상당한 한계가 있었던 것이다. 사회운동세력 일각에서 강하게 주장하던 '민족 중심의 가치'를 취임사에서부터 전격적으로 천명하고 재야 지식인을 통일부장관에 등용하였지만 개혁은 통일부장관 해임과 1994년 조문파동으로 결정적으로 약화한다. 국가를 장악한 민간정권은 시민사회의 진보적 사회운동세력을 인적 풀(pool)에 포함하고 사회운동세력의 대북관을 최초로 정책화하려 했지만 실질적으로 정권을 지탱하던 시민사회 내부 역진적 행위자들의 반발로 그 시도는 무위로 돌아갔다.

1997년 정권교체는 1차 민간정권의 이러한 한계를 상당부분 극복하였고, 따라서 전향적인 대북정책을 일관성 있게 추진할 수 있었다. 사회운동세력이 다양한 형태로 국가의 대북정책을 지지 · '추수'하였는데, 이는 민주화 이후는 물론 한국 정치사상 최초의 현상이었다. 그러나 1998년 대통령 정책자문위원회 위원장의 개인적 학문업적을 두고 시민사회의 보수 언론매체에서 시작하여 확대된 사상검증 논란은 민주화 이전과 달리 민주화 이후 들어서는 '공안정국'이 정권이 아닌 시민사회 내부에서도 촉발 · 주도될 수 있음을 보여주었다. 최장집 사상검증 사건으로 유명한 이 논쟁은 학자 개인의 문제를 넘어서 당시 한국정치학회의 조선일보 비판성명까지 나왔을 만큼 시민사회 내에서 큰 파급효과를 낳았다. 당시 국가(김대중 정부)는 이 사태에 직접 개입하지 않았으며, 이는 사건의 당사자가 정책자문위원장이라는 공직에 있었다는 미시적 요인이 작용한 점도 있지만, 더 이상 국가가 '공안정국'을 조성하는 주체가 아닐 수 있다는 '민주화' 자체가 요인으로 작용했다. 즉 공안정국의 조성조건이 변화한 것이다. 최소주의적 관점의 민주화는 행태적으로 '정권교체 가능성 보장'을 의미하며, 이를 적극적으로 해석한다면 '어떤 구성원도 정치공동체의 권력을 선거를 통해 위임받을 수 있는 가능성 보장' 을 의미한다. 즉 국가영역에서 권력을 장악한 집단이 교체될 수 있음을 의미하는 것이다. 공안정국을 조성할 필요성을 느끼지 못하거나 혹은 공안정국 자체를 거부하는 세력이 집권하는 경우, 이는 국가영역의 성격과 범주의 변화 가능성이 실현되었다는 것을 뜻한다.

3. 공안정국 조성 주체의 변화

(1) 1989년(연장된 군부 권위주의 정권 시기 : 민주화 이행 직후)

1989년의 공안정국은 연장된 군부정권으로서의 국가와 역진적 행위자들이 창출한 최고의 앙상블이었다. 1994년의 공안정국은 정권담당자가 민주화에 일조한 세력이었음에도 그 기반을 다름아닌 정치사회 내의 군부정권 잔존세력과 시민사회 내 역진적 행위자들의 동맹에 두고 있었기 때문에 개혁 후퇴의 결과 나타났다는 점에서 1989년과는 전개과정이 상이하다. 그러나 1998년의 사상검증 논란은 과거와 전혀 다르게 시민사회에 의한 국가로의 역전 공격 형태라는 새로운 양상을 보여준다.

1989년의 경우 거센 사회운동세력의 도전이 공개적으로 가능했을 정도로 정치적 균열의 표출이 이루어지고 있었고 민주화의 확장이 거스를 수 없는 대세였던 시기였지만, 국가가 주도하고 시민사회의 역진적 행위자 세력이 지지하는 형태로 공안정국이 나타났다.

(2) 1994년, 1998년

(민간정권 출범과 정권교체 : 민주주의 이행에서 공고화로)

'문민정권' 출범 초기였던 1994년의 경우 국가와 시민사회의 역진적 행위자들이 공동보조를 취하던 형태였으며, '정권교체'로 최소주의적 · 절차적 민주화 자체가 거의 궤도에 접어들었던 1998년 국민의 정부 초기의 경우, 시민사회의 역진적 행위자들이 국가를 공격하는 형태를 띠고 있었다. 민주화의 진전에 따라 반공반북가치의 담지 주체가 변한 것이다.

다음에서 드러나듯이 내용의 진정성과 논리적 일관성이 결여된 '반북'과 '안보' 논리를 이데올로기적으로 재생산하는 시민사회 내부의 행위자들은 세 차례 공안정국을 지속적으로 지지하거나 주도해 왔다. 1986년 당시 현재 대표적 보수언론으로 지칭되는 조선일보의 한 사설은 "배후조사라는 말"이라는 사설에서 "'배후'는 우리에게 사전적 의미로만 부각되어 있지 않은 실정 … 우리는 모두가 '배후'의 노예일지 모른다. 사람들은 배후라는 말에서 막연한 두려움을 느낀다. 그러나 사람들은 두려움을 주입시키는 상황에 식상해지기도 한다"라며 공권력의 시국 사건에 대한 '배후' 용어의 남용을 비판한 적이 있다(조선일보 86/04/02). 그런데 이 당시의 논조와는 완전히 반대로 이 신문은 1994년 주사파 파동 당시 '배후세력 규명 논란'과 1993년 부총리와 1998년 정책자문위원장의 '사상검증'을 적극적으로 주도하게 된다.

국가장치인 군과 공안기관의 안보 강조는 '국가장치'로서 본연의 역할을 확대하는 행위이므로 그 자체를 두고 '역진적'이라 할 수는 없다. 안보를 빌미로 다른 사회부문에 대한 간섭이나 심지어 정치적 개입을 시도한다든가(국가원수나 국회와 같은 선출직 상관에 대한 반발 혹은 군사쿠데타의 감행 등), 일부 행위자가 안보를 빌미로 오히려 안보를 위협하는 정권 찬탈에 나선다든가, 보호해야 할 국민의 생명과 재산을 침해하는 경우는 명백히 '역진적' 일 뿐더러 범죄행위에 속한다. 나아가 이러한 행위가 시민사회 기득권층의 객관적 이해관계와 부합하거나 기득권층이 행태적으로는 복종하더라도 기존 질서와 이념체계의 유지 내지 강화를 불러온다면 이때부터 문제가 된다.

그러나 민주화 이후 시민사회 내부 행위자들의 색깔론은 스스로 자율적 공간에 속해 있으면서도 타율적이고 불관용적인 가치에 집착하기 때문에 '역진적' 이다. 과거 군부정권이 시민사회 내의 행위자들에게 무차별적으로 전체적인 억압을 행할 시기에 시민사회의 역진적 행위자들은 군부정권의 '배후조사' 와 같은 '물리적 억압이 수반되는 통제' 에 대해 반감을 갖고 있었으나 민주화 이후 과거와 달리 국가에 의해 시민사회 내부의 개혁이 추동될 상황이 도래하자 군부정권이 남긴 유제를 동원하고 있는 것이다. 민주화 이후에도 시민사회 대중의 정치정향이 쉽사리 변하지 않는 정치문화 특유의 속성을 활용한 것이다.

과거 정권이 정권안보를 위해서 반공반북의 이념을 동원했다면 민주화 이후 들어 가치와 자원을 독과점하고 있는 세력은 이해관계의 변동을 불러올 수 있는 노동계급과 사회적 약자를 대변하는 개혁정치를 저지하는 수단, 즉 정권안보가 아닌 시민사회 내의 역학관계와 이해관계를 유지하려는 차원에서 동원되고 있는 것이다. 이것은 민주화 이후 시민사회의 국가에 대한 자율성이 증진됨에 따라 시민사회 내부 행위자들 간의 균열과 투쟁이 격화하는 과정에서 거의 필연적으로 발생하는 현상이다.

4. 공안정국 조성방식(전략전술)의 변화

과거 반공주의 체제에서 금기와 이적행위를 규정 · 통제하는 방식에는 두 가지가 있었다. 하나는 국가 차원에서 국가보안법 체계를 사실상 헌법질서의 우위에 두고 물리력을 동원 · 억압하던 직접적 방식이었다. 두 번째는 시민사회 차원에서 용어에 대한 이데올로기 조작과 이념적 불러내기를 유도하여 국민들의 사고 자체를 마비시키는 심리적 · 간접적 방식이었다. 지배가 '강제력과 헤게모니의 융합' 을 구사함으로써 가능하다고 할 때 전자는 강제력, 후자는 헤게모니 차원의 방식에 속했다. 1989년 노태우 정권은 태생적으로도 연장된 군부정권이었으며, 정권의 이러한 기본 성격은 공안정국의 조성방식에도 그대로 드러난다. 청와대가 직접 '공안정국' 을 조성하면서 검찰과 경찰은 물론 안기부와 보안사까지 포함하는 탈법적 수사기구를 두어 물리적 억압수단을 구사하였다.

민주화 이후의 시기 들어서는 후자의 방식이 주요하게 구사된다. '배후', '불온', '조종', '의식화', '친북', '노동자', '인민', '계급' 등의 용어들은 북한이 쓰는 용어라는 이유로 본래의 의미와 완전히 다르게 이해되거나 다른 의미가 부당하게 첨가되어 금기시되었다. 특히 뒷부분의 세 용어가 금기시된 것은 사회의 변화에 대한 대안 모색을 위한 '시민사회의 공론' 이 차단됨을 의미한다. 민주화 이후 시민사회 내에서 위와 같은 논란을 주도했던 이들은 후자의 방식을 세련화시켜 계승하고 있는 셈이다.

'대북관'을 볼모로 삼은 왜곡과 '색깔론' 이념공세는 권위주의 정권 시기에 극심하였으나 당시에는 물리적 공권력을 통한 직접적 억압의 형태가 주종을 이룬 가운데 정당성을 억지 부여하려는 목적의 국가 차원의 대국민 이념공세였다. 민주화 이후 주체 측면에서 국가와 시민사회의 관계가 전도됨과 아울러 방식 측면에서 국가의 시민사회 통제와 물리적 억압이라는 경성방식에서 시민사회 내부 헤게모니 투쟁형태의 연성방식으로 이완되었다.

특히 민주화 이후 느리게나마 시민사회 내부의 공공영역이 강화된 추이는 1994년 공안정국 당시 시민사회에서 별다른 논쟁이나 반응이 없었던 데 비하여, 1998년 사상검증 당시에는 보수적 성향의 한국정치학회까지 포함된 학계를 비롯해 시민단체 등이 최장집 교수 논문에 대한 『월간조선』의 '사상공세'와 관련해 토론회 개최, 서명운동 등 적극 대응에 나선 점에서 매우 대조적이었다. 이런 움직임은 『월간조선』이 과거 한완상 통일부총리와 김정남 청와대 교문사회수석에 대해 이념공세를 펼칠 때 학계 등에서 거의 대응이 없던 것과 비교해 조직적으로 나타나는 것이어서 주목된다.

1989년의 경우 공안정국은 물리적 억압이 주종을 이루었고, 이에 대한 헤게모니 차원의 공세와 정당화의 코스를 거친 데 비해, 1994년과 1998년의 경우에는 물리적 억압보다도 헤게모니 차원의 공세 혹은 물리적 억압 자체가 사라지고 시민사회 내의 '색깔론'이 주종을 이루는 방식의 변화가 나타난 것이다.

절차적 민주화는 필연적으로 중범위 수준에서 국가의 성격변화를 초래하게 된다. 자본주의 국가 자체의 근본적 성격변화는 구조 수준에서 일어나지 않는다. 그러나 적어도 자본주의 국가가 민주화된 국가인가 그렇지 않은가 하는 보다 구체적 수준에서는 분명히 질적 변화가 일어나게 된다. 구조 수준의 요인을 강조하는 시각과 방법이 현실 수준의 변화를 제대로 포착하지 못하는 이론적 맹점을 드러내는 것이다. 공안정국의 조성방식 변화는 민주화로 인한 자본주의 국가의 성격변화의 직접적 결과라 할 수 있다. 절차적 민주주의가 불가능하던 시기에는 권위주의 정권에 의한 물리적 억압이 공안정국을 조성하는 방식의 대종을 이루었지만, 민주화 이후에는 시민사회 내의 주요 행위자들이 정치권력을 둘러싸고 벌이는 경쟁과 갈등의 기회구조가 확장 · 보장됨에 따라 더 이상 폭력에 의한 탄압방식이 통하지 않게 되는 것이다. 국가는 획일적이고 일사불란한 기구라기보다는 '주권자의 참여'가 보장됨으로써 선거나 정책집행 결과의 불확정성이 두드러지고, 따라서 시민사회의 여러 행위자들이 각축하는 하나의 장으로 존재하는 측면이 강해지므로 이 과정에서 헤게모니 투쟁이 일상화되는 것은 당연한 변화라 할 수 있다.

Ⅳ. 시기별 결과 해석과 민주화에 대한 함의

1. 대안적 해석과 추가적 문제의식의 제기 가능성

공안정국은 한국사회에서 볼 수 있는 독특한 정치적 국면의 명칭이다. 1920년대 미국 사회주의에 대한 적색공포의 시대와 1950년대 매카시즘의 선례가 있기는 하였으나 한국의 공안정국은 국제적으로 냉전이 종식되고, 국내적으로 권위주의를 청산한 이후 계속 불거져 왔다는 역사적 · 공간적 특성을 내포하고 있다. '사상적 경향이 불온해 보이는 심증적 의혹' 만으로도 인신구속을 비롯한 처벌이 가능했던 정치적 국면이나 사건이 자주 조성되었던 공간이 한국사회였다. 반공이 절대적 가치로 군림하면서 주로 진보세력을 대상으로 기본적인 발언권은 물론, 사회적 시민권을 근본적으로 부정하여 공동체에서 배제하거나, 심지어 신체의 자유와 생명까지도 빼앗을 수 있었던 것이 한국사회의 현실이었다. 사상의 자유가 헌법에 명문화된 조항으로 보장되지 못하고 있는 사실이 상징하는[1] 불완전한 자유주의와, 현실정치에서 유보 혹은 부정되던 민주주의가 결합하여 구성되어 온 것이 한국의 자유민주주의였기 때문이다.

'북한과 공산주의에 대한 조건반사적 반대 의무' 가 모든 기본권과 기본적 의무에 우선하는 질서를 축으로 하여 시장영역에서 '노동의 시민권이 제약된 가운데 기업인 혹은 소비자 경제활동의 자유' 및 지극히 사적인 공간인 가족, 친지, 이성관계 이외에는 종교와 대중문화 일부 영역의 자유만이 존재했다. 그나마 이들 자유 역시 구성적 · 역사적 맥락에서 '시민이 획득하여 구성한 자유' 가 아니라 '허용되어 주어진 자유', 즉 국가권력이 이니셔티브를 독점한 채 지배의 대상에 머물던 '국민' 에게 던져준 자유였다. 탄압의 대상으로서 직접적 피해자는 진보세력 일방이었지만 탄압의 전시효과는 궁극적 · 실질적으로 사회구성원 모두를 겨냥했으며, 실제로 강력한 힘을 발휘했다. 나아가 이러한 전시효과는 북한의 잦은 도발과 맞물려 사회구성원들이 자발적으로 반공주의를 수용

1 양심의 자유 조항에 내포된 것으로 볼 수도 있지만 기껏 '적극적 해석' 의 결과이며, 현행 헌법조항에 사상의 자유는 명문화되어 있지 않다(대한민국 9차 헌법).

하고 내면화함에 따라 합리적 이성과 자율적 의지에 근거한 시민적 정체성을 회피하거나 심지어 거부해 왔다. 이른바 시민사회의 공공영역이 활성화된 상황에서 가능한 정치사회적 공론의 주제에 대한 스펙트럼을 전제하는 보수와 진보의 주장이 개진될 수 있는 공간 자체가 존재할 수 없었다. 이는 민주화 이후 강력한 관성적 효과를 발휘하게 되는 근원으로 작용한다. 1998년 사상검증 사태 당시 당사자였던 최장집 교수는 3년이 지난 2001년 다음과 같이 소회를 밝힌 바 있다.

"진보-보수 간의 합리적 이념토론을 권유하는 내용의 칼럼을 신문에 썼던 사람들은 내 스스로 좌파임을 인정하고 좌파가 왜 문제가 되는가 식으로 대응하기를 기대했을는지 모른다. 이미 여론매체의 장에서 전사회적 논쟁으로 확대된 내 문제가 설사 합리적으로 논의 가능하다손 치더라도 우리 사회에서 좌파와 친북 또는 용공은 제대로 구분되고 있지 못할 뿐더러, 그것이 합리적 토론의 소재가 될 수 없다는 것은 분명한 일이다. 이는 헤게모니 하에서 이데올로기적 용어, 개념이 왜곡되는 것을 말한다. 조선일보와의 공방과정에서 나는 문제된 글과 나의 사상이 '친북적'이지 않다는 것을 말했지만, 그러나 이러한 대답을 강요받는 상황은 대단히 고통스러운 것이었다. 친북이 아니라면 반북이라는 것인가? 이런 구분과 사람에 대한 분류 자체가 폭력이 아닐 수 없다. 한국전쟁과 남북한 문제가 이성적인 토론이 되기 위해서는 친북, 반북의 이데올로기적 가치판단에 의한 양분법이 아니라 먼저 그러한 사건 또는 사태를 탈 이데올로기화하고 객관화해서 볼 수 있어야 할 것이다."

문제는 좌파, 친북이 아니라고 변명해야 하는 한국 시민사회의 지형적 성격이라 할 수 있다. 이는 시민사회의 공공영역이 미약하거나 심하게 편중된 원인이자 결과이다. 좌파의 발언권이 여전히 확보되지 않고 있고, 이러한 배제가 민주화 이전에는 국가의 강제에 의한 것이었지만, 민주화 이후 들어서는 시민사회 내부에서 구성원들이 스스로 배제하고[2] 있기 때문이다. 이러한 점이 해소되지 않는 한 시민사회의 공론장은 소재 선택과 대안 제기가 모두 제한적일 수밖에 없다. 구성원들의 정치적 의식정향, 즉 정치문화가 민주주의 공고화 단계의 성패를 좌우한다는 어느 학자의 주장은 바로 이러한 측면을 지적하는 것으로 해석할 수 있을 것이다.

1980년대 중반 이후 '민주주의 이행'이 '운동정치의 국면'을 통과하면서 가능했지만, 시민사회의 공공영역이 제대로 형성되지 못한 상황에서 이미 권위주의 체제 말기였던 1980년대 초반부터 정량적 측면에서 국가부문을 초과할 만큼 시장경제의 사적 부문과 향락산업, 프로스포츠 및 연예산업의 팽창이 상징하는 대중문화의 비대화는 시민사회의 본질적 존재 의의라 할 수 있는 공공영역의 침체와 극심한 불균형을 이루며, 이행 이후 공고화를 제약하는 조건으로 작용해 왔다. 이러한 시민사회의 지형은 기본적으로 '시장과 대중문화의 팽창이 상징하는 사적 부문과 시장논리의 압도', '반공주의를 축으로 하는 정치문화의 강력한 잔존' 및 이를 재생산하는 보수세력의 헤게모니 유지, '취약한 시민적 정체성', '진보세력의 발언권 자체가 부정되는 편중된 가치관'으로 특징지을 수 있을 것이다.

2 자율적이라 할 수 없다. 시민사회의 자율성이란 충분한 정보접근성과 판단과 숙고 및 심의의 기회를 전제한다. 그런데 우리 시민사회는 여전히 그러한 기회 자체가 봉쇄되어 있으므로 좌파 자체에 대한 거부(무조건적 거부반응)의 형태로 나타나는 자발적 정서 내지 태도이기 때문이다.

다음으로 공안정국의 전개, 특히 민주화 이후 양태의 변화 추적을 통하여 '국가'에 대한 이론적 인식 확장을 경험적 수준에서 확인 · 적용해 볼 수 있다는 점이다. 더 이상 국가는 단순한 기구나 제도, 단일한 행위자가 아니라 정당, 관료제, 정치지도자 등 행정부를 장악한 세력은 물론 '절차적 민주화'의 결과 헌법적 권능의 정상화로 인해 본래 역할을 회복한 사법부와 입법부로 구성된 매우 확대되고 다층적인 영역으로 변화하였다. 1980년대 국가론의 중심적 문제의식이었던 '발전과 국가, 계급과 국가'의 거대이론적 관점에서는 포착되지 못했던 중범위 수준의 국가 성격은 1990년대 이후 시민사회에 대한 이론적 관심의 확장 및 민주화의 진전에 의한 국가 내부의 정권 담당 세력의 변화에 따라 새롭게 규명될 필요성을 안게 되었다. 시민사회가 단일한 행위자가 아니듯 국가 역시 단일한 행위자가 아니다. 2004년 탄핵사태는 그 극명한 사례가 된다. 이러한 사태의 변화는 이미 민주화 초기 이후 공안정국의 전개과정에서 징후를 관찰할 수 있었다. 1998년 사상검증 사태의 경우 한나라당이 사건 중반 이후 침묵을 지키기는 했으나 초기에 '확실한 사상검증'을 요구했던 것은 국가가 이질적 세력 간의 다층적 역학관계로 구성되는 영역으로 변화했음을 의미한다.

민주화 이전과는 달리 절차적 민주주의의 진전으로 말미암아 자신의 독자적 권능을 행사하는 입법부의 구성원으로서 행정부와 다른 입장을 공론화시키고, 나아가 행정부를 압박할 수 있는 세력이 포진할 수 있게 된 것은 확실한 변화이다. 절차적 차원의 민주화가 국가의 성격을 변화시키고 범주를 확장시켰다면, 이제 관건은 시민사회에서 형성된 다양한 쟁점, 입장이 국가와 연계되는 과정에 투영된 제도적 · 행태적 · 이념적 수준의 변수 간 상호작용의 동학이 과연 실질적 민주화로 이어질 수 있는가 하는 것이다. 시민사회 내부의 지형과 성격이 지체되어 있거나 사적 영역에 점령당해 있다면 배제되었던 세력이나 대안적 이념은 지속적으로 봉쇄될 수밖에 없다. 최악의 경우 시민사회의 변화가 사적 영역의 확대, 공공영역의 축소 내지 마비로 역진된다면 절차적 민주화는 실질적 민주화로 이어지지 못하고 정치권 내의 정권쟁탈전에 머무를 수밖에 없다. 특히 분단구조에 대한 전향적 관점의 포용과 반공주의의 상대화는 한국 시민사회의 기본 골격을 수정 내지 해체를 의미하기 때문에 이를 추진하는 세력이 국가영역에 진출하였다면 시민사회 내부에서 이의 유지 내지 재생산을 의도하는 세력과 필연적으로 부딪칠 수밖에 없다.

이는 겉으로 볼 때는 진보–보수의 대립구도 내지 이념적 균열구조의 형성으로 비쳐지지만 사실은 진보–보수 대립구도 자체가 더디게 형성되고 있거나 왜곡되는 과정이다. 진보–보수 대립구도를 이루는 핵심적 쟁점들인 사회경제적 문제에 대해 한국 시민사회에서 제기될 수 있는 '진보적 대안'은 극히 제한되어 있거나 그 중에서도 좌파적 입장의 대안은 제기 자체가 힘들기 때문이다. 쟁점의 형성이 처음부터 가로막혀 있는 가운데 진보와 보수의 대립구도가 형성될 리는 없다. '북한에 대한 태도'가 여전히 진보와 보수를 가르는 설문의 척도로 채택되고 있는 현실에서 이 문항을 묻는 질문 자체가 더 이상 적실성을 갖지 못할 때 비로소 진보와 보수구도가 온전하게 성립될 수 있다. 북한에 대한 관점을 빌미로 진보 내지 좌파의 발언권을 제약하고 있는데 스스로를 당당하게 '진보'나 '좌파'라고 지칭하기는 매우 어렵기 때문이다.

국가와 시민사회에 대한 이론적 관심은 1990년대 이후 시민사회와 시민사회운동에 대한 관심으로 전이되었지만, '국가'에 대한 맑스주의와 베버주의 계열의 훈고학적 이론 논쟁이 한국의 현실에 적절하게 적용되기 위해서는 민주화 이후의 국가의 성격변화가 이론적 · 분석적으로 고려될 수밖에 없다. 적어도 공안정국의 전개과정에서 나타난 '민주화 이후의 국가'는 일사불란한 민주화 이전의 단일 행위자로서의 국가와는 완전히 다른 '다층적 영역으로서의 국가'라 할 수 있다.

좀더 확장된 문제의식과 패러다임을 도입하여 세 차례의 공안정국이 어떻게 결론지어졌으며 이를 어떻게 해석할 수 있을 것인가. 이는 이론적으로 정해져 있다기보다 당시 구체적 상황을 보다 면밀히 검토하면서 수행해야 할 연구의 확장작업이 될 것이다. 다음 질문들에 대한 확장된 문제의식의 제기가 가능할 것이다.

첫째, 사회운동세력의 확장된 대북관과 분단에 대한 인식과 변혁운동이 1987년 6월 항쟁 이후, 즉 한국사회의 민주화 이행 시작 이후 과정에 어떻게 작용하였는가. 국면 수준의 이러한 분석결과 분단과 민주화의 관계에 대한 거시구조적 수준의 일반화에 어떠한 함의를 제공할 수 있는가. 둘째, 공안정국의 주체와 방식, 성격이 변화한 이유로부터 분단요인이 민주화에 부정적으로 작용한다는 일반화된 명제의 구체적 의미를 설명할 수 있는가, 있다면 그 의미는 무엇인가. 셋째, 한국의 분단요인이 민주화에 미친 부정적 영향을 실증하는가. 분단요인이 한국의 민주화에 미친 영향을 상관관계의 형태로나마 일정하게 유형화할 수 있다면 역으로 냉전분단구조의 완화에 민주화가 어떤 영향을 준 것으로 예측할 수 있는가. 이러한 질문들에 대한 해답은 이 글의 문제의식과 지면의 제약상 바로 제시할 수 있는 것은 아니다. 공안정국의 간헐적인 출현을 일회성 기제의 우연한 작용으로만 볼 것이 아니라, 민주화의 조건과 전개를 이끈 인과관계의 맥락에서 볼 때, 서론에서 언급한 국가와 시민사회의 관계를 지평으로 삼아 위에서 시도한 해석이 가능할 수 있을 것이다.

2. 연구의 의미와 후속 연구 필요성

정치학에서 분단변수가 한국정치에 미친 영향에 대한 기존 연구들을 볼 때, 가령 그간 출간된 '한국정치론' 서적들을 보면 독자적인 부문으로 이론화되어 있다고 할 수는 없다. 분단국가의 정치현상은 필연적으로 분단상황을 반영할 수밖에 없는데, 그간 남북관계와 한국정치의 상관관계는 첫째, 보수적인 입장의 정치학에서는 주로 '안보'를 중심 주제로 삼고 있었다. 둘째, 비판적 사회과학에서 나온 그간의 연구들을 보면 '반공규율사회', '반공적 병영국가', '안보국가', '반공주의와 성장주의의 개발독재국가', '발전국가' 등의 개념을 통하여 분단이 한국 국가의 경화와 강화에 큰 요인이 되었음을 지적하고 있다. 이에 대한 연구들은 상당히 풍부하다. 즉 국가권력과 반공규율사회 형성의 부정적 측면에 대하여 북한의 존재와 분단구조가 어떻게 작용하였으며 정권이 이를 어떻게 이용하였던가에 대한 연구들이 많이 축적되어 온 것이다. 민주화 이후 들어 이러한 문제의식을 유지하되 발전시킬 필요가 있을 것이다.

또한 이 글은 '민주주의 공고화'라는 시대 전환에 즈음하여 대내정치의 민주화 국면에 대한 '북한' 관련 변수의 영향을 구명하려는 문제의식의 필요성을 제기하고, 이론적으로 사회운동, 정치문화, 국가-시민사회 이론들을 접목시키고자 하였다. 한편으로 '사회운동세력에 의해 촉발된 대북관의 변화'를 중심으로 그것을 민주화에 대한 문제의식과 연계시키려 시도한다. 이 작업으로써 민주화와 남북관계 연구를 접합시키는 효과를 기대하면서 민주화에 대한 구체 분석의 업적 축적에 작게나마 보완하고자 했다. 이론의 근원인 서구에는 결여된 역사적 조건이지만, 강력한 반공주의와 강력한 사회운동의 경험이 한국의 민주화에 어떻게 영향을 미쳤는가를 연구에 반영함으로써 이론의 한국적 적용을 시도하는 사례가 될 수 있을 것으로 기대한다.

친북은 문자 그대로 풀이하면 '북한과 가까워지는 것' 이다. 멀게는 7 · 4남북공동성명, 가깝게는 남북기본합의서 이래 역대 정권은 모두 '친북' 이었다. 그런데 본연의 의미에 이미지가 덧씌워져 우리 사회에서는 반체제, 불순세력, 범죄집단의 의미로 사용되어 왔다. '배후', '불온', '조종', '의식화' 와 같은 용어들 역시 마찬가지로 원래 뜻과는 전혀 상관없거나 덧씌워진 이미지가 포함되어 일종의 '금기 용어' 가 되어 있다. 한국 현대사 특유의 사회역사적 맥락으로 말미암아 본래 용어에서 확장되거나 전화된 의미가 오히려 문자 그대로의 의미를 대치하여 처음의 뜻과 전혀 다른 의미, 전혀 다른 효과를 발휘하고 있는 것이다.

당장은 시기상조이나 수십 년 후 남북통합단계에 가서는 북한과 동반자의 관계를 강화하는 과정에서는 북한과 친해지지 않을 수 없다. 남북공동성명과 기본합의서, 그리고 정상회담 선언문의 방안이 구체적으로 효력을 발휘하게 되면 '친북' 이라는 용어의 이데올로기성이 완화 · 소진되고 본래 뜻을 회복하게 될 것이다. '실질적 민주화' 의 질곡 하나가 사라지는 셈이다. 획일적 대북관의 해소는 이 점에서 민주주의 공고화와 적어도 일정 정도의 상관관계가 있다. 대북관의 확장과정을 민주화 과정에 비추어 재평가하는 이같은 작업은 '용어의 의도적 오용과 이념적 덧씌우기로 인한 이념적 균열구조의 왜곡과 스펙트럼의 축소' 를 정상화하는 데 순기능을 수행할 것으로 생각한다.

"우리 사회의 이념적 범위가 좁기 때문에 보수적인 대북관, 색깔론 공세와 같은 천박한 정치논리들이 해소되지 않고 있다"는 명제는 한국

정치사의 경험에 비추어 사실상 거꾸로 된 인식이며, 일반화에서 특수한 현실로 내려오는 방식이 범하기 쉬운 하나의 오류일지 모른다. 한국의 분단상황이 이념적 스펙트럼의 폭을 제한했다면 분단상황을 극복하기 위한 담론의 확장은 이념적 스펙트럼 확장의 예비작업이 될 수 있다. 여기서 분단상황 극복과 민주화 양자 중 하나를 절대적 독립변수로 보고 다른 하나를 종속변수로 보기보다 현실정치에서 환류하는 상관관계로 인식할 수 있다. 이를 테면 반전운동은 서구에서 신좌파운동의 산물이지만, 화해와 평화로 문제를 풀어가려는 대북포용정책이 미국과 전쟁을 보는 시각을 교정하고 이전까지는 말도 꺼내기 어렵던 반전운동의 확산에 큰 밑거름이 되어 왔다.

남북관계의 진전은 국가-정치사회로부터 시민사회로 환류되어 정책의 기준과 노선에 대한 논의가 활성화되는 계기로 작용하고 있는데, 그것이 바로 '남남대화'이다. 비록 상호 비방적이고 소모적인 역기능이 드러나고 있지만 민주화라는 장기적 관점에서 본다면 불가피한 통과의례이다. 빈약하고 극단적인 대북관, 즉 색깔론, 맹목적 통일주의와 같은 '빈곤한 철학'을 걸러내고 비판하는 논쟁과정은 헌법에 보장된 자유를 실현시키는 노력의 일환이며, 이러한 기본권적 자유를 확보함으로써 민주주의 공고화의 과제를 부당한 혐의로부터 벗어나 자유로이 논의할 수 있게 된다. 그럼으로써 진보-보수의 구도를 형성시킬 수 있는 가능한 조건을 모색하는 계기가 될 수 있는 것이다.

참고문헌

강만길. 1994. 『고쳐쓴 한국현대사』. 서울 : 창작과비평.

김도종. 1997. "햇볕정책과 국내정치적 역학 : 대북포용정책의 정치적 함의." 『국가전략』 6-1. 세종연구소, 2000.

김동춘. 1997. 『분단과 한국사회』. 서울 : 역사비평사.

김일영. 2001a. "한국에서 발전국가의 기원, 형성과 발전 그리고 전망." 『한국정치외교사논총』 23-1.

김일영. 2001b. "통일정책과 국내정치." 『통일정책연구』 10권 2호.

김종엽. "분단체제론의 궤적." 『동향과 전망』 61.

김진균 · 조희연. 1985. "분단과 사회상황의 상관성에 관하여." 『분단시대와 한국사회』. 서울 : 까치.

김진향. 2000. "한반도 통일에 관한 담론의 분석." 경북대학교 박사논문.

김형기. 1992. "알튀세르를 다시 읽을 것이 아니라 변화된 현실을 다시 읽어야." 사회평론 8월호.

민주주의법학연구회. 1994. "신공안정국과 한국사회의 이해." 『민주법학』 8.

박명림. 1996. 『한국전쟁의 발발과 기원 Ⅰ, Ⅱ』. 서울 : 나남출판.

박순성. 1994. "분단체제와 변혁운동." 『동향과 전망』 24.

박원순. 1997. 『국가보안법연구』 1, 2. 서울 : 역사비평사.

백낙청. 1994. 『분단체제 변혁의 공부길』. 서울 : 창작과비평.

서진영. 1993. "남북관계와 한국정치." 한국정치학회. 『한국의 정치』. 서울 : 법문사.

손호철. 1994. "분단체제론의 비판적 고찰." 『창작과비평』 여름호.

손호철. 1995. 『해방 50년의 한국정치』. 서울 : 새길.

손호철. 1999. 『신자유주의시대의 한국정치』. 서울 : 푸른숲.

신동아 편집부. 1990. 『80년대 민족민주운동』 동아일보사.

심양섭. 1989. "운동권의 주사파." 『월간조선』 3월호.

양영식. 1998. "김대중 정부의 대북정책." 한국정치학회 남북관계국제학술회의 논문집.

이종구. 1994. "민간주도형 신공안정국의 학술운동."『경제와사회』 23.

이종석. 2000. "남북대화와 유신체제 : 체제 형성에 대한 분단구조의 영향." 한국정치학회 기획학술회의『박정희시대의 한국 : 국가 · 시민사회 · 동맹체제』.

이창희. 2003. "민주화와 대북정책."『한국동북아논총』 8-1.

임경민. 1989. "NL이냐 PD냐, 학생운동의 노선투쟁."『신동아』 7월호.

정대화. 1995. "한국의 정치변동 1987-1992 국가-정치사회-시민사회의 관계를 중심으로." 서울대학교 박사논문.

조희연. 1998.『한국의 민주주의와 사회운동』. 서울 : 당대.

최완규. 1998. "Icarus의 비운 : 김영삼정부의 대북정책 실패요인 분석."『한국과 국제정치』 14-2. 경남대학교 극동문제연구소.

최용섭. 2001. "한국의 정당과 사회제집단의 북한 · 통일관."『한국동북아논총』 20집.

최장집. 2001. "조선일보의 최장집 사상 검증 사건 관련 질문에 대하여."『당대비평』 17.

최장집. 2002.『민주화 이후의 민주주의』. 서울 : 후마니타스.

하재훈. 2000. "한국정치 민주화의 분단제약요인." 경북대학교 석사논문.

학술단체협의회. 2003.『민주주의는 종료된 프로젝트인가』. 서울 : 이후.

허만호. 1994. "민중통일론의 제도적 수용성."『세계질서의 변화와 한반도통일』. 한국정치학회 기획학술회의논문집.

Anthony Galt & Larry Smith. 1983. *Models and the Study of Social Change*, New York : Schenkman Publishing.

Charles Andrain. 1995. *Political protest and social change : analyzing politics*, Washington : New York Univ. Press.

Charles Tilly. 1978. *From Mobilization to Revolution*, London : Addison-Wesley.

D. Ruschemeyer, E. Stephens & J. Stephens., 박명림 · 조찬수 · 권혁용 옮김. 1995.『자본주의 발전과 민주주의』. 서울 : 나남.

Graham Gibbs. 1986. "The State in an International Context", Roger King, *The State in Modern Society*, Macmillian.

Immanuel Walerstine eds., 송철순 · 천지현 옮김. 1994. 『반체제운동』. 서울 : 창작과비평.

2 저항의 정치

일제강점기 안동지역에서 사회주의 사상의 수용과 민족해방운동의 전개

Ⅰ. 문제제기

1919년 3 · 1운동은 일제강점기 민족해방운동사의 분수령이었다. 왜냐하면 개항 이래 다양하게 전개되었던 제반의 운동들이 근대 공화주의와 민족자결주의의 원칙 아래 전 민족적인 항일투쟁으로 수렴된 근대 부르주아 민족운동의 귀결점이었고, 동시에 이전까지 운동을 주도하던 부르주아 민족주의자들을 대신하여 농민, 노동자, 학생 등 식민지 민중이 변혁운동의 전면에 나서게 됨으로써 민족해방운동이 새로운 단계로 발전되는 출발점이었기 때문이다(역사문제연구소 민족해방운동사 연구반 1990, 134). 3 · 1운동 이후 우리 민족의 정치의식이 크게 고양되면서 각종 사회운동이 본격적으로 대두되었다. 이 변화를 추동한 중요한 요인 중의 하나는 사회주의 사상의 수용이었다. 사회주의 사상이 민족해방운동의 유력한 이론으로 자리잡으면서 운동의 전개양상은 민족주의 계열과 사회주의 계열로 양분되어 민족해방운동의 두 축을 형성하였다.[1] 사회주의 계열은 대중을 조직화하여 합법 · 비합법적 투쟁을 전개함으로써 민족해방운동을 새로운 단계로 끌어올렸다. 사회주의 사상의 영향을 받아 권리의식과 계급의식을 자각한 농민 · 노동자 등 민중의 생존권 투쟁이 새로운 형태로 발생 · 강화되어 민족해방운동으로 연결되었고, 농민 · 노동자 · 청년 · 형평 · 여성운동 등 각종 사회단체들도 급속하게 조직되어 식민체제에 저항하는 광범위한 대중운동을 전개하여 민족해방운동의 한 축을 구성하였다.

그럼에도 불구하고 사회주의 계열의 민족해방운동은 한동안 정당한 평가를 받지 못하였다. 1980년대 이후 사회운동의 발전과 궤를 같이 하면서 근현대사에 대한 관심이 고조되면서 일제강점기 사회주의 세력의 민족해방운동에 대한 연구도 활발하게 전개되었고, 그 결과 그동안 폄하되거나 왜곡되었던 일제강점기 사회주의 운동에 대한 역사적 복원 작업이 어느 정도 이루어지고 역사적으로 정당한 평가를 받기 시작하였다.[2] 그동안 일제강점기 사회주의 세력의 민족해방운동에 대한 다양한 연구성과가 축적되었지만, 여전히 사회주의 운동을 전체 민족해방운동사 속에서 양적 · 질적으로 올바르게 복원시켜내기에는 아직도 해명되

---

1 3 · 1운동 이후 한국 독립운동의 양상은 대체로 두 가지 갈래의 다른 방향으로 발전하였다. 그 하나는 순수한 민족주의에 입각하여 한국인의 실력과 민족의식을 양성 · 축적하려고 한 점진적 장기계획파이며, 다른 하나는 코민테른 내지 모스크바 정권과 제휴하면서 사회주의 운동을 통하여 그 목적을 달성하려고 한 급진적 변법파였다(김창순 · 김준엽 1986, 22).

2 2005년 3 · 1절을 기하여 여운형, 권오설, 김재봉 등 그동안 좌파 또는 사회주의 계열이라는 이유로 제외되었던 독립유공자에 대한 서훈추서가 이루어졌다(한겨레신문 05/02/05).

지 못한 문제들이 산재해 있다.

일제강점기 사회주의 운동을 전체 민족해방운동사에 올바르게 복원시키기 위해서는 무엇보다 여전히 제대로 밝혀지지 않았거나 왜곡 혹은 오인(誤認)되고 있는 역사적 사실을 제대로 복원하는 작업이 지속적으로 이루어져야 할 것이다. 그와 동시에 지금까지의 연구성과를 토대로 구체적 현장에서 사회주의 사상이 어떻게 수용되고 확산되었는지를 밝혀내고, 그 과정에서 민족해방운동의 전개양상에 어떠한 변화가 초래되었는지를 분석하는 작업도 이루어져야 한다. 특히 후자의 문제는 사회주의 사상의 유입과 확산의 구체적 과정을 밝히는 작업이면서 식민지 민족해방운동사에서 사회주의 운동의 위상을 구체적으로 밝혀내는 작업이라 할 수 있다. 이러한 과정에서 사회주의 운동이 근현대 민족해방운동사의 흐름 속에서 합리성과 총체성을 담보하면서 일관성 있게 전개된 운동의 한 형태로 자리매김하게 될 것이다.

이 글에서는 이러한 문제의식을 가지고 일제강점기 사회주의 사상이 한 지역사회에 어떻게 수용되고 확산되었으며, 그 과정에서 민족해방운동의 전개양상에 어떠한 영향을 미쳤는가를 분석함으로써 식민지 민족해방운동에서 사회주의 사상과 사회주의 운동의 위상을 검토하고자 한다. 이러한 목적을 달성하기 위해 경북 안동지역을 대상으로 사회주의 사상이 수용되고 확산되면서 사회주의 세력이 형성되는 과정과 사회주의 사상의 영향하에서 민족해방운동이 어떻게 변화 · 발전해 나갔는지를 분석하고자 한다.

안동지역은 1920년대 이전의 민족주의 운동가들과 1920년대 새로운 지식인인 사회주의 운동가들이 서로 상호 마찰 없이 사회운동을 전개했다는 특수성을 지니면서 동시에 서울에서 전개된 민족해방운동과 맥락을 같이하면서 청년운동, 소작운동, 노동운동 등 계급투쟁적인 사회단체와 교육계몽운동 단체들 간의 뚜렷한 분화양상이 드러나는 보편성도 가지고 있다. 안동지역은 사회주의 사상의 수용과 확산과정을 특징적으로 보여줄 뿐만 아니라 그로 인한 민족해방운동의 변화양상도 뚜렷이 보여주는 지역이라 할 수 있다.

Ⅱ. 사회운동의 형성과 사회주의 사상의 수용

1. 사회운동의 형성

안동지역은 19세기 후반 서양 열강의 침략이 시작될 무렵부터 척사항쟁의 선두를 걸으면서 어느 지역보다 앞서 민족운동을 전개하였고, 3 · 1운동 시기에는 경북에서 가장 격렬하게 독립운동이 전개된 곳이다.[3] 이러한 역사적 경험의 연속선에서 1920년대에는 대중운동 · 사회운동이 급속하게 고양되었다.

3 · 1운동을 계기로 일제의 식민지 지배정책이 일정 정도 전환되면

3 조선헌병대사령부(朝鮮憲兵隊司令部 1919, 98–100)의 기록에 의하면 경북에서 "조금도 관명에 복종하지 않고 가장 광폭을 극한 것은 영덕군, 안동지방"이라 하였다. 특히 안동군에서는 만세시위만이 아니라 주재소 습격 등이 있었는데, 만세군중에 대한 일제의 발포로 안동읍에서만 사망 13명, 부상자가 20명에 달했고, 검거되어 실형을 받은 자는 120여 명에 달하였다.

서 형성된 제한된 의미의 합법공간에서 새로운 형태의 사회운동이 나타나기 시작하였다. 안동지역에서는 상해 임시정부가 수립되는 과정에서 유림들이 단체를 결성하여 자금지원활동을 전개한 비밀지하운동[4]과 교육 · 문화 등의 향상을 통해 실력양성을 꾀한 합법적 사회단체운동으로부터 사회운동이 형성되기 시작하였다.

안동에서 처음으로 형성되기 시작한 합법적 사회단체는 안동청년회, 예안청년회, 안동부인회, 안동기독청년회, 불교청년회, 일직면금주회 등 청년운동단체였다. 이들 청년단체는 식민지 하에서 처음으로 조직된 표면적 사회단체였기에 다양한 계층을 포괄하였다. 1920년대 초 조직된 안동지역 청년회에는 지주, 기업가나 그 자제들뿐만 아니라 후에 농민운동 · 사상운동의 지도자로 활동하는 인물들이 참가하고 있었다.

처음에 청년단체들은 민족주의 계열에 의해 주도되었는데, 주로 실력양성운동과 문화운동의 맥락에서 계몽적 활동을 전개하였다. 이들은 청소년들의 지식계발을 위한 노동야학 · 여자야학 등 각종 야학회나 학원 · 의숙 · 강습소 등을 설치 운영하였으며, 강연회와 토론회를 개최하여 청년뿐만 아니라 일반 대중을 교화 · 계몽하고자 하였다. 또한 체력향상과 연대강화를 위한 각종 경기 혹은 운동회를 개최하였으며, 풍속의

4 안동지역의 인사들이 활동한 대표적 지하비밀조직은 의용단과 주비단이었다. 의용단은 한말 의병에 이어 조선국권회복단 · 대동단 · 대한광복회로 계승된 경상도 항일 인맥을 망라하여 조직된 단체였고(안동시 1999, 276–279), 주비단은 임시정부에서 그 규칙을 마련하여 국내에 조직활동하게 하려고 한 일종의 독립예비군으로 독립정신 고취, 군자금 모집, 해외 독립군 모집이 주된 목적이었으며, 일단 시기가 오면 국내에서 봉기하도록 준비하면서 체제를 군대식으로 갖추고 있었다(경상북도 경찰부 1934, 204–206).

교화나 문화선전을 위한 오락활동을 전개하였다(김희곤 2000, 348-349). 이러한 문화운동은 청년운동의 주도권이 사회주의 계열로 옮겨진 후에도 꾸준히 전개되었다. 그러므로 이 시기 청년운동은 두 계열의 대립이 아니라 상호 보완적인 형태로 이루어진 것으로 보인다.

1920년대 초반부터 청년회를 비롯한 표면운동단체가 조직되었지만 부문운동이 활발하게 전개되지는 못하였다. 3 · 1운동에서 폭발한 대중의 힘을 효과적으로 결집하고 아울러 항일역량을 지속적으로 육성하기 위해 청년회를 비롯한 기존의 운동단체를 통합하여 민족운동을 체계적으로 전개할 조직이 필요하게 되었다. 안동지역에서 그러한 역할을 담당한 조직은 조선노동공제회 안동지회였다(심상훈 1996, 112).

조선노동공제회 안동지회는 1920년 4월 서울에서 최초의 대중적 노동운동단체인 조선노동공제회가 조직된 것에 영향을 받아 유인식의 주도로 1920년 9월 21일 설립되었다. 조선노동공제회 안동지회는 노동자만으로 구성된 것이 아니라 안동지역에서 민족의식을 가진 대부분의 청장년들을 포함하였고(〈표-1〉 참조), 노동운동의 중심인 계급투쟁보다는 실력양성운동의 맥락에서 계몽운동에 주력하였다(안동시 1999, 281-282). 조선노동공제회 안동지회는 노동운동단체라기보다는 1920년대 초반 안동지역의 모든 청년운동단체를 하나로 묶기 위한 연합체적 성격을 가진 단체였다.

조선노동공제회 안동지회의 성립은 안동지역 사회운동에서 획기적 변화라 할 수 있다. 왜냐하면 공업이 발달되지 못하여 노동자 계층의 형성이 미흡하고, 아직 노동운동이라는 말 자체가 낯선 안동에서 노동운동을 표방한 단체가 처음으로 등장했기 때문이다. 또한 안동의 사회운동이 조선노동공제회 안동지회가 설립된 이후부터 전국적 규모의 사회농민

〈표-1〉 조선노동공제회 안동지회 주요 임원 명단

성명	직책	소속단체	기타
유주희	총간사	안동청년회	
이운호	간사	예안청년회	3 · 1운동으로 1년 징역형
유준희	간사		동아일보 안동지국 총무
김원진		안동청년회 · 안동물산장려회	3 · 1운동으로 2년 징역형 동아일보 안동지국 기자
유경하		안동청년회	노동공제회 의연금 300원 납부
김남수		안동청년회	동아일보 안동지국 총무
유연건		안동불교청년회 · 길안청년회	안동강습소연합협의회
이규호		예안청년회 · 화성회	
김진윤		안동불교청년회 · 안동청년회	
이석규		안동청년회	의사
유교묵	의사	풍남우리청년회	
신 덕		예안청년회	
유동저		안동청년회	청년회 의연금 100원 납부
권영식		안동청년회	
권영동		안동청년회	안동강습소연합협의회

자료 : 동아일보(1921/07/15) ; 김희곤(2001).

단체와 연결되기 시작하였다.

조선노동공제회는 노동운동의 방향과 성격을 둘러싼 내부 갈등으로 인해 1922년 10월 기존의 간판을 그대로 사용한 조선노동공제회와 사회주의 성향을 띤 인물들이 조직한 조선노동연맹회로 분화된다. 새로 조직된 조선노동연맹회는 종래 단순히 노동사상의 보급이라는 계몽주의적 영역에서 벗어나 계급의식, 신사회 건설 등을 분명히 내건 노동단체였다.[5] 조선노동연맹회가 조직되자 조선노동공제회 안동지회도 이에 가

맹하여 본격적인 연계를 갖고 활동을 전개하였고(동아일보 1922/10/20), 1923년 제2회 정기총회에서 안동지회의 대표였던 김남수(金南洙)가 중앙집행위원에 피선되기도 하였다(동아일보 1923/04/29).

이상에서 본 바와 같이 1920년대에 들어와 안동지역도 전국의 다른 지역에서와 마찬가지로 청년회 조직, 조선노동공제회 지회설립 등 본격적인 사회운동이 시작되었다. 이 시기에 안동지역의 사회운동이 본격적으로 전개될 수 있었던 것은 한말부터 활발하게 지속된 민족운동의 경험을 축적하고 있었고, 1920년 5월경에 동아일보 안동지국이 설치되면서 식자들이 모여 전국의 동향과 안동의 소식을 파악할 수 있었기 때문이다. 또한 안동지역 출신의 서울, 일본 등지의 유학생들과 학생들의 전국 순회강연 등을 통해 새로운 사상과 전국적 상황을 접하게 되면서 지역의 지식인들을 자극하였기 때문이다. 이렇게 시작된 1920년대 초반 안동지역의 사회운동은 주로 지식인 · 유산자 주도 하의 계몽적 교육 · 문화운동이 중심이었고, 사회운동단체의 조직과 활동에서 민족주의 · 사회주의의 사상적 분화나 부문별 운동은 별로 나타나지 않았다.[6]

5 조선노동연맹회의 강령은 다음과 같다. 1. 오인은 사회역사의 필연한 진화이법에 종하야 신사회건설을 기도함. 1. 오인은 공동의 역으로 생활을 개조키 위하야 차에 관한 지식의 계발, 기술의 진보를 기도함. 1. 오인은 현사회의 계급적 의식에 의하야 일치단결을 기도함(동아일보 1922/10/20, 10/21).

6 이러한 사실은 화요회계로서 후에 조선공산당에 참가했던 안상길(경북 도간부) · 김재봉(1차당 책임비서) · 이준태(2차당 중앙간부)가 1921년에 임시정부 군자금 모집에 연관되어 있고, 역시 조선공산당과 풍산소작인회 등에 참가 활동했던 권오설(제2차당 중앙간부)과 김남수(제3차당)도 이때는 청년회 · 노동공제회 안동지회 등에 참여하고 있었던 점에서 분명하게 드러난다.

2. 사회주의 사상의 수용과 사회주의 세력의 형성

조선인들에게 사회주의 사상은 러시아 혁명 이후인 1910년대 말 노령지역과 중국 · 일본 등에서 독립운동의 일선에 나서고 있던 사람들이나 젊은 유학생층에게 극히 초보적 수준이긴 하였지만 새로운 이정표로 받아들여지기 시작하였다. 또한 윌슨의 민족자결주의나 파리강화회의 결과에 실망하고 다시 기대를 걸었던 미국 국회의원단의 내한(1920년 8월)과 워싱턴회의(1921년 11월) 등에서 아무 것도 얻을 수 없었던 독립운동세력의 일부가 약소 피압박민족의 해방을 위한 지원을 강력하게 표명한 코민테른에 기대를 걸면서 그 지원으로 독립운동을 전개하는 과정에서도 수용되었다(망원한국사연구실 한국근대민중운동사 서술분과 1989, 304).

조선에서 사회주의 사상이 수용되던 1920년대는 소련에서 사회주의 국가가 처음으로 성립된 뒤 전 세계적으로 사회주의가 이식되는 단계였고, 국내에서도 사회주의 사상이 수용되고 확산될 여건이 마련되고 있었다. 1919년 10월 '문화정치'의 시행으로 제한된 범위에서나마 언론과 출판, 결사의 자유가 허용되면서 합법 공개 영역을 활용할 수 있는 여지가 생겼다. 또한 이 시기에 이르러 일제 자본이 본격적으로 유입되면서 노동자 계급이 형성되고 산미증산계획과 같은 농촌수탈의 강화로 소작쟁의가 활발해지면서 사회주의 사상이 사회운동의 사상적 기초로 정착될 수 있는 객관적 토대가 마련되었다.

1920년 무렵부터 국내의 민족운동 그룹 내에서 사회주의적 성향이 나타나기 시작했다. 1920년에 결성된 조선노동대회, 조선노동공제회, 청년회연합회기성회와 1921년에 발족된 서울청년회는 표면적으로 노동자의 상호 부조 혹은 민족주의에 입각한 전국 청년단체들의 통합을 표방하고 있었지만, "1920년경에는 벌써 사회운동에 대하여 상당한 신념을 가진 자가 민족주의적 운동단체 또는 그와 유사한 단체의 내부에 포함"되어 있었다는 사회주의자 배성룡(1926, 28)의 표현처럼 이미 이 단체들 내에 초기 사회주의자들의 소규모 비밀결사의 맹아가 자라나고 있었다(임경석 2003, 116). 그러던 중 조선일보에 "전국 노동자 제군에게 격함"이라는 동우회 선언이 발표되면서(조선일보 1922/02/04) 국내에서 사회주의 사상단체의 조직이 활성화되고 사회주의 사상이 대중화되기 시작하였다(망원한국사연구실 한국근대민중운동사 서술분과 1989, 305).

국내에서 사회주의 사상이 수용되고 확산되는 과정에서 안동 출신의 사회주의 운동가들도 주도적 역할을 담당했고, 이들의 움직임은 안동 사회에 그대로 영향을 주었다. 안동지역에서 처음으로 사회주의 사상을 수용하여 그것을 확산시킨 인물은 김재봉, 이준태, 김남수, 권오설이었다. 김재봉과 이준태는 안동지역에 가장 앞서 사회주의 사상을 수용한 인물이며, 김남수와 권오설은 이들과의 교류를 통해 사회주의 사상을 받아들였다.

안동지역 출신 중에서 가장 먼저 사회주의 사상을 수용한 김재봉(1891-1944)은 제1차 조선공산당 책임비서를 지낸 초기 사회주의 운동의 대표적 인물이었다. 그는 대구 계성학교를 졸업한 후 경성공업전습소에 수학하였고, 고향으로 돌아온 후 풍산 오미동에 오릉강습소를 개설하여 계몽운동을 전개하다가 3 · 1운동에 참여하였다. 그후 서울로 올라가 《만주일보》 경성지국에서 1920년까지 기자로 활동하였는데, 이때부터 본격적인 사회운동을 시작하였다. 그러던 중 1921년 1월 조선독립단의 문서를 전달한 혐의로 안상길[7]과 함께 검거되어 경성지방법원에서 징역

6개월을 선고받고 복역하였고, 출옥하자마자 만주로 망명하였다. 이즈음에 『마르크스 자본론』, 『사회주의학』, 『레닌주의』, 『진화』 등과 같은 사회주의 관련 서적을 탐독하여 사회주의 사상을 수용하였다. 이후 소련으로 건너가 1922년 1월 모스크바에서 열리는 극동민족대표대회에 조선노동대회 대표 자격으로 참석하였다.[8] 같은 해 11월에는 베르흐네우친스크 고려공산당 연합대회에 참석하였고, 이 대회 결렬 이후에는 치타에서 소집된 고려공산당(이르크츠크파) 대회에 참가하여 중앙위원으로 선출되었다. 1923년 블라디보스톡 꼬르뷰로(조선공산당중앙총국)에 참가하였고, 5월에 꼬르뷰로 국내 파견원으로 선임되어 국내에 들어와 신사상

7 안상길은 1926년 12월 조선공산당 중앙위원 후보로 선임되었고, 1927년 8월경 조공 경북도책을 맡았던 인물이다. 그는 1919년 8월 무렵 상해로 건너가 대한민국 임시정부에 참여하여 경상도 교통부장으로 임명된 후 임시정부 헌법, 교통부 규칙 등을 가지고 귀국하여 서울에서 김재봉, 이준태와 논의하고, 대구로 가서 곡물상을 운영하며 군자금 모집활동을 전개하였다. 그러던 중 국외에서 가지고 들어온 문서가 발각되어 1921년 2월 같이 활동하던 김재봉과 함께 경기도 경찰부에 검거되었다. 1922년 3월 석방된 그는 고향으로 돌아와 조선노동공제회 안동지회에 참여하여 이준태 · 권오설 · 김남수 · 김원진 등과 함께 노동운동을 전개하였다. 이후 1923년 11월에 창립된 풍산소작인회에 참여하여 집행위원으로 활동하였고, 1924년 4월에 설립된 전조선노농총동맹 및 조선청년동맹에 참여하여 활동하였다. 또한 같은 해 5월 와룡면 풍산소작인회 출장소 결성에 가담하여 집행위원 후보로 선출되었고, 그 해 10월 풍산소작인회 정기총회에서 집행위원으로 선출되었다. 또한 사상단체인 화성회에 참여하여 상무위원을 역임하는 등 안동지역 사회운동에서 주도적 역할을 담당했던 인물이다(김희곤 2001, 178-180).

8 신주백(2001, 5-6)은 김재봉이 출옥하자마자 소련으로 갔다는 것은 이미 그가 사회주의 사상을 어딘가로부터 받아들이고 있다는 사실을 말해주지만, 그가 노동자의 상부상조와 인격적 · 지적 향상을 목적으로 결성된 조선노동대회에 가입해 있었다는 사실에 비추어 보아 아직 사회주의 이론을 뚜렷이 정립하고 있지는 못했을 것이라 평가한다.

연구회에 참여했다. 그해 8월 서울에서 비밀리에 꼬르뷰로 국내부를 설치하고 책임비서가 되었으며, 1924년 2월 꼬르뷰로 국내부를 대표하여 '통일조공' 결성을 협의하기 위해 각파 공산주의자 그룹의 대표자 회합인 '13인회'에 참석하기도 했다. 이 무렵부터 화요회를 이끌면서 비밀리에 조선공산당 창당작업을 주도해 나갔다. 1925년 4월 서울에서 조선공산당 창립대회 개최가 개최되었을 때 초대 책임비서로 선임되었다(김희곤 2001, 142-143 ; 강만길 · 성대경 1996, 115-116).

이준태는 안동군 풍산면 상리동 출신으로 안동 금곡중학교를 졸업한 뒤 서울로 올라가 경성공업전습소를 다니면서 조선총독부 임시토지조사국 측량기사로 활동하다 1920년에 같은 고향 출신 안상길, 김재봉과 함께 대한민국 임시정부 자금 모집활동에 관여했고, 조선노동대회와 조선노동공제회가 조직되었을 때 그 조직에 참가하면서 노동운동을 시작하였다(김희곤 · 강윤정 2003, 43). 이 과정에서 사회주의 사상을 접하게 된 그는 1922년 1월 최초의 사회주의 단체로 평가되는 무산자동지회가 조직되었을 때 발기인으로 참가한 이후 무산자동맹회 · 신사상연구회 · 화요회 · 신흥청년동맹 · 정우회 등 각 단체의 간부를 맡았고 불꽃사의 동인으로도 활동하는 등 주요 사회단체에서 참여하였고, 1923년 3월에는 전조선청년당대회에 개인 자격으로 참가하기도 하였다. 이해에 경성고무공장 여공들의 임금투쟁 사실을 일반에게 알리려고 노동연맹회 내에서 '경성고무 여공 동맹파업에 대한 전말'이라는 보도문서를 김남수와 함께 작성하였고, 꼬르뷰로 국내부 결성에도 참가하였다. 이준태는 서울에서의 활동과 동시에 고향 안동에서의 노동운동과 농민운동에도 주도적으로 관여했는데, 1923년 11월 권오설과 함께 풍산소작인회를 조직하여 농민운동을 이끌었으며, 사상단체인 화성회 집행위원으로 선출되어 지역 사회주의 운동을 지도하였다(김희곤 2001, 241-242).

김남수는 예안면 오천동 출신으로 3 · 1운동에 참여한 뒤 1920년 동아일보 안동지국을 경영하면서 총무와 기자로 활동하다가 그해 4월에 조직된 조선노동공제회 안동지회에 참여하면서 본격적으로 사회운동을 시작하였다. 그는 1922년 말경 상경하여 동향 출신인 김재봉, 권오설, 이준태 등과 무산자동맹, 조선노농총동맹 등에서 활동였다.[9] 1923년 6월에 이준태와 함께 경성고무공장 여공 파업의 진상을 알리기 위해 '경성고무 여공 동맹파업의 전말'이란 시사보도 문서를 작성하고 78개 노동단체에 발송하였고, 조선노동연맹회 제2회 정기총회에서 중앙집행위원으로 선임되어 활동하였다. 그해 11월에 고향으로 내려와 풍산소작인회에 참여하여 활동하면서 안동지역 사회운동이 뿌리를 내리게 하였고, 1925년 1월에는 청년운동단체들을 지도하고 여기에 사회주의 사상을 주입하기 위한 사상단체인 화성회를 조직하는 데 앞장서면서 안동지역에 사회주의 운동을 심화시키는 핵심으로 역할하였다(김희곤 2002, 170).

권오설은 고려공산청년회 제2대 책임비서를 지냈고, '6 · 10운동 투쟁지도특별위원회' 총책임을 맡았던 인물로 풍서면 가곡리 출신이다.

9 안동에서 노동운동으로 사회운동을 시작한 김남수가 서울로 활동무대를 옮긴 것은 이준태의 영향이었다. 김남수보다 일곱 살이나 위인 이준태는 이미 무산자동지회 활동을 통하여 서울에서 자신의 영역을 확보하고 있었고, 김남수가 상경하자마자 조선노동연맹회에서 함께 활동을 펼쳐나갔기 때문이다. 또 이준태의 호가 학암(鶴岩)이고 김남수의 호가 학산(鶴山)이라도 점도 이준태의 영향을 짐작하게 한다. 결국 김남수가 사회주의를 수용하게 되는 길도 이준태와 함께 벌이던 노동운동 과정에서 형성된 것으로 이해되고, 여기에다 1923년 3월에 코르뷰로 국내부 건설이라는 밀명을 받고 서울로 잠입해 온 김재봉의 영향이 덧붙여진 것으로 파악된다(김희곤 2002, 165-166).

그는 대구고등보통학교에 입학했으나 민족사상을 고취했다는 혐의로 퇴학당했고, 서울의 중앙학교와 경성부기학교에 입학했으나 경제적 문제로 중퇴한 뒤 1918년부터 전남도청에서 근무하였다. 그때 3 · 1운동 만세시위의 배후 인물로 지목되어 6여 개월의 옥고를 치른 뒤 고향으로 돌아왔다(중외일보 1930/04/19).

고향으로 돌아온 권오설은 교육운동과 사회계몽운동을 전개하였다. 1919년 풍서면 가곡동에 원흥학술강습소를 조직하여 교장 겸 교사로 활동하면서 일직서숙, 오릉의숙을 창설하고, 예천 은풍, 안동 임동 · 금계 등지에 강습소를 설치하였고, 1922년 8월에는 안동지역 30여 개 학술강습소, 개량사숙들의 통일을 꾀하여 안동강습회연합협의회를 결성하는데 주도적 역할을 담당했다(동아일보 1922/08/29). 또한 가곡농민조합을 조직하였고, 안동청년회에 가입하여 집행위원이 되었으며, 일직면 금주회를 창립하여 회장으로 선출되었다. 또한 조선노동공제회 안동지회에 입회하였으며, 풍산소작인회의 창립과정과 조직화 과정에서 적극 참여하였다. 1924년 풍산소작인회 대표로 조선노농총동맹에 참가하여 집행위원으로 선출된 이후 전국을 무대로 활동하였으며, 안동지역 사회운동에도 지대한 공헌을 하였다(권대웅 1992, 97-110). 이 무렵 권오설도 사회주의 사상을 수용하였다. 그에게 영향을 준 인물은 안동지역 교육운동과 계몽운동에 앞장서면서 특히 서울에서 전파되는 신사상을 적극 수용하여 청년계층에 전파하는 산파역할을 한 유인식과(김정미 1995, 24) 이미 사회주의 사상을 받아들여 서울과 지역에서 활동하던 이준태 · 김남수 등이었다.

안동지역에서 사회주의 사상을 수용하고 사회주의 운동을 전개한 세력들은 대부분 3 · 1운동을 전후한 시기에 독립운동에 참여한 역사적 경험을 가지고 있으며, 주로 사회주의 내 화요회계에서 활동을 전개하였다. 이는 조선에서 사회주의 사상 수용과정의 특수성과 관련된 현상이라 할 수 있다.

아시아의 사회주의가 유교적 가족주의 전통이 남아 있는 조건에서 수용되었듯이 조선에서의 사회주의 수용도 전통과의 완전한 단절 위에서 이루어진 것이 아니었다. 한국의 초기 사회주의 운동에서도 과거 문벌이나 지위 그리고 학식 같은 유교적 전통에 따른 기준들이 여전히 영향을 미치고 있었다. 초기 사회주의자들 가운데 일부는 전통적 교육방식인 한학이나 유교경전을 공부했으며, 한시 등과 같은 유교적 학문소양을 갖추고 있었다. 또한 초기 사회주의자들의 머리속에는 과거 전통에 따른 유교적 가족주의가 그대로 남아 있는 경우도 있었다. 자연히 초기 사회주의 운동의 문화는 사회공동체에서 개인의 자유보다 선배와 후배, 연장자와 연소자의 서열을 중시하는 위계적 사고와 함께 인맥이나 학맥, 지연을 중시하는 연고주의 문화와 분리되기 어려웠다(김무용 2001, 167-169).

안동지역은 전통적으로 토착세력이 강한 곳으로 알려져 있다. 즉, 임진왜란 이후부터 급속히 생성되기 시작한 동족집단이 광범위하게 형성되었다. 동족집단은 전면적인 생활공동체와 신분제가 형성되어 있었던 곳이다. 특히 안동을 중심으로 하는 경북 북부지방은 양반유림의 동족집단, 즉 반촌(班村)이 유난히 많았다. 양반유림을 중심으로 형성된 반촌은 그 지역의 노동력을 동원할 수 있는 유리한 마을이었다. 1894년 갑오개혁으로 신분제가 폐지되었지만 법률적인 문제일 뿐이었고, 전통적인 신분관계가 강하게 유지되고 있었다. 이러한 현상은 일제 강점기에도 큰 변화가 없었다. 양반 유림세력이 강한 반촌은 평민마을이나 농민에게 영향을 미쳤고, 이것은 일상생활뿐만 아니라 마을의 집회 · 계 · 문회(門

會) 등에서도 나타났다(김희곤 1999, 264-266). 안동지역에서 초기에 사회주의 사상을 수용한 인물인 이준태 · 김남수 · 안상길 등도 민촌 출신이 아니라 이 지방에서 영향력 있는 집안 출신들이었다. 그래서 그들이 처음으로 조직한 농민운동단체인 풍산소작인회에도 소작농민만이 아니라 중소지주와 지식층이 대거 참여하였다. 즉 안동지역의 사회운동 형성과정에서 반촌의 결속력, 그리고 옛 질서 속에서 민촌에 미치는 그들의 영향력이 유리하게 작용하였던 것이다.

1920년대 전반기 식민지 조선에서 사회주의 사상이 수용되는 과정에서는 인맥이나 학맥, 지연과 같은 비공식관계가 크게 작용하였고, 그것을 중심으로 다양한 분파가 형성되었던 것이다. 이러한 맥락에서 안동지역 사회주의자들은 대부분 화요회계와 연관을 가지고 활동을 전개하였고, 그러한 조건을 이용하여 사회주의 사상을 확산시키고 사회운동을 전개하였다.

Ⅲ. 사회주의 세력의 민족해방운동 전개양상

1. 풍산소작인회와 농민운동

안동지역에서 사회주의 사상을 수용한 인물들이 맨 처음 관심을 집중한 것은 농민운동이었다. 이준태, 권오설, 김남수, 안상길 등 사회주의 사상의 영향을 받은 인물들은 안동의 서북지역 일대 주민들과 함께 풍산소작인회를 조직하여 본격적인 농민운동을 전개하였다. 이후 안동의 사회운동은 지식인 · 유산자층 중심의 계몽적 교육 · 문화운동에서 벗어나 농민과 민족의 이익을 확보하기 위한 운동으로 급격하게 변화되었다.

1923년 11월에 조직된 풍산소작인회는 '소작인급준소작인(小作人及準小作人)'으로 조직하고, '소작인급준소작인의 상호 부조와 생활향상을 목적'으로 하였다(동아일보 1923/11/18). 하지만 실제로 풍산소작인회에 참여한 인물들은 풍산 일대의 영향력 있는 집안 출신 인물들이 주도하였기 때문에 소작농 뿐만 아니라 자작농 · 중소지주 및 진보적인 청년 지식인 등 다양하였고, 이러한 이유로 1927년 신간회가 조직될 때까지 지역의 중심적인 사회운동단체로 기능하였다(강정숙 1988, 365).

풍산소작인회의 조직은 의결기관인 총회와 집행기관인 집행위원회를 두고, 실무부서인 일반회계를 담당하는 서무부와 경비관리를 위한 재무부 그리고 악질지주조사 및 소작지조사 업무를 담당하는 조사부를 두었다. 면단위에는 출장소(지부)와 그 집행위원회를 두고 동단위에는 총대를 두어 자연부락을 반단위로 조직하였다(강정숙 1988, 368-369). 이러한 조직형태를 충족시키고 체계적인 운동을 위해 풍산면에 조직을 두었을 뿐만 아니라 와룡면, 풍서면 등지에 지부를 설치하고, 예천군의 하리면에 은풍출장소를 설치하여 안동지역의 농민운동을 체계적으로 지도하였다(동아일보 1924/05/30 , 1925/12/05 ; 경상북도 경찰부 1934, 62-63).

풍산소작인회의 주요한 활동은 소작조건개선투쟁과 이를 위한 회원 · 비회원에 대한 규제활동, 그리고 봉건질서철폐운동 등이었다. 특히 소작조건의 개선을 위해서 소작료 인하, 지세의 지주부담, 소작권 5년 이상 보장, 부역과 마름의 중간수탈 반대, 2리 이상 소작료 운반의 지주부담 등을 당면 투쟁목표로 제시하였다(동아일보 1923/11/18). 본격적인 대중투쟁은 1924년 7월 춘계작물에 대한 소작료 결정을 둘러싸고 전개되었다. 소작인회에서는 관습상 5할이었던 춘계작물에 대하여 논의 주요 작물에 한하여 4할로 하고, 밭의 가을 수확작물은 3할 5푼 이내, 봄 수확작물은 당분간 2할로 조정하고, 지세도 지주가 부담하도록 요구하였다(동아일보 1924/07/04, 08/17). 농민들의 집단적 쟁의에 대하여 지주들은 풍서농무회를 결성하여 소작쟁의를 탄압하였고, 지세는 지주가 부담하겠지만 소작료는 논의 경우에는 5할, 이모작 논의 부작물을 4할, 밭의 추계작물은 5할, 춘계작물은 4할로 할 것을 제시하였다(동아일보 1924/08/17). 그럼에도 문제가 타결되지 않자 지주 측에서 소작인회 간부 12명을 업무방해죄로 경찰에 고발하여 소작인회 간부 및 회원 13명이 징역형 및 벌금형을 받았다(조선총독부 법무국 대구지검 1924 ; 시대일보 1924/10/18). 또한 소작인의 소작권을 박탈하고 자기들의 조직인 농무회에 가입한 농민에게만 소작권을 주었다.

풍산소작인회는 지도층 인물들이 서울에서 결성된 조선노농총동맹에서 활동하고 있었기 때문에 이에 가입하고 여기서 제시한 소작율과 투쟁방침에 맞추어 활동을 조직화해 나갔다(동아일보 1924/10/21). 그래서 10월 14일 총회에서는 소작료에 대해 기존의 입장에서 상당히 후퇴된 '추기작물은 전 4할 이내, 답 4할 5푼 이내, 춘기작물은 전 3할 이내, 답 3할 이내로 할 것' 으로 결의하고, 소작권의 환수를 위해 이를 집행위원회에 위임한다는 결정을 내렸다(동아일보 1924/10/21). 1925년 5월 1일에는 "메이데이" 기념행사를 개최하고, 1924년 소작쟁의로 구속되었던 인사들의 석방 환영대회도 함께 가지면서 농민운동에 대한 강렬한 열의를 표방하였다(동아일보 1925/05/06, 05/11). 8월 28일에는 체계적인 농민운동을 위해 풍산소작인회관 낙성식을 거행한 후 풍산면 소재지를 중심으로 시위행진을 하면서 농민운동의 당위성을 전파하였다(조선일보 1925/09/01 ; 동아일보 1925/09/11).

1920년대 후반기에 들면서 식민당국을 비롯한 지주층들이 농회나 지주회를 통하여 소작문제에 대하여 적극적으로 대응하자 농민운동에서도 개량적인 현상을 극복하고 정치투쟁으로의 전환과 대중운동의 강화를 위해 소작조합을 한 단계 진전시킨 농민조합이 결성되기 시작하였다. 그러나 안동지역에서는 전국적 상황과는 달리 군 단위의 농민조합이 결성되지도 않았고, 소작조합이 농민조합으로 전환되는 현상도 나타나지 않았다. 풍산소작인회는 명칭을 그대로 사용하면서 여전히 소작운동을 중심으로 활동을 전개하였다. 이는 1926년 12월의 정기총회에서 '우리는 현실적 이익을 당면의 목적으로 삼을 것'이라는 원칙을 결의하고(동아일보 1926/12/25) 당면사업으로 새로운 소작대장의 작성, 농사개량과 부업장려 기관의 설치, 농촌 부인 및 농민 노동자의 교양 교육, 소작료의 인하, 지주의 지세 납부 등을 결의한 것에서 드러난다.

풍산소작인회는 안동지역에서 사회주의 사상을 수용한 인물들이 조직한 최초의 농민운동단체라 할 수 있다. 이를 주도한 인물들은 무산자동맹회와 신사상연구회에서 활동한 이준태, 안동노동공제회와 조선노동연맹회에서 활동한 김남수, 권오설, 권대형, 이준문 등이었는데, 이들은 대부분 사회주의 세력 내 화요회에 속하는 인물들이었다. 그러므로 풍산소작인회의 결성은 화요회가 지역적 기반을 확보하였고, 안동의 평야지대인 풍산지역에 농민을 조직화하고 대중을 지도하는 지도부가 결성되었다는 것을 의미한다(김일수 2000, 66).

2. 화성회와 사회주의 사상의 확산

3 · 1운동 이후 전국적으로 조직된 청년운동단체들이 계몽운동적인 수준에 머물러 있다가 대중투쟁을 이끌기 시작한 것은 1924년 사회주의 성격의 조선청년총동맹이 결성되면서부터였다(망원한국사연구실 한국근대민중운동사 서술분과 1989, 350-352). 안동지역의 청년운동단체들도 처음에는 지식인이나 유산자 중심의 수양 · 친목단체의 역할을 하거나 그나마 이런 활동조차 하지 않는 형식적 단체에 머무는 경우도 있었다. 그러다 1924년 말부터 시작하여 1925년에는 대부분의 청년운동단체가 사회주의적 성향을 나타내기 시작하였다. 당시 안동지역에서 청년운동단체의 혁신적 변화를 주도한 것은 화성회였다.

화성회는 안동지역의 사회주의자들이 1924년 11월 서울에서 조직된 사회주의 사상단체인 화요회에 호응하여 1925년 1월에 결성한 사상단체다. 화성회의 창립은 조선노농총동맹에서 활동하던 권오설과 풍산소작인회 · 청년회에서 활동하던 이준태, 김남수, 권태석 등 4인에 의해 주도되었고(조선일보 1925/01/11), 간부들은 대부분 풍산소작인회 소속이거나 안동지역 청년회에서 활동하던 인물 또는 기자출신이며, 서울에서 조선노농총동맹과 화요회에 소속되어 활동하던 인물들이었다(〈표-2〉 참조). 따라서 화성회는 화요회로 대변되는 서울 중심의 사회주의 운동을 안동지역에 그대로 옮겨놓은 조직이요, 화요회의 세포조직이라 할 수 있다(김희곤 · 강윤정 2003, 63-65).

화성회는 "매월 1일 월례회를 개하며, 강연회 및 연극을 임시순회 개최할 사, 소작운동과 노동운동에 대하여 그 근본정신을 민중에 이해케

〈표-2〉 화성회 간부

성명	소속단체	기타 사항
이준태	풍산소작인회, 경성무산자동맹, 조선노농총동맹 집행위원, 화요회	제2차 조선공산당 사건으로 피검 (1926)
김남수	안동청년회, 안동청년연맹, 조선노농총동맹, 신사상연구회, 안동기자단, 안동노우회, 풍산소작인회	동아일보 지국장, 조선일보 지국장, 제3차 조선공산당 사건으로 피검 (1928)
권오설	풍산소작인회, 화요회, 고려공산청년회, 조선노농총동맹 집행위원	제2차 조선공산당 사건으로 피검 (1926)
안상길	풍산소작인회, 조선노농총동맹 집행위원	제4차 조선공산당 사건으로 피검 (1928)
김시원	풍산소작인회, 와룡청년회	
남동환	일직청년회	
김원진	안동청년회	동아일보 안동지국 기자
권태석	안동기자단	동아일보 안동지국장
이규호	도산구락부, 예안청년회	동아일보 기자
권연건	길안청년회, 안동기우단	조선지광 안동지사 기자
김상수		
배세표	안동기우단	

자료 : 동아일보 1925-1928년.

하며 적극적으로 응원할 사, 청년운동을 촉진할 사, 기성청년단체의 내용에 결함이 있을 시에는 차를 개혁할 사, 청년운동의 통일에 노력할 사, 형평운동에 대하야 그 근본정신을 민중에게 이해케하며 적극적으로 응원할 사, 전안동노동공제회의 사실을 소상히 조사하야 사회에 공개할 사, 프로문고를 설치할 사"(조선일보 1925/01/13) 등의 활동목표를 정하고 노농·청년·형평운동 등 안동지역 사회운동 전반에 관여하였다. 또한 자본가에 대한 투쟁성을 드러낸 "압복자의 생명은 반역에 있다. 오인은 자본가의 상여군이 될 것이다. 벙어리는 대변자의 주먹일 뿐이다"(시대일보 1925/09/21 ; 정진석 편 1998, 300-301)라는 표어를 채택하여 그 성격을 분명하게 드러내었다.

화성회는 안동지역 사회운동단체의 전반적 활동을 관할하는 지휘부였고, 노농운동의 지원과 청년회의 혁신 · 통일, 새로운 청년단체의 조직 등의 활동을 통해 안동지역 청년운동단체와 농민운동단체의 사회주의적 변신을 주도하였다(김희곤 2000, 353). 화성회의 영향을 받아 성립된 새로운 사회단체는 안동노우회, 정광단, 기우단 등이었다.

안동노우회는 노동자 120명의 발기로(동아일보 1925/10/12) 1925년 10월 13일에 조선노동공제회 안동지회를 발전적으로 해체하고 창립된 노동운동단체이다. 화성회에서는 안동지역에서 노동운동에 대한 관심이 증가하자 기존의 지역유지나 지식인 중심으로 노동운동의 중심인 계급투쟁보다는 계몽운동에 주력하고 있던 조선노동공제회 안동지회를 발전적으로 해소시키고 노동자 중심의 명실상부한 노동단체인 안동노우회를 조직하였다. 안동노우회는 창립총회에서는 "노동계급의 의식적 단결을 기함, 노동해방과 당면의 이익을 도함, 호상부조와 생활향상을 기도함" 등 세 가지의 강령을 채택하여 노동운동단체로서의 성격을 명확히 하였다. 그러나 조선노농총동맹에 가입하였고(동아일보 1926/02/16), 다른 청년운동단체와 함께 도산서원철폐운동에 참가하였다(조선일보 1925/11/26 ; 동아일보 1925/11/27)는 점을 제외하고는 구체적 활동상은 알려지지 않아 노동운동에 어느 정도 관여했는지는 알 수가 없다.

정광단은 "안동읍내 유지청년이 모여" 조직한 사상단체였다(동아일보 1925/10/13). 당시 사상단체는 사회주의 사상을 연구하고 선전하는 기능과 역할을 담당하였고, 중앙에서 각 공산주의 그룹이 결정한 활동방향을 현장에서 실천해 나가거나 각 공산주의 그룹을 지원해 주는 응원군으로서 기능과 역할을 담당하였다(김일수 2000, 79). 그런데 안동에서는 화성회가 이러한 기능을 담당하고 있었기 때문에 정광단은 사상단체라기보다는 안동의 대중운동 진영을 보호하기 위한 행동단체였을 것이다.[10] 이는 1927년 4월 2일에 정광단이 해체될 때 "금후 조선운동은『태로』단체로써 이 이상 더 필요업슴을 인증함으로 해체하자"(동아일보 1927/04/06)고 만장일치로 결의하였다는 사실에서 확인할 수 있다.

안동기우단은 1925년 10월 경북 북부의 군에 있는 신문 · 잡지 기자들이 "공고한 결속과 엄정한 붓대로써 언론의 권위를 신장발휘하기 위하여" 조직한 단체이다(동아일보 1925/11/06). 당시 사회주의 사상단체에서 활동하던 주요 활동가들은 직업적으로 언론에 종사하는 경우가 많았다. 왜냐하면 언론은 그들이 연구한 마르크스 · 레닌주의를 대중들에게 보급하고 교육하는 적절한 수단이었기 때문이다. 안동기우단은 김남수가 집행위원으로 선임되었고, "민중운동을 촉진키 위하여 반동 또는 회색분자의 죄상을 적발하여 사회적으로 제재키로 함"(동아일보 1925/11/06)이라는 토의사항에서와 같이 사회운동을 지원하기 위해 조직된 단체였다.

또한 화성회는 사회운동단체들의 혁신을 주도하여 사회주의적 성향의 단체로 변화시켰다. 사회운동단체의 혁신운동은 풍산청년회에서부

10 심상훈(1995, 153)은 정광단을 1925년 9월에 지주층의 이익을 옹호하기 위한 단체인 풍서농무회 정기총회가 개최되면서 풍산지역과 안동지역의 각종 청년단체의 핵심인물을 예비검속하는 사건이 발생하자 그에 대응하여 청년사상단체나 청년운동자를 보호하기 위해 조직된 무력단체로 본다.

터 시작되었다. 이준태와 권오설의 영향으로 풍산청년회는 1924년 9월 임시총회를 열어 "계급적 단결로서 규모 있고 힘찬 보조를 단련키 위하여"[11] 이름뿐인 회원을 정리하고 그 명칭을 신흥청년회로 바꾸었다. 또한 "대중본위인 신사회의 건설을 기도"하고 "민중해방운동의 선구가 되기를 기"한다는 새로운 강령을 채택하여 그간 '지식보급 · 덕육발달 · 산업장려' 등을 기치로 삼았던 청년회들의 계몽적인 경향과는 다른 사회주의 사상을 표방하였다(동아일보 1924/09/22). 풍산청년회가 사회주의 성향으로 혁신을 한 이후 1924년 12월 예안, 1925년 1월 안동, 2월 와룡 등 1925년 말까지 안동에 있는 기존 청년회가 대부분 혁신하여 회원을 정리하고 강령을 재정비하였다.[12]

화성회의 지도로 혁신을 단행한 청년단체들은 청년단체의 통일을 기하기 위하여 안동청년연맹을 결성하였고,[13] 청년회 조직이 발전하면서 사회주의 계열 청년단체 중심으로 결성된 청년연합단체인 조선청년총동맹에도 가입하였다. 안동청년연맹은 "무산청년의 사명", "청년운동

---

11 신흥청년회로의 개혁선언은 다음과 같다(동아일보 1924/09/22). "暗黑을 깨뜨리고 一條의 曙光을 向하 突進하랴는 우리 靑年은 階級的 團結로써 規模잇고 힘찬 步調를 鍛錬키 爲하야 이제 新興靑年會를 組織하노라. 아 - 피와 눈물 잇는 靑年이 그 누구이냐? 어서 밧비 나아오라. 民衆의 要求가 時刻을 다토는 도다."

12 1925년 1월 16일 혁신총회를 개최한 안동청년회는 설립취지를 "대세의 추이(사상의 변화)와 환경의 바뀜을 따라 청년운동의 근본정신을 관철키 위하여 운동의 새 국면을 열고자 함"이라고 새로 정비하고, 강령도 "본회는 사회진화의 법칙에 의하여 사회혁신과 역군훈련과 양성을 기함, 본회는 무산계급청년의 단결을 기함" 등으로 새로 제정하였다(조선일보 1925/01/18 ; 동아일보 1925/01/19).

13 안동청년연맹에는 안동청년회, 지호동우구락부, 일직청년회, 와룡청년회, 길안청년회, 예안청년회, 도산구락부 및 풍산신흥청년회 등 8개의 청년단체가 참여하였다(동아일보 1925/08/26).

의 의의", "국제청년데이의 유래", "국제청년데이의 위력", "국제청년운동과 조선청년운동", "무산청년의 국제적 사명" 등의 강연을 통해 청년운동의 방향을 제시하였고(동아일보 1925/09/07, 09/10), 강령에 의한 구체적 활동으로는 독서회 조직, 무산청년을 위한 프로 청년문고 설치, 소년단 조직을 통한 청소년 사상교육 등을 강화시켜 나갔다(동아일보 1925/02/16, 04/13, 05/16, 05/30, 06/10, 08/24). 그리고 노동야학을 동단위로 설치하거나 설치되지 않은 마을에는 청년회원을 파견하여 민중교육을 활발히 전개함으로써 농민에게 사회주의 사상을 보급하였고, 또한 필요한 인력도 충원받았다.

한편 풍산소작인회는 조선공산당의 영향을 받으면서 1926년 12월 제5회 정기대회에서 세포단을 조직할 것을 결의하였다(동아일보 1926/12/25). 이 세포단은 조선공산당 야체이카로 성장하여 각 단체의 사회주의화를 추진해 갔다.[14] 또한 1925년 11월 풍서면 소산동에서 김기전, 김지한 등에 의해 설립된 풍서농민회는 '상호부조와 생활개량을 목적' 으로 삼고 '무산계급의 해방운동을 기하며 당면의 이익을 위하여 투쟁' 한다는 강령을 내세워 사회주의 성향을 뚜렷하게 드러냈다(동아일보 1926/05/03 ; 조선일보 1926/05/03).

안동지역에서는 농민 · 청년 · 노동 · 여성 · 형성 등 각 부문별 조직과 운동을 서로 연결하고 지도했던 사상단체 화성회와 조선공산당 비밀조직에 의해 사회주의 사상이 대중화되고 확산되었다. 안동지역에서 사

14 1925년 4월 조선공산당 및 고려공산청년회가 결성된 직후 전국에 6개의 야체이카(세포조직)가 설치될 때 안동에도 설치되었다. 조공 안동 야체이카는 고려공청원이었던 김남수가 이회승, 이지호 등을 규합하여 조직하였다(김정명 편 1967, 940-956).

회주의 사상의 확산과 대중화 과정은 전국의 일반적 추세와 거의 일치한다. 그러나 운동조건의 차이로 인해 농민 · 청년단체가 가장 광범한 대중적 조직기반을 가졌고 활동도 제일 활발하였다.

3. 신간회 안동지회와 사회운동의 통합

1920년대 민족해방운동이 민족주의 계열과 사회주의 계열로 분화되어 진행되는 가운데 1923년경부터 사회운동의 주도권을 장악한 사회주의자들에 의해 사회운동의 통합을 위한 민족협동전선의 필요성이 제기되었고, 1926년 7월경에는 비타협적 민족주의자들도 비타협주의의 기치아래 일제권력에 대항하기 위해서는 사회주의자들과 제휴해야 한다고 호응하였다(망원한국사연구실 한국근대민중운동운동사 서술분과 1989, 387). 그 결과 1927년 2월에 사회주의 계열과 비타협적 민족주의 계열의 연합으로 신간회가 창립되었다. 서울에서의 이러한 움직임에 영향을 받아 안동에서도 민족협동전선의 기치 아래 신간회 지회설립이 추진되었고, 사회주의자들 역시 적극적으로 참여하였다.

먼저 정광단이 해체를 선언하고(동아일보 1927/04/06) 화성회도 "금후 조선운동에 있어서 사상단체의 필요 없음을 인정"하고 해체한다는 선언을 하였다(동아일보 1927/04/14). 또한 일부 청년회의 연합으로 조직된 안동청년연맹이 청년운동의 단일조직의 결성을 위해 해체되고, "대중적 생의 진리를 탐색하여 건실한 역자적 교양을 기"하고 "정치적 경제적 각성을 보진하여 생활안정의 구극한 해결을 기"한다는 강령을 채택한 안동청년동맹이 조직되었다(동아일보 1927/05/18). 사상단체의 해체와 청년회의 통합은 신간회 안동지회 설립을 본격적으로 추진할 발판이 되었다. 그해 7월 9일 신간회 안동지회 설립준비위원회가 개최되었고(동아일보 1928/07/19), 각 면에서 발기인을 모집하여 8월 26일에 신간회 안동지회를 설립하였다. 임원으로 회장에 안동지방 독립운동계의 대부인 유인식, 부회장에 협동학교 출신으로 우파 독립운동의 대표자인 정현모, 그리고 간사로 화성회, 정광단 등에서 활동하던 권태석을 비롯한 좌우파 인물 24명을 선출하였다(조선일보 1928/08/30 ; 동아일보 1928/08/31). 신간회 안동지회의 성립을 계기로 안동에서 여러 갈래의 민족운동전선이 통합되었고, 운동의 폭도 사상 면에서나 연령 면에서 크게 확장되었다.

신간회 안동지회의 초기 활동은 조직관리 및 확대에 집중되었고, 안동청년동맹과 함께 '영남친목회 문제'와 '안동고보기성회 사건'에 관여하였다(동아일보 1927/09/16, 09/17). 영남친목회는 경상남북도 사람들이 상설 친목기관을 두자는 취지 하에 1927년 9월 4일 창립한 단체인데(동아일보 1927/09/05, 09/10), 그 설립취지가 불분명하고 대부분의 구성원이 친일적인 사람들이었기에 사회운동단체에서는 이를 친일단체로 규정하고 있었다. 그런데 이 단체와 관계를 맺고 있던 당시 조선공산당 책임비서였던 안광천(安光泉)이 자신의 위상이 흔들리자 이 단체의 구성원을 확보하여 자신의 기반을 확대하고자 하였다. 이에 사회운동가들이 반발하여 지방열 박멸대회를 열고 안광천 일파를 축출하고자 한 사건이 발생하였다.[15] 이때 신간회에서도 "영남친목회 · 호남동우회 · 오우구락

15 당시 자료에 의하면(경기도 경찰국 1928, 75) "서울청년회계의 권태석 · 송내호 · 허일 등은 화요회계의 정칠성 · 인동철 · 김남수 등과 연합하여 안광천 일파를 매장하고자 전국에 격문을 띄우고 여론을 환기시켰다"고 한다.

부 등 지역적 단체는 현하 대중의 절실한 요구인 민족단일당 정신에 배치됨으로 차를 철저 배격"한다고 결의하였는데(동아일보 1927/10/ 02), 안동지회에서도 본부의 이러한 결의를 따라 보조를 같이하였다. 안동고보기성회 문제는 군민 스스로가 고보 설립을 위해 거두어낸 돈을 관리하던 안동 군청이 그 돈을 부정지출하면서 발생한 사건으로, 안동지회에서는 1928년 2월까지 군민들과 함께 계속적으로 항의를 하였다(경상북도 경찰부 1934, 51).

12월 17일에는 집회를 개최하여 선언서를 발표하려 했으나, 그 내용 중에서 "1. 약소민족운동의 결전적 해방전으로서 2,300만 민중항쟁의 전 영역에 개재하는 신간회는 전민족 정치투쟁의 전위이다. 2. 금일의 소작권은 명일 동척 이민에게 넘어가고 오래의 특수적 금융기관의 참혹한 위압을 받아 기아의 수평선상에 표류할 뿐이다"라는 부분이 정치적인 성향을 보인다는 이유로 집회를 금지당하였다(경상북도 경찰부 1934, 50-51). 이러한 활동에서 볼 때 신간회 안동지회는 정치투쟁의 필요성을 역설하였지만 아직 민중생활의 요구를 충분히 수용하지는 못하고 있었다. 다만 안동군에서 발생하는 문제에 대해서는 일제 지배기관에 그 공격의 화살을 돌리고 있었다.

신간회 안동지회는 1928년 4월에 안동지역 사회운동의 지주로서 중도적 입장을 취하고 있던 유인식이 회장에서 물러난지 4개월 만에 세상을 떠나자 분열되기 시작하였다. 유인식의 영향력이 없어진 뒤 간부진 구성에서는 큰 변화가 나타나지 않았지만 실제 활동은 사회주의 계열의 인물에 의해 주도되었다. 그러나 1928년 제3차 조선공산당 사건에 관련되어 김남수가 검거되고, 제4차 조선공산당 사건과 관련해서 풍산소작인회의 간부이던 안상길 · 이회원과 안동청년동맹의 권태동 · 이지호 등이 검거되면서 신간회 안동지회는 운동성이 약한 지식인이나 지방유지—이들이 비록 그 이전의 활동을 통해 사회주의 사상의 영향을 받기 했지만—등 이른바 소시민층의 무대로 전락되어 노동자 · 농민의 이해를 충실히 반영하지 못하고 있었다(강정숙 1988, 400-401).

신간회 안동지회가 일제의 감시와 탄압, 그리고 개량화된 조직적 한계로 인해 항일투쟁조직으로서의 역할을 제대로 수행하지 못하자 남은 사회주의자들은 전체 운동노선의 변화에 따라 신간회를 해소하고 노동자 · 농민을 비롯한 민중을 노동조합과 농민조합으로 재편성하고, 이 조직을 기반으로 조선공산당을 재건하는 쪽으로 노선을 전환하였다. 안동에서도 1930년을 전후하여 코민테른의 '12월테제'와 프로핀테른의 '9월테제'에 기초하여 노동자 · 농민에 기반을 둔 조선공산당재건운동이 시도되었다. 그러나 1930년 발생한 '경북공산당 사건'으로 인해 다수의 인물들이 검거되면서 안동의 사회주의 운동도 거의 소멸상태에 빠지고 남은 조직마저도 지하로 잠복해 버렸다.

4. '안동콤그룹'과 조선공산당 재건운동

1930년대 들어와 일제의 감시와 탄압으로 합법적 사회운동이 불가능해지자 안동의 사회운동을 지도할 새로운 방안이 필요하였다. 안동청년동맹원이었던 안상윤, 이필, 권중택은 "사회운동의 지도는 괴멸"되고 "경찰의 간섭이 심해 도저히 표현운동은 행할 수 없"는(조선총독부 법무국 대구지검 1934) 상황에서 안동지역의 전체 운동을 지도하기 위한 전위조직으로 '안동콤그룹'이라는 비밀결사를 1931년 3월 중순에 조직하였다.

이는 1920년대 안동의 사회주의 운동을 계승하면서 당시 신간회 해소론에 입각하여 노동자·농민을 물적 기반으로 하는 조선공산당을 재건하려는 시도로[16] 일제를 타도하고 사회주의 사회를 실현하려는 목표를 지향하였다(강윤정 2003, 225).

'안동콤그룹'을 결성하기로 한 세 사람은 각각 역할을 분담하여 안상윤이 책임비서, 이필이 교양부 위원, 권중택이 조직부 위원을 맡아 군지도조직을 완성하고, 안동지역을 각 면 단위로 나누어 야체이카를 조직해 나갔다.

1931년 4월에 권중택이 안동읍에서 동지들을 규합하여 적색노동조합을 조직하고, 그 산하에 양화직공조합과 인쇄직공조합을 두었다. 조합의 조직으로는 여성부, 적농부와 반제부, 희생동지구원기관을 두었다. 여성부는 전금옥과 박금숙의 책임하에서 인텔리 여성에게 공산주의 이념을 전파시켜 동지를 획득하였고, 적농부는 적색농민조합을 조직하는데 목표를 두었으며, 반제부에는 진보적인 민족주의자들을 배치하였다. 그리고 희생동지구원기관에는 어느 정도의 경제적 기반을 가진 청년들을 배치하여 항일투쟁으로 희생되거나 체포되어 생활이 어려워진 활동가의 가정을 돕도록 하였다. 7월 중순경에는 안상윤이 임하면에서 김공망·김후식 등을 규합하여 임하그룹을 조직하여 도시 또는 공장지대에서 노동자와 사회주의적 민족주의자들을 망라한 적색노동조합·반제동맹을, 농촌에는 노동자·농민으로 적색농민조합을 조직하는 활동을 전

16 '안동콤그룹'은 이를 주도한 안상윤이 조직을 정비한 후 국제당의 승인을 받기 위해 "입로"하려 했다(동아일보 1934/05/25)는 점에서 당시 각지에서 일어났던 조선공산당 재건운동의 하나로 평가할 수 있다.

개하였다. 이들은 노동자 · 농민들의 의식을 깨우치기 위한 각종 강좌회를 개최하면서 권오범 등을 조직원으로 확보하였고, 유동철과 김덕규를 각각 임동면과 길안면의 세포로 규합하였다. 이필이 담당한 예안면에서는 이점백 · 이발호 · 유기만 · 김태상 등이 '예안노농행동대' (1931년 7월)를 조직하였다. '예안노농행동대' 는 청년동맹이나 신간회 체제로는 어떤 운동도 전개하기 어렵다고 판단한 이점백이 예안면의 운동을 지도할 조직으로 결성한 것이었다(조선총독부 법무국 대구지검 1934).

'안동콤그룹' 은 주변지역으로 조직을 확대하였다. 1932년 10월에 '영주적농재건투쟁위원회' 와 1933년 2월 봉화군에서 '적농재건위원회' 를 조직하였다. '영주적농재건투쟁위원회' 는 '궤멸된 영주공산주의 운동의 부활' 을 위해 안상윤의 지도 아래 적농부위원 김종진의 책임 하에 적색농민조합을 조직하였고, 반제부위원 김명진의 책임하에 반제동맹을, 그리고 김우진의 책임하에 독서회를 조직해 나갔다. 봉화에서는 공산운동의 부활을 도모하기 위한 지도기관으로 '적농재건준비위원회' 를 조직하여 박항택이 책임자 겸 조직연락부위원을, 황신흠이 적농부위원을, 이두춘이 반제부위원을, 권익환이 선전부위원을, 박용식이 교양부위원을 담당하였다(조선총독부 법무국 대구지검 1934).

'안동콤그룹' 은 1930년대 초 일제의 거듭되는 검거조치로 위기에 봉착한 안동지역의 사회운동을 재건하기 위해 사회주의 활동가들을 중심으로 결성된 정치적 전위조직이었다. 그런데 이는 조직결성 과정에서 혁명적 대중조직을 우선적으로 건설하기보다는 콤그룹의 세포를 우선적으로 조직하고 있다는 점에서 당시의 사회주의 운동이 혁명적 대중운동에서 당재건준비운동으로 전환되어지는 일반적 양상(김일수 1993, 494)과는 다소 다른 특징을 보여준다. 조직구성원에 있어서도 이전의 운

〈표-3〉 '안동콤그룹' 관련자의 경력(1934년 현재)

이름	나이	직업	학력	활동단체	기타
안상윤	24	농업	서울 중동학교 중퇴	조선학생과학연구회, 서울청년회, 안동청년동맹 와룡지부	징역 3년 6개월
이 필	26	무직	경성 제1고보 중퇴	안동청년동맹 예안지부, 서울청년회, 성울중앙청년동맹	징역 2년 6개월
권중택	27	상업	안동공립보통학교 졸업	중앙일보 안동지국 기자, 안동청년동맹	징역 2년 6개월
권예윤	25	인쇄업	안동공립보통학교 졸업	안동청년동맹	징역 1년 6개월
김공망	29	농업	한문수학	신간회 안동지회, 안동청년동맹 임하지부	징역 1년 6개월 집행유예 4년
김후식	28	농업	대구 교남학교 고등과 중퇴	신간회 안동지회, 안동청년동맹 임하지부	징역 1년 6개월 집행유예 4년
이점백	27	노동자	한문수학	일본조선 노동조합, 안동청년동맹 예안지부	징역 2년
김태상	21	제유업	안동공립보통학교 졸업 이와쿠라(岩倉) 학교 중퇴	안동청년동맹 예안지부, 동경대중당 삼천지부, 행전공장반	징역 1년 6개월 집행유예 4년
이발호	33	제유업	서울배재고보 중퇴	신간회 안동지회, 안동청년동맹	징역 2년
유기만	29	제유업	예안공립보통학교 졸업	신간회 안동지회, 안동청년동맹 예안지부	징역 1년 6개월 집행유예 4년
김종진	31	농업	한문 수학	신간회 안동지회, 안동청년동맹 와룡지부	징역 2년 6개월
김명진	27	농업	영주공립보통학교 졸업	영주청년동맹 평은지부	징역 2년 6개월
김계진	28	농업	영주공립보통학교 중퇴	영주청년동맹 평은지부, 신간회 영주지회	징역 1년 6개월
박항택	26	농업	내성공립보통학교 졸업	신간회 봉화지회, 봉화청년동맹 내성지부	징역 2년 6개월

황신흠	27	농업	한문수학	신간회 봉화지회, 봉화청년동맹 내성지부	징역 2년 6개월
이두춘	23	농업	내성공립보통학교 졸업	봉화청년동맹 내성지부	징역 2년 6개월
권익환	24	농업	한문 수학		징역 1년 6개월 집행유예 4년
권경섭	45	농업	한문 수학	신간회 봉화지회	징역 1년 6개월 집행유예 4년

동과는 다른 특징을 보여준다. 그룹의 조직이 비록 명문가문 출신의 지식인에 의해 주도되었지만 노동자와 농민, 진보적 지식인 등 다양한 계층을 조직원으로 포괄하고 있었다. 이는 노동자 · 농민에 기반을 둔 혁명적 대중운동을 지향하고 있었기 때문이다. 판결문에 나타나는 조직의 핵심적 인물들을 보면 노동, 농업, 상업 등 다양한 직종에 종사하고 있고, 대부분이 신교육을 받은 지식인층이었고, 1920년대 청년운동과 신간회 안동지회에서 활동한 경력을 가지고 있다(〈표-3〉 참조).

'안동콤그룹' 은 1931년 5월 제2차 신간회 전체 대회에서 그것의 해소가 결의된 뒤부터 본격적으로 활동을 전개하였다. 이들은 "종래의 그것과는 달리 적색교화운동과 분파운동에 중심을 두어 모든 기존 단체를 향하여 많은 동지를 얻으려" 하였고, "자력갱생운동의 원천인 농촌진흥운동에까지 손을 뻗쳐 거기서 농촌중견청년을 획득하기 노력"하였다(동아일보 1934/07/14). '안동콤그룹' 은 당시 농촌의 객관적 조건이 더욱 열악해지고 일제의 탄압으로 농민운동이 약화되고 있는 상황에서 주로 노동자 · 농민 · 청년들을 대상으로 각종 강좌와 야학 등을 실시하여 민족의식을 심어주고, 사회주의 사상을 전파시키는 활동을 전개하며, 이를 토대로 적색농민조합을 조직하여 민중들의 생존권 확보를 위한 대중운동을 전개하였다.

임하그룹에서는 적색농민조합과 반제동맹을 조직해서 노동자 · 농민대중 가운데 뛰어들어 공산주의를 주입시키고, 무산대중의 대동단결을 도모하고, 그 혁명수단으로서 제국주의를 타도하고 공산주의 사회의 실현을 도모하고자 했다. 이를 위해 조직원을 획득하고 무산대중을 의식화하기 위해 동네의 무산자 농민 7-8명을 조직하여 한문 · 언문 · 산술 · 강화 과목 등의 강좌회를 개최했다. 예안노농행동대에서도 '각자 부락 등에서 야학을 개설해서 무의식계급에게 의식을 주입하고 동지를 획득할 것'을 결의하면서 노동야학을 개설하였다. 1931년 8월부터 약 한 달간 예안면 서부동 유기대의 집에서 노동야학을 개최하여 무산 아동에게 의식교육을 실시했고, 10월경에는 김대상이 녹전면 신평동에서 야학생 20여 명에게 무산자본위의 교육을 실시하였다(조선총독부 법무국 대구지검, 1934). 이러한 과정을 통해 적색농민조합을 조직하고 대중투쟁을 수행해 나갔다.

1931년부터 안동군에서는 3개년 계획으로 임하면과 와룡면에서 사방공사와 토목공사 등 농민구제사업이 실시되고 있었다(동아일보 1931/04/29). 이 사업은 1931년부터 3개년 계획으로 실시되었는데, 1932년 말부터는 농촌진흥운동의 주요 사업 중 하나로 편성되어졌던 것이다. 그런데 농민구제사업은 경제공황으로 농민들의 생활이 더욱 피폐해지는 한편, 전국적으로 적색농민조합운동이 확대되어 가자 일제가 이를 우려하여 그 방어책으로 전국적으로 실시한 농촌진흥운동의 하나였다(지수걸 1982). 그러므로 그것은 농민들의 불만이 높아지고 농민운동이 확산되는 것을 막기 위한 미봉책에 불과한 것이었다.

일제는 식민지 수탈정책에 의해 야기된 농민의 경제적 파탄을 농민구제사업이라는 미봉책으로 은폐하려고 하였지만, 사방공사가 실시되는 과정에서 농민들의 노동력을 착취하는 등의 문제가 발생하자 농민들의 불만은 더욱 고조되어 갔다.[17] 이에 '안동콤그룹'에서는 사방공사에 대부분 농민 · 노동자들이 참여하고 있다는 점을 이용하여 동지를 획득하고, 그들의 의거해서 1933년 5월 메이데이 기념일을 기해 대규모의 공동투쟁을 벌이려 했다. 하지만 사전에 적발되어 안동 · 봉화 · 영주 3개 군에서 80여 명이 검거되었고, 그 중 핵심적 인물 18명이 "조선을 일본제국주의의 기반(羈絆)으로부터 이탈시키는 것과 함께 조선 내 사유재산제도를 부인하는 공산주의 제도의 사회를 실현시킬 목적"(조선총독부 법무국 대구지검 1934)으로 결사를 조직하여 치안유지법을 위반하였다는 이유로 실형을 언도받아 구속되어 버렸다. 이 사건으로 인해 '안동콤그룹'의 조직이 와해되고 안동의 사회주의 운동도 붕괴되어 버렸다.

그런데 '안동콤그룹'이 활동하던 기간 중에 적색농민조합을 통한 지주에 대한 투쟁이 발생하거나 격렬한 소작쟁의가 발생하지도 않았고, 1931년부터 실시된 사방공사와 토목공사를 이용하여 투쟁을 벌이려 하였다는 점을 제외하고는 노동운동도 그리 활발하게 전개되지도 않았다(동아일보 1934/03/07, 05/28). 조직적 규모나 사건의 파장에 비해 그 활동은 다소 미미한 것으로 보인다. 이것은 일제가 주도한 농촌진흥운동을 역이용하면서 일제의 식민지배에 일정한 충격을 주는 활동을 전개했지

17 이미 지하조직이 있었던 봉화군 내성면에서 부당취업시간, 부당임금 등으로 일본인 공사책임자와 공부들이 충돌한 사건이 있었다(동아일보 1931/07/09). 예천에서도 1933년 3월 공사사무소 측과 충돌하는 등 이것은 한 곳에서 국한된 문제가 아니었다.

만 운동을 지속시킬 조직적 성과를 산출하지 못했기 때문일 것이다. 운동을 지속적으로 이끌어 갈 조직을 완성하기도 전에 핵심 인물들이 대부분 구속되었기 때문에 본격적인 활동을 하기도 전에 조직 자체가 와해되었던 것이다. 이후 안동지역에서 사회주의 세력의 활동은 해방이 될 때까지 전혀 드러나지 않는다. 이 사건 이후 안동의 사회주의 운동이 해방될 때까지 단절되었다는 것은 물론 일제의 탄압이 심하였기 때문이겠지만, 이 조직에 당시 대다수의 사회주의자들이 관여하였고, 그것이 지역에서 그만큼 광범위한 역할을 하였다는 것을 의미한다.

Ⅳ. 결론

이상에서 경북 안동지역을 대상으로 식민지 상태에 놓여 있는 조선사회에서 사회주의 사상이 어떻게 수용되었고, 그것을 수용한 인물들이 지역적 차원에서 민족해방운동을 어떻게 전개하였는가를 살펴보았다. 앞에서 논의한 내용을 요약하고 그 함의를 살펴보는 것으로 결론을 대신하고자 한다.

안동지역에서 사회주의 사상의 수용과 사회주의 운동의 전개는 3·1운동을 전후한 시기 민족해방운동의 연장선상에서 나타났다. 안동지역에서 사회주의 사상을 처음으로 수용한 인물들은 김재봉, 이준태, 김남수, 권오설 등이었는데, 이들 대부분이 1919년에서 1920년대 초까지 임시정부 자금모집에 관여하였고, 민족주의적 성향이 강한 청년회·노동공제회 안동지회 등에 참여하고 있었다. 1923년까지 지방운동에서 일반적으로 볼 수 있는 것처럼 안동지방에서도 민족주의 · 사회주의의 사상적 분화나 부문별 운동은 별로 나타나지 않았다.

안동지역에서 사회주의 사상을 수용한 인물들은 대부분 사회주의 세력 내 화요회 그룹과 관계를 맺으면서 활동을 전개하였는데, 이들이 지역에서 전개한 최초의 조직적 활동은 풍산소작인회의 결성을 통한 농민운동이었으며, 곧이어 화성회라는 사상단체를 결성하여 안동지역 사회운동의 사상적 변화를 주도하였다.

풍산소작인회는 1923년 11월에 서울에서 활동하던 풍산면 출신인 이준태와 권오설과 예안청년회, 노동공제회 안동지회, 그리고 서울 조선노동연맹회 등에서 활동하던 김남수 등 사회주의 이념을 수용한 인물들이 하향하여 이 지역의 주민들과 함께 조직한 단체였다. 이준태는 1920년대 초 사회주의 사상에 영향을 받고 1922년부터 이른바 무산자해방을 목적으로 성립된 국내 최초의 사상운동단체인 무산자동지회를 비롯하여 주요 사회단체에서 중심인물로 활동한 인물이고, 권오설은 1920년대 초부터 안동청년회, 일직면 금주회 등 계몽단체에서 참여하여 활동하다가 이준태 · 김남수 등과 교류하면서 사회주의 이념을 받아들이게 된 인물로 풍산소작인회 창립과 활동에 중심적 역할을 하였으며, 1924년 풍산소작인회 대표로 조선노농총동맹에 참가하여 집행위원으로 선출되면서 전국적인 활동가가 되었다. 풍산소작인회는 조선노농총동맹에 가입하고, 여기에서 제시한 소작료과 투쟁방침에 맞추어 조직적 활동을 전개했는데, 이후 안동지역 사회운동이 체계적으로 발전하는 바탕이 되었다.

화성회는 당시 조선노농총동맹의 임무를 띠고 남부지방으로 파견되었던 권오설과 풍산소작인회 · 청년회에서 활동하던 이준태, 김남수,

권태석 등 4인의 주도로 1925년 1월 8일 창립된 사상단체로 안동의 사회운동단체에 대한 전반적인 활동을 관할하는 지휘부였다. 화성회는 노동운동의 지원과 각 면의 청년회의 혁신, 통일, 새로운 청년단체의 조직 등을 중심적 활동으로 전개하였다. 화성회의 지도로 혁신된 청년단체는 강령에 의한 구체적 실천활동으로 독서회의 조직, 무산청년을 위한 '프로' 청년문고의 설치, 소년단 조직을 통하여 청소년의 의식화를 강화시켰으며, 노동야학을 설치하여 민중교육에 힘쓰기도 하였다. 화성회의 이러한 활동은 사회주의 사상을 지역사회에서 확산시켰으며, 동시에 필요한 인력을 충원하는 통로로 기능하였다. 이리하여 1920년 중반에 안동지역의 사회운동의 전반적 분위기는 사회주의 성향을 강하게 드러냈고, 운동의 범주도 크게 확대되었다.

1926년 중국에서 유일당운동의 성과가 나타나고 국내에서도 좌우합작을 위한 논의가 민족협동전선인 신간회의 조직으로 귀결되었을 때 안동에서도 사상단체가 해체되고 신간회 안동지회가 설립되었다. 신간회 안동지회의 성립을 계기로 여러 갈래의 민족운동 노선이 통합되었고, 사상적 측면이나 연령적 측면에서 사회운동의 폭이 크게 확장되었다. 안동지회 성립 초기에 1920년대 전반기 청년운동을 주도하였던 민족주의 계열이 다시 중심으로 등장하였지만, 1928년 5월에 안동지역 사회운동의 정신적 지주이자 안동 독립운동계의 대부인 유인식이 세상을 떠난 뒤 점차 사회주의 세력이 주도권을 장악해 나갔다.

신간회의 주도권을 장악하게 된 안동지역 사회주의자들은 신간회 조직이 소시민의 무대로 전락되어 항일운동을 전개하는 조직으로서의 한계를 드러내자 코민테른 12월 테제에 기초하여 노동자 · 농민에 기반을 둔 조선공산당을 재건하기 위한 독자적 노선을 취하기 시작하였다. 그러나 이러한 노력은 1930년 '경북공산당' 사건으로 발각되면서 좌절되었고, 이후 안동의 사회주의 운동은 소강상태로 접어들고 지하화되었다.

1930년대 들어와 일제의 감시와 탄압 속에서 안동의 사회운동이 침체하자 노동자 · 농민 · 진보적 지식인을 망라한 대중운동을 통해 조선공산당을 재건하고자 조직된 것이 '안동콤그룹' 이었다. 이는 1930년대 식민지 조선사회가 안고 있는 민족적 과제를 해결하기 위해 생산현장에 기초한 볼세비키적 당 재건의 대중적 토대와 선진인자 획득을 위한 지역 차원의 '전위조직' 으로 결성된 조직이라 할 수 있다.

1930년대의 사회주의 세력의 민족해방운동은 기본적으로 노동자 · 빈농에 기반을 둔 활동을 하자는 신간회 해소론에서 출발하였던 만큼 하층농민을 중심세력으로 확보하고 있었고, 비합법적 형태로 전개되었다. 또한 활동방향도 종래의 투쟁에서 보여지듯이 대지주 투쟁 혹은 농민에 기반을 두지 않은 막연한 정치구호에서 탈피하여 운동의 주체인 농민적 입장에서 일제 지배기구 전반에 대해 투쟁하는 전투적인 경향을 띠고 있었다. 이러한 맥락에서 '안동콤그룹' 의 활동 역시 하층농민세력을 중심세력으로 확보하고 있었으며, 활동방향도 종래의 대지주투쟁 혹은 농민에 기반두지 않는 막연한 정치구호에만 그치지 않고 농민적 입장에서 일제지배기구 전반에 대해 전투적인 경향을 띠고 있었다(강정숙 1988, 404-405).

적색농민조합에서는 일제의 합법적 기구였던 농촌진흥조직을 적극적으로 활용하였으며, 적색노동조합에서는 일제에 의해 주도된 사방공사와 토목공사를 적극적으로 활용하였다. 또한 이들은 '12월테제' 의 지시대로 혁명적 대중조직을 건설하는 활동에 상당한 관심을 기울이고 있었다. 그러나 이들은 당시의 일반적 조직결성 경향과 달리 당재건준비조직을 먼저 결성하고 이를 매개로 혁명적 대중조직을 건설하고자 했다. 즉 안동의 혁명적 농민조합운동은 좌익적 농민대중운동이 아니라 당재건의 물적 기반을 조성하기 위한 준비운동으로 전개되었을 뿐이다. 그렇기 때문에 혁명적 농민조합의 정치적 활동이 일상적 활동의 연장선상에서 벗어나지 못하였고, 사회주의 사회를 지향하고 있으면서도 당시의 가장 중요한 문제인 토지문제를 올바로 해결할 수 있는 대안적 운동방침을 제시하지 못하였다.

그러나 '안동콤그룹'은 조직의 구성원과 활동목표에서 이전과 전혀 다른 모습을 보여주었다. 조직의 구성원은 기존의 지식인 위주에서 벗어나 노동자, 농민을 중심으로 진보적 성향의 민족주의자들을 포괄하였다. 또한 활동목표도 사유재산을 부정하고 노동자 · 농민의 정부 수립에 두었지만, 노동자 · 농민의 생존권투쟁까지도 담아내고 있었다. 이는 사회주의 운동이 대중적으로 발전되어 가는 모습을 반영하는 것이다. 비록 그것이 구체적 활동성과를 내기도 전에 와해되었고 이를 계기로 안동의 사회주의 운동이 단절되었지만, 이러한 역량이 축적되어 있었기 때문에 안동에서도 8 · 15 직후 건국운동이 활발하게 전개될 수 있었던 것이다. 8 · 15 직후 건국운동이 사상적 · 계급적 이해에 따라 다양한 스펙트럼을 가지고 전개될 때, 안동지역에서도 식민지 민족해방운동의 연장선상에서 여러 갈래로 분화되는 현상이 나타났다.

참고문헌

강만길 · 성대경. 1996.『한국사회주의운동 인명사전』. 창작과 비평사.
강윤정. 2003. "'안동콤그룹'의 조선공산당 재건운동."『안동사학』. 제8집.
강정숙. 1988. "일제하 안동지방 농민운동에 관한 연구."『한국 근대 농촌사회와 농민운동』. 열음사.
경기도 경찰국. 1928.『治安概況』.
경상북도 경찰부. 1934.『고등경찰요사』.
경상북도 경찰부. 1934.『高等警察要史』.
권대웅. 1992. "권오설의 생애와 활동."『안동문화연구』6.
김무용. 2001. "한국 근현대 사회주의운동, 이상과 현실의 갈등."『역사문제연구』7.
김일수. 1993. "1930년대 경북지역의 조공재건운동과 혁명적 대중운동.『한국근현대지역운동사 1－영남편』. 서울 : 여강.
김일수. 2000. "1920년대 경북지역 사회주의운동."『한국현대사와 사회주의』. 역사비평사.
김정명 편. 1967. "제1, 2차 조선공산당 사건 판결문."『조선독립운동』5. 원서방.
김정미. 1995. "동산 유인식의 국권회복과 민족교육운동."『대구사학』50.
김창순 · 김준엽. 1986.『한국 공산주의 운동사1』. 청계연구소.
김희곤. 1999.『안동의 독립운동사』. 안동 : 안동시.
김희곤. 2000. "안동유림의 좌우분화와 1920년대 민족운동."『대동문화연구』. 제36집.
김희곤. 2001.『안동 독립운동가 700인』. 안동시.
김희곤. 2002. "김남수(1899－1945)와 안동지역 사회주의 운동."『한국근현대사연구』21.
김희곤 · 강윤정. 2003.『잊혀진 사회주의운동가 이준태』. 국학자료원.

망원한국사연구실 한국근대민중운동사 서술분과. 1989. 『한국근대민중운동사』. 돌베개.

배성룡. 1926. "조선사회운동의 사적 고찰 (1)." 『개벽』 3.

신주백. 2001. "김재봉과 조선공산당." 『1920년대 안동출신 사회주의운동가』. 한국근현대사학회 제63회 월례발표회.

심상훈. 1995. "1920년대 안동지역의 청년운동." 『안동문화연구』 9.

심상훈. 1996. "1920년대 안동지역의 청년운동." 『안동사학』 2.

안동시. 1999. 『안동의 독립운동사』. 안동시.

역사문제연구소 민족해방운동사 연구반. 1990. 『(쟁점과 과제)민족해방운동사』. 역사비평사.

이균영. 1993. 『신간회 연구』. 역사비평사.

임경석. 2003. 『한국사회주의의 기원』. 역사비평사.

정진석 편. 1998. 『일제시대 민족지 압수 기사모음』 1. LG상남언론재단.

조선총독부 법무국 대구지검. 1924. "판결문(대정 13년 형공공 제547호)."

조선총독부 법무국 대구지검. 1934. "판결문(소화9년 형공 제449호)."

朝鮮憲兵隊司令部. 1919. 『朝鮮騷擾事件狀況』.

지수걸. 1982. "1932-35년간 조선농촌진흥운동." 고려대학교 석사학위논문.

《동아일보》.

《시대일보》.

《조선일보》.

《중외일보》.

《한겨레신문》.

10 · 1사건의 배경과 의미

–복수주권, 폭력과 국가건설, 지방정치–

Ⅰ. 문제의 제기

1946년 대구의 10 · 1사건과 이후 삼남(三南)지역 전체로 번져간 폭력사태는 미국 학자 커밍스(Bruce Cumings)가 "동학 이후 가장 중요한 고전적 형태의 자생적 농민봉기"라고 규정한(Cumings, 1981) 이래 학계의 관심을 받아왔다. 이후 정해구(1988), 심지연(1991), 신복룡(2001), 허 종(2004) 등의 후속 연구들을 통해 기아(飢餓)문제와 친일경찰의 부조리가 현장의 '동기요인'이었고 미군정과 조선공산당의 관계 악화 및 조선공산당이 감행한 신전술이 '매개요인'으로 작용하였음이 밝혀져 왔다. 그러나 해방공간에서 이 사건이 갖는 위상에 비추어 볼 때 그동안 학문적 · 사회적 공론은 만족할 수준이 아니다.[1]

---

1 2003년 대구지역의 한 학술대회가 이 사건을 다룬 최초의 공식 학술행사였다(한겨

해방 후 국가건설 과정에서 최초이자 최대 규모의 아래로부터의 요구였고, 미군정과 우파세력 우위로의 국면 전환이 고착화된 분수령이었다는 정치사적 의미에 비추어 볼 때 사건에 대한 상대적 무관심, 그리고 폭력성에 대한 거부감에서 비롯된 부정적 평가와 연구의 결핍이 두드러진다. 아울러 동기요인과 매개요인에 비해 거시적 · 구조적 수준의 배경요인을 이해하는 데 필요한 해방공간의 성격과 미군정의 근본적 위상에 대한 문제의식은 그간 제대로 형성되지 못했다. 이러한 문제들은 사회운동과 국가건설에 대한 분석의 관점과 수준에 직결된 문제의식의 방향과 형성방식, 그리고 그에 따른 이론적 분석도구와 틀을 제공하는 패러다임 및 이로부터 도출되는 연구소재, 분석결과의 내용 등 여러 측면에서 비판적 검토대상이 된다.

사건에 대한 기존의 평가들은 대체로 세 가지로 집약된다. 첫째, 민주화 이전까지는 '불온세력이 사주한 폭동'(한국반공연맹 경상북도지부 1987, 26-32, 305-375)이라는 평가가 일반적이었다. 일방적 평가이기는 하지만 사건에 대한 접근 자체가 금기였으므로 다른 시각에 의한 해석 자체가 가능하지 않았다. 둘째, 현장 민중들의 좌파이념에 대한 이해도가 낮았고, 다급한 민생문제 해결과 인간다운 삶을 소망했던 '고전적 · 전근대적 민란'이었다는 규정이다(신복룡 2001, 56-57). 셋째, 1980년대 이후 진보적 입장에서 '변혁을 위한 인민항쟁'이라는 해석이 제기되기

레신문 03/ 10/ 02, 장병옥교수 인터뷰). 최근의 과거사 진상규명과 피해조사에서도 핵심 조사대상은 아니다. 경찰청 과거사 진상규명위원회 조사관 엄기연 인터뷰(2005년 5월 1일), 시위 참여 이일재 진술(2003년 10월 1일). 한편 사건현장 수준의 전개과정에 대해서는 학계의 전문적 연구 이외에 정영진의 『폭풍의 10월』이 있고, 최근 한 월간지에 상세한 소개(전현수 2006)가 실린 바 있다.

도 했다(정해구 1988).

그러나 사건의 배경요인을 탐색하고 전모를 제대로 파악하기 위해서는 10 · 1사건과 이후의 모든 과정이 4 · 3항쟁, 여순반란, 전쟁과 달리 국가건설 '이전'에 발생 · 전개 · 종결되었음을 주목해야 한다. 국가건설 이전의 시기적 특성이 배경 수준에서 어떻게 연관되어 작용하였는지에 대한 문제의식에서 출발하여 '군정'에 대한 발본적인 의문, 국가건설 이전의 '폭력'에 대한 평가, 그리고 사건이 발생한 대구지역 지방정치가 해방공간에서 근대 주권국가 건설에 대해 내포했던 의미에 대한 접근이 필요한 것이다.

국가건설 이전이었던 시공간적 '배경'을 이해하기 위해서는 해방공간이 일종의 '복수주권상황'이었으므로 '임시 주권'을 자임한 미군정의 '주권'은 헌정사적 측면에서 논란의 소지가 있으며, 현실정치 측면에서도 1946년 중반까지 미군정의 지배가 조선사회 전역에 완벽하게 관철되지는 못했음을 적시해야 한다. 조선인의 주권이 인정받지 못한 상황이었으므로 미군정의 각종 정책이 조선인에 대한 책임성을 확보할 수 없었고, 조선인의 의사와 조선사회의 내부 동학에 근거한 국가건설의 필수적 과제가 수행될 가능성도 보장되지 못했다. 이는 사건의 동기요인으로 직접 파생되었다.

다음으로 '국가건설 이전'에 벌어진 '폭력적' 집합행동의 원인과 의미에 대한 해명이 필요하다. '폭력을 성공적으로 독점한 정치공동체'라는 근대국가의 기본적 정의를 고려한다면, 국가건설 이전의 복수주권상황이었으므로 행위자들이 현실적으로 폭력을 동원할 개연성이 높았고, 미군정을 포함하여 어떤 행위자도 폭력의 정당성을 확보하기 어려웠다. 또한 국가건설 이전이었다는 말은 곧 '정치참여의 기회구조가 제도화되기 이전' 이라는 의미이므로 '거리의 정치' 도 하나의 정치참여였다.

사건이 발생한 대구는 당위적으로 '조선인의 주권국가' 의 '자치의 저변' 이 되어야 했던 전국 지방정치 공간 중에서도 좌우합작을 실현한 유일한 지역이었지만, 중앙정치와 외세의 갈등 속에 정치 지형이 폭력적으로 비화한 끝에 10 · 1사건이 일어났다. 여러 가지 한계에도 불구하고 지역 수준에서 '국가건설' 과 관련하여 대구 지방정치가 갖는 자생성과 역동성은 10 · 1사건의 배경요인 및 의미 차원에서 주목할 수 있다.

이 논문은 기왕에 연구된 사건현장 수준의 동기요인과 매개요인을 세세하게 다루지는 않으며, 위와 같은 인식을 염두에 두고 다음 일련의 작업을 수행한다. 먼저 사건에 대한 연구가 상대적으로 빈약했던 점을 위에서 제기한 쟁점들에 따라 메타이론 차원에서 비판적으로 검토하고, 대안적이고 다각적인 해석의 필요성을 제기한다. 그리고 사건의 배경을 이해하기 위해서는 해방공간의 시대 규정, 미군정의 위상에 대한 발본적 문제의식, 그리고 그에 대응한 당시 대구지역의 지방정치적 자율성에 대한 고찰이 필요함을 지적한다. 이에 따라 복수주권 상황, 국가건설 이전의 폭력, 지방정치의 의미 측면에서 배경요인을 검토한다. 여기서는 미군정 주권의 태생적 한계, 임시 주권의 무책임성과 조선사회의 내부적 동학과의 무매개성 및 사건 동기요인과의 연관성을 논의하고, 이러한 배경요인에 기초하여 10 · 1사건에 대한 대안적 해석을 시도한다. 그리고 '지방 수준의 자율적 국가건설을 위한 준비' 차원에서 대구 지방정치의 가능성과 한계를 지적한다. 결론에서는 사건의 의미와 명칭 문제를 간략히 정리하고 향후 과제를 제기한다.

Ⅱ. 10 · 1사건에 대한 확장된 이론적 해석의 필요성

1. 소외된 연구대상의 문제

국가건설과 사회운동을 주요 연구대상으로 삼는 비교정치학에서 10 · 1사건은 그간 좌우 입장을 막론하고 주요한 학문적 연구대상의 반열에 포함되지 못했거나 종종 부정적인 평가를 받아왔다. 그 이유는 다음과 같이 정리할 수 있다.

먼저 색깔론이다. 발생단계에서 소련군정과 극좌세력의 일정한 지원 및 개입이 확인된 사건(심지연 1991 ; 중앙일보 현대사연구소 1996)이므로 오랫동안 학계의 관심대상에서 강제로 제외되어 왔다. 다음으로, 발생지역이 대구경북 일대였다는 지역적 특성을 들 수 있다. 특히 박정희의 가형(家兄) 박상희가 연루되어 사망한(조갑제 1998) 탓으로 오랫동안 언급 자체가 금기였다. 대구지역은 5 · 16 이후 출향 정치인들의 득세가 이어지면서 지역사회 전반이 '보수화' 함에 따라 4 · 3항쟁처럼 지역 언론과 시민사회의 지속적인 문제제기가 사건 재조명에 견인차 역할(제민일보 1994)을 할 만한 여건이 형성되지 못했다. 그럼에도 불구하고 민주화 이후 현대사 연구의 성과 축적에 비추어 볼 때, 이 사건에 대한 관심과 연구는 동시대의 다른 주요 연구대상에 비하여 여전히 미진하다. 앞서 지적한 두 요인과 별도로 다음 몇 가지를 생각할 수 있다.

첫째, 폭력성이다. 권위주의 정권의 '폭동' 규정 이외에도 나름대로 객관적인 접근을 시도한 학계의 평가로서는 조선공산당의 소아병적 전술의 무모성을 지적하고 있고(심지연 1991; 신복룡 2001), 일각에서는 과도한 폭력성에 대한 '성찰'(안소영 2003)에 이르기까지 '과격하고 비이성적인 대중(mob)'의 집단폭력은 이 사건을 부정적으로 평가하게 된 근거가 되었다. 사건 당시의 평가를 보더라도 미군정측 보고서는 물론, 비교적 시위대에 동정적인 입장에서 조사한 '조미공동소요대책위원회'의 보고서 역시 '폭력'에 대한 부정적 인식을 드러낸다(심지연 1991).

폭력 자체에 대한 부정적 인식은 '객관적이고 가치중립적인' 사회과학이 은연중 전제하는 조건이기도 하다. 요구의 정당성과 상황의 특수성이 감안된다 할지라도 '폭력사태'라는 어휘 자체가 이미 언어적 · 관습적으로 부정적인 의미를 내포하고 있다. 그러나 근대국가가 폭력을 독점한 정치공동체라는 고전적 정의에 비추어 볼 때, 국가건설 이전의 폭력에 대해서는 당대의 행위자 그 누구도 정당성을 확보하기 어렵다. 아울러 정치참여의 범주 측면에서 폭력적 의사표현 역시 참여의 한 형태로 볼 수 있으며(강정인 1993, 118-130), 선진민주국가들 역시 근대국가를 수립하면서 전쟁과 혁명 등 폭력사태를 예외없이 겪어왔다(Moore 1966). 수도권 시위와 함께 확산된 지방의 '대공포'에서 노정된 폭력성을 들어 프랑스 혁명의 의미를 폄하하지 않듯이(최갑수 2002) '폭력'에 대한 가치개입적 평가는 객관적 분석과는 차원이 다른 문제이다.

사건을 긍정한 진보적 입장은 당시 시위대가 제기한 식량문제 해결과 친일경찰 축출 요구가 '항쟁의 정당성'을 담지할 수 있었다고 평가한다. 유력한 대안적 해석이기는 하나 이러한 평가 역시 '항쟁', '저항'의 용어에 내재한, "사건을 일으킨 지방 민중은 해방된 조선사회에서 수동적 '타자'였고, '저항'을 '진압'한 미군정은 해방공간의 우위를 선점한 능동적 '주체'였다"는 숨은 전제를 의도치 않게 간과하고 있다. 저항폭력에 대한 '사회경제적 변혁의 정당성' 의제에 비해 보다 발본적인 관점에서 군정 · 경찰과 시위대의 폭력을 국가건설 이전의 시대적 맥락에서 조명할 가능성과 그에 관련된 쟁점은 제기될 여지가 봉쇄된다.

둘째, 방법론적 측면에서 해방공간의 연구대상을 '선택' 할 때 '민중의 실제 행동과 주장' 보다 '중앙정치세력과 미군정의 행위' 에 치중해 온 경향으로 인해 10 · 1사건과 같은 '민중의 실제 행동' 은 상대적으로 소홀히 다루어져 왔다. '아래로부터의 민족적 · 민중적 시각' 에서 해방공간을 분석할 필요성은 그동안 수없이 제기되었다. 그러나 해방공간에 대한 접근들의 문제의식은 10 · 1사건과 같은 '각 지방 인민의 실제 모습' 이 아니라 '미군정과 미국 정부의 의도', '중앙정치세력의 행태와 반응', 즉 "외세가 해방 조선을 어떻게 다루려 했고 다루었는가", "서울의 정치엘리트들은 무엇을 주장했고 어떻게 행동했는가"라는 질문에 답하려는 국가, 정치사회 층위의 역학관계에 대한 '진실 게임' 과 비판이 주류를 이루어 왔다.[2] 자료 측면에서도 구술자료(문제안 외 2005 : 164–189)를 비롯한 국내 기록의 발굴과 정리가 부진했던 반면, 사건을 분석해 온 보수적 · 진보적 입장의 공통된 이론 원산지이자 당시 군정 본국이었던 미국과 미군정 측 자료에 주로 의지하였다.[3]

---

2 예를 들어 10 · 1사건을 다룬 연구로는 서론에서 제시된 선구적 연구들을 위시하여 학위논문은 1980년대 이후 석사논문 두 편이 전부이다. 김민정. "미군정 하의 10월폭동 연구." 연세대학교 1986 ; 정해구. "10월인민항쟁의 전개과정과 성격에 관한한 연구." 고려대학교 1987.

3 10 · 1사건에 대한 구술자료가 2005년 한 차례 정리된 바 있다(문제안 외 2005 참조). 그동안의 연구들은 G–2보고서, 미군정 사건 보고서에 크게 의존하고 있다. 오히려 사회과학적 연구보다 현장 참여자의 관점을 반영했고, 사건을 생생하게 파악하는 데 도움이 되는 책은 넌픽션 형식을 띤 정영진의 기록이다(정영진 1990).

한편, '아래로부터의' 관점에 입각한 진보적 연구경향도 이유는 다르지만 사정은 유사했다. '아래'를 '변혁의 주체로서 민중'과 등치시키고 '운동론적 이념'과 '분석의 수준'을 구분하지 않은 혐의를 지울 수 없는 것이다. 진보적 경향의 연구들을 보면 대체로 '구조적 배경과 조건—운동의 전개양상—평가'의 분석틀로 이루어지며, 이를 통해 '역사적 과제'가 설정되고 '민중'은 이를 수행하는 '변혁을 의식한 담지자'로 설정되는 패턴을 보인다(이용기 2000, 14–21). 이에 따라 실제 분석은 민중의 실제 행동보다 이들을 '지도'하는 중앙 정치 엘리트들의 노선과 행적, 미국 정부와 군정의 정책에 집중되기 마련이다.

'아래로부터의 관점'과 그에 의한 해석의 필요성은 커밍스의 한국전쟁 연구로부터 자극받은 것이 결정적이었다. 커밍스의 연구는 조선공산당의 외부 개입 요인을 무시한 '자생성'에 대한 지나친 강조와 그에 따른 편향적 해석에도 불구하고 '충실한 경험적 연구'의 미덕이 학계의 해방공간 연구를 촉발한 계기(박명림 1996, 1장)가 되었다. 그런데 커밍스 이후 해방공간을 다룬 기존 학계의 연구들이 주로 중앙 엘리트와 미군정의 정책분석 및 기밀문서 해제와 추적에 주력해 온 것이 사실이다. 이러한 문제의식은 해방공간에서 압도적 규정력을 행사한 강대국의 의도와 전략으로부터 분단과 전쟁의 주요한 기원을 밝히기 위해 필요하다. 그러나 민중 수준의 행위와 사건분석을 통해 당시 조선인들의 자율적 의지와 대안적 가능성에 대한 평가가 병행되지 않으면 강대국의 입장에서 씌여진 문헌자료에 집중하는 실증적 시각, 그리고 해방공간의 귀결을 이미 알고 있는 후대인들의 목적론적이고 결과론적 시각(Tilly 1993, chpter 4)에 매몰되어 당시 조선 민중을 분석적 입장에서 부지중에 타자화시키게 된다. 커밍스의 연구로부터 한국전쟁의 기원과 분단의 원인에 대한 수정주의를 비롯한 '관점의 전환과 확장' 은 이어져 왔지만, '분석대상과 분석 수준의 지평 확대' 는 일부 연구자들의 성과를 낳긴 했지만 전반적으로 부진했던 것이다.[4]

셋째, 지방정치에 대한 경시이다. 해방공간 3년 동안 중앙이 지방을 압도해 갔고, 이후 학문적 차원에서도 연구대상이 중앙정치에 편중되었으며 지방에서 일어난 사건들은 소홀히 취급되어 왔다. 중앙정치 편중은 현실정치와 학문 모두에서 구조화된 원인이자 결과라고 볼 수 있다. 해방공간 당시 시간이 흐를수록 전국 각지의 자율적 사회운동이 외세와 중앙정치세력 앞에 압도되어 가던 과정이 원인이며, 이후 그 과정 자체보다 외세와 중앙정치세력의 의도와 행적 추적 및 그에 대한 회고적 평가와 비판에 치중한 연구경향은 그 결과라 할 수 있다. 1980년대 이후 진보적 학계에서도 이러한 경향이 완화되지 않았고, 지역적 의미의 '아래으로부터의 저항' 에 대한 관심 역시 미약했다.[5]

더구나 1946년 들어 중앙이 지방을 압도하기 시작했지만 그것이 가속화되기 시작한 계기는 10 · 1사건이었다(안 진 1996; 김용직 1998, 47-

4 정해구(1988)의 선구적 연구 이후 일련의 연구들은 중앙정치의 맥락에 따라 사건을 분석했다. 차남희(1997), 김용직(1998), 박종성(2001)은 각각 군정 농업정책, 한국전쟁 원인, 정치폭력의 성격을 소재로 미군정과의 관계 측면에서 사건을 해석한 바 있다. 당시 사건의 배경이 된 지방 민중 수준에 입각한 분석은 1990년대 이후 안소영(1993), 허 은(1994), 허 종(2004)의 연구를 들 수 있다.

5 2006년 2월 시점에서 해방공간의 지방 '인민위원회' 를 다룬 학위논문은 8건이다. 이에 비해 '신탁통치' 와 '미군정' 에 대한 학위논문은 각각 114건과 890건에 달하여 해방공간 연구의 소재가 편중되어 있음을 보여준다(국회도서관 자료 검색, 2005년 3월 2일). 관련된 문제의식이 제기된 바 있다. 정해구. "한국 사회운동의 시각에서 본 중앙과 지방." 한국정치학회 기획학술회의(2000년 5월 20일).

53).[6] 중앙정치세력의 지방 압도는 한반도 남부 전역에 대한 지배를 '의식적으로' 추구한 미군정의 '행위'로 인한 것이며, 이러한 미군정의 행위는 해방공간 내내 계속되었고, 심지어 1948년 정부 수립 초기까지도 '완료'되지 못했다. 그리고 중앙의 극좌세력과 소련군정의 개입은 사실이었지만 10 · 1사건 직후 이들 외부 조직은 예상을 뛰어넘는 광범하고 신속한 사태 전개에 당혹했다. 지방정치의 자생력은 좌우의 이념적 정향에 대한 평가 이전에 '사실'이었다.

2. '해방공간' 혹은 '미군정기'

10 · 1사건의 시대적 배경인 해방공간에 대한 기존 연구들의 관점을 드러내는 군정기의 시대 구분을 보면 미군정의 통치방식을 기준으로 삼거나(진덕규 1989, 41–46), 미군정의 국내 정치세력에 대한 태도와 미국과 미군정의 정책기조를 기준으로(박찬표 1997) 나누고 있다. 미군정의 '절대적 위상'에 대한 근본적 문제제기보다는 '미군정의 정책과 태도'의 '눈높이'에서 조선사회에 미친 영향 분석과 비판에 주력해 온 것이다.

정치적 현실주의의 시각에서 미군정의 우위는 당연한 것이겠지만,

6 김용직(1998)의 연구는 집합행동이론을 적용하여 커밍스의 무리한 '자생적 농민혁명' 테제를 설득력 있게 반박하고 있다. 그러나 김용직의 문제의식은 '한국전쟁 내인론'에 대한 경험적 반박에 초점이 맞춰져 있으며, 이 사건이 당시 조선공산당과 소련 군정의 조직적 개입에 상당한 영향을 받았다는 판단을 분석에 접합시키고 있다. 경험적 측면에서 오류는 아니지만, 사건발생까지 맥을 이어오던 지방정치의 자율성 측면에 대한 접근을 결부시킬 때 좀더 동태적인 해석이 가능하지 않을까 싶다.

해방공간 당시의 대안적 변화 가능성, 그리고 해당 지역의 후대인인 우리 나름의 해석 가능성까지 봉쇄될 수는 없다. 미국의 절대적 영향력은 외적 관계의 수준에서만 아니라 오늘날 한국인들의 가치관과 세계관 속에 깊숙이 작용하고 있다(박상훈 외 2004, 12). 그 역사적 기원은 해방공간으로 거슬러 올라간다. '해방공간'을 '미군정기'와 동의어로 치환시키는 일반적인 시대 규정 역시 당시 '현실'을 해당 지역 행위자(조선)의 체념과 묵종을 강제하는 '불가항력'으로 등치시킨 결과이다. "해방공간 당시 미군정의 지위와 주권이 자동적 · 선험적으로 '현실 우월성'을 확보했다"라는 인식이 암묵적으로 지속되어 온 것이다.

해방 직후 조선인들의 미군에 대한 '해방군' 인식은 미군이 식민지배를 종식시킨 주체였음을 인지하면서 자연스럽게 형성된 것이다(허 은 2003, 48-51). 문제는 이러한 인식이 이후 일종의 '사회역사적 공리(公理)'로 굳어지고, 이 시기를 분석하는 학계의 '학문적 공리'로까지 은연중 스며들어 왔다는 점이다. 패러다임이 한 시대의 담론과 가치관까지 규정하는 '시대정신'을 의미한다고 할 때, 미군정은 한국사회에서 해방 이후 형성된 패러다임의 주춧돌을 놓은 주체이자, 그 패러다임 속에 존재하는 한국인들이 잘 인식하지 못하는 존재가 되어온 것이다. 그리하여 해방공간 이후 정치세력 간 경합을 분석할 때도 군정은 국내 정치세력과 '동격'이 아닌 한 단계 위에 존재하는 '심판관'으로 설정되어 왔다.[7]

물론 이러한 시각은 해방공간을 사후적으로 관찰해 온 학계에 국한

7 이러한 설정이 당시 현실에서 미군정의 압도적 규정력을 반영한 불가피한 설정일 수도 있다. 그러나 당시 현실과 이에 대한 조망, 인식은 다른 차원의 문제일 수 있다. 특히 10 · 1사건과 같은 사례를 분석할 때 그 의미는 사건의 '현재성'에까지 결쳐서 전혀 달라질 수 있다.

되지 않으며, 독자적 '주권'과 '대안국가'를 선언했던 국내 정치세력들에게도 미군정의 압도적 규정력은 '거부할 수 없는 현실'이었다. 조선공산당도 1947년 이전까지 미군정을 남한사회 유일의 주권 담지자로 인정했으며, '신전술' 역시 미군정의 권위를 근본적으로 부인하지는 못했다(김남식 1984; 김광욱 1998, 289-293). 그러나 이 시기로부터 형성 · 공고화한 패러다임은 그 패러다임을 비판하고 극복하려는 연구경향에서조차 군정에 대한 발본적인 문제의식을 형성하지 못하도록 작용하였다. 학문사회의 외부적 제약 때문에 표출되지 못했다기보다 진보와 보수를 막론한 학문사회 전반에서 문제의식 자체가 처음부터 형성되지 않았다. 그 이유는 다음과 같이 정리할 수 있다.

첫째, 보수적 입장의 경우 문제의식이 처음부터 형성되지 못했다. '해방군'으로 각인된 미군정의 위상에 대한 객관적인 접근 자체가 '성역을 건드리는 터부'에 속했으므로 이에 대한 비판이나 대안적 인식은 거의 불가능했다. 둘째, 진보적 입장의 경우, 미군정에 대한 비판적 인식에도 불구하고 군정의 위상에 대한 근본적 문제제기가 없었던 것은 내재된 특유의 방법에 기인한 것으로 보인다. 1980년대 이후 진보적 사회과학은 '민족', '계급', '민중' 등을 핵심 개념으로 삼아 정치경제적 접근에 주력했다. 주로 '변혁'의 관점과 문제의식을 기초로 사회구조적 · 정치경제학적 측면에서 접근하기 때문에 미국의 세계전략과 구체적인 정책을 해부 · 비판하는 데 문제의식이 집중되어 온 것이다.

근래 들어 정치학계에서 헌정사에 대한 접근을 현실의 정치학적 문제의식과 접목시켜야 할 필요성이 제기되어 왔지만 정부 수립 초기의 헌정체제 분석, 민주화 이후의 진로에 대한 탐색에 비해 미군정기에 적용한 선례는 거의 없다.[8]

주지하다시피 특정 패러다임 하에서 연구방법은 문제의식을 제한한다. 방법을 창안한 서구 학자들은 자신들이 처한 현실의 문제를 해결하기 위한 문제의식을 생성한 후 특정한 방법을 고안하지만, 제3세계는 역순의 상황에 놓여 1세계가 전수한 방법에 매몰되어 스스로의 현실로부터 출발하여 천착한 문제의식을 처음부터 발동하지 못하는 구조가 일상화된다(김웅진 2002). 그러나 10 · 1사건과 같은 폭력사태의 시공간적 배경을 이해하기 위해 당시 정당성의 명분과 현실정치의 지배범위 측면에서 미군정의 위상이 불완전했고, 조선 내부의 행위자들과 병렬적으로 복수주권 상황을 구성한 세력 중 하나로 볼 수 있는 '이론적 해석의 가능성' 은 진작 열려 있어야 했다.

해방은 구체제였던 일본 제국주의가 물러가고 아직 조선의 주권국가가 현실화되기 전이었으므로 일종의 '혁명상황', 즉 '복수주권 상황' 이라 볼 수 있다. '복수주권 상황' 의 이념형을 제시한 틸리는 '주권' 의 의미를 역사상황적 맥락에서 '실효적 지배에 성공한 권력' 의 의미로 규정하여 '권력' 과 사실상 동의어로 사용하고 있다(Tilly 1993). 그러나 외세의 개입과 규정력이 압도적이었던 제3세계의 특수성을 감안하여 '주

8 한국 정치학에서 '주권' 개념을 비롯한 헌정사 측면에 대한 접근은 '전통적 접근' 으로 분류되지만 그것은 미국 정치학의 분류를 탈맥락적으로 수용한 결과이다. 전통적이라 부를 만한 '연구전통' 을 축적하지 못했고, 현대정치사의 결정적 국면이던 해방공간의 '복수주권' 에 대한 구체적 접근은 거의 이루어지지도 못했기 때문이다. 최근 '주권' 에 대한 관심이 증대되고 있지만 민주주의 공고화 및 건국 초 헌정체제, '신자유주의적 세계화' 에 투영된 주권국가의 위상 설정에 대한 문제의식에 집중되어 해방공간까지 범위가 미치지 못하고 있다. 헌정체제에 대한 정치학계의 연구로서 한국정치외교사(2001), 박명림(2003), 곽준혁(2005), 세계화시대의 주권문제는 박상섭(2004), 김성주(2005)의 연구를 들 수 있다.

권' 의 의미를 단순한 독점적 지배권 개념보다 좀더 구체적으로 헌정사 측면에서 적용할 필요가 있다. 해방 직후 조선사회의 정치사적 맥락에서 '미군정의 헌정사적 위상' 과 그에 관련된 '주권' 의 성격은 그간 주목받지 못했지만 10 · 1사건의 배경 분석을 위해 검토되어야 할 문제이다.

Ⅲ. 복수주권 상황과 미군정의 주권, 그리고 폭력

1. 해방공간과 미군정의 위상

(1) 해방공간의 '주권'

미군정 법률 고문 프랑켈(Ernst Frankel)은 독일, 일본과 달리 조선을 '주권' 이 없는 상황으로 해석하였으므로 미군정이 자동적으로 최고 주권을 행사할 수 있었다고 주장하였다(김동춘 1988). 미군정 스스로는 '헤이그 규약' 에 의거하여 '군사점령' 의 형태로 스스로 '남한의 자치정부' 임을 선포하였다(고지훈 2000, 210-220). 미군정은 '국가존속설' 이 우세한 독일이나 일본과 달리 조선이 독자적인 주권이 결여되었거나 정지된 상태로 보았고, 그러한 의미에서 스스로 '우방군' 이 아닌 '점령군' 자격으로 진주했지만(고지훈 2000; 최경옥 2003, 93) 해방된 조선의 국가 혹은 주권의 상태를 단정적으로 규정하는 것은 간단치 않은 문제이다. 무엇보다도 근대국가의 구성원리에 비추어 보았을 때 가장 중요한 조선 인민

스스로의 의사가 확인되지 않았고(김창록 2002, 144), 미군정과 대등한 정도의 '대안국가' 혹은 '자생정부'가 미비했지만 주권 자체는 회복되어 있는 것으로 볼 수 있을 것이다(최경옥 2003, 95). 이와 관련하여 군정의 헌정사적 위상, 주권과 정당성에 대한 관련 학계의 입장은 지금까지 충분히 논의되거나 합의된 적이 아직 없는 것으로 보인다(한국정치외교사학회 2001 ; 김창록 2002 ; 최경옥 2003).[9]

주권은 '불가분, 불가변의 개념'이라는 입장도 있으나 "국가와 비국가 행위자가 주권 및 그 법적 구성요소를 어떻게 도출 · 개선 · 정의되는가를 둘러싼 실천화 과정"이라는 구성주의적이고 사회적 차원의 개념으로 볼 수 있다는 가능성이 제기되기도 했다(김성주 2005 : 198–200). 주권 역시 근대 이후 형성된 역사적 개념이며, 시공간에 따라 변화해 왔기 때문에 그 자체가 고정불변의 개념이라 할 수는 없다. 실제로 모든 요소를 두루 갖춘 주권과 국가는 '이념형으로만 존재'하므로 다양한 행위자들의 참여와 관계 속에서 상호작용을 통해 형성되는 개념으로 파악할 수 있다(김성주 2005, 201). 해방공간 당시 주권 역시 이러한 차원에서 접근해야 할 것이다.

일반적으로 근대국가의 주권은 '헌정원리(constitutional order)', '자치(autonomy)', '국제사회의 승인(international recognition)' 세 가지 요소로 구성된다(곽준혁 2004 ; H. Thompson 1995).[10] 해방 당시의 특수한 상황에 이

9 현행 헌법 전문(前文)에 명시된 '임시정부의 법통 계승'을 이 시기에 적용할 경우, 당시 임시정부를 포함한 자생적 대안국가들과 군정의 상호관계 및 위상은 간단히 결론지을 수 없는 문제가 된다. 관용적으로 쓰이는 '해방공간'이라는 용어는 이러한 착잡한 역사와 현실을 반영한다.

를 곧바로 대입하기는 곤란하지만 세 요소를 감안할 경우, 대한민국 임시정부는 나름의 예비적 헌정원리(임시 헌장)를 갖고 있기는 했으나 국제사회의 승인을 거의 획득하지 못했고, 망명정부의 특성상 '자치'를 이루지 못했다. 건국준비위원회와 인민공화국은 헌정원리에 해당하는 강령과 아래로부터의 참여에 의한 자치의 기반을 전국적으로 다졌지만 '국제적 승인' 혹은 '인지'를 확보하지 못했다.

해방 초기 박헌영의 '인민공화국' 수립과 선포 시도가 소련군정과의 충분한 사전 협의 없이 이루어졌던 만큼(기광서 2003, 239-240) 각 지방 민중에 의한 자율적 국가건설 노력과 결합된 인민위원회 결성을 외세와 중앙정치세력이 체계적으로 장악 · 주도할 수는 없었다. 해방이 갑작스레 이루어졌고, 국가건설 이전이었으며, 미군정과의 관계가 복합적으로 작용한 점을 감안할 때 이러한 비체계성은 '혼란'이라기보다 '역동성'으로 이해될 수 있는 것이었다. 해방 초기의 '자치'가 지방 수준에서 산만하면서도 자율적으로 이루어졌고, 중앙정치 차원으로 체계적으로 수렴된 형태의 대안국가가 진전되지 못했던 것이다. 그러나 이는 지방에 따라 풀뿌리 수준의 대안국가를 향한 자율적 움직임, 즉 '국가건설의 사회운동'이 여러 형태로 존재할 수 있었음을 의미하기도 한다.

이상의 국내 정치세력들은 모두 국제적 승인을 얻지 못한 취약점을 안고 있었다. 임시정부 역시 망명 중 효과적인 국제사회의 승인을 끌어내지 못했고, 그간 일반에 알려진 것과 달리 프랑스와 중국으로부터도

10 이에 대해서는 Helen Thompson. 1995. "State Soveregnty in International Relations : Bridging the Gap between Theory and Empirical Research", *International Studies Quarterly*, 39-2, 곽준혁(2004)에서 재인용.

구두 승인에 그쳤을 뿐 공식 승인을 받지는 못했다(박배근 2004; 정상천 2005).

제2차 세계대전 후 세계질서의 추이를 감안할 때 동아시아에서 '국제사회의 승인'은 현실적으로 '미국의 인정'을 의미하였다. 문제는 미군정 자신의 '주권'이다. 미군정 스스로 한반도 유일의 주권정부임을 선포한 후 인민공화국을 부정(10월 10일)하고, 여운형에게 인민공화국 명칭 취소를 요구(10월 28일)하였으며, 11월에는 임시정부 요원들에게 미군정 법령에 따를 것을 서약하는 각서를 쓰게 하고 개인 자격으로 귀국시켰다(김광욱 1998). 신탁통치 찬반정국에서 임시정부는 독자적인 '국자(國字) 1호'를 발동, "군정청 소속 기구는 임시정부 예속 하에 둔다"고 선언하여 군정과 심각한 갈등을 빚기도 하였다(정용욱 2003). 이 점에서 당시 좌파(박헌영의 조선공산당)와 중도파(여운형과 안재홍 세력) 및 민족주의 우파(임시정부)가 각각 '인민공화국', '건국준비위원회', '대한민국' 등 주권국가를 선언한 데 비해 보수 우파가 처음부터 '한국민주당'이라는 '정당'으로 스스로 '격하'시키는 자기 규정을 했던 것은 의미심장하다. 미군정이 한민당을 파트너로 낙점한 것은 인적 구성도 작용했지만, 정치세력들 중 유일하게 국가를 '참칭'하지 않은 점도 무시할 수 없다. 그러나 미군정은 조선인의 의사, 조선사회의 내적 변화의 동학과 무관한 '외세'였기 때문에 원천적으로 '자치' 요건을 충족할 수 없었다.

10 · 1사건 당시 '미군정에 의한 사건 진압은 자주적이지 못한 일이므로 우리 문제를 우리가 스스로 해야 한다'는 취지로 당시 최석채,[11] 문장인[12] 등 중도 우익계열 지식인들이 모여 '민족자결' 투쟁본부를 결성

11 후일 매일신문, 조선일보 주필.

했다. 이들은 선무공작을 펴는 한편, 경찰에 의해 마구잡이로 구속된 시민들을 풀어주는 일을 하기도 하였다. 또한 10 · 1사건 대책위원회가 지역 우익 인사인 정운기에 의해 구성되었는데, 이 위원회 역시 미군정보다 민심을 한층 잘 이해하였으며, 피해상황을 독자적으로 파악하여 인명피해 통계는 군정 측의 수치보다 훨씬 크게 나타났다(김한길 1992). 우익세력조차 미군정의 한계를 감지하고 있었고, 그로 인한 폐해를 심각하게 받아들이고 있었던 것이다. 주목할 사실은 중앙정치 차원에서도 10 · 1 사건의 발발을 맞아 당혹한 미군정이 '조미(朝美)공동소요대책위원회'를 중도파 정치세력에 제안, 구성하여 공식적으로 서로 대등한 입장에서 사건의 처리를 시도하였던 점이다. 이 위원회는 해방 후 최초로 조선과 미국이 동등한 입장에서 만난 기구로서 미군정 스스로 '임시 주권정부'의 불완전성과 한계를 드러내고 있다. "조선의 자율적 국가건설을 준비하고 이를 원조한다"는 군정의 규정이 공식 발표문에 명기되어 있었듯이(심지연; 1986, 343-344) 시기와 역할로 보아 한계는 명백했다.

구체적으로 미군정의 임시 주권으로서의 한계는 다음과 같이 정리할 수 있다. 실효 지배를 담당하고 있었으면서도 첫째 물리적 군사력을 기반으로 통치를 수행한 '군정'이자, 스스로 규정했듯이 '임시 주권정부'였기 때문에 민중의 동의보다 '강제력'에 의지하는 편이 효율적이었고 합리적이었다. 둘째, 조선 내부 사회의 동학과 매개가 없었던 외세였고, 셋째 정당성을 구성원의 지지에 기반해야 하는 근대국가의 주권 구성원리의 이념형과 달리 궁극적으로 조선인이 아닌 미국 정부에 책임을 지고 있었다. 넷째, 이에 따라 미군정의 지배에 조선인들이 '주권자'로

12 당시 대구 한국독립당 간부.

서 참여할 수 있는 경로의 제도화는 미군정에게는 성가신 일에 불과했고 실제로도 소극적이었다. 대표적 사례인 남조선민주의원과 남조선과도입법의원의 경우 엄밀히 말해 '입법부'라기보다 '군정자문기관'에 머물렀던 것이다.

해당 지역의 행위자들이 상호작용을 통해 형성시킨 주권이 아니라 외세였던 미군정이 개입하여 스스로 선포한 '임시 주권'은 국제적 차원에서 승전국 지위에 의해 보장되고 있었지만, 당시 조선 인민의 의사가 확인되지 않았고 근본적으로는 미군정에 의해 조선의 주권이 인정받지 못함으로써 '확인 기회'마저 박탈당한 상황에서 존재했기 때문에 상당히 불완전했다. 실효적 지배를 행한 '임시 주권 정부' 미군정의 불완전성은 사실상 해방공간이 '복수주권 상황'의 시대였음을 의미한다.

(2) 해방공간 복수주권 상황의 특성

'복수주권 상황'은 기존 체제가 붕괴되고 다른 체제로 전환하는 혁명적 국면의 일반적 특징(Tilly 1978, 1993 ; 김동택 2002, 131)이다. 그런데 해방공간은 구체제 '조선총독부'는 무너진 상황, 즉 복수주권 상황의 전제조건이 이미 소멸한 후 '뒤늦게 조성된 다중(多重) 복수주권 상황'이었다. 타도의 대상으로 버티는 구체제와 이에 도전하는 세력이 양립하는 전형적인 '이중(二重)주권 상황'이 아니라 이미 구체제가 패망하고 미처 '주권국가'가 성립되지 못하거나 이를 준비하는 자치적 대안국가가 약한 상황에서 여러 세력이 경합하던 '다중주권 상황'이었던 것이다. 민족을 강제로 지배하던 외세를 '다른 외세'가 몰아냄으로써 벌어진, 이를테면 '제3세계 특유의' 상황이라 할 수 있다.

그리고 미국은 자신과 직접 대결하던 구체제세력인 일본 총독부 조선인 관료들과 이에 부역한 자산가 계층을 한반도 통치를 위한 파트너로 삼았다. 즉 구체제세력을 무너뜨리긴 했지만 자생적 대안국가세력이 구체제 타도에 동등하게 참여한 주체가 아니었기 때문에 대안국가세력은 좌우를 막론하고 미군정은 물론 일본 총독부 및 부역세력에조차도 비견되지 못하는 '열등한 객체' 이자 '통치대상' 으로 전락했다.

이로써 조선에서는 두 단계의 다중적 복수주권 상황, 이를 테면 이념형적 복수주권의 혁명상황과는 다른 '유사 복수주권 상황' 이 연속적으로 진행되었다. 첫 단계는 미국과 일본의 전쟁이 조선 수준에서 발현된 종전 직전의 단계였고, 둘째 단계는 종전 직후 조선을 점령한 미국과 조선 내부 정치세력들 간에 형성된 복수주권 상황이었다. 첫 단계는 조선인의 관점에서는 친일파를 제외한 조선인들과 조선총독부의 대치가 기본 구도였지만, 미국의 관점에서는 미군과 조선총독부의 대치가 기본 구도였다. 조선 진주 이전부터 미국의 관점에서는 총독부와 조선인의 대립 관계는 '동등한 대립' 이 아닌 '지배와 피지배의 상하관계' 였다. 이는 1945년 9월 진주 직후 미군이 발동한 포고령과 이후 미군정 명령 및 장성들이 임정과 인공을 거듭 공식 부인한 발언(김광욱 1998)을 통해 확인되고 있다.

유사 복수주권 상황이 의미하는 바는 다음과 같다. 첫째, 이념형적인 상황은 아니었지만 복수주권 상황의 속성상 언제든 10 · 1사건과 같이 통제를 벗어나는 사회운동이 발생할 가능성이다. 미군정과 복수의 국내정치세력으로 이루어진 이러한 '유사 복수주권 상황' 은 서로를 완전히 인정하지도 않고 그렇다고 완전 배제하지도 않는 형태로 위태롭게 이어갔다. 둘째, '유사' 복수주권 상황이었으므로 당대의 행위자들이 현실 차원에서는 복수주권 상황임을 제대로 파악하지 못할 수 있었다. 10 · 1사건의 특징 중 하나이면서 '미스테리'로 지목된 것(심지연 1991)은 "미군정에 대한 직접 타격이 왜 없었는가"라는 의문이다. '정당방위의 역공세'라고만 했지 미군정 '타도'까지는 주장하지 않은 조선공산당의 '신전술'에서 이유를 찾기도 하지만 시위의 자발성과 규모를 감안할 때 조공의 신전술만으로는 설명할 수 없다. 이에 대한 해답은 유사 복수주권 상황이었던 데서 구할 수 있다.[13] 객관적으로는 분명히 미군정이 주권정부로서 불완전한 구조적 취약성을 안고 있었지만 조선인이 주관적으로 가졌던 '해방군' 이미지로 인해 그러한 상황을 쉽게 인지할 수 없는 '유사 복수주권 상황'의 특수성에서 추론할 수 있다. 또한 당시 조선 민중은 복수주권 상황의 첫 단계에서 이미 패망한 구체제 '일본', 그리고 그에 부역했던 친일세력에 대해서는 명백한 반감을 갖고 있었지만, 두 번째 단계의 유사 복수주권 상황에서는 일본을 패망시킨 미군에 대해서는 반대하거나 저항할 이유를 느끼지 못했던 데 비해 친일경찰은 '타도'보다는 '보복대상'이었다.

이와 같은 두 가지 측면에서 볼 때 유사 복수주권 상황은 10 · 1사건의 발생 자체의 배경요인이었던 동시에, 사건의 동기요인을 사실상 야기시켰던 미군정이 시위현장에서는 정작 직접 공격당하지 않았던 배경요

13 당시 경북지역에서는 10 · 1사건 이전 미군정이 지배범위를 군, 면 등 하부단위로 확장하는 과정에서 자치활동을 억누르는 태도를 보이자 인민위원회 주체들이 "우리가 왜 해방군을 배척하겠는가"라며 반발하기도 했다(안소영 1993). 단순히 보면 미군이 '해방군'이 아닌 '점령군'이었음을 충분히 알아채지 못했던 낙관론의 소치이지만 '복수주권 상황'에서 자신의 객관적 존재를 제대로 인지하지 못한 사례이다.

인이 되었다.[14]

2. 군정의 한계와 사건 동기요인의 연관성

1946년 시점에서 현실적으로 지배범위를 확충해 가는 중이었고 '주권' 측면에서도 불완전한 구조였던 미군정의 위상으로 인한 거의 필연적인 '임시주권 정부의 무책임성'과 '조선 내부의 사회동학과의 무매개성', 그리고 '조선인의 참여경로 결여'는 10 · 1사건의 발생 동기요인이 된 식량문제와 친일경찰의 부조리를 초래한 근원적 구조로 작용했다. 이로써 해방된 조선의 입장에서 필연적으로 제기되는 국가건설 과제는 필수적 과제가 아니라 선택적 대안으로 격하되어 버리는 문제가 있었다. 미군정의 구조적 한계는 당시 10 · 1사건의 직접적 동기요인이었던 아래의 식량문제와 친일경찰 문제를 저변에서 초래한 배경요인이 된 것이다.

당시 민심은 형성되고 있던 대안국가세력을 광범하게 지지하고 있었지만 구체제를 무너뜨린 주체가 외세였다는 사실을 인정하고 있었으므로 미군정에 대한 지지 역시 진주 초기만 해도 전폭적이었다. 미군정 스스로 자신의 위상에 대해 규정, 선포한 '점령군'과 달리 조선인들은

14 10 · 1사건과 이후의 전개과정에서 미군이 공격받은 경우는 한 차례뿐이었다. 이로써 10 · 1사건은 그 규모와 범위, 동원된 폭력의 강도가 심각했음에도 불구하고 '대자적 혁명운동'에는 이르지 못했고, '인민위원회 정권 이양'은 지역에 따라 편차가 있었으며 경찰에 대한 공격이 주종을 이루었다.

'해방군' 으로 인식하고 있었다. 일본을 물리치고 해방을 가져다 준 사실 자체가 군정의 정당성을 형성한 유일하고도 절대적인 근거였기 때문이다. 그러나 해방은 미군정의 헤게모니를 구성한 유일한 요소였던 동시에 그로써 모든 실정(失政)과 한계를 매몰시킨 역설적 요소로 계속 작용했다. 정책의 효과나 정당성의 문제는 언제나 '해방군' 이라는 현실정치에서의 절대적 위세 '아래에' 위치했다.

미군정에 대한 지지는 '일제 패망과 광복' 에 대한 '감격과 감사' 의 정서였지만, 이것이 '합리적 지지' 로 이어지기 위해서는 조선사회 내부 동학의 필요성을 담은 조선인들의 요구에 부응해야 했다. 구체제 일본 제국주의를 패망시킨 공적은 해방 초 '광기의 순간' 으로부터 멀어질수록 과거가 될 따름이었다. 이미 1946년 3월, 미국 언론은 조선인들의 냉랭한 분위기를 "미군 헌병은 일제 헌병보다 키가 좀 크다는 것 외에 차이가 없다"는 냉소적인 농담을 통해 표현하고 있다(허 은 2003).

'해방군' 은 조선의 정치 엘리트와 민중들에 비친 이미지였고, 미군정 스스로 자처한 '점령군' 의 위상과는 상충될 수밖에 없었다(이현경 2005). 또한 일본을 물리친 공적과 점령 이후 미군정의 정책은 엄밀히 보면 구분되는 동시에 '상충' 될 수 있는 요소였다. 두 가지 차원의 '상충' 은 곧 조선인이 바라는 변혁 과제를 현실적으로 구현할 가능성이 배제될 수 있음을 의미한다. 식량정책의 난맥과 친일경찰의 횡포는 그러한 상충에서 비롯된 미군정의 '점령군의 현실적 의도' 와 조선인의 '해방군 이미지와 낙관' 이 빚은 필연적인 부조리였다.

미국 정부가 설령 군정에게 "정책적 책임을 지라, 현지 여론을 중시하고 그에 따라 정책을 시행하라"는 지침을 하달했다고 가정하더라도 당시 조선사회에서 민중의 정치적 의사표현과 참여를 자생적 대안국가도 아닌 외세였던 군정의 정책으로 매개할 수 있는 경로가 없었다. 군정 입장에서 의사수용의 경로는 조선인의 입장에서는 '참여의 경로'가 된다. 군정에 의해 참여의 경로가 최대한 제도화된다 해도 책임 소재의 불완전성을 면할 도리는 없었다.[15] 미군정의 구조적 한계는 다음과 같이 사건의 동기요인으로 직결되었다.

(1) 식량문제

책임성 결여의 대표적 사례는 미국 정부가 군정 당사국으로서 빠져들지 모를 난처한 입장을 회피하려 했던 식량문제이다. 1946년 식량위기를 맞아 미군정이 실시한 자유곡가제 폐지와 공출은 일제 때의 무자비한 식량공출제를 연상시키는 것이었고, 농민들의 원성과 저항을 야기했다. 1946년 상황은 악화일로를 걸어 3월 1일 대구지역의 쌀 5되 값이 155원이었는데 불과 2주일 후인 3월 14일 235원으로 급등하였다. 10 · 1사건 3개월 전인 7월 4일 조사에 따르면 대구지역 결식률이 이미 관공서 20%, 공장 40%, 학교 30%에 달하여 기근은 극심해져 가기만 하였다(남선경제신문 46/03/01; 46/03/04; 46/03/14).[16]

15 미군정은 태생적인 한계를 회피하는 데 머무르지 않고 자신의 입장과 이해관계를 위해 상황논리와 필요에 따라 적극 이용하였다. 신탁통치는 미군정이 소극적 책임 회피에 머무르지 않고 적극적인 분할 지배(divide and rule)를 시도한 사례가 된다. 신탁통치의 보도를 둘러싸고 미군정은 반소, 반공 여론몰이를 위한 의도적인 조작을 시도하였다. 논점을 잘못 짚은 신탁통치 파동 사태에 대해 마땅히 책임져야 할 미군정은 본국 국무부, 양국 언론, 조선 민중 사이에서 책임을 피해가는 곡예를 감행하였다(정용욱 2003, 53-96).

16 남선경제신문은 매일신문의 전신.

경상북도의 경우 하곡 공출제 배당량은 1946년 5월 9일에 50만 섬으로 책정되었다. 그러나 농민조합의 반응은 부정적일 수밖에 없었다. 경상북도 식량사무소마저도 "일제의 강제공출과 다름없고 효과도 없다"라는 불만을 보이는 지경에 이른 것이다(영남일보, 1946년 5월 25일). 경북의 수집 하곡 21만 섬은 수집량 전국 최고로서 전국 수집의 34%를 차지하였다. 곡창 전남이 154만 섬 중 4만 섬밖에 수집되지 못한 것을 보면 경북지역의 수집과정이 얼마나 혹독했는지를 반증하고 있다.

식량문제에 대한 미군정의 정책적 대응은 구조적 한계로 인한 책임성 실종을 보여주는 사례이다. 쌀의 자유시장정책에서 통제정책으로의 전환과정을 보면 어떤 정책을 실시할지에 대한 미국 국무부의 청사진이 미리 예정되어 있었는데, 이미 미국 본국의 책임을 경감시키기 위한 예방조처가 군정 사령관에게 전달되어 있었다(차남희 1997, 103-104).

> 한국의 수입에 대한 미국의 책임을 제한하기 위해서 귀하(미군정당국)는 기본적인 한국의 자원을 최대한으로 이용하기 위하여 모든 경제적 · 정책적 방안을 강구해야 할 것이다….

본국 정부가 회피하는 책임 소재를 현지 군정이 굳이 떠맡으려 할 이유는 없었다. 반공국가 건설이라는 이른바 '미국의 범위'(박명림 1996, 523-524)만 준수하면 되는 시한부 정권의 입장에서 정당성의 위기 책임을 회피한 태도로 인해 조선인들은 민생문제에서 사활이 걸린 심각한 타격을 입고도 아무에게도 책임을 물을 수 없는 기이한 처지로 전락했다.

(2) 친일경찰문제

식량문제와 함께 미군정이 장악한 폭력을 현장 수준에서 대리한 집행자가 '친일경찰'이었던 현실은 사건발생의 직접적인 동기였다. 군정경찰의 책임을 지고 있던 매글린(W. Maglin)은 1946년 10월 현재, 군정경찰 경위 이상의 간부 1,157명 중 949명, 즉 82%가 식민지 경찰 출신임을 보고하였다(심지연 1991). 조미공동소요대책위원회의 김규식과 여운형은 군정청에 조병옥 경무부장의 인책 파면을 요구했으나 대책을 강구하겠다는 성명 이외의 실질적인 조치가 취해지지 않았다.

1945년 10월, 대구에 진주한 미군은 좌우 합작기구였던 '건국준비경북치안유지회'를 해산하고 친일부역 관료였던 김의균을 도지사로, 대구공소원장(지금의 고등법원장)과 검사장에 이호정과 한규용을, 대구지방법원장과 검사장에 함승호와 오완수를 임명했다. 그리고 경북경찰청장에 해방 전 군수를 지낸 권영석이, 대구경찰서장에 이성옥이 임명됐는데, 둘 다 친일경찰로 민족운동을 탄압한 자들이었다(전현수 2006).

경찰은 악습을 버리지 못하고 고문과 구타를 일삼아 주민의 지탄을 받았다. 당시 경찰은 군정당국보다 오히려 폭력을 훨씬 수월하게 남용할 수 있었다. 권한은 부여받았으되 아무에게도 책임지지 않았기 때문이다. 군정당국은 그나마 미국 본국에라도 책임을 지고 있었지만 남조선 경찰은 1945년 말 현재 1만 5천 명을 돌파하였고, 10 · 1사건 진압과정에서 급격히 성장하여 2만 5천 명에(김석준 1996) 이르게 되었음에도 불구하고 미군정에 의해 국민이 '주권자'로 인정받지 못하던 시절이라 무소불위의 권한을 보유하고 있었다. 경찰의 친일혐의가 없었다고 가정한다 해도 미군정의 구조적 한계로 인하여 경찰에 대한 문민통제는 전혀 가능하지 없었다. 민생 현장에서 그 폐단은 친일경찰의 득세와 횡포로 이어져 민중의 분노의 표적이 된 것이다.

3. 국가건설 이전의 '폭력'

'민중적 저항이 변화를 반대하는 폭압세력과 부딪칠 때 평화적 요구가 폭력적 사태로 전환할 가능성'은 언제나 상존한다(강정인 1993, 129). '집합행동(collective action)'에 대한 비교정치사회학의 고전적 개념 정의를(Smelser 1998) 보면 '사회적 행동의 원칙을 근본적으로 재편하고자 하는 신념'에 바탕을 두고 있는 것으로 간주한다. 이같은 개념 정의에 의거하자면 규범과 제도가 일상화되지 못한 '복수주권'의 해방공간은 10 · 1사건과 같은 '폭력적 집합행동'이 거의 필연적으로 발생할 개연성이 어느 때보다 높았다. 따라서 국가 차원의 제도와 규범이 수립된 국가건설 이후 정상적 정치상황의 '폭력'과는 달리 그 자체가 하나의 적극적 정치참여 형태가 된다.

'폭력을 독점한 정치공동체'가 국가라는 고전적 정의(임영일 외 1991, 97; Mann 1988)에 따르면, '국가건설의 정치'에서는 '폭력'을 어떻게 독점하고 관리할 것인가 하는 과제가 핵심이다. 조선인들 상당수는 물론 일제 총독부 관리조차 종전 직후 소련군이 남한으로 진주할 것이라고 잘못 알고 있었다는 사실은 미군이 조선인들에게 우연적인 존재였음을 의미한다.[17] 그럼에도 미군이 진주와 동시에 폭력을 독점관리할 수 있었던 것은 7만 병력의 24군단이 보유한 군사력(이혜숙 1995, 17; 박찬표 1997,

37, 55-66)이 있었기에 가능하였다. 그러나 해방공간은 복수주권상황이었으므로 당연히 누구도(미국과 소련을 포함하여) 조선의 주권을 명실공히 장악하지 못한 시기였으며, 대안국가 건설을 위한 조선인의 정치역량이 분산되어 있었으므로 10 · 1사건과 같은 폭력은 언제든 발생할 수 있었다.

해방 직후 조선사회에서 '폭력'은 아직 체계적 · 독점적으로 관리되지 못한 산발적 자원에 머물러 있었다. 그리고 '폭력'을 독점 관리할 행위자로서 '미군정'은 조선사회 내부의 행위자(건국준비위원회, 인민공화국, 각 지역 인민위원회, 그리고 현행 헌법이 '법통'을 공인한 '임시정부' 등)들과 '경쟁'하던 존재였다. 인민위원회는 자율적으로 폭력을 접수 · 관리하고 치안을 유지하고자 하는 목적에서 '국군준비대의 건군운동'과 조직적으로 결부되어 있었다. 대구경북 지역에는 1945년 9월 23일에 일찌감치 국군준비대 경북본부가 결성(영남일보 1945년 10월 14일)되었으며, 미군정이 미처 장악하지 못했던 하부 행정단위로 갈수록 국군준비대는 인민위원회 조직과 긴밀히 연관되어 있었다(임종명 1997, 276).

폭력의 관리와 장악 측면에서 10 · 1사건은 미군정이 1946년 초반 이후 각 지방에서 시행해 온 '대내적 폭력의 접수와 인민위원회가 장악한 지방 행정기능 장악에 의한 단일주권 확립'의 결정적 계기가 되었고, 과도한 폭력성과 사건의 확산은 미군정에게 '진압'과 함께 '강제력 정

17 엄밀히 이를 '우연적'이라 할 수는 없다. 불가피하게 우연적이라 썼지만, 사회의 내적 변동과정과 국가건설의 진행과정이 비교적 일치하는 서유럽과 미국의 경험을 토대로 한 사회과학의 한정된 시각에서 볼 때 '우연적'인 것이며, 해방된 조선과 같은 시공간에서 외세는 우연적인 요소가 아니라 사실상 주요한 '상수'이다. 대안적 시각의 가능성에 대해서는 강정인(2000).

비' 를 통한 전제적 권력(Mann 1988) 구축에 '빌미' 를 제공했다. 미군정은 사건 이후부터 지배의 지역적 범위를 전국화하여 좌파세력을 궤멸시켰고, 좌파세력으로부터 일정한 자율적 재량을 확보하던 지방 수준의 자생적 국가건설 시도들까지도 '평정' 되었다. 경찰 역시 이 사건을 진압하면서 이후 기구와 인력을 대폭 보강하였다(안 진 1996).

미군정의 '폭력' 과 10 · 1사건에 직간접으로 관련된 지방 인민위원회를 비롯한 자치조직의 치안과 질서유지를 위한 '폭력', 10 · 1사건의 와중에 나타난 '유혈폭력' 은 '폭력을 독점하는 정치공동체로서의 국가를 건설하는 과정에서 존재했던 폭력' 이라는 점에서 이론적으로는 정치적 성격이 동일했고, 또한 '동등' 했다는 해석도 가능하다. 이러한 맥락에서 볼 때 '폭력적' 이었다는 이유로 10 · 1사건을 단정적으로 폄하할 수는 없다.

이러한 맥락에서 10 · 1사건의 발생원인은 '모든 이의 폭력이 모든 이에게 행사될 수 있는' 국가건설 이전의 상황에서 '어느 누구도 정당성을 확보하지 못한', '독점되지 못한 폭력' 이라는 국가건설 이전의 구조적 요인과 그로부터 파생된 '정치참여를 위한 기회구조의 제도화 결여' 에서 찾을 수 있다. 따라서 '미군정' 과 '경찰' 이 시위대에게 행사한 '진압' 폭력은 국가건설 이후의 국가 공권력에 의한 '진압' 과는 전혀 다른 성격으로서, 그것은 '진압' 이라기보다는 시위대의 폭력과 겨룬 '경합' 에 가까운 것으로 해석할 수도 있는 것이다. 행태상으로는 분명히 '진압' 이었으나 진압 주체가 이른바 '문민통제' 기제가 전혀 없는 폭력이었으며, 외세(미군정)와 구체제 부역세력(친일 경찰)의 합작세력이었으므로 '정당성' 이 극히 취약했던 폭력이었기 때문이다.

Ⅳ. 대구지역의 지방정치

1. 대구 지방정치의 전개과정

1945년 말 이후 미군정은 지방의 좌파세력 거세와 미군정 조직의 확산작업을 병행한다. 이 과정에서 선거방식을 활용하였으나 몇몇 사례에서 오히려 인민위원회 세력이 선출되고 이것이 전국적으로 되풀이될 가능성이 탐지되자 다시 해고시키거나 투옥시켰다. 같은 맥락에서 1946년 미국 정부는 1차 미소공동위원회 이후 사실상의 지방자치제라 할 수 있는 전국적 선거를 통하여 행정기관의 조선인 충원 방침을 전달했지만 이미 한 차례 위기를 겪은 조선 미군정당국은 이를 수용하지 않았다(박찬표 1997). 이때 민전과 좌파세력은 이 방침을 환영하는 성명을 발표했다. 당시 지방정치 지형이 서울과 달랐음을 보여준다.

10 · 1사건의 파급과정에서 주요한 역할을 수행했던 각 지역 인민위원회는 횡적으로나 종적으로 긴밀한 체계성이 결여되어 있었다(허 은 1994). 대구경북 지역의 좌파세력은 신탁통치 찬반정국에서도 조선공산당 중앙의 지령에 순응하기보다 찬탁방침을 알고 있었으면서도 지역에 따라서는 우파와 연대하여 반탁운동을 전개하기도 했던 데서 알 수 있듯이 이를 테면 반(半)자발적인 성격을 보이고 있었다.

특히 대구경북 지역은 다른 지역과 달리 해방 직후부터 지속적으로 좌우합작이 진행되고 있었고, 미군정 역시 1946년 중반까지 좌파세력과 노동자 조직에 대해 관용적인 입장이었다. 10 · 1사건이 대구경북에서 시작되었고 폭력의 양상 또한 가장 극심했던 주요한 요인 중 하나는 바로 이러한 배경에서 비롯되고 있다. 즉 친일파 척결과 사회개혁에 대하여 가장 선명한 입장에 서 있던 좌파세력이 나름의 일정한 발언권을 확보하고 있었다는 사실이다. 지역의 좌파세력이 대구경북의 한정된 지역에서나마 중앙에 비해 명분과 실제 공히 나름의 정치적 재량을 확보하고 있었다. 곧, 지역주민의 의사가 수렴되는 폭, 그리고 정치적 영향력을 발휘할 수 있었던 가능성이 다른 지역에 비해 상대적으로 컸다는 점을 의미한다. 따라서 해방정국의 도래 이후 이들의 기대치는 다른 지역에 비해 훨씬 높을 수밖에 없었다. 친일세력에 대한 청산, 식량과 민생을 비롯한 사회개혁이 부진할수록 대구경북에서 좌파세력은 물론 일반 민중이 갖는 실망감은 비례하여 커질 수밖에 없었다.

대구경북 지역의 좌우합작은 초기에 비교적 순조롭게 진행되었다. 1945년 8월 17일, 우익 인사의 모임인 치안유지회가 결성되고 대구지역에서 좌우익 모두에게 명망이 있던 서상일이 대표로 선출되었다. 치안유지회는 일제 이래의 행정조직이던 정총대(町總代) 반장회의를 하부조직으로 삼았으며, 각계 유지들과 대표들을 모은 지역 지도자 모임이었다(허 종 2004). 좌익은 같은 날 김관제를 위원장으로 경상북도 건국준비위원회를 결성하였다. 치안유지회가 명망가에 의존하여 조직된 데 비해 건준은 대중적 지지를 과시하듯 결성식을 국민대회와 겸하여 개최하였다(정영진 1990, 70–71).

해방 직후 조선인의 자치단체 결성에서 좌우익이 양립한 것은 전국적으로 유일한 사례였고 자발적 합작 역시 유일한 사례였다. 두 단체는 8월 22일에 이르러 서상일과 함께 지역의 민족주의 지도자였던 심산 김창숙의 중재에 의하여 합동회의를 개최하여 좌우합작단체인 '건국준비

경북치안유지회', 즉 '건준치유'가 발족된 것이다. 위원장에는 건준의 김관제, 부위원장에는 치안유지회의 백남채가 선출되었으며, 미군 진주까지 두 달간의 짧은 기간이었지만 대안적 가능성과 상징적 의미는 큰 것이었다.

좌우세력은 10 · 1사건 직전까지만 해도 다른 지방과 달리 3 · 1절 행사와 8 · 15 기념행사를 공동 주최하는 공조체제를 형성했다. 이 과정에서 여운형과 김규식의 좌우합작운동에 자극받아 한민당, 공산당, 한독당, 인민당 4대 주요 정당의 대구 지부가 '대구공동위원회'를 발족시켰다. 당초 기대와 달리 전국적 파급력을 갖지는 못했고 권한과 범주도 한계가 있었지만 위원회 형태로서는 전국 유일의 좌우합작위원회였다. 1946년 6월 28일, 경북 도군정의 주선에 의해 4개 정당에서 5명씩의 대표를 선임하여 상설기구로 구성된 대구공동위원회는 7월 2일부터 활동을 시작하여 주 1회 회합을 가지며 군정 고문회의 역할을 하였다(대구시사편찬위원회 1973). 경상북도 군정은 대구공동위원회의 성격을 첫째, 정치적 색채를 띠지 않는 행정시책의 기획에 참여하고 둘째, 좌우합작의 실증을 보여서 모든 조선인을 이러한 방향으로 고취시키는 데 있다고 설명했다(김한길 1992, 27). 지역 수준의 좌우합작은 조선공산당 중앙과의 차별성과 자율성을 보여준다. 대구공동위원회는 미군정의 식량정책에 의한 미곡수집까지 지원하였고, 여기에 참여한 좌파세력들 역시 군정의 정책에 협력적이어서 조선공산당 중앙은 군정에 협력하지 말 것을 지시하였다(허 종 2004, "Report of Investigation at Daegu 1946").

지역 노동단체와 도 군정당국 역시 1946년 여름까지만 해도 협조관계를 유지하고 있었다. 조선노동조합 대구지방평의회는 1945년 12월 10일 발족한 후에 1946년 3월에 친일파 출신 장직상이 남선전기 사장에 임명되자 이를 배격하는 투쟁을 벌였고, 4월에 들어 대구전매국의 노동조건개선투쟁을 벌여 8시간 노동제, 유급공휴제, 수당 인상 등 쉽지 않은 요구를 내건 전매국노동투쟁을 성공시켰다. 이는 '전국노동자신문'에서도 대서특필되었고, 대구의 노동자 조직이 그만큼 강력한 조직력을 갖고 있었음을 증명한다. 1946년 5월 1일 메이데 이기념식에서 미군정 장교가 "노동자는 모든 자유를 가질 수 있고 일체의 합법적 집회와 파업을 가질 수 있다"라는 우호적인 연설을 할 정도였다(정영진 1990). 좌우 공조와 협력은 10 · 1사건이 발생한 후 그 수습과정에도 반영되었다. 보복테러를 한 단체들도 많았으나 사태수습을 위해 나선 대구의 중도 우익단체들 중에는 시위를 일으킨 측에 우호적인 이들이 적지 않았다.

대구지역뿐만 아니라 당시 일부 지방은 아렌트(H. Arendt)식의 '진정한 권력', 즉 '폭력으로부터 자유로운 권력'의 이념형을 실제로 체현해 보였다. 평안북도 '자치위원회'의 활동은 군정 정치고문 베닝호프(Benninghoff)의 보고에 의하면 "무기를 소지하고 있지 않았는데도 평화와 질서를 유지했다"(박명림 1996, 49-50). 이처럼 해방공간에서 각 지역의 자치는 아래로부터의 정치적 조직화 가능성, 대안국가 건설을 위한 민의 수렴 가능성을 보여주었다. 해방 직후 좌우합작에 의한 아래로부터의 자율적 조직화 노력은 평북과 대구에서 보여준 '모범'이 보여주듯 치안활동의 성과에 압축적으로 표상된다.

2. 지방정치의 의미 : 한계와 가능성

치안유지와 좌우합작의 시도, 군정과의 협조관계 등 여러 가지 성과에도 불구하고 지역의 지방정치가 가진 한계 역시 명백했다. 우선 가장 두드러진 성과라 할 수 있는 좌우합작이 그다지 순조로웠던 것은 아니었다. 무엇보다도 미군정 지부는 좌우합작을 근본적으로 신뢰하지 않았고, 좌파세력과 합작기구의 위상 및 효과에 대해 제한적 지원과 견제의 이중적 태도를 보였다(허 종 2004 ; HQ, USAFIK, G-2 Periodic Report 1946/6/25). 당시 중앙정치권에서 여운형과 김규식이 추진하던 좌우합작에 대해 미소공동위원회 미국 측 실무자였던 키니(R. Kinney)는 다음과 같이 밝히고 있다. "미군정은 (김규식과 여운형의) 중도파를 지지하였는데, 그 이유는 만일 우리가 중도파를 제외하고 극우세력을 지지한다면 중도파들은 공산당과 합류, 큰 세력을 유지할지 모르며, 또 우리가 중도파를 지지해도 민족주의 우익세력은 공산당과 합작할 리 없었기 때문이다"(송남헌 1985). 그리고 대구지역 좌우파 역시 1946년 들어 협력과 반목을 거듭하였다.

그러나 결정적으로 지역 내부의 정치지형이 변화한 데는 별개의 외부세력이면서 동시에 강한 규정력을 행사하던 미군정 및 중앙 극좌세력의 상호 역학관계가 작용한 결과였다. 이로써 위태롭게나마 이어지던 지역 수준의 좌우합작과 국가건설운동 차원의 장애를 타개하지 못한 채 대립구도를 조장하는 결과를 초래했다. 근본적으로 지역 수준의 정치과정에 미군정과 중앙의 극좌세력이 각기 다른 속내를 가지고 개입하였고, 조선공산당은 신전술노선을 선택한 반면 미군정은 점차 각 지역 인민의 자율성을 약화시키면서 1946년 중반기 이후 행정적 중앙집권화, 이념적 우경화를 추진했다. 이 과정에서 대다수 민중의 의사를 수렴할 수 있는 기제는 여전히 존재할 수 없었다. 이러한 조건에서 민생에 직접 연관된 친일경찰과 식량문제의 해결은 요원해져 갔다. 민중, 특히 '지방' 민중에게 의사를 표출할 수단은 거리로 나가는 길 외에 선택의 여지가 없었다. 이 점에서 10 · 1사건은 국가건설 직전에 지방정치가 다소나마 품고 있던 대안적 가능성이 중앙정치의 소용돌이에 휘말려 소멸한 결정적 계기였다.

발생요인을 분석적으로 구분해 볼 때 매개요인이었던 중앙의 좌파세력(조선공산당)과 미군정의 갈등 및 조선공산당의 신전술과 사건현장의 동기요인과 시위대의 요구 및 행동을 동일한 층위에서 다룰 수는 없다. 조선공산당의 신전술은 확실히 지방민중의 불만을 자극하고 폭력적으로 사태를 몰고간 무책임한 소아병적 자충수였지만, 민중 수준의 절실한 요구와 자발적 행동은 그와 별개로 해석해야 할 대상이다.

10 · 1사건을 계기로 파급된 각지의 폭력사태에서 영천, 칠곡, 성주, 고령, 청도, 경산, 군위의 경우는 중앙 혹은 지역의 좌파세력이 거의 통제하지 못한 가운데 행태적으로 '즉자적' 성격을 띠었고 폭력사태도 걷잡을 수 없었다. 이에 비해 조직적 항쟁이 벌어진 선산, 의성 및 경북 북부지역의 경우에는 지역 수준의 좌파세력이 주도하는 형태가 우세하였다(정해구 1988). 박상희가 주도한 선산지역의 경우에는 유혈사태를 자제하면서 민심을 아우르던 박상희를 비롯한 인민위원회의 조직과 활동이 주민들에게도 상당한 신임을 받고 있었다(조갑제 1998). 10 · 1사건 및 이후의 시위과정에서 극좌세력의 개입은 하나의 종속변수(신복룡 2001)에 불과했고, 사태의 본질은 주민들의 요구와 행위였다. 사건의 배경요인과 마찬가지로 전개과정에 대한 해석에서도 지도부의 의도 및 개입과 시위대의 행위는 분석 수준과 의미 차원에서 차별적이었음을 유의 · 구분해야 한다.

대구경북 지역 인민위원회들은 중앙정치세력의 지령을 받지 않고 지역에 따라 자율적으로 조직되거나 활동하는 곳이 상당히 많았다. 10·1사건 당시 대구경북 지역 인민위원회는 횡적·종적으로 일정한 연계 없이 섬처럼 존재하는 경우가 일반적이었다(허 은 1994). 조직과정은 아래로부터의 수렴 패턴을 일정 부분 보여주고 있으며, 이념적 지도노선 수준에서는 중앙당과의 연계도 나타나고 있지만(안소영 1993) 전국적 통일성을 체계적으로 구비한 조직공동체라 하기에는 미흡했다. 완전한 자생 조직도 아니었고 조선공산당이나 소련의 외부 개입이 일사불란하게 가능했던 조직도 아닌 그 중간쯤에 해당되었던 것이다.

1945년 9월 27일 대구시 중심가에서 벌어진 공산당 재건파 시위를 둘러싼 지역의 반응과 논란은 이처럼 중앙으로부터의 하향식 구조와 지방의 자생적 운동 중간에 위치한 당시 지방정치 지형을 드러냈다. 경북 인민위원회 준비회의가 열리던 대구공회당 앞에서 박헌영의 재건파 계열에 속하는 극좌세력이 계획적으로 주도한 시위에 대해 대구지역의 토착 중도 좌파 지도자들이었던 김관제, 이상훈, 채충식은 '인민위원회를 방해하는 경솔한 행동'이라고 비난했다. 김관제는 좌우합작단체였던 건준치유 위원장, 이상훈은 경북 인민위원회 조직의 중심 인물이었다. 유의해야 할 점은 증언에 의하면 중도 좌파 인민당의 최문식과 같은 경우는 조선공산당의 프락션(끄나풀)이었을 가능성이다(안소영 1993 ; 문제완 외 2005). 대구의 토착 지도자들 및 지역의 자생적 정치세력 속에 중앙의 극좌세력이 침투해 있었다는 것이다. 그러나 이로써 지역정치가 중앙의 극좌세력에 의해 '조종'당했다고 볼 수는 없다. 오히려 지역의 유리한 정세에 극좌세력이 '편승'했다고 보아야 할 것이다.

1945년 연말과 1946년 초반에 걸친 신탁통치논쟁 정국에서 민중의 반탁운동은 정치 엘리트들의 반탁과는 구분되는 자연발생적 민족주의였다. 반탁운동이 주요 일간지들의 오보와 이를 의도적으로 방기 혹은 부추긴 미군정의 여론조작에서 비롯된 점이 최근 실증적으로 규명되었으나(정용욱 2003, 75-77) 민중의 반탁은 당시 갓 해방된 조선 민중의 눈높이에서는 필연적인 반응이었음을 부정할 수 없다. 정치 엘리트들의 의도와 행태 수준 뿐만 아니라 거의 '조건반사적'으로 '신탁' 통치를 반대한 민중 수준의 의미를 간과할 수는 없다.

10 · 1사건 역시 조선공산당과 강대국 군정 등 중앙정치세력 및 외세의 행위도 중요하지만, 실현 가능성이 미약했다 할지라도 당시 '인민자치와 인민주권'이라는 민주주의의 추상적 원칙을 지방, 일반 민중, 그리고 일상생활 수준의 구체적 '실천'에 기반한 '국가건설'의 정당성 충족을 아래로부터 제기했던 의미를 간과해서는 안 된다.

Ⅴ. 사건의 의미와 명칭 및 향후 과제

이 논문은 10 · 1사건에 대한 분석의 지평 확대를 위한 하나의 시론으로서 다음과 같은 작업을 시도하였다. 첫째, 사건에 대한 무관심과 부정적 인식의 문제점에 대한 메타이론적 비판, 둘째 사건의 시공간적 배경이었던 해방공간 및 미군정의 구조적 성격에 대한 고찰과 '폭력'에 대한 의미 부여와 이론적 해석, 셋째, '아래로부터의 관점'을 실제 분석에 접목할 수 있도록 사건 자체에 대한 관심의 환기와 지방 수준에서 국가건설을 향한 '자치의 가능성과 한계'에 대한 검토이다. 본문의 작업에 기초하여 다음 몇 가지를 지적하면서 글을 맺고자 한다.

먼저 '폭력'의 효과이다. 시위군중은 국가건설 이전 시점에서 내용상 '최소 범위'의 정당한 요구를 제기했음에도 불구하고 과격하고 극단적인 폭력을 행사했다. '목적의 정당성과 행태의 과격성'의 결합은 '소련과 조선공산당 등 외부세력의 개입'이라는 민감한 사실과 함께, 현재까지 역사적 평가가 엇갈리거나 유보된 원인이 되어왔다. 목적의 정당성과 행태의 과격성이 결합한 패턴은 폭력에 대한 혐오 및 '배후세력 음모론', '이념적 색깔론'과 결합하여 건국 이후에도 주요한 사회운동마다 지속되었다. 또한 한국사회에서 10 · 1사건과 같은 류의 '폭력'은 '폭력혁명세력'을 연상시키게끔 하는 담론적 효과에 묻혀 개념의 구성적 정립 측면에서 '공포와 기피'의 의미를 불어넣어 합리적이고 객관적인 통찰을 방해한다.

그러나 해방공간에서 '폭력'의 의미는 특정한 가치연관적 맥락을 최대한 탈각시켜야 하며, 동시에 국가건설 이전이었던 특수한 배경은 이 사건의 본질을 규정하고 있으므로 기존 사회과학의 정형화된 특정 단어로 사건의 성격을 규정하고 이름을 짓기란 참으로 어렵다. '복수주권의 혁명상황을 해소해 가는 과정에서 발생한 아래로부터의 폭력적 사회운동' 정도로 규정할 수 있지 않나 싶다. 이 논문에서 '10 · 1사건'이라는 무미건조한 용어를 쓴 것은 이러한 사정에 기인한다. 또한 항쟁, 폭동 등에 내재된 가치연관적이고 선험적인 규정의 문제점, 여태껏 이 사건에 대한 충분한 공론이 없었다는 점도 명칭 부여가 곤혹스러워진 이유가 된다.

그리고 이 사건은 무엇보다도 지방에서 일어난 사건이었다. 민중의 이러한 요구가 서울지역에서 일어났다면 문제는 달랐을 것이지만, '운동의 지역적 주변성' 으로 말미암아 후세에 이르러 제대로 부각되지 못했다. 실제로 10 · 1사건은 삼남지역으로 급속하게 파급되었지만 수도권까지 미치지는 못했다. 그런데 거꾸로 생각하면 수도권을 제외한 거의 전국이 이 사건의 영향권에 있었던 것이다. 서울–지방 대도시(대구)–농촌(경북 일대)의 구도에서 보았을 때, 서울에서 이러한 형태의 운동은 가능하지도, 일어나지도 않았던 데 비하여, 지방 대도시였던 대구에서는 사건이 최초로 발생했지만 며칠 사이에 진압되었던 데 비해, 경북지역에서는 시위 규모와 범위, 참여 인원이 기하급수적으로 늘었고 시간적으로도 길었다. 지방의 '풀뿌리' 단위로 시야를 확장할수록 이 운동에 내포된 '지방정치의 역동성과 자생성' 이 드러난다.

향후 이 논문에서 제기한 논점들의 연장선상에서 우리의 국가건설 이전의 '주권' 의 성격에 대한 논의, 그리고 최근 사회적 의제가 되고 있는 '국가폭력의 피해 보상' 과 '과거사 진상 규명' 차원의 작업이 진행될 필요가 있다. 이 논문의 문제의식을 해명하기 위한 과정의 일환으로 '미군정의 위상과 해방공간의 시대 성격' 을 간략히 논의했지만 이 문제는 그 자체로서 의미가 깊은 과제이다. 문제의식의 범주와 지면의 한계상 상론하지는 못했으나 본문에서 인용했다시피 최근 들어서야 몇몇 학자가 이에 대한 논의 필요성을 제언하고 있지만 여전히 이 분야는 '미답' 상태이다. 이는 우리 사회과학이 무관심했던 데서 비롯되었으므로 최근의 헌정사와 주권에 대한 관심을 이에 대한 문제의식과 접목시켜야 할 것이다. 현대정치사의 뿌리에 대한 문제이기 때문이다.

국가폭력과 과거사 문제 차원에서도 이 사건은 '기록의 역사화' (정근식 2005)를 통한 재평가가 긴요하다. 해방 후 여러 사건들 중 가장 오래되었으면서 '국가건설 이전' 에 발생한 사건이었던 특수성을 감안할 때

이 사건에 대한 정리와 재평가는 이미 늦은 감이 있다. 사건에 연루된 이들 중 한국전쟁 시기에 학살 피해자들이 다수 포함되어 있으며, 폭력사태의 와중에 정확한 인명피해를 알 수 없을 만큼 많은 이들이 죽거나 다쳤다(한겨레 21, 2001년 6월 28일). 이 논문에서 행한 사건의 명칭과 성격에 대한 논의작업 역시 궁극적으로는 이 사건을 둘러싼 '기록의 역사화'와 '위상에 대한 인식과 평가'를 모색하는 과정에서 제기될 방향과 원칙에 대한 공론형성의 가능성을 타진하는 의미도 있다. 나아가 무고한 피해자에 대한 "합당한 해원과 진혼"을 위한(신복룡 2001) 공론의 장 형성 자체가 보다 중요한 문제일 것이다.

참고문헌

강정인. 1993. 『자유민주주의의 이념적 초상』. 서울 : 문학과지성사.

강정인. 2000. "민주주의의 한국적 수용 : 서구중심주의에 비쳐진 한국의 민주화." 『한국정치학회보』 34-2, 한국정치학회.

강정인. 2003. "서구중심주의의 폐해-학문적 폐해를 중심으로." 『사상』, 사회과학원.

고지훈. 2000. "주한미군정의 점령행정과 법률심의국의 활동." 『한국사론』 44, 서울대학교 국사학과.

곽준혁. 2004. "민족적 정체성과 민주적 시민성 : 세계화시대 비지배 자유원칙." 『사회과학연구』 12. 서강대학교 사회과학연구소.

곽준혁. 2005. "민주주의와 공화주의 : 헌정체제의 두 가지 원칙."『한국정치학회보』 39-2, 한국정치학회.

기광서. 2003. "해방 직후 조선공산당에 대한 소련의 입장."『역사비평』 65. 역사비평사.

김광욱. 1998. "해방 직후 미군정의 유일정부적 권위의 확립과정." 『한국근현대사연구』 9, 한국근현대사학회.

김남식. 1984. 『남로당연구』. 서울 : 돌베개.

김석준. 1997. 『미군정시대의 국가와 행정』. 서울 : 이화여자대학교 출판부.

김성주. 2005. "주권 개념의 역사적 변천과 국제사회로의 투영." 『한국정치외교사논총』 27-2. 한국정치외교사학회.

김용직. 1998. "한국전쟁과 사회운동 ; 브루스 커밍스의 사회혁명 내전 가설 비판." 『한국정치학회보』 32-1. 한국정치학회.

김운태. 2001. "한국 행정 근대화 100년의 회고 : 미군정의 과도기를 중심으로." 『한국행정학보』 35-2. 한국행정학회.

김웅진. 2002. "과학적 패권과 연구방법론 : "우리 방법론"의 모색." 『21세기정치학회보』 21-2. 21세기정치학회.
김창록. 2002. "제령에 관한 연구." 『법사학연구』 26. 한국법사학회.
김한길. 1992. 『지방정가정치사-대구경북을 중심으로』. 대구 : 대일.
대구시사편찬위원회. 1973. 『대구시사 제3권』. 대구시.
梶村秀樹, 김동춘 옮김. 1988. 『한국현대사연구』. 서울 : 이성과 현실사.
박명림. 1996. 『한국전쟁의 발발과 기원Ⅱ』. 서울 : 나남출판.
박명림. 2003. "한국의 초기 헌정체제와 민주주의 : '혼합정부' 와 '사회적 시장경제' 를 중심으로." 『한국정치학회보』 37-1. 한국정치학회보.
박배근. 2003. "대한민국임시정부의 국제법적 지위와 대한민국의 국가적 동일성 (상)." 『법학연구』 13-4. 연세대학교 법학연구소.
박종성. 2001. 『한국정치와 정치폭력』. 서울 : 서울대학교 출판부.
박찬표. 1997. 『한국의 국가형성과 민주주의』. 서울 : 고려대학교 출판부.
신복룡. 2001. "1946년의 대구사건." 『한국정치외교사논총』 23-1. 한국정치외교사학회.
심지연. 1986. 『해방정국 논쟁사』. 서울 : 한울아카데미.
심지연. 1991. 『대구 10월 항쟁 연구』. 서울 : 청계연구소.
안 진. 1996. 『미군정기 억압기구 연구』. 서울 : 새길.
안소영. 1993. "해방 직후 경북지역 인민위원회 조직과 활동." 『한국근현대지역운동사』 1권. 서울 : 여강출판사.
안소영. 2003. "폭력의 증폭적 연쇄와 이념주의." 『10 · 1사건의 재조명』. 대한정치학회 추계학술세미나.
이용기. 2000. "미군정기의 새로운 이해와 '사회사' 적 접근의 모색." 『역사와 현실』 35.
이현경. 2005. "해방후 남한 정치세력의 외국군에 대한 인식과 양군철퇴논쟁." 『한국정치외교사논총』 27-1. 한국정치외교사학회.
이혜숙. 1995. "미군정의 구조와 성격." 『해방후 정치세력과 지배구조』. 서울 : 문학과지성사.
임영일 외. 1991. 『막스 베버 선집』. 서울 : 까치.
임종명. 1997. "조선국군준비대와 건군운동(1945. 9-1946. 1)." 『한국사학보』 2. 고려사학회.

전현수. 2006. “좌우익 대결에서 친일경찰 항쟁으로 이어진 대구 10 · 1사건.” 『신동아』 3월호. 동아일보.

정근식 · 정호기. 2005. “민주화운동에서의 폭력에 대한 제도적 청산 : 국가폭력의 재평가와 저항폭력의 정당화.” 『사회과학연구』 13-1. 서강대학교 사회과학연구소.

정상천. 2005. “일제 강점기(1910-1945) 동안의 한국독립운동에 대한 프랑스 정부의 정책.” 『한국정치외교사논총』 26-2. 한국정치외교사학회.

정영진. 1990. 『폭풍의 10월』. 서울 : 한길사.

정용욱. 2003. 『존 하지와 미군 점령통치 3년』. 서울 : 중심.

정해구. 1988. 『10월 인민항쟁 연구』. 서울 : 열음.

정해구. 2000. “한국사회운동의 시각에서 본 중앙과 지방.” 『기획학술회의논문집』. 한국정치학회.

정해구. 2003. “10월 항쟁의 발발과 전개과정.” 『10 · 1사건의 재조명』. 대한정치학회 학술세미나.

제민일보. 1994. 『4.3은 말한다』 1-3. 서울 : 전예원.

조갑제. 1998. 『내 무덤에 침을 뱉어라』 1. 2. 조선일보.

중앙일보 현대사연구소. 1996. 『미군 CIC 정보보고서』. 중앙일보.

진덕규. 1989. “미군정의 정치사적 인식.” 『해방전후사의 인식』. 서울 : 한길사.

차남희. 1997. 『저항과 순응의 역사정치학』. 서울 : 이화여자대학교 출판부.

최경옥. 2003. “제헌국회의 성립사?미군정 법령과 관련하여.” 『공법연구』 31-5, 한국공법학회.

최상룡. 1989. 『미군정과 한국민족주의』. 서울 : 나남.

한국반공연맹 경상북도지부. 1987. 『내 고장의 대공투쟁사』. 한국반공연맹.

한국정치외교사학회. 2001. 『한국정치와 헌정사』. 서울 : 한울아카데미.

허만호 · 이창희. 2000. “대구 10 · 1사건-국가건설, 민주주의, 인권.” 『새로운 천년을 열며 세계의 민주주의와 인권』(5 · 18항쟁 20주년국제학술대회). 전남대학교 5 · 18연구소.

허 은. 1994. “경상북도 지역 지방인민위원회의 역사적 배경과 활동.” 『역사연구』 3.

허 은. 2003. “실험대 위의 토끼와 의사-미군정기 대미인식.” 『내일을 여는 역사』 12호.

허 종. 2004. "1945-1946년 대구지역 좌파세력의 국가건설 운동과 10월인민항쟁." 『대구사학』 75.

Calvert, Peter. 김동택 옮김. 2002. 『혁명』. 서울 : 이후.

Cumings, Bruce. 1981. *The Origins of the Korean War-Liberation and the Emergence of Separate Regimes* 1945-1947. Princeton University Press.

Dahl, Robert. 박상훈 · 박수형 옮김. 2004,『미국헌법과 민주주의』 서울 : 후마니타스.

Gayn, Mark. 편집부 옮김. 1986, 『해방과 미군정』. 서울 : 까치.

Grant, Mead. 안종철 옮김. 1993. 『주한미군정 연구』. 서울 : 공동체.

Lefebvre, Georges. 최갑수 옮김. 2002. 『1789년의 대공포』. 서울 : 까치.

Mann, Michael. 1988. *States, War, & Capitalism*. Basil Blackwell.

Moore, Barrington. 1966. *Social Origins of Dictatorship and Democracy*. Boston : Beacon Press.

Smelser, Neil. 1998. *Theory of Collective Behaviour*. London : Routledge.

Tilly, Charles. 1978. *From Mobilization to Revolution*. Mass. : Addison-Wesley Pub. Co.

Tilly, Charles. 윤승준 옮김. 『유럽혁명 1492-1992-지배와 정복의 역사』. 서울 : 새물결.

《남선경제신문》.

《영남일보》.

《한겨레신문》.

문제안 외. 2005. 『8 · 15의 기억』. 서울 : 한길사.

월간중앙 편집부. 1976. 『광복30년 중요자료집』. 월간중앙 1976년 1월호 부록.

한림대학교 아시아문화연구소. 주한미군 정보일지(G-2 periodic report).

1980년대 학생운동과 반미주의의 전개

Ⅰ. 서론

학생은 경제적 지위 규정에 귀속되지 않은 채 자유로운 사고를 통한 학문적인 탐구를 자신의 사회적 기능으로 삼고 있는 특수한 성격의 집단이다.[1] 이러한 학생집단이 주체가 되는 사회운동, 즉 학생운동은 특유의 도덕성과 순수성, 헌신성으로 인하여 여타의 사회운동에서는 발견하기 힘든 '긍정적인 힘'을 발산하면서 사회민주화의 중요한 동력이 되어왔다.

심각한 정치적 탄압으로 인하여 사회운동의 정상적인 활동과 성장

1 장석준(2001)은 대학생을 사회의 분업체계에 직접적으로 편입되어 있지 않는 특수한 존재로 규정하였다. 즉 대학생은 사회에 필요한 지식과 숙련을 준비하는 조건으로 2년 이상의 기간 동안 사회에 편입되는 것이 유보된 '과도기적 존재'라는 것이다.

이 지체된 후진국의 경우, 이러한 학생운동의 사회적 역할은 더욱 두드러지게 나타난다(손호철 1997, 47). 1970-1980년대 '개발도상국' 한국에서의 학생운동이 그러하였다. 당시의 학생운동은 권위주의적 정치권력의 억압적인 지배질서가 정치 · 사회 · 문화적으로 중첩된 상황에서, 그리고 이러한 강압적 지배 때문에 자율적인 시민사회가 제대로 성장할 수 없는 상황에서 정치권력의 부당한 지배에 정면으로 저항한 거의 유일한 세력이었다. 물론 이들의 문제제기는 직접적인 경제적 이해관계나 목적을 가지지 않으며 주로 도덕성과 순수성에 기초한 것이었기에, 상대적으로 보다 큰 호소력과 파급효과를 가지고 있었다(유석준 · 박병영 1991, 100-101).

일반적으로 한국의 학생운동은 특유의 '과격성'[2]과 함께 '지속성', '영향력'의 측면에서 다른 나라와는 차별적인 의미와 위상을 가지고 있는 것으로 평가된다(서중석 1997, 16-17). 역사적으로 볼 때 서유럽이나 일본의 경우처럼 학생운동 분파가 혁명단체를 표방하거나 혹은 학생운동이 혁명세력의 활동에 보조역할을 하였던 사례는 적지 않았지만, 한국 학생운동의 경우처럼 일정한 규모와 조직이 담보된 채로 지속적으로 영향력을 행사하였던 사례는 거의 존재하지 않았다. 이러한 상황에서도 민

2 조희연(2005, 192-193)은 한국의 학생운동이 다소 과격한 형식으로 전개되었던 이유를 다음과 같이 제시하였다. ① 저항의 대상이 되는 지배권력의 정당성이 상당히 취약하였으며, 이는 저항집단의 정당성을 강화해 주었다. ② 주체의 성격에서 보면 운동의 대의와 과제를 위해서 자신을 헌신하는 '집단적 희생의식'의 경향이 강하게 존재하였으며, 이는 극단적인 '분신투쟁'으로도 나타났다. ③ 정치권력의 억압적 지배로 인하여 자유로운 정치적 발언이 규제된 상황에서 학생운동은 그나마 상대적으로 자유롭게 피지배 대중의 의견을 '대리'할 수 있는 조건 속에 있었다.

주화로의 전환과정에서 결정적인 역할을 수행한 1980년대 학생운동이 가지는 의미와 위상은 더욱 두드러진다. '80년 서울의 봄' 과 '5월 광주' 를 강제력으로 진압하며 집권에 성공한 권위주의적 군사정권에 대항하여 '6월항쟁' 으로 상징되는 민주화를 이끌었던 1980년대 학생운동의 '무게감' 은 지금까지도 여전하기 때문이다.

이 글은 1980년대를 '한국 학생운동의 전성기' 라고 규정하면서 일차적으로는 '광주항쟁', '86-87년', '전국대학생 대표자 협의회' (이하 '전대협')라는 분기점을 중심으로 이 시기 학생운동의 이념적 상황이 진행되는 과정을 체계적으로 분석하고자 한다. 또한 이차적으로는 이러한 이념적 지형과 맞물리면서 학생운동의 이념적 '최대 주주' 인 '반미주의' 가 전개되는 과정을 구체적으로 다루고자 한다. 즉 1980년대 학생운동의 이념적 상황이 전개되는 과정[3]에 대한 체계적인 분석을 통하여 이 시기 학생운동의 상황에 보다 구체적으로 접근하고자 하는 것이 이 글의 연구 목적이다.

3 당시 '이념적 과정' 의 진행은 노동운동에서도 나타났다. 1970년대 주로 '기독교 휴머니즘' 의 인권 개념에 기초하고 있던 노동운동의 이념은 '80년 광주' 를 통하여 '계급' 과 '사회주의' 를 경험함으로써 '단절과 전환' 을 경험하였다. 이러한 노동운동의 이념논쟁은 1990년대 초반의 '노동운동 위기론' 이 설득력을 얻기 이전까지 '사회구성체론' 과 '조직론' 의 영역에서 다양하게 진행되었다. 1987년 이전에는 주로 '소그룹운동론/지역운동론', '조합주의/경제주의' 가 경합하였고, 조직론에서는 '대중조직 건설론/전위조직 건설론' 사이의 논쟁이 발생하였다. 한편 1987년 이후 노동운동의 '확장기' 에는 '대중조직노선/정치적 대중조직노선', '합법정당 건설' 문제를 둘러싸고 정파와 조직 사이에서 활발한 논쟁이 전개되었다(유범상 2005, 36).

Ⅱ. 개념과 방법

학생운동은 1980년대의 '짧은 전성기'를 거친 후 그 위상이 위축되거나 왜곡된 채로 현재에 이르고 있다. 1980년대 학생운동의 담론은 '386세대'라고 불리는 특정한 정치세력의 '출세'를 위한 수단으로 전락하고 있거나, 아니면 '그땐 그랬지' 식의 '추억담'으로나 회자되고 있는 실정이다.[4] 이러한 상황에서 '1980년대 학생운동'이라는 주제가 가지는 학문적 연구대상으로서의 가치에 대하여 의문이 제기될 수도 있다.

그러나 한국 민주주의의 '오늘'을 가져온 실질적인 동력이었다는 점에서 1980년대 학생운동은 여전히 '현재진행형'이다. 따라서 진퇴를 거듭하고 있는 한국 민주주의의 현실[5]에 드리워진 1980년대 학생운동의 '그림자'에 대한 연구는 이른바 '민주주의의 민주화'(Giddens 1998)가 요구되는 오늘의 상황에서도 여전히 의미가 있는 작업이 될 수 있을 것이다.

4 '참여정부의 위기' 이후 '운동담론의 희화화'에 대한 비판이 다양하게 제기되고 있다. 이와 관련하여 김기식(1997, 56-57)은 '386세대' 담론에 대한 비판적 입장을 제기하였다. 그는 '4 · 19세대', '유신세대' 등 기존 '세대론'과 마찬가지로 '80년대 세대론' 역시 한편으로는 '정치적 동원 이데올로기'로서 작용하고, 다른 한편으로는 정치적 입신을 추구하는 일부 세력들의 '몸값 불리기'의 명분으로 활용되고 있다고 주장하였다.

5 이와 관련하여 최장집(2003)은 "현재 한국의 민주주의는 오히려 위기이며, 그 위기는 한국 민주주의에 내재된 보수성에 기인"하고 있다고 주장하였다.

1. 개념의 정리 : 운동권, 학생운동, 1980년대 학생운동

연구의 원활한 진행을 위해서는 연구에 사용되는 핵심 개념들의 의미에 대한 명확한 규정이 선행되어야 할 것이므로 우선 이 글에서 사용될 주요 개념들의 의미를 구체적으로 정리하겠다. 먼저 '운동권' 이라는 개념에 대해서 살펴보자. 이 글은 1980년대 학생운동의 과정에서 형성된 '이념적 상황' 을 중심으로 논의를 진행할 것이다. '이념' 이라는 주제의 특성상 이 글의 연구 초점은 1980년대 학생운동의 추상적인 지향과 가치에 정서적으로 호의적인 태도를 보였던 '학생대중' 집단이 아니라, 구체적인 이념과 실천에 근거하여 학생운동의 가치와 방향, 이슈를 주도하였던 '학생운동권' 집단에 맞추어진다.

'운동권' 이라는 용어가 지금도 여전히 통용되고 있다는 점을 고려할 때, 이것의 의미를 보다 명확하게 설정할 필요가 있다(조대엽 2003, 181-182). 그러나 '운동권' 은 분석적인 개념이라기보다는 다소 애매한 어감을 가진 일상적인 용어로 남아 있다. 실제로 이 개념은 운동 당사자들에게는 '부당한 권력에 대한 저항활동을 주도하는 핵심적인 집단' 이라는 긍정적인 의미로 사용되고 있으나 '운동권' 에 비판적이거나 적대적인 세력, 또는 제도권의 영역에서는 '비제도적이고 일탈적인 소수집단' 으로 그 의미를 규정하고 있다. 물론 이들에게 있어서 '운동권' 은 '운동권/비운동권' 이라는 편가름을 전제하고 있는 부정적인 개념으로 인식되어 있다.[6] 이러한 상황을 고려하면서 이 글은 최대한 중립적인 입장

6 "흔히 '일반학우', '일반학우' 라고 부르는데, 제 자신이 대상화되는 느낌이 들어

에서 '운동권'의 의미를 설정하겠다. 즉 '운동권'의 의미를 '강력한 결속력과 응집력에 바탕을 두고 정예적이고 비밀스러운 활동을 수행하는 특수한 집단'으로 규정하여 사용하겠다.

이제 이 글의 연구대상인 '1980년대 학생운동'의 의미를 정리하겠다. 이를 위해서는 우선 '학생운동' 개념에 대한 규정이 필요하다. '학생운동'을 문자 그대로 정의하면 '학생이라는 특정 집단이 주도하는 사회운동'으로 규정할 수 있을 것이다. 그러나 좀더 분석적인 수준에서 접근하면 이 개념은 다양한 차원에서 그 의미를 규정할 수 있다. 먼저 운동 주체의 '심리적 상태'에 초점을 맞추어 정의하면 학생운동은 "특정한 정치적 이념에 의하여 동기가 유발되었거나, 기성세대의 가치를 부정하는 감정적인 반항 심리에 의해 추동되는 학생들의 집단적 활동"(Feuer 1969, 11)으로 그 의미를 규정할 수 있다. 또한 운동 주체의 '행동양식'을 중심으로 정의하면 학생운동은 "특정한 이념적 성향에 의거하여 설정된 일련의 목표를 달성하기 위한 학생들의 연대행동"(Philip 1967, 82)이라고 그 의미를 규정할 수도 있다.

여기에서는 학생운동이 가진 개념적 다의성을 고려하면서 '청년집단으로서의 학생'이라는 기준과 '사회운동으로서의 학생운동'이라는 기준을 중심으로 '학생운동'의 의미를 설정하겠다. 또한 이에 기초하여 이 글의 키워드인 '1980년대 학생운동'의 의미를 정리하겠다.

듣기 거북합니다. 적어도 학생회 간부조차 운동권과 비운동권의 편가름 논리를 벗어나지 못한 채 활동을 풀어나간다면 그 자신 스스로 일반학우에 기초하지 못한 '이반학우', '삼반학우'가 될 겁니다"(이한기 1992, 199).

(1) 청년집단으로서의 학생

일반적으로 '청년'은 19세기 중세 유럽의 봉건적 신분질서가 해체되는 과정에서 출현한 근대적 개념이다. 이것은 사회경제적 구성에 의해서 범주화되는 특정한 계급이나 계층을 지칭하는 개념이 아니라, 주로 '세대적 특성'에 의해서 그 의미가 규정되는 개념이다. 즉 소년과 장년 사이에 놓인 '중간적 세대'를 의미하는 청년은 '정의감과 급진성, 행동성과 순수성 등을 가지고 있어서 다른 세대에 비하여 능동적이고도 선도적으로 사회의 새로운 변화를 추구'하는 성향이 강한 세대이다(심상훈 1996, 60).

서구의 경우 청년집단은 다양한 분야에서 사회운동을 주도하였다. 실제로 청년들은 역사적 상황의 변화에 따라서 노동운동, 학생운동, 문화운동 등 다양한 이슈의 주요한 주체로 참여하였다. 그러나 한국의 청년운동, 특히 1980년대의 청년운동은 학생운동과 거의 동일한 의미로 인식되었다. 왜냐하면 당시의 청년운동은 운동의 주체와 목표에서 학생운동과 거의 일치하였기 때문이다. 이와 관련하여 청년운동의 일반적 의미를 '계층운동', '대중운동', '통일전선적 운동'의 개념으로 규정하는 최연구(1995)는 1980년대 한국의 청년운동은 대개 학생운동 출신의 지식청년들로부터 시작되었다고 지적하였다. 그러면서 그는 청년운동은 자신의 고유한 영역을 확보하기보다는 학생운동 앞에 '청년'이라는 접두사가 붙어다니는 정도의 부차적인 위상을 가졌다고 설명하였다.

이처럼 1980년대 운동 주체로서의 '청년'은 '청년학생'이었으며, '청년학생'은 '대학생'을 의미하였다. 실제로 1980년대 '학생' 운동은 이전 시기, 특히 1960년대와는 달리 '대학생' 운동이었다.[7] 이러한 사실은 '386세대' 담론에도 반영되어 있다. 일반적으로 '386세대' 개념은 1980년대 민주화를 주도하였던 젊은 세대를 의미하지만 여기에는 이미 '80년대 학번'이라는 '대학생 규정'이 내재되어 있기 때문이다. 즉 '386세대' 담론은 당시에 대학생이 아닌 청년들 중에서 일련의 민주화투쟁에 조직적으로 참여한 부류들이 크게 두드러지지 않았던 현실을 반영하고 있다.

(2) 사회운동으로서의 학생운동

졸버그(Zolberg 1972)는 1848년부터 1968년까지 120년간 프랑스 역사에 나타난 가장 큰 특징이 '짧은 폭발의 순간'의 반복이라고 규정하면서, 이러한 '광기의 순간(the moment of madness)'은 모든 것이 가능하다고 믿는 정치적 열정으로 가득 찬 시기이자 사적인 것이 공적인 것으로 합쳐지는 시기라고 정의하였다.[8] 현재의 '차분한 시각'으로 돌아보면

7 1950–1960년대 당시 대학생은 학생운동의 중심세력이 아니었다. 4 · 19의 전개과정을 살펴보더라도 4월 18일에 고려대학교 학생들이 시위에 참여하기 전까지의 시위들은 거의 중 · 고등학생들이 주도하였다. 실제로 이 시기의 대학생들은 일반적으로 '대학생'으로서의 선민의식이나 엘리트의식을 지니고 있었다. 이로 인하여 당시 중 · 고등학생의 시위에서는 대학생들을 비판하는 구호, 예를 들면 '선배들은 각성하라', '선배들은 썩었다'는 구호가 종종 등장하였다(서중석 1997, 25–26).

8 박명림(1995, 223–225)은 '단체의 폭발적인 족출(簇出), 흥분과 설렘, 집단적 철야, 폭포와도 같은 연설과 구름 같은 집회와 인파들, 수많은 노선의 등장과 쟁투, 공연한 바쁨과 바깥소식에 목말라하는 잦은 외출' 등을 '광기의 순간'에 나타나는 특징이라고 규정하였다. 그러면서 그는 '동학농민전쟁'과 '3 · 1운동', '4월혁명', '광주항쟁', '6월항쟁' 등의 사례에서 나타나듯이 현대 한국사회에서는 이러한

1980년대는 '광기의 순간'이라는 개념으로 설명이 가능할 정도로 정치적 열정으로 충만한 시기였다.[9] 그만큼 1980년대는 사회의 급진적 · 근본적 변화를 추구하는 대학생들의 에너지가 비정상적으로 응축되고 폭발한 '학생운동의 시대'(김 원 1999)였다는 것이다. 다음의 통계자료에서 구체적으로 나타나듯이, 실제로도 '학생운동의 시대'의 대학생들은 민주화로의 전환과정에서 필연적으로 발생한 물리력과 희생의 대부분을 제공하였다. 또한 이를 통하여 학생운동은 1980년대 중반 이후 사회운동의 실질적인 중추임을 사회적으로 공인을 받게 되었다(김도종 1997, 119).

앞서 언급한 것처럼 학생운동의 일차적 의미는 '학생이라는 특정 집단이 주도하는 사회운동'로 규정할 수 있다. 즉 일차적으로 학생운동은 사회운동이다. 따라서 학생운동의 의미는 사회운동의 의미를 경유하여 더욱 구체화될 수 있을 것이다.

일반적으로 사회운동은 "구성원들의 태도와 의지에서 발생하는 계기에 의한 특별한 형태의 집단행위"(Heywood 2003, 530)로서, "선거나 의회활동과 같은 제도적 행위와는 달리 정치적 과정 외부에서 개인들의 요구를 충족시키거나 불만을 표시하기 위하여 이루어지는 행위자들의 집단적 동원"(사회문화연구소 편 1993)을 의미한다. 즉 '사회관계의 전환, 정치권력 담당 주체의 변경, 사회구성원의 이익과 권리의 분배체계의 재

'광기의 순간'이 빈번하게 발생했다고 주장하였다.

9 서중석(1997, 33)은 1980년대는 '한국사에서 가장 발랄하고 활기에 찬 역동의 시기로 기록될 것'이라면서 '당시 학생들의 대오는 마치 혁명군'과 같았으며, 다수의 대중들은 '혁명적 설계에 열중하면서 새로운 시대의 도래를 확신하고 있었다'고 주장하였다.

〈표-1〉 시위발생현황(1986-1989)

구분 연도	총계		학생시위				노사분규		기타	
			학원		시가지					
	횟수	인원	횟수	인원	횟수	인원	횟수	인원	횟수	인원
86	2.201	475.692	1.743	405.190	258	52.182	200	18.320		
87	12.957	3.145.667	4.658	1.315.526	3.063	1.013.543	4.480	700.620	756	113.978
88	6.921	1.789.967	3.106	847.509	1.194	383.305	1.995	365.366	626	193.787
89	7.056	1.984.987	3.478	1.018.092	897	305.132	305.132	396.538	975	265.225

출처 : 치안본부. 1990. "시위관련 통계".

〈표-2〉 직업별 양심수 숫자

직업	숫자		비율(%)	
	88/11/30 현재	90/06/30 현재	88/11/30 현재	90/06/30 현재
대학생	267	567	50.5	52.1
노동자	171	430	32.0	39.5
농 민	8	8	1.5	1% 미만
재야 및 야당인사	29	33	5.4	3.0
해외동포	33	–	6.2	–
기 타	26	–	4.9	–
군 인	–	22	–	2.0
출판업자	–	16	–	1.5
교 사	–	9	–	1% 미만
도시빈민	–	4	–	1% 미만
합 계	534	1.089	100.0	100.0

출처 : Korea Report. August/September 1990. 9쪽.
'–' 는 해당 수치가 기록되지 않았음을 나타냄.

구성 등을 지향하는 제도화된 과정 외부에서 발생하는 집합적인 행동(collective behavior)'이 사회운동의 기본적인 의미이다. 한편 이러한 사회운동의 성과는 보통 "정치권력 담당 주체의 변화 혹은 법과 제도의 변화를 통해 가능할 수 있으며, 그것은 대중의 조직화 능력, 운동세력의 비전과 새로운 정치사회 질서의 건설능력에 의해서 성패가 좌우"(김동춘 2000)된다.

이러한 관점에 근거할 때, 학생운동의 의미는 일반적으로 '학생이라는 특정 집단이 사회적 변화에 대한 요구를 정치적 과정의 외부에서 집합화한 행위'로 규정할 수 있다. 이에 기초한다면 당시 사회운동의 핵심적 역할을 원활하게 수행한 1980년대 학생운동의 보다 구체적인 의미는 '사회구성원의 요구가 정치사회의 민주화로 집약되어 나타나는 상황에서 이들을 대신 혹은 대표하는 일군의 학생집단이 시위와 농성과 같은 공식화된 정치과정 외부의 집합적 행위를 통해서 정치사회의 민주화라는 구성원들의 요구를 성공적으로 표출한 것'으로 정리할 수 있을 것이다.

2. 연구방법

(1) 기존 연구의 평가

이 글의 목적은 1980년대 학생운동의 이념적 상황이 진행되는 과정을 '이념적 분기점'을 중심으로 체계적으로 다루면서, 이 과정에서 학생운동의 핵심적 이념인 '반미주의'의 논리가 전개되는 과정을 구체적으로 분석하는 것이다. 여기에서는 이러한 연구의 기본적인 시각을 마련하기 위해서 1980년대 학생운동을 다루는 기존의 연구에 대한 비판적인 평가의 과정을 거치겠다.

한국에서 발생한 학생운동에 대한 연구는 시기적으로 '1980년대 학생운동'에 집중되어 있다. 세계사적으로 보자면 학생운동은 '신좌파'와 '반전'의 물결 속에서 1960년대 중반–1970년대 초반 사이에 가장 활발하게 진행되었고, 해외의 학생운동에 대한 연구 역시 대부분 이 시기에 초점을 맞추고 있다. 그러나 학생운동의 규모와 영향력이 1980년대에 이르러 최고점에 도달하였던 한국의 경우, 학생운동 연구의 관심은 주로 1980년대에 발생한 학생운동의 상황에 집중되어 있다(한홍수 · 김도종 1993, 45–46).

1980년대에 발생한 학생운동을 주제로 진행된 기존의 연구(편집부 1988 ; 편집부 편 1988a ; 편집부 편 1988b ; 편집부 편 1988C ; 강신철 외 1988 ; 조지훈 1989 ; 한용 외 1989)는 몇 가지 예외, 즉 전문적 연구자들이 참가한 연구(고려대학교 아세아문제연구소 1987)와 당시 공안을 담당하는 정부기관에서 펴낸 자료집(서울지검공안부 편 1987) 등을 제외하고는 대부분 '학생운동 출신자'들에 의해서 '1980년대 후반'에 집중적으로 진행되었다.

학생운동에 대한 사회적인 관심이 점차 감소하기 시작한 1990년대 이후 진행된 1980년대 학생운동에 대한 연구(사회평론 길 1997 ; 김동춘 외 1997 ; 유석춘 · 박병영 1991 ; 한홍수 · 김도종 1993 ; 김도종 1997 ; 양병기 1999 ; 김 원 1999 ; 김정인 2003)를 보면, 한편으로는 '보다 차분한' 관점의 접근이 비교적 다양하게 진행되었다. 그러나 1980년대 학생운동에 대한 1990년대 이후의 연구는 일단 수적으로도 풍부하지 못하며, 형식에 있어서도 다소 방만한 주제를 다루는 '토론'의 형식을 취하는 것이 많았다. 또한 내용에 있어서도 1980년대 학생운동에 대한 새로운 사실이나 주장을 발굴하거나 제기하기보다는 이에 대한 '회고와 전망' 정도의 수준을 획기적으로 넘어서는 결과물은 별로 나타나지 못하였다.

종합적으로 평가할 때, 1980년대에 발생한 학생운동의 상황을 다루는 기존의 연구들은 몇 가지 측면에서 다음의 문제점을 가지고 있다. 첫째, 연구 수준에 관련된 문제점이다. 1980년대 학생운동에 대한 기존의 논의들은 보다 체계적인 분석에 의한 학문적 성격의 결과물이라기보다는 당시 학생운동 관련 주요 사건이나 정치노선, 쟁점 등을 자세하게 정리한 '자료집'에 가까운 수준의 내용들이 주를 이루고 있다. 둘째, 연구내용의 객관성과 연관된 문제점이다. 기존의 연구물 중 어떤 경우는 연구자가 선호하는 '정파적 관점'이 연구과정에 지나치게 개입되어 특정 사건이나 쟁점, 노선 등이 자의적으로 해석됨으로써 결과적으로는 내용의 객관성 여부가 의심스러운 연구도 존재하고 있는 실정이다. 셋째, 연구대상의 지역적 편중과 관련된 문제점이다. 주로 서울을 중심으로 하는 수도권 지역을 대상으로 진행된 기존 연구의 결과물에서는 같은 시기 비수도권지역에서 다양한 형태로 전개된 학생운동의 상황에 대한 구체적인 자료나 체계적인 분석을 거의 발견할 수가 없는 실정이다.

'이념적 상황과 반미의 문제'라는 연구주제를 중심으로 1980년대 학생운동에 보다 구체적으로 접근하고자 하는 이 글은 다음의 문제점에 보다 주목한다. 넷째, 연구의 구체성과 연관된 문제이다. 기존의 연구는 대개 1980년대 학생운동에 대한 전반적이고 포괄적인 분석에 치우치는 경향이 있다. 따라서 이 시기 학생운동의 상황에 보다 구체적으로 접근하기 위한 분석대상과 접근방법의 개발, 그리고 이에 의거한 체계적인 연구의 사례는 김 원(1999)과 같은 몇 가지 특징적인 경우를 제외하고는 거의 부족한 실정이다. 이러한 상황에서 1980년대 학생운동 연구의 '추상에서 구체로의 상승'은 다소간 지체되고 있다.

(2) 연구방법의 설정

이 글은 1980년대 학생운동의 '본연'에 접근하기 위한 가장 핵심적인 코드를 '이념'이라고 규정하면서 이 시기 학생운동의 가치와 지향, 실천을 주도한 '이념'이 진행되는 상황을 중심으로 구체적인 논의를 진행할 것이다. 1980년대 학생운동을 연구하면서 이 글이 '이념'에 주목하는 이유는 다음과 같다. '이념' 혹은 '집합적 신념(collective beliefs)'을 '운동의 지향 및 가치의 실제적인 표현'이라고 정의할 때, 이것은 사회운동의 '운동성'을 유지시키는 가장 핵심적인 요소라고 볼 수 있다(조대엽 2003, 183).

한편 앞서 지적하였듯이, 학생집단은 현실적인 경제적 이해관계에 직접적인 기반을 두고 있지 않는 청년 특유의 도덕성과 비판의식에 기초하여 미래에 대한 전망을 중요시하는 '친이념' 집단이다. 따라서 이들이 주체가 되는 학생운동에서 '이념'은 운동의 정당성 확보와 지향의 설정에서 결정적인 역할을 하게 된다.

이는 1980년대 한국 학생운동의 상황에서도 분명하게 확인할 수 있는데, 1980년대 학생운동과 이전 시기의 학생운동을 가르는 가장 선명한 잣대는 다름 아닌 학생운동의 '이념지향성'이기 때문이다. 이와 관련하여 신명순(1987, 113-114)은 1980년대 학생운동이 이념과 전략, 조직 등에서 그 이전 시기와 큰 차이를 보이고 있음을 지적하였다. 1970년대와 1980년대 학생운동의 차이를 '아마추어와 프로의 차이'로 표현하면서 그는 이념에 있어서 1970년대 학생운동은 일관성이 없이 막연하게 민주주의와 민족주의를 내세우는 '낭만주의적 운동' 수준에 그쳤던 반면,[10] 1980년대 학생운동은 구체적인 현실인식에 바탕을 둔 다양한 이념적 토대 위에서 그 실천이 전개되었다고 주장하였다. 즉 〈4 · 19 학생선언문〉에 나타난 표현처럼 '캄캄한 밤의 침묵에 자유의 종을 난타하는 타수의 일익'을 담당하겠다는 '선각자적 낭만'의 1970년대 학생운동과는 달리, 1980년대 학생운동은 사회변혁을 위한 가공할 무기로서 '현실적 이념'을 선택하게 되었다는 것이다.

한편 1980년대 학생운동의 '이념성'은 이들의 운동문화, 즉 '운동사회를 구성하는 일종의 삶의 양식으로 사회운동의 참여자들에게 운동사회의 다양한 구성요소들을 학습시킴으로써 운동을 전달하는 문화적 장치'(조대엽 2003, 182) 속에도 분명하게 각인되어 있었다. 일반적으로 대학생을 비롯한 청년세대는 이들만의 독특한 문화를 형성하여 기성세대가 향유하는 기존의 문화적인 가치를 거부하고, 이에 대하여 '문화적으로 저항'[11]하는 경향을 보인다. 예를 들면 1960년대 미국의 '히피(hippie) 문화'와 1990년대 한국의 '신세대 문화'가 대표적인 사례가 될 수 있을 것이다.

청년세대로서 대학생이 가지는 문화적 감수성을 감안하더라도 1980

---

10 유석춘 · 박병영(1991, 10)은 한국의 학생운동은 1980년을 기준으로 그 이전까지는 상대적으로 운동의 이념이나 조직 혹은 투쟁방법을 정립하지 못하고, 상황에 따라서 기존 지배질서의 문제점을 지적하는 수준이었다고 주장하였다. 또한 이들은 1980년 이전의 학생운동에서는 내부적 이념의 차이와 여기서 파생되는 실천양상의 차이가 뚜렷하게 나타나지 않았다고 분석하였다.

11 이동연(1998, 7)에 따르면, '문화적 저항'은 일상적이며 광범위하지만 비가시적이고 간접적이라는 점에서 '정치적 저항'과는 구별이 가능하다.

년대 학생운동의 운동문화는 상당히 독특한 것이었다. 1980년대 학생운동의 문화적 가치와 지향을 상징하는 '민중공동체'[12]는, 기득권 집단으로서의 대학생의 현실을 반영한 문화가 아닌 그들의 '이념적 지향'에 의해서 만들어졌다는 의미에서 일종의 '발명된 공동체'였다(김 원 1999).

이러한 가운데 1980년대 학생운동은 대학생으로서의 특권과 그에 따른 '품위'를 의도적으로 천시하고 거부하는 문화적인 실천을 통해서 자신들의 '민중화'를 일상적 생활에서부터 적극적으로 실천하였다. '지식인으로서 자신을 부정하고 거친 언어와 말투 등 민중의 관습과 생활양식을 차용'(김 원 1999, 137)하였던 1980년대 학생운동의 이러한 문화적 실천의 양상은 이전 시기 학생운동의 '엘리트주의'와는 근본적으로 다른 것이었다.

앞서 밝힌 바와 같이 이 글은 '이념'을 1980년대 학생운동의 핵심적 요소라고 규정하고, 이에 근거하여 일차적으로는 이 시기 학생운동 이념 상황의 진행과정을 분석하고, 이차적으로는 이 과정에서 나타난 '반미주의'의 전개과정에 대하여 체계적인 접근을 시도한다는 연구목적을 가지고 있다. 이를 달성하기 위하여 이 글은 '광주항쟁'과 '86-87년', 그리고 '전대협'을 1980년대 학생운동의 핵심적인 '이념적 분기점'이라고 규정하고, 이를 중심으로 논의를 진행할 것이다.

이 글은 1980년대 학생운동의 이념적 상황에 대한 연대기적 시기구분[13]에 기초한 이상의 분기점들을 '1980년대 학생운동 이념의 특정한 국

12 1980년대 학생운동이 지향한 '민중공동체'의 원형은 '5월 광주'에 그 뿌리를 두고 있다. 이와 관련하여 최정운(1999)은 5월 광주를 '절대공동체'라는 개념을 통해서 설명하였다.

면을 만들어낸 핵심적인 계기 혹은 환경'으로 규정하고자 한다. 이를 살펴보면, 첫 번째 분기점인 '광주항쟁'은 '역사적 비극'의 직간접적인 경험을 통하여 학생운동의 이념이 급진화되는 계기를 의미한다. 한편 두 번째 분기점인 '86-87년'은 '반미자주화와 반파쇼민주화투쟁위원회'(이하 '자민투')-'NL'(National Liberation, 민족해방)과 '반제반파쇼 민족민주투쟁위원회'(이하 '민민투')-'CA'(Constitutional Assembly, 제헌의회)로 양분되는 학생운동의 총체적 변혁이념이 형성되고 양자 사이의 대립구도가 정착되면서 이념에 관한 한 학생운동은 각자 안정적인 체계를 구축하게 되었다는 점을 의미한다. 마지막 분기점인 '전대협'은 NL노선을 중심으로 '전대협'이라는 학생운동의 전국적 단일조직이 만들어짐으로써, '반미조국통일투쟁'을 중심으로 하는 '반미NL 이념의 전국화'가 성립되었음을 의미한다.

한편 이 글은 기존 연구의 결과물을 중심으로 1980년대를 전후하여 발간된 대학교의 교지, 학과지, 학보 등의 출판물과 '선언문', '결의문' 등 각종 시위에서 배포된 유인물, 학생운동 조직에서 발행한 비합법 문

13 1980년대 이후 학생운동에 대해서는 다양한 관점에 기초한 시기구분이 가능하다. 이와 관련하여 최연구(1995)는 이 시기 학생운동의 시기를 ① '좌절을 딛고 일어서는 학생운동'(1979년 10 · 26-1983년 하반기), ② '기반을 확장하며 전진하는 학생운동'(1983년 12월 말-1985년 상반기), ③ '질적 발전을 모색하는 학생운동' 1985년 하반기-1986년), ④ '대중운동의 새로운 장을 연 학생운동'(1987년 6월 항쟁과 대통령 선거투쟁), ⑤ '반외세 · 반독재 통일투쟁의 선봉에 선 학생운동'(1988년-1989년)으로 구분하였다. 또한 1992년 제6기 '전대협' 의장 출신인 태재준(김동춘 외 1997, 72-73)은 1980년대와 1990년대 학생운동의 연속성을 강조하면서, 이 시기의 학생운동을 ① '준비기'(1980년-1986년), ② '전성기' 내지 '과도기'(1987년-1992년), ③ '쇠퇴기'(1993년 이후)로 그 시기를 구분하였다.

건, 그리고 부분적으로는 1980년대 학생운동 관련자와의 면담내용[14] 등을 주요한 연구자료로 활용할 것이다.

Ⅲ. 사고의 전환과 이념의 급진화

한국의 학생운동은 그 역사가 깊다.[15] 유영익(1987, 88-89)은 한국 학생운동의 '근대적 시원'을 1896년에 조직된 국내 최초의 학생단체인 '협성회'의 활동과 그후의 '독립협회' 운동까지 소급하였다. 더 나아가 그는 17세기 말 조선조 숙종 시대 태학생의 '유소(儒疏)'나 '권당(捲堂)'을 근대 한국 학생운동의 '태아적 원형'으로 간주하였다.[16] 그에 따르면

14 현지조사의 결과를 공식적으로 발표할 때, 당사자들의 구체적인 허락이 없는 한 그들의 신분 및 신변 보호를 위해서 가명을 사용하는 '인류학의 전통' (윤택림 2003, 29)에 따라서 이 글은 면담자의 신원을 공개하지 않을 것이다.

15 한국 학생운동의 역사는 논자에 따라서 다양한 형태로 그 시기가 구분되고 있다. 유영익(1987, 89)은 근대 학생운동의 역사가 많은 굴절과 기복을 거치면서 전개되었다고 전제하면서 이를 ① 개화기의 '시동기', ② 1910년대의 '성장기', ③ 1920년대의 '빈발기', ④ 1930-1940년대의 '잠복기', ⑤ 해방직후의 '격동기', ⑥ 1950년대의 '침체기', ⑦ 1960년대의 '분출기', ⑧ 1970년대의 '내연(內燃)기'의 과정으로 그 시기를 구분하였다. 한편 한홍수 · 김도종(1993, 51-55)은 한국 학생운동의 발전과 변화추세를 ① 일제시대의 '동원화', ② 해방공간의 '참여화', ③ 한국전쟁 이후의 '휴면기', ④ 1960-1970년대의 '정치화', ⑤ 1980년대 초반의 '이념화', ⑥ 1980년대 중반의 '조직화', ⑦ 1980년대 후반의 '제도화', ⑧ 1990년대 이후의 '탈제도화'로 시기를 구분하였다.

조선시대 '태학생운동'은 주체가 소수 지배계층에 국한되었으며, 운동의 이슈 역시 범민족적인 성격의 것이 아니어서 근대적인 학생운동과는 차별성이 있지만, 집단적 행동을 통하여 현실상황의 모순을 해결하려 한 저항운동이었다는 점에서 이것은 근대의 학생운동과 유사성을 공유한다고 평가할 수 있는 것이다.

장구한 한국 학생운동의 역사 속에서도 '선택된 소수 정예'가 아닌 대학생 대중이 운동에 참여(조혜정 1997, 145)한 1980년대의 학생운동은 여러 가지 측면에서 다른 시대의 학생운동과는 구별되는 차별성을 확인할 수 있다. 이 중에서도 '이념적 문제제기'는 한국전쟁 이후 '반공'의 기치 아래서 '우파독점'이라는 경직된 이념적 상황이 지배하고 있던 한국사회에 대한 발본적인 도전이었다는 점에서 더욱 두드러진다.

이러한 1980년대 학생운동의 이념성은 당시 시위에서 등장한 정치적 구호에서부터 감지된다. '철폐하라', '퇴진하라' 정도의 '부드러운 수준'의 구호가 주창되던 1970년대 시위와는 달리 1980년대 시위에서는 '파쇼정권 분쇄', '제국주의 타도' 등과 같이 전투성과 함께 이념성이 뚜렷하게 나타나는 구호가 일상화되었다(강신철 외 1988, 23). 이는 과거 학생운동이 보였던 낭만주의와 엘리트주의와의 근본적인 차이를 나타내는 것으로서, 궁극적으로는 1980년대 이전 시기 학생운동 역사와의 '결별'을 의미하는 것으로 해석이 가능하다. 물론 1980년대 학생운동의 핵심적 특징인 '이념성'의 뿌리는 바로 '5월 광주'였다.

16 유영익은 핸더슨(Gregory Henderson)의 주장을 인용하면서 조선시대 성균관 유생들의 집단행동을 세계에서 가장 오래된 학생운동의 사례라고 주장하였다.

1. '역사적 트라우마티즘' 으로서의 '5월 광주'

지금까지 국민의 민주화 요구와 권위주의적 정치권력의 정치적 지향이 정면으로 충돌한 '역사적 사건' 은 세계사적으로 적지 않게 발생하여 왔다. 이러한 사건은 어쩌면 '별것 아닌 것' 으로 잊혀질 수도 있겠지만, 상호 간의 모순이 원천적이고 여기에 상당한 '비극성' 이 수반되는 경우, 이것은 이후 전개되는 사회운동의 이념적 전환의 핵심적인 계기가 되기도 한다(조대엽 2003, 108). 한국에서는 '광주항쟁' 이 그러하였다.

사실 '5월 광주' 의 핵심적인 모순은 '민주 대 반민주' 로서, 그 자체로는 그다지 이념적이지 않은 대립이었으며, 또한 '저항군' 역시 얼마 전까지 '평범한 생활인' 이었던 소시민이었다. 즉 '5월 광주' 는 소위 '계급의식으로 무장된 대자(對自)적인 민중' 도, '과학으로 무장된 조직' 도, '변혁적 이념' 도 존재하지 않은 그저 '평범한 도시' 였다. 그러나 한국사회의 모순이 응축되어 폭발하였던 광주항쟁은 이후 진보적인 지식인들에 의해서 '민주 대 반민주' 라는 인식의 지평을 넘어서 '단절의 역사' 로 해석되면서 서서히 '한국 사회운동 이념사의 분수령' 이 되었다(유범상 2005, 31). 즉 '5월 광주' 는 사회의 급진적인 변화를 지향하는 운동세력들의 '사후 해석' 을 통하여 한국사회의 변혁을 위한 대안과 전망을 위한 '조직적 · 실천적 · 이념적 무기의 저수지' 로 전환하게 되었다. 이처럼 광주항쟁은 '역사' 가 되었고, 그 '역사' 는 학생운동을 비롯한 변혁적 사회운동의 이념적 자양분이 되었다.

실제로 '5월 광주' 는 1980년대 소위 '의식 있는 대학생' 에게 일종의 '원죄의식' 을 심어줌으로써, 이들이 학생운동에 투신하게 만드는 일종의 환경과 '정당성'을 제공하였다. 이러한 정서는 1984년에 작성된 어느 운동단체의 광주항쟁 추모사의 일부분에서 분명하게 나타난다. "미력하나마 당신님들의 평화로운 잠듦을 위해 노력하고자 다짐해온 저희들, 올해도 그 꿈을 실현하지 못한 채 부끄럽고 죄스러운 마음으로", "기필코 당신님들의 유지를 굳게 이어 당신님들의 원혼이 고이 잠들도록 하고야 말겠다는 저희들의 맹세"(민주화운동청년연합 편 1984, 3).

면담조사를 통해서도 이러한 사실을 확인할 수가 있었다. 현재 진보정당에서 활동하고 있는 학생운동 출신의 사회운동가 'A'는 '모범생'이었던 자신이 학생운동에 참여하게 된 결정적인 계기는 광주항쟁에 대한 비디오의 관람이었다고 단언하였다.[17] 비디오 관람 정도의 우연적인 간접 경험에 의해서도 개인의 가치관이 크게 변할 정도로 1980년대 당시 대학사회에서 광주항쟁이 가지는 영향력은 매우 컸다. 이러한 의미에서 보자면 1980년대의 학생운동이 가졌던 급진성의 뿌리는 '계급의식'이 아니라, 광주를 경험한 '정의의식'에서 출발한다(김동춘, 연도 미상)는 지적은 상당한 설득력을 얻을 수 있다.

또한 광주항쟁은 기존의 낭만적인 인식이나 평범한 방식으로는 한국사회를 변화시킬 수 없다는 '사고의 급진적 전환'을 유발하는 '강제력'으로도 작용하였다. 즉 학생운동은 광주의 경험을 통해서 당시의 사회적인 모순은 적대적인 것이며, 이것은 '근본적인 변혁'을 통해서만 해결될 수 있다는 방향으로 인식에 있어서 급진적인 전환을 경험하였다.

17 이와 비슷한 사례를 《한겨레신문》(06/09/04)의 인터뷰 기사에서도 찾을 수 있다. 1980년대 학생운동 출신으로서 현재 국회의원인 원희룡은 '학력고사 전국 수석'을 '운동권'으로 변모시킨 결정적인 이유는 바로 '광주항쟁'이었다고 단언하였다.

이에 대해서는 1980년대 대구지역 학생운동의 핵심적 참여자들과의 면담을 통해서 구체적으로 확인할 수 있었다. 1980년대 초반 학번인 'B'는 광주에 대해서 진상을 알고 '살아남은 자의 슬픔'과 같은 '원죄의식'을 가지면서 막연하게나마 우리 사회는 근본적으로 바뀌어야 한다는 생각을 가지게 되었다고 회상하였다. 이러한 현상은 1980년대 중후반에도 지속되었다. 이 시기 대구지역 학생운동의 핵심적인 지도부였던 'C'는 전국이 모두 그러했겠지만, 1980년대 중후반 대구지역의 '이념적 학생운동'도 '광주'라는 역사적 비극에 대한 대학생 일반의 인식이 없었다면 그렇게 대중적으로 활발하게 전개되지는 못했을 것이라고 단정하였다. 즉 '광주에 대한 죄책감'이 없었다면 나름대로 기득권층이었던 당시의 대학생들에게 학생운동의 급진적인 이념이 광범위한 동의를 획득하기는커녕 감히 전파되지도 못했을 가능성이 높았다는 것이다.

이처럼 1980년대의 대학생들이 학생운동에 투신하게 되는 과정, 그리고 이들이 '근본적인 변혁'의 필요성을 인식하고 이를 실천하는 과정의 중심에 광주항쟁이 자리잡고 있었다. 이러한 의미에서 1980년대 학생운동권은 다름 아닌 '광주의 아이들'이었으며, 이들이 추구한 급진적 이념은 '5월 광주'라는 토양에서 자라난 '열매'였다. 즉 '광주의 상흔'은 1980년대 민주화 운동을 지속적으로 자극시킨 '역사적 트라우마티즘(traumatism)'으로 작용하였으며, 개인의 심리적 수준을 넘어서 그 의미가 역사적 · 사회적으로 공유되는 이러한 '트라우마티즘'은 '급진 민주주의', '민중주의', '반미주의'와 같은 1980년대 사회운동의 '이념'을 형성하는 데 있어서 가장 중요한 요인으로 작용하였다(조대엽 2003). 이처럼 1980년대 학생운동의 '이념적 급진화' 현상은 광주라는 역사적 비극과 이를 정서적으로 공유하는 '경험의 공동체'를 생략하고는 제대로 설명할 수 없을 것이다.

2. 광주항쟁과 반미주의

이 글은 광주항쟁이 발생한 1980년대의 학생운동에서 두드러지게 나타나는 이념적인 특징을 '반미주의의 발생과 확산'으로 규정하고자 한다. 여기에서 '반미'에 주목하는 이유는 광주문제와 반미주의 사이에는 상당한 정도의 필연성이 존재하기 때문이다. 광주문제와 반미주의의 관계는 '5월 광주'에 대한 미국의 책임문제와 관련이 있다. 서중석(1997, 33-34)의 지적처럼, 그 이전까지 거의 발생하지 않았던 '반미자주화 운동'이 1980년대에 이르러 광주에 대한 미국의 협조가 직접적인 원인으로 작용하면서 본격적으로 진행되었기 때문이다.

광주문제와 관련하여 미국에 대한 학생운동 '최초의 행동'은 1980년 12월 9일 광주에서 발생하였다. '광주 미문화원 방화사건'에 참가한 학생들은 법정진술을 통하여 방화의 이유가 광주의 비극과 이를 방조한 미국에 있음을 분명히 하였다. "이런 작전(광주에 대한 폭력적 진압)을 전개한 계엄군의 출동을 승인하고 또 군사 파쇼체제를 지원 · 지지하고 있는 미국에게 경종을 울리고 전 세계에 그 실상을 폭로하고자 방화했다" (김영택 1988, 303).

이후 1982년 3월 18일에는 '부산 미문화원 방화사건'[18]이 발생하였

18 인명피해까지 발생한 이 사건은 미국에 대하여 전면적으로 문제를 제기한 최초의 사건이었고, 주장한 내용이나 피해정도가 '나라를 뒤흔들 만큼 충격적' (최영환

는데, 이 사건의 핵심 인물들의 법정기록을 통해서도 사건을 일으킨 동기와 목적에 미국이 깊숙이 개입되어 있음을 확인할 수 있다. "(광주)사태의 조종이나 배후지원을 받고 있는 현 군부정권을 반대해야겠다는 생각을 굳히고 그것을 뒷받침하고 있는 미국의 정책을 고발하기 위해 그와 같이 행동했다. … 이번 투쟁의 목적은 5 · 17 광주시민 대학살에 대한 미국의 책임을 묻는 것이다"(강신철 외 1988, 361). 뒤 이은 1982년 4월 22일, '미국의 존재를 국내 지배체제와 연계시켜 발생한 국내 최초의 대규모 학생시위'(한용 외 1989, 78)라는 '강원대학교 성조기 소각시위'와 1985년 5월 23일 '서울 미문화관 점거농성' 등의 사건들도 광주의 비극에는 미국의 책임이 있다고 주장하는 학생운동의 '반미투쟁'이었다.

이상의 사실을 고려하면서 이 글은 1980년대 학생운동의 이념적 상황에서 '광주와 반미주의의 발생과 확산'이 가지는 의미를 다음과 같이 정리하고자 한다. 첫째, 반미는 물론이고 어떤 의도에서든 미국에 대해서 공개적으로 비판한다는 것 자체가 그야말로 '금기'였던 시대적 상황을 고려한다면 반미의 주창은 기존의 통념과 상식에 대한 정면 도전이었다. 또한 이러한 반미주의적인 정서와 주장이 '외부의 개입'에 의해서 발생하였다기보다는 '5월 광주'의 책임성을 중심으로 자생적인 수준에서 형성이 되었다는 점에서 이것의 급진성은 더욱 두드러진다.

둘째, 사회운동의 과제가 반독재, 민주화와 같은 국내적인 이슈로 한정되던 이전의 상황과 비교할 때, 이 시기의 학생운동은 광주문제와 관련하여 미국이라는 '국외의 문제'를 적극적으로 제기함으로써 결과적으로는 학생운동 이념의 대상과 인식의 범위를 더욱 확대시켰다.

2005, 15)이었다는 평가를 받았다.

셋째, 이러한 반미주의 이념은 그 형식과 내용이 점차 구체화되면서 이후 '자민투', '전대협'의 1980년대를 거쳐서 현재에 이르기까지 학생운동 주류세력의 핵심적인 이념이 되고 있다. 이러한 과정에서 미국은 1980년 광주를 시작으로 '5월 광주'에 대한 책임자로서 '단순한 항의'의 대상에서 출발하여, 이후 남한을 실질적으로 식민통치하는 제국주의 세력으로서 '근본적인 투쟁'의 대상이 되면서 서서히 1980년대 학생운동의 '주적'이 되어 갔다.

Ⅳ. 양대 이념구도의 성립과 변혁이념의 체계화

1. '자민투–NL' 대 '민민투–CA'

광주항쟁을 통해서 형성된 학생운동의 이념적 상황의 전개는 1986년을 전후하여 '자민투'와 '민민투'라는 학생운동의 체계적인 이념과 조직으로 현실화되었다. 주로 '인적인 결합'을 중심으로 결속된 자생적 비밀조직인 '서클'과 '패밀리'[19] 체계에 의해서 유지되어 오던 학생운동은 1986년 이후 이념과 조직에서 새로운 국면에 접어들었다.

1985년 하반기까지 학생운동을 주도하던 '삼민(三民)혁명론'이 다

19 '패밀리'란 각 운동 서클이 결합하여 형성된 비밀 서클연합 조직을 의미한다(최연구 1995, 268).

양한 비판에 노출되면서 1986년 상반기에 학생운동은 이념적 · 조직적으로 크게 양분되기 시작하였다. 『해방선언』이라는 기관지를 중심으로 활동한 '자민투' 와 '자민투' 의 이념노선을 비판하면서 『민족민주선언』이라는 기관지를 중심으로 활동한 '민민투' 가 그것이다. 이후 선도적 정치조직인 '자민투' 와 '민민투' 는 매 시기, 매 쟁점마다 첨예하게 대립 · 논쟁하면서 학생운동의 변혁이념을 주도하였다. 또한 이러한 두 갈래의 흐름은 지금까지도 학생운동의 이념적 양대 대립구조의 기본적인 골격이 되고 있다. 따라서 이 글은 이 시기를 '1980년대 학생운동의 총체적인 변혁이념의 성립과 양자 사이의 대립구도의 정착' 이라는 관점에서 접근하고자 한다.

한국사회의 총체적 변혁을 위해서 '민족모순' 의 해결을 우선시하는 '자민투-NL' 과 이에 반해 '계급모순' 의 해결을 강조하는 '민민투-CA' 의 이념노선에 대해서 간략하게 정리하면 다음과 같다. 당시 NL은 한국사회를 '식민지 반봉건사회론' (이하 '식반론') 으로 인식하면서 기본적인 지배세력을 '미제국주의' 로 파악하였다. 이러한 NL의 관점에서 보면 한국의 정치권력은 미제국주의에 기생하는 '식민지 괴뢰정권' 이었다. 이에 근거하여 NL은 '반미자주화투쟁' 을 주축으로 하여 '조국통일투쟁' 과 '반독재민주화투쟁' 을 결합하는 소위 '투쟁의 3영역론' 을 주장하였다. 반면 한국사회를 '신식민지 국가독점자본주의론' (이하 '신식국독자론') 으로 인식한 CA는 독점자본과 국가권력에 대한 투쟁을 중심과제로 설정하면서 노동자계급의 헤게모니가 관철되는 '2단계 혁명론' 을 주장하였다. 이에 근거하여 CA는 NL이 핵심적인 투쟁영역으로 인식한 '반미자주화투쟁' 을 '반파쇼 민주화 투쟁' 의 하위 단위로 설정함으로써 양자 사이의 이념적 차이를 보다 분명히 하였다(유석춘 · 박병영 1991, 106).

〈그림〉 1980년대 학생운동의 주요 논쟁의 흐름

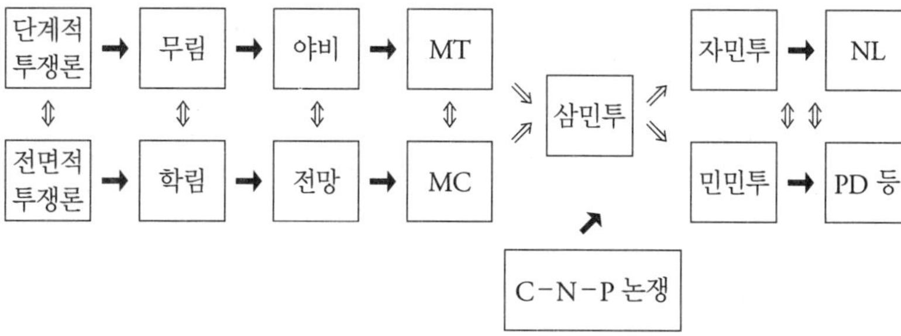

위의 그림은 주요 논쟁을 중심으로 1980년대 학생운동의 흐름을 간략하게 살펴본 것인데, 실제로 NL과 CA의 이념은 이전의 학생운동 논쟁, 즉 '무림-학림 논쟁' (1980년 하반기-1981), '야비-전망 논쟁' (1982년), 'MT-MC 논쟁' (1984년 하반기-1985년 상반기), 'C-N-P 논쟁' (1985년) 등에 비해서 형식과 내용에서 상당한 완성도를 보이면서 체계화되었다. 이들은 주로 '사회구성체론' 을 중심으로 ① 사회구성체에 대한 견해, ② 파쇼와 제국주의에 대한 견해, ③ 한국사회의 모순구조에 대한 견해, ④ 변혁의 주체에 대한 견해, ⑤ 통일전선에 대한 견해, ⑥ 통일문제에 대한 견해 등 한국사회에 대한 철학적 · 조직적 · 정치적 이념노선을 전체적인 균형 속에서 체계적으로 제시하면서 상호 대립하였다(편집부 1988, 107-207). 또한 이를 바탕으로 이들 양대 이념노선은 '개헌문제' 와 '6 · 29 이후 정치일정 문제', '대선문제' 등 당시의 중요한 정치적 사건에 대한 구체적인 투쟁목표와 방법에 대해서도 커다란 이견을 보이면서 말 그대로 '사사건건' 대립하였다. 이러한 NL과 CA의 이념노선을 주요 항목별로 정리하면 다음과 같다.

〈표-3〉 '자민투'와 '민민투'의 이념노선 비교

	자민투(NL)	민민투(CA)
사회구성체	- 식민지 반봉건사회	- 예속적 국가독점자본주의
제국주의와 파쇼의 관계	- 파쇼(從)는 제국주의(主)의 대리통치세력	- 파쇼는 제국주의에 종속적이지만 상대적인 독립성을 유지
한국사회의 모순구조	- 기본모순은 민족모순 - 계급적 지배 = 민족적 억압 - 반미투쟁을 강조	- 내적 모순은 계급모순 - 주요모순은 군사독재 ↔ 민중 - 제국주의는 외적 모순 - 반파쇼민주화투쟁을 강조
변혁의 주체	- 주요역량 : 민중 - 민중의 범위에 소부르주아, 민족부르주아, 애국적 군인을 포함 - 노동자를 기본 역량으로 명시하지 않음	- 기본역량 : 노동자계급 - 주요역량 : 농민과 빈민, - 지원역량 : 청년과 학생 - 민족자본가 개념을 부정
통일전선	- 반미구국통일전선 - 자유주의자와의 제휴	- 민족민주전선 - 자유주의자의 계급적 본질을 폭로
북한과 통일의 문제	- 조국통일투쟁의 강조 - 북한체제에 대한 호의적 평가	- 선변혁 후통일론 - 북한체제에 대한 비판적 입장
철학적 기반	- 주체사상	- 마르크스주의

출처 : 『학생운동 논쟁사』(1988 125-130)의 내용을 수정 및 정리.

2. 주체사상과 반미주의

'86-87년'은 '자민투'와 '민민투'를 중심으로 학생운동의 변혁이념이 총체적으로 성립되고 상호 간 대립구도가 학생운동을 끌고 간 시기였다. 그러나 보다 정확하게 말하면 양자 사이의 '힘의 우위'는 '자민투'가 차지하고 있었다. 상술한 바와 같이 '자민투'는 NL론에 입각하여 남한을 미제국주의의 식민지로 인식하고, 이것의 해결을 위한 '반미투쟁 중심론' 을 주장한 학생운동 조직이었다. 한편 이러한 '자민투' 의 NL론은 직간접적으로 북한의 주체사상과 연결되어 있었다.[20] 이는 학생운동의 반미주의가 1986년과 1987년을 전후하여 새로운 국면에 돌입하였다는 것을 의미하는 것으로 평가할 수 있다. 말하자면, 광주항쟁을 계기로 전개된 1980년대 초반의 반미주의와 1986년 이후의 '자민투-NL' 이라는 특정 정파에 의해서 주도된 반미주의는 이념적 기반이 서로 다른 성격의 반미주의였다.

광주항쟁이 한국전쟁 이후 '금기의 영역' 으로 존재하던 반미주의의 출현과 확산에 큰 영향을 끼쳤다는 사실은 앞서 지적하였다. 한편 1986년 이후 학생운동의 반미주의는 또 다른 질적인 변화를 경험하였다. 무엇보다도 그것은 '1986년 이후의 반미주의' 가 '1980년대 초반의 반미주의' 와는 그 이념적 기반을 전적으로 달리한다는 점이다. 이와 관련하여 조대엽(2003, 204)은 후자를 자생적인 성격의 반미주의로 규정하는 반면, 1980년대 중반의 반미주의를 주체사상과의 관계에서 설명하였다. 즉 그는 1986년을 전후하여 학생운동을 비롯한 사회운동의 중심적인 세력으로 성장한 NL은 북한의 사상노선을 수용하는 과정에서 반미주의와 주체사상을 적극적으로 결합했다고 주장하였다.

정리하자면 1980년대 초반의 반미주의를 '광주의 비극' 에 대한 미국의 책임을 규명하는 과정에서 발생하게 된 '자생적이고 정서적인 반

20 당시 '자민투' 의 NL론과는 주체사상에 입각하지 않은 NL, 즉 'NL 비주사파' 도 존재하고 있었다. 그러나 이 그룹은 인천을 중심으로 한 노동운동 진영에서 '인천지역 민주노동자연맹' 과 같은 일정한 세력을 형성하고 있었으며, 학생운동에서는 영향력을 거의 행사하지 못하였다.

미주의' 라고 평가한다면, 1980년대 중반 이후의 반미주의는 주체사상이라는 특정한 이념과 결합되어 남한 변혁론으로 재해석된 '의식적이고 정치적인 반미주의' 라고 평가할 수 있다. 물론 후자는 전자의 경우보다 훨씬 체계적이고 논리적인 반미주의였다.

이 글은 1980년대 학생운동에서 나타난 '반미주의' 의 전개와 관련하여 '86-87년' 의 가장 두드러진 특징을 '주체사상의 세력화' 로 규정하고자 한다. 이와 관련하여 이 글은 우선 '반공주의' 가 대중의 일상과 '상식' 을 압도하던 당시의 상황에서 학생운동이 주체사상을 적극적으로 수용하였다는 사실에 주목한다. 조희연(1998, 92)의 지적대로 1980년대의 한국사회는 해방공간과 한국전쟁의 경험을 통해서 정착된 독특한 이념공동체인 '반공규율사회' 의 성격을 가지고 있었다. 다시 말해서, 당시의 한국사회는 분단반공의식의 '집단적 내재화' 를 통하여 형성된 극우적 이념공동체적 사회로서, '반공' 이라는 규율이 구성원의 전반적인 의식과 일상을 효과적으로 통제하고 있었다. 이러한 상황을 고려할 때, '자민투' 라는 학생운동의 주도적 정파가 반미주의의 이념적인 근거로서 마르크스주의도 아닌 북한의 주체사상을 지도이념으로, 그것도 자발적으로 수용[21]하였다는 것 자체가 관심을 기울일 만한 사건임은 분명하다.

21 한국사회에서 소위 '주사파' 가 형성된 시기와 방법에 관한 문제는 '논쟁거리' 이다. 한국사회의 주사파는 '북한의 공작' 에 의해서 1980년대에 이르러 형성되었다는 주장이 제기되는 반면, 한국사회에서 '주사파' 의 형성기원은 1960년대 후반이며 주체사상의 수용 역시 남한 학생운동 진영의 능동적인 판단에 의해서 이루어졌다는 주장도 제기되고 있다(현대사회연구소 1989). 한편 당시 '자민투' 의 규모와 영향력을 고려할 때, 그리고 1980년대 학생운동 관련자와의 직접적인 면담조사를 통해서 확인된 사실을 고려할 때 '자민투' 가 주체사상을 수용하게 된 이유를 '북한의 공작' 정도의 단순한 상황으로 설명하기에는 다소 무리가 따르는 것이 사실이다.

한편 '86-87년' 을 '주체사상의 세력화' 라고 규정하는 이 글의 시각과 관련하여 주체사상에 근거한 NL의 반미주의가 차후 일정 기간 동안 주도적 학생운동 조직의 주요한 이념으로 자리잡는다는 사실에도 주목할 필요가 있다. 무엇보다도 이것은 이러한 NL론에 입각하여 전개된 1980년대 후반 이후 학생운동의 주류적 흐름이 지닌 이념적 지향을 보다 분명하게 나타내고 있기 때문이다. 이에 대한 인식을 통하여 1980년대 후반 학생운동이 지향하였던 투쟁목적의 의미와 더불어, 이를 테면 당시 학생운동의 핵심적 구호였던 '양키 고 홈' 에 내포된 의미 등에 보다 구체적으로 접근할 수 있을 것이다.

Ⅴ. 전국 조직의 결성과 이념의 전국화

1. '전대협' 과 전국적 네트워크의 형성

한국사회에서 6월항쟁과 비교될 만큼 심대한 변화가 발생한 시기는 '3 · 1운동기' 와 '해방시기' 뿐이라는 지적(서중석 1997, 41-42)이 있을 정도로 이것이 한국사회에 미친 영향은 실로 대단하였다.[22] 6월항쟁은

22 6월항쟁의 영향과 관련하여 최근에는 현재 우리 사회가 경험하는 다양한 갈등과 교착의 원인이 1987년 민주화이행으로 형성된 사회체제에 내재해 있다고 판단하여 현재 남한사회를 '87년 체제' 라고 규정하면서 이의 극복을 주장하는 논의가 제기되고 있다(김종엽 외 2005).

이 사건의 '기폭제' 이자 핵심적인 주체였던 1980년대의 학생운동이 낳은 최고의 성과였다. 권위주의 정권에 정면으로 도전한 1980년대 학생운동에 대한 국민적인 지지와 동참이 6월항쟁으로 이어졌기 때문이다.[23]

한편 '독재타도, 직선쟁취' 라는 단일한 이슈로 전국적으로 상당 기간 지속된 시위의 경험을 통하여 학생운동은 '운동의 전국화' 의 필요성을 더욱 실감하게 되었다. 이러한 6월항쟁의 경험은 1987년 8월 19일 '전대협' 이라는 학생운동의 전국적 단일조직을 결성하는 중요한 원동력이 되었다. 6월항쟁 이후 학생운동이 이념적으로나 조직적으로나 급속도로 '전국화' 되어 가는 가운데 각 지역 대학생 대표자 협의회 조직들이 만들어지면서 최종적으로 '전대협' 이 결성되기에 이르렀다.

학생운동 지역연합조직의 정점으로서 '전대협' 의 결성은 학생운동의 대중화에 따른 '운동조직 대중화' 의 산물이었다. 조직의 측면에서 볼 때, 1980년대 중반 이후 총학생회가 부활하고 학생운동이 점차 대중화되면서 이를 지도하는 학생운동조직은 기존의 '서클주의' 적 폐쇄성과 비밀성에서 탈피하여 보다 대중화되는 모습을 보이고 있었다. 이는 '서클주의', 'RMO(Revolutionary Mass Organization, 혁명적 대중조직)', '비밀학생회론', '전투적 학생회론' 등의 학생운동 조직론에 대한 논의를 거치면서 학생운동의 활동 중심을 '학생회' 라는 보다 공개적인 조직으로 이전

23 권형택(1987, 288–289)은 6월항쟁에서 나타난 학생운동의 역할을 다음과 같이 정리하였다. ① 대규모의 투쟁을 지속시키는 데 선도적인 역할을 담당한 점, ② 상대적으로 우월한 조직력을 바탕으로 투쟁을 조직화하는 데 기여한 점, ③ 운동력이 취약했던 지방의 소도시에서도 지역 학생들이 지속적으로 투쟁을 전개함으로써 6월항쟁이 전국적으로 확산되는 데 기여한 점, ④ 반독재의 성격이 중심이었던 6월항쟁에 반외세투쟁의 성격을 부여한 점.

하려는 경향으로 나타나게 되었다.

당시 학생운동조직의 상황을 살펴보면 1986년 이후 '서클주의'가 해소되면서 학생운동의 주요 그룹은 기존의 조직체계를 ① 합법적인 조직체인 '총학생회', ② '자민투', '민민투'와 같은 '공개투쟁기구', ③ '구국학생연맹', '반미구국학생동맹' 등의 비합법적 지도조직인 'RMO'로 다양하게 재편하였다. 그러나 1986년 10월 28일 발생한 '건국대 사태'[24]를 경험하면서 학생운동의 조직노선은 '비밀학생회론'을 거쳐서 1987년 상반기에 제기된 '전투적 학생회(자주적 학생회)론'으로 정리되었다. 이처럼 이 시기의 학생운동은 점차 학생회 활동에 더욱 많은 비중을 두게 되는데(편집부 편 1988b), 학생운동의 주요한 활동공간이 공개적인 학생회 조직으로 이전되는 상황에서 그 중심인 대학교 총학생회 간의 지역적 · 전국적 통합이 적극적으로 모색된 결과가 지역연합조직에 기반을 둔 '전대협'이라는 학생운동의 전국적 통일체의 결성으로 나타났다.

다층적인 학생운동조직의 역량이 학생회라는 공개적인 활동으로 이동[25]하면서 학생운동 활동의 내용과 형식은 크게 변화하였다. 무엇보

---

24 '건국대 사태'는 1986년 10월 28일, NL계열의 '자민투' 주도로 전국의 29개 대학교 학생들이 건국대학교에 결집하여 '애학투련'(반외세 · 반독재 전국애국학생투쟁연합)의 결성식을 강행하다가 공권력과의 충돌과정에서 시위학생 1,525명이 연행되어 1,287명이 구속된 대규모 사건을 가리킨다. 이에 대해서는 김신 외 편(1988)을 참고.

25 이러한 '이동'은 1980년대 후반 학생운동조직의 주요 구성원이었던 'C'의 언급처럼 "사실상 다층구조를 갖출 필요성이 점차 해소되는 상황이 조성되었고, 또한 이중구조를 갖출 정도의 여유가 없는 상황에서 거의 대부분의 활동가가 학생회 활동에 매달려도 분출되는 학생대중의 여론을 모두 수렴하기 힘든" 이 시기 학생운동의 현실을 반영한다.

다도 학생운동은 점차 학과 학생회, 학과 학회와 같은 대학의 가장 기본적인 단위로 행동의 반경을 넓히면서 자신들의 영향력을 확대하였다. 실제로 이 시기의 학생운동은 상대적으로 '운동성'이 강한 공간을 중심으로 학과와 학회 차원에서 제기되는 주요 이슈들을 선점하고 있었다. 이는 1990년 당시 모 학과의 학생회에서 발행한 학과지의 내용구성을 통하여 분명하게 확인할 수 있다. 일반적으로 학과지는 학과 구성원 전체의 여론이나 관심사를 대변하는 것임에도 불구하고 이 학과지의 내용은 "한국사회 변혁과 조국통일", "지금의 정세와 향후 우리가 할일" 등 거의 모든 내용이 '운동권의 관심사'로 구성되어 있다. 뿐만 아니라 같은 지면에 실린 학과의 각 학회에서 발표한 소논문들도 "니카라과 혁명사"와 "전교조", "박영진 열사에 대한 소개글" 등과 같은 주로 운동적인 내용을 다루고 있다.

한편 '전대협'의 결성과 이에 따른 '학생운동의 전국적 네트워크화'는 지역이라는 장벽 때문에 제대로 된 의사소통이 불가능하였던 학생운동의 '이념'이 전국적인 통일성을 확보하게 되는 결정적인 계기로 작용하였다. '전대협' 이후 '학생운동 이념의 전국화'라는 상황은 학생운동의 이념을 주도하였던 수도권 지역에서보다는 주로 수도권 지역에서 생산된 학생운동 이념을 수용하는 입장에 있었던 지역권 학생운동에서 더욱 분명하게 나타났다. 이러한 현상은 대구지역 학생운동의 경우에도 마찬가지였다.

당시 대구지역 학생운동에도 '전대협'의 결성은 '이념적 전국화'의 강력한 추진력으로 작용하였다. 실제로 '전대협'이 결성된 1987년을 전후하여 대구지역 학생운동의 이념적 지형에는 뚜렷한 변화가 발생하였다. 이는 『복현』이라는 이름의 경북대학교 교지에 게재된 글들의 주제와 제목의 변화를 통해서 분명하게 확인할 수 있다. '전대협' 이전인 1987년에 발행된 『복현』(경북대학교 교지편집위원회 1987)에는 "민족자존의 길", "휴머니즘" 등의 주제를 다룬 글들이 게재되었다. 물론 이러한 주제의 글들은 당시 시대적 상황에 비추어 볼 때 상대적으로 진보적인 내용이었다. 그러나 그 내용이 상당히 추상적이라서 구체적인 현실에 대한 설명력이 떨어졌고, 무엇보다도 당시 학생운동의 직접적인 관심거리가 되고 있던 이념적 이슈와는 거리가 먼 것이었다. 그러나 불과 1년이 지난 '전대협' 이후인 1988년에 발간된 『복현』(경북대학교 교지편집위원회 1988)에 실린 주요 내용은 "민주주의 변혁을 위한 제언", "통일 심포지움 : 이 땅이 뉘땅인데, 오도 가도 못하느냐!", "신식민지 국가독점자본주의론" 등 당시 전국적으로 쟁점이 된 이념적인 이슈와 정확하게 일치하였다.

2. '반미NL' 이념의 전국적 확산

1986년 '자민투'와 '민민투'를 중심으로 진행된 학생운동의 이념논쟁은 다소의 변화를 겪으면서 1987년 이후에도 지속적으로 전개되었다. 이 시기는 주로 CA의 내부 분화와 조직의 해체,[26] 'PD(People's Democracy, 민중민주)' 그룹의 세력화[27]로 인한 'NL–PD'라는 변화된 구도 하에

26 이에 대해서는 김영수 편(1989)을 참고.

27 PD의 이념은 주로 마르크스레닌주의를 연구하는 소장학자들이 주도한 『현실과 과학』이라는 무크지를 중심으로 형성되었다. 1988년에 처음으로 출간된 이 무크지는 학생운동을 비롯한 사회운동의 퇴조와 함께 1991년 통권 10호를 끝으로 종간되었다.

서 이념논쟁이 전개되었다.[28] PD는 '전대협'의 NL노선에 대한 다양한 비판세력들이 '반NL'이라는 일정한 이념적 경향성을 중심으로 수렴된 일종의 '반NL 정파연합'으로 존재하였다. 따라서 PD는 NL과 달리 단일한 정파조직이 아닌, 말하자면 '범PD파'로 존재하는 다양한 정파조직의 연합 그룹이었다. 이러한 PD는 '자민투'의 이념적 전통을 계승하면서 '반미'를 중심으로 주체사상을 지도적 이념으로 채택한 NL과는 상반되는 주장을 하였다. 즉 PD는 '민민투'의 이념을 비판적으로 수렴하는 경향을 보이면서 혁명론에서는 CA의 'NDR(National Democratic Revolution, 민족민주혁명)'과는 상이한 '(반제 반독점) PDR(People's Democratic Revolution, 민중민주주의)'을 지향하였다.

이 시기에 전개된 전반적인 이념논쟁의 상황을 정리하면 다음과 같다. 첫째, NL은 '식반론'이 '식민지 반자본주의론'(이하 '식반자론')으로 변화[29]하면서 '주체사상-식반자론-반제반봉건 NL(PD)R'이라는 사상이론체계를 갖춘 단일한 조직을 형성하였다. 둘째, PD는 CA의 '신식국독자론'을 비판적으로 계승하면서 '독점강화/종속심화' 테제를 중심으

28 정파대립의 필요성이 점차 사라지고 있는 현재에도 'NL-PD'라는 정확하지도 않은 명명법이 여전히 운동진영에서 사용되는 현실에 대한 비판(황광우 2001)을 언급하지 않더라도, 세기가 바뀐 현재에도 이념논쟁의 기본축이 여전히 'NL-PD'에 머물러 있다는 점은 매우 당혹스러운 사실이다. 한편 북한의 핵실험 사태에 대한 민주노동당 내의 '자주파'(NL)와 '평등파'(PD)의 충돌은 이에 대한 최근의 사례가 될 것이다. 이 사태에 대하여 당내의 '자주파'는 '북핵'을 자위권 차원에서 인정하는 입장에서 '미국책임론'을 강조하는 반면, '평등파'는 '반핵'의 입장에서 북한의 행동에 대하여 반대의 입장을 분명히 하고 있다(한겨레신문 06/10/18).

29 NL의 이러한 노선변화에 대하여 당시 '반NL' 진영은 변혁의 대상이 '지주-매판자본'에서 '매판자본-지주'로 그 순서만 바뀌었을 뿐, 실질적인 내용은 전혀 바뀌지 않았다고 평가하였다(이진경 1989, 34).

로 '마르크스레닌주의-신식국독자론-반제반독점 (NL)PDR'의 이론 체계를 갖추면서 세력화에 성공하였다. 셋째, 'NDR'의 CA는 자기 분해하면서 다수는 NL과 PD에 흡수되었고, 일부는 기존의 입장을 고수하면서 ND로 새롭게 조직[30]되었다(권영철 1990, 189-190).

이에 대하여 유석춘 · 박병영(1991, 107)은 이러한 노선들은 ① 지도사상 또는 이념의 문제, ② 미국에 의한 한국사회의 제국주의적 지배와 한국 자본주의의 성격 및 국가권력에 대한 평가로 이어지는 한국사회의 총체적인 지배와 피지배관계의 인식에 관한 문제, ③ 한국 사회변혁운동의 진로 설정 및 각 계급들 사이 관계의 설정에 관한 문제, ④ 북한과 통일의 문제에서 주목할 만한 차별성이 존재한다고 평가하였다.

한편 이러한 학생운동의 이념논쟁은 행위자 간 '힘의 균형'의 상태가 아닌 NL이 '넉넉한 우위'를 확보한 상태에서 전개되었다. 학생운동의 중요한 전환점이 된 제1기 '전대협'의 출범식은 '반대파'의 강력한 반발이 발생했을 정도로 NL 진영의 일방적인 주도로 이루어졌으며, 이후 '전대협' 역시 NL파에 의해서 사실상 독점되었다. 이러한 상황을 고려할 때 학생운동의 '이념적 전국화'는 좀더 구체적인 수준에서 그 의미가 규정되어야 할 필요가 있다.

30 새롭게 조직된 ND는 '남한 사회주의노동자동맹'(이하 '사노맹')에 의해서 주도되면서 당시 학생운동의 이념논쟁 구도를 'NL-PD-ND'로 재편하기도 하였다. '사노맹'은 1989년 『노동해방문학』이라는 월간지의 발간을 주도하면서 활동의 폭을 확장하였다. 그러나 조직의 위기와 함께 이후 이 월간지는 몇 차례 위기를 겪은 후 1991년 통권 10호를 끝으로 종간되었다. 이후 '사노맹'은 1991년 『우리사상』을 출간했으나 이 역시 통권 3호를 끝으로 1992년 이후에는 더 이상 출판되지 못하였다.

이 글은 1980년대 학생운동에서 나타난 반미주의의 전개와 관련하여 이 시기의 가장 두드러진 특징을 '반미NL 이념의 전국화'로 규정하고자 한다. 출범식의 공식적인 슬로건이 NL의 '구미'에 맞추어 '통일의 물결로 굽이쳐라. 내 사랑 한반도여!'로 설정한 '전대협'은 학생운동의 전국적 단일조직의 형성을 의미하는 동시에, 사실상 당시 이념논쟁을 주도하던 'NL노선의 전국화'를 의미하는 것이다. 이러한 의미에서 '전대협'의 결성은 '전대협'을 통하여 반미주의를 핵심으로 하는 NL이라는 특정 이념이 전국적으로 세력화되었음을 나타내는 사건이라고 평가할 수 있다.

한편 '전대협'은 1988년 이후부터 '한반도의 영구분단을 기도하는 미국'에 대한 효과적인 '반미투쟁'의 일환으로서 일련의 '조국통일 촉진투쟁', 즉 '반미조국통일투쟁'을 전국적으로 조직하였다. 실제로 '전대협'은 1986년에 '자민투'가 초보적인 수준에서 제기한 '반미조국통일투쟁'을 서울올림픽을 앞둔 1988년 초기부터 본격적으로 전개하였다. 이는 1988년 2월 24일 '서울 미문화원 점거투쟁'과 '남북청년학생회담 성사투쟁', 1989년 평양에서 개최되는 '제13차 세계청년학생축전 참가투쟁'으로 현실화되었다.[31]

'전대협'을 주도한 NL이념의 가장 핵심적인 특징은, 이를 테면 다른 독재자들은 "미국에 비하면 모두 아마추어 수준의 악당"(Said 2001, 106)이라는 인식에 기초한 '강력한 반미주의'라고 규정할 수 있다. 앞서

31 1988년 모 대학 총학생회 간부를 역임한 'D'는 당시의 총학생회가 '반미조국통일론'을 전면에 내세워 당선되었다는 점을 언급하면서, 이 시기에 전개된 반미조국통일투쟁의 대중성을 강조하였다.

지적한 것처럼 NL이 표방하는 반미주의의 저변에는 주체사상에 기초한 변혁론이 깔려 있었다. 이러한 점에서 볼 때 '미국의 운명은 세계에서 가장 정의롭고, 가장 진보적이고, 가장 명예롭고, 가장 계몽된 나라가 되는 것' (Appleman 1972, 69)이라는 윌슨(T. Woodrow Wilson)의 '소망' 은 적어도 1980년대 한국의 학생운동에게는 헛된 '망상' 이었다.

"열전체제의 산물인 식민지 지배를 경험하였고 냉전체제의 산물인 남북분단과 전쟁도 함께 경험" (신광영 2004, 4) 한 상황에서, 한국의 학생운동이 민족 내지는 민족주의에 대하여 더욱 큰 관심을 가지는 것은 자연스러운 현상이라고 평가할 수 있다. 즉 해방과 분단, 그리고 한국전쟁을 거치면서 현재까지도 한국사회에 압도적인 영향력을 행사하고 있는 미국[32]이라는 나라가 민족문제에 민감한 한국 학생운동의 주된 관심사가 되는 것은 오히려 당연한 일일 것이다. 이러한 이유 때문인지 젊은 층을 중심으로 미국에 대한 국민들의 인식이 크게 변화[33]하고 있는 지금까지도 미국과 민족주의 관련 이슈는 여전히 한국 학생운동의 '뜨거운 감자' 이다.

32 김동춘(2005, 9)은 한국은 '제1차 미국화' (냉전)와 '제2차 미국화' (지구화)가 공존하는 유일한 나라라고 주장하면서, 한미관계는 '국가 대 국가' 의 관계 그 이상이며, 동시에 그 이하라고 규정하였다.

33 2002년 '미군장갑차사건' 과 '촛불시위' 를 거치면서 특히 젊은 세대 사이에서 '가벼운 정도의 반미' 는 거의 '일상어' 가 되고 있다. 실제로 2005년 전국의 대학 신입생들을 대상으로 한 설문조사에서 응답자 중 54.8%가 '한반도 평화에 위협을 가하는 국가' 를 미국이라고 답하여 압도적인 표차로 북한(14%)을 밀어내고 '1위' 를 차지하였다(교수신문 05/04/18).

V. 결론

1980년대가 학생운동의 전성기라고 하더라도 소위 '학생운동권'의 숫자는 언제나 소수였다. 학생운동이 가장 대중적으로 전개된 1980년대 후반의 경우도 마찬가지였다. 1988년에 실시된 한 조사(도흥렬 · 이희덕 1988, 30)에 따르면, 당시 학생집단 중에서 학생운동을 주도하는 '급진적 행동집단'과 '적극적 행동집단'은 전체 학생의 1.4%와 2.5%에 불과하였다.[34] 따라서 1980년대 학생운동은 모두가 동의하는 '절대선'이 아니었으며, 물론 이에 대한 비판 역시 상존하고 있었다.

그럼에도 불구하고 겨우 4%도 안 되는 활동가를 보유한 1980년대 학생운동은 한편으로는 대학사회를 주도하고, 다른 한편으로는 정치적 실천의 주체이자 사회운동 간 연대의 교량으로서 자신의 임무와 역할을 효과적으로 수행하였다(함운경 외 1997, 47). 따라서 현재 한국사회가 영위하고 있는 일정 수준의 민주화[35]는 상당 부분 1980년대 학생운동의 결과이라고 볼 수 있다. 이를 테면 한국사회가 도달한 '오늘의 민주주의'는 1980년대 학생운동에게 적지 않은 빚을 지고 있는 셈이다.

---

34 이 조사에 따르면, 당시 대학생 집단은 '중도 집단' 13.9%, '소극적 집단' 29.4%, '보수적 집단' 52.8%로 구성되어 있었다.

35 미국의 민간 인권기구인 Freedom House(2004)의 평가(기준은 1등급-7등급)에 의하면, 한국은 '정치적 자유' 항목에서 1987년까지 4-5등급에서 1988년 이후 2등급으로 상승하였다. 그리고 '시민적 권리' 항목에서 1987년까지 5-6등급 정도에서 1988년-92년에는 3등급으로, 1993년 이후에는 2등급으로 상승하였다.

물론 앞서 도표를 통해서 확인한 바와 같이 이러한 역할을 수행하는 과정에서 1980년대 학생운동은 상당한 희생과 피해를 입었다. 그러나 이를 기꺼이 감수하면서 민주주의의 공간을 확대하였다는 점에서 1980년대 학생운동은 '자기 희생(self-sacrifice)의 정치'라고 표현할 수 있을 것이다. 이러한 '자기 희생의 정치'는 '자기 이익(self-interest)의 정치'에 대척적인 개념으로서, 박효종(2005, 52)의 말을 빌리자면 '자기 실현(self-realization)'의 가치를 넘어서 '자기 초월(self-transcendence)'의 가치를 지향하는 행위였다.[36]

이러한 1980년대 학생운동은 '사회구성원의 정치적 요구가 민주화로 집약되는 상황에서 이들을 대신 혹은 대표하여 일군의 대학생 집단들이 제도화된 정치과정 외부에서 민주화라는 사회적 요구를 집중적으로 표출한 집합적 행위'였으며, 이것이 한국사회의 민주화에 결정적인 역할을 하였다는 것은 부정할 수 없는 사실이다.

이 글은 1980년대 학생운동에 대한 학문적인 접근이 양적 · 질적으로 부족한 실정에서 이에 대한 보다 구체적인 연구를 위한 작은 시도이다. 이를 위하여 이 글은 연대기적 시기구분에 기초한 이념적 분기점을 설정하여 이 시기 학생운동의 이념적 상황이 진행되는 과정을 분석하였다. 또한 이 과정에서 '반미주의'의 전개양상을 살펴보았다. 이제 이상의 논의를 다음과 같이 정리하면서 이 글을 마무리하겠다.

36 보수주의자임을 자처하는 박효종(2005, 51-56)은 한국의 진보주의자들이 국민들에게 주는 '감동'의 근원은 이들 특유의 헌신적 태도, 즉 '자기초월적 가치'의 지향에 있다고 주장하면서, '자기실현'에만 탐닉하는 한국의 보수주의자들의 '무감동적 행위'를 비판하였다.

첫째, '역사적 트라우마티즘'으로 작용한 '광주항쟁'은 '역사적 비극'의 경험을 통한 '사고의 전환'을 강제함으로써 '반미주의의 발생과 확산' 등 학생운동이 이념적으로 급진화되는 중요한 계기로 작용하였다. 둘째, '86-87년'은 '자민투-NL'과 '민민투-CA'로 대별되는 학생운동의 총체적 변혁이념이 형성되고 양자 사이의 대립구도가 정착된 시기이다. 이 시기를 통하여 이념에 관한 한 학생운동 진영은 각자 나름의 안정적인 체계를 구축하였다. 특히 다수세력인 '자민투'는 주체사상에 입각한 '반미주의'를 적극적으로 수용함으로써 반미주의의 성격과 내용에 있어서 커다란 변화를 야기하였다. 셋째, 'NL-PD'의 치열한 이념논쟁에서 우위를 확보한 NL노선을 중심으로 6월항쟁 이후 학생운동의 전국적 단일조직인 '전대협'이 결성되었다. 한편 주체사상 기반의 '반미NL' 이념이 전국적으로 확산되는 과정에서 '전대협'은 효과적인 반미투쟁의 일환으로 전국적인 규모의 '반미조국통일투쟁'을 지속적으로 전개하였다. 이후 NL노선은 학생운동을 주도하는 세력의 핵심적인 이념으로 자리잡게 되었다.

참고문헌

"긴급기획 : 학생운동은 무엇을 할 수 있는가." 1997. 『사회평론 길』 7월.

강신철 외. 1988. 『80년대 학생운동사 : 사상이론과 조직노선을 중심으로(80-87)』. 형성사.

경북대학교 교지편집위원회. 1987. 『복현문화』 제20집.

경북대학교 교지편집위원회. 1988. 『복현』 제21집.

고려대학교 아세아문제연구소. 1987. 『아세아연구』 제77집.

권영철. 1990. 『한국 변혁운동 논쟁사』. 일송정.

권영택. 1987. "80년대 변혁운동에 있어서 학생운동의 역할과 과제." 『전환』. 사계절.

김 신 외 편. 1988. 『결코 그칠 수 없는 애학투련의 함성이여!』. 녹두.

김 원. 1999. 『잊혀진 것들에 대한 기억 : 1980년대 한국 대학생의 하위문화와 대중정치』. 이후.

김기식. 1997. "80년대 이후 학생운동세력의 사회진출 : 고민과 모색." 『역사비평』 제39호.

김도종. 1997. "1980년대 한국의 정치변동과 학생집단." 『한국정치학회 1997년도 연례학술대회』.

김동춘 외. 1997. "토론 : 한국 학생운동의 역할과 새로운 모색." 『역사비평』. 제39호.

김동춘. 2000. "한국 사회운동의 현주소." http://dckimskhuackr/naboard/downphp?bd=scpdsv&no=34&num=1 (검색일 : 2005년 2월 23일).

김동춘. 2005. 『미국의 엔진, 전쟁과 시장』. 창작과 비평사.

김동춘. 연도 미상. "1980년대 사회운동을 어떻게 볼 것인가?." http://dckimskhuackr/naboard/downphp?bd=scpdsv&no=39&num=1 (검색일 : 2005년 2월 23일).

김영수 편. 1989.『한국사회 변혁운동론의 모색 : 노해동그룹의 자기비판과 새로운 전망』. 백산.

김영택. 1988.『10일 간의 취재수첩』. 사계절.

김정인. 2003. "한국사회와 학생운동, 그 회고적 전망 한국 민주화운동의 쟁점과 전망." 민주화운동기념사업회 · 학술단체협의회 2003년 학술심포지엄 자료집.『한국 민주화운동의 쟁점과 전망』.

김종엽 외. 2005. "좌담 : 새로운 동아시아 질서와 87년 체제."『창작과 비평』봄호.

도흥렬 · 이희덕. 1988. "대학생의 현대사 인식과 의식화 정도 : 대학생의 이념정향 조사연구에 관한 분석자료."『현대사회』제8집 3호.

민주화운동청년연합 편. 1984. "광주항쟁 4주년 추모사 : 오! 영원한 민주화의 불꽃이여!"『민주화의 길』제3호.

박명림. 1995. "'수동혁명' 과 광기의 순간."『사회비평』제13호.

박효종. 2005. "보수주의자들의 칠거지악 : 지킬 것은 지키고 바꿀 것은 바꾸었는가." 박효종 외.『한국의 보수를 論한다 : 보수주의자의 보수 비판』. 바오출판사.

사회문화연구소 편. 1993.『오늘의 사회학』. 사회문화연구소.

서울지검공안부 편. 1987.『좌경이론의 실제』. 서울지방검찰청.

서중석. 1997. "1960년대 이후 학생운동의 특징과 역사적 공과."『역사비평』제39호.

손호철. 1997. "'한총련' 망국론."『사회평론 길』7월호.

신광영. 2004.『한국의 계급과 불평등』. 을유문화사.

신명순. 1987. "1980년대 학생운동의 성격분석 : 대학생들의 학생운동에 대한 태도를 중심으로." 고려대학교 아세아문제연구소.『아세아연구』. 제77집.

심상훈. 1996. "1920년대 안동지역의 청년운동."『안동문화연구』제10호.

양병기. 1999. "한국의 군부통치와 학생운동 : 이념정향의 비교."『1999년도 한국정치학회 춘계학술회의 자료집』.

유범상. 2005. "한국 노동운동 이념의 풍경화 : 이념의 빈곤과 정체성의 딜레마."『동향과 전망』제63호.

유석춘 · 박병영. 1991. "한국 학생운동의 구조와 기능." 한국사회학회 편.『현대

한국사회문제론』. 한국복지정책연구소.
유영익. 1987. "한국학생운동사 개관." 『아세아연구』 제77집.
윤택림. 2003. 『인류학자의 과거 여행 – 한 빨갱이 마을의 역사를 찾아서』. 역사비평사.
이동연. 1998. "편역자 서문." 이동연 편. 『하위문화는 저항하는가』. 문화과학사.
이진경. 1989. "'주체주의자'의 사상과 실천." 이진경 편. 『주체사상비판 1』. 벼리.
이한기. 1992. "대학문화의 새바람, 학생운동이 변하고 있다." 『말』 6월호.
장석준. 2001. "학생운동과 진보정당운동." 민주노동당 기관지위원회. 『이론과 실천』 창간준비 제2호.
조대엽. 2002. "한국의 사회운동세대 386." 『사상』 제54호.
조대엽. 2003. "광주항쟁과 80년대의 사회운동문화 : 이념 및 가치를 중심으로." 전남대학교 5 · 18 연구소. 『민주주의와 인권』 제3권 1호.
조지훈. 1989. 『80년대 후반 청년학생운동』. 형성사.
조혜정. 1997. 『탈식민지 시대 지식인의 글 읽기와 삶 읽기 3』. 또 하나의 문화.
조희연. 1998. 『한국의 국가 · 민주주의 · 정치변동』. 당대.
조희연. 2005. "운동과 저항, '오래된 현재'." 학술단체협의회 역음. 『사회를 보는 새로운 눈』. 한울.
최연구. 1995. "80년대 청년운동의 성격과 그 전개." 조희연 편. 『한국사회운동사』. 한울.
최영환. 2005. "민주주의를 꽃피우기 위해–강원대 성조기 소각 시위." 민주화운동기념사업회. 『희망세상』 3월호.
최장집. 2003. 『민주화 이후의 민주주의 : 한국 민주주의의 보수적 기원과 위기』. 후마니타스.
최정운. 1999. 『5월의 사회과학』. 나남.
편집부. 1988a. 『팜플렛 정치노선』. 일송정.
편집부. 1988b. 『팜플렛 조직노선』. 일송정.
편집부. 1988c. 『팜플렛 철학논쟁 I』. 일송정.
편집부. 1988. 『학생운동 논쟁사』. 일송정.
한 용 외. 1989. 『80년대 한국사회와 학생운동』. 청년사.

한홍수 · 김도종. 1993. "한국 학생운동의 평가와 전망." 연세대학교 사회과학연구소. 『사회과학논집』 제24권.
함운경 외. 1997. "지금 학생운동에는 '학생' 도 없고 '운동' 도 없다." 『사회평론 길』 7월호.
현대사회연구소. 1989. 『정책연구시리즈 89-5』.
황광우. 2001. "엔엘과 피디의 정파적 대립 구도. 어떻게 극복할 것인가?." 민주노동당 기관지위원회. 『이론과 실천』 12월호.
Appleman, Williams. 1972. *The Tragedy of American Diplomacy*. W. W. Norton & Company.
Feuer, Lewis S.. 1969. The "Conflict of Generation" *The Character and Significance of Student Movements*. New York : Basic Books Inc.
Freedom House. 2004. *Freedom in the World Country Ratings : 1972 through 2003*.
Giddens, Anthony · 한상진 외 역. 1998. 『제3의 길』. 생각의 나무.
Heywood, A. · 조현수 역. 2003. 『정치학 : 현대정치의 이론과 실천』. 성균관대학교 출판부.
Philip, Altbach. 1967. "Students and Politics." Samuel Lipset Eds.. *Students and Politics*. New York : Basic Books.
Said, Edward W. · 성일권 역. 2001. 『도전받는 오리엔탈리즘』. 김영사.
Zolberg, R. Aristide. 1972. "Moment of Madness." *Politics and Society* Vol. 2.
《교수신문》.
《한겨레신문》.

한국사회와 좌파 : 개념적 접근

Ⅰ. 서론

20세기 후반까지 세계 인구 1/3 이상의 삶을 좌지우지하였던 현실사회주의 혹은 공산주의의 역사적 실험은 브레진스키(Zbigniew Brzezinski)의 예견처럼 그야말로 '대실패(the grand failure)'로 끝나버렸다. 그에 따르면 공산주의는 현실을 거부하는 성급한 이상주의에 기초하여 보다 더 나은 인간적인 사회를 추구하였으나 실상은 오히려 인민을 억압하는 실패한 체제였다. 따라서 공산주의는 역사적인 비극이자 인류 역사상 최악의 범죄를 유발한 문자 그대로 '대실패'에 불과하였다(Brzezinski 1989).

현실 사회주의의 몰락은 좌파 모두에게 큰 충격을 주기에 충분한 사건이었다. 물론 불과 몇 년이 지난 이후 기든스(Anthony Giddens)와 블레어(Tony Blair)에 의한 '제3의 길(The Third Way)' 혹은 '사회민주주의의 현대화 프로젝트'의 부분적인 성공에 힘입어 한동안 유력한 대안으로 '신흥좌파'의 역할이 거론되기도 하였다. 또한 2002년 10월, 남아메리카 최대의 경제대국인 브라질 대선 결선투표에서는 좌파 후보인 노동자당 이나시우 룰라 다 실바 후보가 압도적인 승리를 거두는 '사건'이 발생하기도 하였다. 그러나 이와 같은 사실에도 불구하고 신자유주의적 세계화가 압도하고 있는 현재 "세계사적 표준시"(강정인 2000, 78)의 정치적 이념 스펙트럼은 명백하게 '오른쪽'으로 기울어져 있다.

해방 이후 우파 '독점'의 역사가 지속되고 있는 한국에서 우파 '우세'라는 세계적 현상은 그렇게 '새삼스러운 일'이 아니다. 물론 최근에는 우파 일변도의 정치사회에 새로운 전환을 예고하는 여러 가지 징후들이 나타나고 있다. 특히 2002년 양대 선거와 2004년 총선을 통하여 불완전하나마 '정치적 시민권'을 획득한 민주노동당의 '선전'은 진보적 좌파 정치세력에게 중요한 전환점을 제공하고 있다. 또한 한국사회의 이념적 스펙트럼이 정상적으로 분포 · 형성되는 것을 방해하는 동시에, 좌파의 정상적인 성장을 가로막는 가장 중요한 요인 중 하나인 '맹목적 반공주의'도 '서해교전', '북핵 위기' 등의 부침을 거치면서 지금까지 지속되어 온 '햇볕정책'의 영향으로 인하여 점차 교정되고 있다.

이처럼 한편으로는 좌파 정치세력이 내부적으로 점차 성장하고 있으며, 다른 한편으로는 무조건적으로 좌파를 매도하고 배척하는 사회적인 분위기가 점차 누그러지면서 실질적인 거대 양당제의 틈바구니에서 미약하나마 한국사회에서도 '좌파정치'의 성장 가능성이 조심스럽게 제기되고 있다.

그러나 한국사회에서 '좌파라는 것'을 둘러싼 환경은 여전히 '먹구름'이다. 일차적으로 개념을 비롯한 좌파에 대한 기본적인 정보가 거의 부재하다. 분단과 전쟁이라는 역사적 특수성으로 인하여 정치 이데올로기의 스펙트럼이 '오른쪽'으로 강제적인 획일화가 진행[1]되는 가운데 좌파는 우파의 정상적인 반대세력(counterpart)이 아니라 적국, 즉 북한을 이롭게 하는 반국가적인 '범죄세력'으로 단죄되어 왔다(유팔무 2002b). 말하자면 한국사회에서 좌파는 현실적이지도 현실적이어서도 안 되는 존재였다. 이러한 상황에서 좌파정치의 현실성이 조심스럽게 점쳐지는 현재까지도 좌파는 현실적이지도 당위적이지도 않은 그야말로 '봉인된 존재'이다.[2] 한국사회에서 좌파는 정치적 의도와 이념적 취향에 따라서 '진보', '급진', '좌익', '빨갱이' 등으로 다양하게 불리면서 정작 그것의 개념과 실체에 대해서는 기본적인 합의가 이루어지지 못한 것이 현재 한국사회의 실정이기 때문이다.[3]

이 글은 좌파정치의 가능성에 주목하고자 한다. 한국사회의 좌파에

1 해방정국 당시 한국사회의 이데올로기 지형은 적어도 '우파독점'은 아니었다. 당시 미군정의 체제 선호도 관련 시민여론조사의 결과가 공산주의 선호 10%, 사회주의 선호 70%, 자본주의 선호 13%로 나타난 사실이 그 예가 될 것이다. 그러나 이러한 결과에 근거하여 해방정국의 이데올로기 지형을 중도파의 영역이 거의 부재한 '좌경반쪽 지형'으로 규정(손호철 1991)하기에는 무리가 따른다. '해방정국'이라는 상황을 고려한다면, 사회주의를 지지하는 70%를 명백한 이데올로기적 입장에서 좌파를 지지하는 '이념적 세력'으로 규정하는 것은 적절하지 않다. 이러한 사회주의 지지파들을 동일한 이념집단으로 이해하기보다는, 오히려 '외세'인 소련(공산주의체제)과 미국(자본주의체제)을 거부하면서 그 사잇길을 추구한 '민족주의적 중도파'로 보는 것이 더욱 타당하기 때문이다(이성근 1985, 122-123).

2 참여정부의 핵심으로 평가되는 한 인사는 노무현 대통령과 자신은 분명 진보이지만, 좌파가 '나쁜 놈'과 동일시되는 현실에서 참여정부가 좌파로 채색되는 것이 두려웠다고 말하였다(한겨레신문 07/03/05).

3 노무현 대통령의 '좌파 신자유주의', '유연한 진보' 등의 발언은 이러한 개념적 혼란을 단적으로 보여주고 있다.

대한 학문적인 연구가 매우 부족한 상황에서 이 글은 개념의 설정을 중심으로 한국사회에서 '좌파라는 것'의 의미를 좀더 구체적으로 분석하고자 한다. 물론 이러한 연구는 우파독점의 제도권 정치의 메커니즘이 공고하게 지속되고 있는 상황에서 좌파가 여전히 '사회적 시민권'을 획득하지 못하고 있으며, 더욱이 스스로 좌파임을 공공연하게 밝히기도 어려운 한국사회의 정치적 후진성에 대한 간접적인 문제제기의 의미도 가지고 있다.

Ⅱ. 탈이데올로기 담론에 대한 비판적 검토

이 글은 여전히 '맹아기'에 머무르고 있지만, '또 하나의 사회세력'으로서 좌파의 존재를 '현실'로 인정하면서 한국사회의 좌파에 대한 구체적인 이미지에 접근하겠다. 한편 소위 탈이데올로기 담론이 회자되고 있는 상황에서, 그것도 우파독점의 정치구조가 지속되고 있는 한국에서 이러한 연구의 적절성과 가치에 대한 문제제기가 가능할 것이다. 그러나 오히려 탈이데올로기 시대이기 때문에, 그리고 한국이 우파독점의 사회이기 때문에 좌파에 대한 연구는 더욱 필요하다는 것이 이 글이 가지는 기본적인 인식이다. 이는 시나브로 '시대정신'이 되어버린 탈이데올로기라는 '이데올로기'의 현실적인 의미에 대한 비판적인 분석을 통해서 더욱 구체적으로 제시될 것이다.

탈이데올로기 담론은 형식적으로는 '이데올로기 전반에 대한 부정' 의 뉘앙스를 체현하고 있다. 하지만 내용적으로 그것은 탈냉전 이후 (신)자유주의로 대표되는 우파 이데올로기의 우월적 지위의 지속과 확장을 추구함과 동시에, 여기에 도전하는 좌파 이데올로기를 효과적으로 통제하여 무력화하려는 전략을 내포하고 있는 보다 공격적인 '이데올로기' 라고 판단된다. 따라서 이 글의 보다 적절한 진행을 위해서는 좌파의 존재기반 그 자체에 대하여 심각하게 회의(懷疑)하고 있는 탈이데올로기 담론의 논리에 대한 검토와 평가가 선행되어야 할 것이다.

보드리야르(Jean Beaudrillard)는 "한때는 우파들이 비관적이었고 좌파들이 명확히 낙관적이었다. 그러나 오늘날 우리는 우파들에게서는 '찬연한' 자유주의를, 좌파들에게서는 슬픈 열대를 발견한다"(송두율 1995, 27에서 재인용)는 수사를 통해서 좌파가 처한 현실을 표현하였다. 이 글에서는 이러한 '찬연한 자유주의' 가 종종 탈이데올로기 담론을 동반하고 있음을 보다 분명하게 지적하고자 한다.

정도의 차이는 있지만 벨(Daniel Bell)의 '이데올로기의 종언' 과 후쿠야마(Francis Fukuyama)의 '역사의 종언' 은 자유주의 이데올로기의 승리를 '탈이데올로기' 담론으로 연결시키고 있는 대표적인 견해이다. 이미 1960년대에 벨에 의해서 체계적으로 제시된 바 있는 '이데올로기 무용론' 의 뿌리는 상당히 깊다(Bell 1962). 벨은 기술체계의 근본적인 혁신으로 인하여 '노동' 을 중심적 조직원리로 삼았던 산업사회 혹은 대중사회는 이제 '지식' 을 중심적 조직원리로 하는 탈산업사회 혹은 정보사회로 전환되고 있다는 견해를 제시하였다. 따라서 산업사회에 기반하는 기존의 사회이론들은 새로운 사회상황을 조망할 수 있도록 재구성되어야 한다는 것이 벨의 주장이었다.

이에 근거하여 그는 탈산업사회의 도래로 말미암아 마르크스주의를 비롯한 산업사회의 전통적인 계급갈등에 기반하고 있는 제반 이데올로기들의 생명력이 소진되었다고 주장하면서 소위 '이데올로기의 종언' 이라는 테제를 제시하였다. 그러나 자유주의 '이데올로기' 에 대한 열광적인 지지자였던 벨이 '종언' 을 선언한 대상은 이데올로기 일반이라고 단정하기에는 무리가 따른다. 그가 주장한 '종언' 의 구체적인 대상은 '이데올로기 일반' 이었다기보다는 마르크스주의를 포함하여 부르주아적 자유질서에 도전하는 '종말론적 역사철학' 이라고 평가하는 것이 보다 타당하기 때문이다. 이러한 관점에서 보면 벨의 '이데올로기의 종언' 테제는 자유주의를 새로운 형식으로 정당화하는 논술이었다는 평가(서규환 1993, 214–215)도 가능할 것이다.

후쿠야마는 현실사회주의의 붕괴와 관련하여 '역사의 종언' 이라는 테제를 제시하였다. 그에 따르면, 20세기는 파시즘과 사회주의라는 두 가지 형태로 대표되는 '전체주의' 에 대한 '자유민주주의' 의 투쟁이라는 사상적인 과제를 양산하였다. 한편 이러한 투쟁에서 자유민주주의는 '최후의 전쟁' 인 사회주의와의 냉전에서 최종적으로 승리를 거두었고, 결국 역사는 인류의 대부분을 자유민주주의로 인도하는 일관된 방향성 속에서 자신을 '완성' 하게 되었다.

소위 '역사의 종언' 에서 후쿠야마는 모든 사회적 분쟁이나 갈등이 완전히 사라질 것이라고 주장하지는 않았다. 그가 강조하는 것은 민족 사이의 대립이나 경제적 이해의 대립과 같은 분쟁이나 갈등은 언제나 발생할 수 있겠지만, 다만 그것을 해결할 수 있는 유일한 방법 혹은 규칙은 이제 자유민주주의밖에 없다는 점이었다. 따라서 '역사의 종언' 이라는 테제의 보다 정확한 의미는 치열했던 냉전체제가 자유민주주의의 일방적인 승리로 종결되고 이제 자유민주주의에 대항할 수 있는 어떤 이데올로기도 존재하지 않는 상황에서, 즉 유력한 이데올로기라고는 자유민주주의밖에 없는 상황에서 인간이 만들어낸 이념이나 사상에 의하여 만들어지는 역사는 이제 종언을 고하게 되었다는 것이다. 즉 자유민주주의의 승리로 인하여 인간의 가치관이 일단 동질화되는 상태에서는 더 이상의 변증법적 작용이 발생하지 않으며, 이러한 상황에서 인간의 행위는 '역사로서의 의미'를 가질 수 없다는 것이 헤겔주의자인 후쿠야마의 주장인 것이다(Fukuyama 1993).[4]

한편 헌팅턴(Samuel P. Huntington)은 냉전이 종결된 상황에서 앞으로의 분쟁은 이데올로기의 대립이나 경제적 이해관계를 둘러싸고 국가와 국가 사이에서 발생하는 것이 아니라, 문화나 문명이 상이한 국가나 집단 사이에서 심각하게 전개될 것이라고 전망하는 '문명의 충돌(the crash of civilizations)'을 제시하였다(Huntington 1997). 그러면서 그는 자유민주주의에서의 '평화로운 세상'을 가정하고 있는 후쿠야마의 견해를 "뻔뻔스러울 정도의 낙관론"이라고 비판하였다. 그러나 자유주의라는 특정한 이데올로기가 지배하고 있는 현재의 상황을 '탈이데올로기의 시대'로 규정하고 있다는 점에서는 '역사의 종언'과 '문명의 충돌'은 본질적으로 동색(同色)이다.[5]

4 이후 후쿠야마는 기존의 입장을 다소 수정하는 견해를 제시하였다. 그는 서구의 승리로 냉전이 종결된 지금, 이제 세계는 서구 내부에서 '미국과 유럽의 균열'을 경험하고 있다고 주장하였다. 즉 국제적 갈등을 '국제공동체의 의지'에 기초하여 대화와 합의로 해결하려는 '역사의 끝'에 살고 있는 유럽과 힘의 정치와 국가주의를 신봉하면서 여전히 '역사 속'에 살고 있는 미국 사이의 균열이 9 · 11 테러 이후 '역사의 새로운 조짐'으로 나타나고 있다는 것이 후쿠야마의 주장이다(전병근 2002). 이러한 주장은 서구문명 사이에도 수많은 갈등의 양상이 있음(홍성민 2002, 8)을 보다 적극적으로 인정하는 것으로 이해할 수 있다.

이처럼 자유주의라는 이데올로기를 숨겨놓은 탈이데올로기 담론은 이데올로기적 대립의 무용성을 강조하면서 현실사회주의의 붕괴로 더욱 가속화된 '좌파 일반'의 몰락 이후 더욱 큰 설득력을 얻어가고 있다. 그러나 '이데올로기의 나무는 언제나 푸르며, 이데올로기의 소멸을 주장하는 것만큼 이데올로기적인 것이 없다' (Bobbio 1998, 36)는 반론을 굳이 거론하지 않더라도 탈이데올로기 담론의 저변에 흐르는 기본적인 바탕은 자유주의라는 '이데올로기'의 승리를 확신하는 우파의 '자신감'이다. 이를 고려할 때, 좌파와 우파를 구별하는 것이 여전히 의미가 있느냐는 문제를 제기하는 사람이 있다면 그 사람이 좌파는 아닐 것(Sassoon 1996, 776)이라는 주장은 적지 않은 시의성을 함축하고 있다.

이상을 검토할 때, 탈이데올로기라는 담론을 이데올로기로부터의 '탈출'을 의미하는 것으로 정의하기에는 무리가 따른다. 그것은 현실사회주의의 붕괴와 '자본주의의 세계화' 이후 우파 이데올로기인 (신)자유주의의 일방적인 우세상황을 효과적으로 유지하고 보존하려는 매우 전략적인 담론, 즉 '현상유지정책(the status quo)'이기 때문이다. 따라서 탈이데올로기 담론은 '이데올로기의 부재', 혹은 이에 따른 '좌파와 우

5 비록 현실적인 영향력은 미미하지만 '이데올로기 무용론' 혹은 '자유주의의 종국적 승리'라는 대세에 비켜서 있는 일군의 관점 역시 무시할 수는 없을 것이다. 이것은 한편으로는 자유주의에 대한 근본적인 성찰을 강조하는 주장으로, 다른 한편으로는 '자유주의의 종말'이라는 파격적인 주장으로 현실화되고 있다. '자력(自力)'이라기보다는 자신을 적대시한 마르크스주의에 대한 비판을 통해서 오늘의 자유주의 이데올로기가 존재한다는 점을 감안할 때, 좌파의 몰락은 오히려 자유주의의 철저한 자기 반성을 요구하고 있다는 주장(김동수 1994, 226)이 전자의 사례가 될 수 있다면, 후자의 사례는 월러스틴(Immanuel Wallerstein)의 '자유주의 이후(After Liberalism)'가 될 것이다(Wallerstein 1996).

파 사이의 긴장관계의 소멸'을 의미하는 것이 아니라, 20세기 후반 이후 형성되어 현재까지 지속되고 있는 좌파와 우파 사이의 '제한적인 역(力) 관계'[6]를 반영하고 있는 것으로 이해해야 할 것이다.

그러나 좌파와 우파의 구분이 지속될 것이라고 확신하는 보비오(Norberto Bobbio)도 인정하고 있듯이, 현재의 상황에서 좌파-우파라는 이데올로기적 구분이 가지는 적실성은 냉전시대의 그것과 비교할 때 상당히 떨어지는 것이 사실이다. 이와 관련하여 기든스는 이데올로기적 좌-우 구분의 현실적인 타당성이 질적인 변화를 경험하고 있음을 조심스럽게 제기하였다. 그는 '경제관리이론'으로서 '사회주의의 사망'으로 인하여 좌파와 우파를 가르는 전통적인 구분이 약화되고 있는 상황에서 이제 더 이상 어느 누구도 자본주의를 대신할 대안을 갖고 있지 않으며, 더욱이 "남은 논쟁은 얼마만큼, 그리고 어떤 방법으로 자본주의를 통제하고 규제해야 하는가에 관한 것"이 되어버렸다고 주장하였다.[7] 또한 그는 기존의 이데올로기적 대립구도 속에서는 발생하지 않았던 문제들과 가능성들, 즉 생태적 문제를 비롯한 가족, 노동, 정체성의 질적인 변화와 관계되는 쟁점들이 대두되고 있는 현실에서 좌파와 우파의 구분은 그간의 현실적인 타당성을 상당 부분 상실하고 있다고 진단하였다(Giddens 1998).

6 여기서 '제한적'이라는 표현은 좌파와 우파의 역관계는 역사적 상황에 따라서 지속적으로 변화하기 때문에 현재의 상황이 항구적이지 않다는 것을 나타내기 위해서 사용하였다.

7 기든스의 '탈사회주의' 선언에 대하여 립셋(Seymour Martin Lipset)은 유럽의 좌파가 사회주의에서 벗어나지 못했던 한계를 극복함으로써 유럽의 좌파정당이 더욱더 미국의 상황과 유사하게 되었다고 평가하였다(Lipset 2001, 146-147).

하지만 현실사회주의의 붕괴와 이에 따른 탈냉전의 상황에서도 '좌파-우파' 라는 대당적(對當的) 관계의 현실적인 지속력과 타당성을 무시할 수는 없을 것이다. 좌파와 우파는 정치이념과 정치활동의 세계를 분할해 온 이데올로기와 운동들 사이의 대립을 표현하기 위해서 지난 2세기 이상 관습적으로 사용해 온 대립적이며 반(反)명제적인 용어이다. 물론 좌파와 우파의 구분은 이데올로기적 대립이 첨예하게 진행되었던 냉전시대의 상황과 같은 충분한 의미를 가질 수는 없을 것이다.

그러나 비록 시간과 상황의 변화에 따라서 이러한 구분과 대립의 중요성이 부차적인 것이 되어버리거나, 혹은 그 역이 되어버리더라도 사회적 · 정치적 갈등을 유발하는 구조적 요인이 존재하는 한 좌파-우파 구분의 필요성과 현실적인 요구는 끊임없이 발생할 것(Bobbio 1998)이라는 점은 분명히 지적할 필요가 있다. 역사적인 상황의 변화에 따라서 이데올로기적 신념과 내부 정파 사이의 현실은 지속적으로 변화하겠지만, 예를 들면 적어도 "투표를 할 때마다 민주당과 공화당, 혹은 사회민주당과 보수당 사이에 투영된 좌파와 우파의 이미지는 여전히 가장 중요한 선택의 기준으로 작용" (Furet 1998, 79) 할 것이기 때문이다.

이러한 관점에서 탈이데올로기의 의미에 관한 이진우(2000)의 주장은 매우 시의적절하다. 그는 이데올로기의 종식이 의미하는 것은 '이데올로기의 부재' 가 아니라 오히려 '다양한 이데올로기들의 평화적 교류와 공존' 이며, 따라서 이데올로기의 종식이라는 개념을 "어느 이념도 더 이상 절대적 타당성을 주장할 수 없다는 인식이 보편화되는 것" 으로 정의하였다. 그의 주장을 고려한다면 탈이데올로기 시대에 극복되어야 할 것은 '좌파와 우파', 즉 이데올로기 혹은 이데올로기적 긴장관계에 기초하는 일상적인 정치적 양분구조가 아니다. 탈이데올로기가 회자되는 현재의 상황에서 극복되어야 할 것은 이데올로기 시대의 잔재들, 즉 우세한 역관계에 편승하여 특정 이데올로기를 '절대진리' 화하려는, 또한 이를 통하여 다양한 이데올로기 사이의 자유로운 소통과 공존을 부정하려는 태도이기 때문이다.

Ⅲ. 좌파 개념의 설정

1. 현실적 위상

'좌파적인 것' 을 둘러싼 한국사회의 현실은 여전히 명확하지 않다는 것은 앞서 지적한 바 있다. 이에 대한 보다 구체적인 내용은 '색깔론' 으로 상징되는 '비정상적인 이념균열구조' 의 문제와 '지역균열의 과잉에 따른 이데올로기 균열의 최소화' 의 문제를 중심으로 접근할 수 있다.

해방 이후 한국사회를 지배한 권위주의적 우파의 지배에 의해서 형성되고 누적된 상황은 정치사회적으로 좌파에게 유리한 환경을 조성하지 못했을 뿐만 아니라, 사실상 좌파의 정상적인 성장을 의도적으로 억압해 왔다고 볼 수 있다. 보다 정확하게 표현하자면 '압축성장(condensed growth)' , 다시 말해서 국가주도의 수직적 근대화를 통한 '초고속형 후기-후발 발전' 이라는 '속도전' 의 상황(임현진 · 정일준 1999, 131-140)에서, 한국사회를 지배해 온 주류우파는 자신의 상대를 인정할 '최소한의 여유' 조차 가지지 못했다.

기존의 주류우파가 체현하고 있는 '한국적 보수주의'는 서구의 보수주의 전통과는 다소 상이한 '특수성'을 내포하고 있다. 한국사회에서 보수주의는 '상황적(situational) 보수주의' 개념으로 설명할 수 있다.[8] 상황적 보수주의는 현존하는 체제나 권력의 형성과정, 그것의 정당성 문제는 거의 고려하지 않고 다만 이를 맹목적으로 유지 · 보존하려는, 말하자면 '질문하지 않는 보수주의'를 의미한다. 한국사회의 보수주의는 이러한 '상황적 보수주의'에 의해서 상당 부분 지배되고 있는데, 이것의 과잉은 "자의식화되고 정교화된 웅변적인 전통주의"(Mills 1981, 90)라고 정의되는 '성찰하는 보수주의', 즉 '철학적 보수주의'의 결핍과 지체를 의미한다.[9]

한편 한국의 보수주의가 내포하고 있는 이러한 특수성에 관하여 박호성(1997, 43)은 부르주아 정치문화의 근본적인 부재를 한국 보수주의가 가지는 특수성의 원인으로 지적하였으며, 강정인(1998, 102)은 한국의 보수주의를 '파생적/2차적 보수주의'로 설정함으로써 이를 '원초적/1차적 보수주의'로 설정하는 서구의 보수주의와 구분하였다. 또한 김의수(1991, 77–80)는 한국형 보수주의의 본질적 특성을 '기형적 잔존성', '보수 지배 이데올로기의 분열증적 상반구조', '매판성', '테러적 폭력성'으로 설명하였다.

한편 김대중 정권 이후 기존의 권위주의적 우파를 대신한 '보다 정상적인 자유주의적 상황'을 지향하는 자유주의적 우파의 연속적 집권은

8 상황적 보수주의를 포함한 보수주의의 유형화에 대한 견해는 Rossiter(1974)를 참고.

9 강정인(2001)은 한국에서 철학적 보수주의의 성장이 지체된 원인으로서 첫째 보수독점의 정치구도의 형성, 둘째 외재적이고 자기부정적 근대화의 진행, 셋째 사상의 형성과 전개과정의 심각한 대외의존성을 지적하였다.

'자유, 그 이상(以上)'을 추구하는 좌파에게 객관적으로는 보다 유리한 환경을 제공하고 있다. 그러나 적어도 현재까지는 한국사회에서 이데올로기 관련 담론이 '있는 그대로' 토론되고 수용될 수 있는 상황은 아니다. 소위 '색깔론'의 끈질긴 생명력은 이를 대변하고 있다.

'포스트-모더니티'가 시대정신으로 운위되고 있는 21세기 현재, 한국사회에서는 반공주의에 기초한 소위 '색깔론'[10] 공세가 여전히 지속되고 있다. 한국전쟁 이후 개인으로서의 사회주의자는 혹시 남아 있을지 몰라도 세력으로서의 사회주의는 사라져 버린(한홍구 2001) 남한에서 좌파세력은 '선험적 악'(惡) 혹은 '범죄집단'과 동일시되기 때문에 구체적인 증거의 제시와는 무관하게 상대방에게 좌파라는 '주홍글씨'를 성공적으로, 혹은 강제적으로 낙인찍는 순간 '게임'은 끝난다는 무책임한 발상에 기초한 공세가 지금까지도 꾸준히 반복되고 있다.

물론 제16대 대선을 전후하여 민주노동당이나 사회당과 같은 '진짜 좌파' 성향의 사회세력들이 제도정치의 무대에 등장하면서 기존의 제도정치권 내부에서 '색깔론'의 '약발'이 상대적으로 약해지고 있는 것이 사실이다. 그러나 한국사회에서 정치적 대결구도를 자신에게 유리하게 이끌 수 있는 가장 효과적이고 손쉬운 방법은 여전히 '색깔론' 공세이며, 따라서 '색깔론'이라는 '과장된 이데올로기 공세'는 여전히 '현재형'임을 부정하기는 어렵다.

이러한 현상은 '색깔론'을 제기하는 주체가 과거처럼 국가권력이

10 '색깔론'은 국민들의 '반공주의적 공포'를 다양한 방법을 통해 부각시킴으로써 대중을 보수화시키고, 이를 통해 상대적으로 진보적인 경쟁자의 지지기반을 축소시키는 정략적 행위(조희연 2002)라고 정의할 수 있다.

아니라는 중요한 차이가 존재하지만, 상대적으로 진보적인 김대중 정권, 연이은 노무현 정권의 등장 이후 더욱 두드러지는 경향마저 보인다. 예를 들어, 진보세력에게서는 신자유주의적이라고 비판받고 있는 김대중 정권의 정책기조를 '반(反)시장적 사회주의' (민경국 2001) 혹은 "심하게 말하면 친북적" (김만제 외 2002)[11]이라는 견해들이나, 민주당 대통령 후보의 선출을 위한 국민참여 경선과정에서 불거진 '색깔론' 공세는 상대에게 좌파라는 낙인을 찍음으로써 우위를 확보하려는 무책임하지만 매우 효과적인 정치적 전략이라고 보아도 무방할 것이다. 2002년 대통령 선거과정에서 11월 25일 노무현 후보로 단일화가 성립된 것에 대한 이회창 후보의 "급하고 급진적이고 불안한 그런 세력과 안정적이고 합리적이며 경험과 경륜이 있는 세력의 대결로 분명해졌다" (한겨레신문 02/11/26)는 주장도 넓은 의미에서 '색깔론' 공세의 연장으로 평가할 수 있을 것이다.

또한 제16대 대선 이후 노무현 당선자의 새 정부를 '좌파정권' 으로 규정하면서 "대한민국의 정체성에 대한 논의가 이루어져야 한다" (오마이뉴스 03/01/08)는 최대정당인 한나라당 서청원 대표의 발언과 "인수위의 목표는 사회주의" (한겨레신문 03/01/11)라는 전국경제인연합회의 대표적 논객 김석중 상무의 발언 역시 동일한 맥락에서 이해할 수 있다. 공

11 민경국(2001)은 하이에크(Friedrich A. Hayek)의 '자생적 질서(spontaneous order)론' 에 의거하여 사회주의의 외연을 상당히 확장시킨 후 이를 근거로 김대중 정권의 '사회주의적 혐의' 를 다양하게 제시하였다. 한편 스스로를 '중도 우파' 라고 규정하는 김만제(김만제 외 2002)는 '민족' 이라는 단어를 자주 사용하고 있다는 점을 근거로 김대중 정권의 대북정책이 '친북적인 낡은 내셔널리즘' 에 기초하고 있다고 주장하면서 김대중 정권의 '친북성' 을 강조하였다.

기업의 민영화와 FTA를 적극적으로 추진하여 비정규직 노동자와 양극화의 문제를 심화시키고 있는 노무현 정권을 '친북적 좌파정권'이라고 단정하는 주장은 지금도 여전할 뿐이다.[12] 물론 이러한 '색깔론' 공세는 주로 정치영역에서 발생하고 있지만 그렇다고 정치영역에만 한정되어 나타나는 것은 아니다. 2002년 월드컵에서 4강에 진입한 한국대표팀에 대한 격려금 지급과 관련하여 선수 격려금의 차등지급을 주장하는 축구협회의 한 간부가 균등지급을 주장하는 여론에 대한 질타의 주장으로 내놓은 것은 다름 아닌 "균등지급은 사회주의적 발상"이라는 변(辯)이었다.

이처럼 좌파라는 낙인이 개인이나 집단에게 돌이킬 수 없는 '결정타'가 될 수도 있는 현실에서 좌파에 대한 구체적인 이미지가 설정되지 않고 있다는 사실은 일종의 역설적인 상황이다. 여하튼 이러한 '색깔론'의 지속현상은 한국사회에서 좌파가 처한 현실의 일면을 반영하고 있다. 즉 여전히 건재한 '색깔론'을 통해서 한국사회에서 좌파가 '정상인'의 대우를 받지 못하고 있으며, 또한 이러한 현상이 시민사회에 깊숙하게 내면화되어 있음을 확인할 수 있다. 더욱이 좌파가 불구화된 상황에서, 즉 좌파에 대한 왜곡된 정보와 부정적인 이미지가 사회화된 상황에서

12 재정경제부의 발표에 의하면, 참여정부 3년(2003–2005) 동안 사회보장제도와 조세를 통한 소득 재분배를 거치기 전과 그 이후의 소득불평등(지니계수) 개선율은 겨우 3.2%에 그쳤다. 그러나 2000년 현재 스웨덴은 35.5%, OECD 15개국의 평균은 26.1%, 사회보장이 상대적으로 약한 미국과 일본 각각 17.6%와 14.4%의 소득불평등 개선율을 나타냈다(한겨레신문 07/01/23). 노무현 정권의 '좌파적 분배정책'을 줄곧 반대해 온 우파적 비판 그룹과 임기말 '개헌'이라는 새로운 화두로 '끝내' 진보적 개혁의 '아우라(aura)'를 포기하지 않는 노무현 정권, 양자 모두가 무안해질 수밖에 없는 순간이다.

지속적으로 발생하는 색깔론이라는 이념논쟁은 상호 자유로운 의사소통이 가능한 정상적인 담론논쟁으로 전개될 가능성이 희박하며, 또한 이러한 비정상적인 이념논쟁의 순환은 결국 '좌파의 정상화'를 더욱 지체시킬 수 있다는 사실 또한 지적할 수 있을 것이다.

한국사회에서 '좌파의 현실'은 '지역균열의 과잉화에 의한 이데올로기 균열의 최소화' 현상을 통해서도 그 일면을 확인할 수 있다. 현재 일반적인 정치적 성향이나 가치관에 있어서 지역 사이의 의미 있는 차이가 존재하지 않으며(강원택 2002), 오히려 '지역주의의 이데올로기화'가 예측(최영진 2001)되고 있는 상황에서 현재 한국인의 정치적 지지패턴은 권력을 둘러싼 경쟁의 단위로서 '지역변수'보다 강한 변수는 존재하지 않고 있다. 그나마 과거 권위주의 시대에서는 교육이나 연령이라는 변수들이 한국인의 정치적 지지 패턴에 큰 영향력을 행사하였지만 지금은 별로 그러하지도 않기 때문이다. 즉 "호남인과 영남인의 정치적 태도의 차이는 다른 이유가 아니라 바로 그들이 호남인과 영남인이기 때문에 발생"(이갑윤 2002, 168)하고 있다는 것이다.

물론 제16대 대선 이후 '세대정치의 부상'에 따른 '지역주의의 약화' 현상이 조심스럽게 예측되고 있는 것이 사실이다. 이와 관련하여 강원택(2003)은 제16대 대선의 결과가 당초 기대와는 달리 실제 후보별 득표는 과거의 지역주의 패턴이 별다른 변화가 없이 나타났지만, '세대 사이의 정치적 성향'의 차이가 부각되고 '이념적 요인'들의 중요성이 증대하는 등 과거의 정당 지지 패턴으로부터의 이탈을 의미하는 변화의 징후가 나타나고 있음을 지적하였다. 그에 따르면, 지역주의가 여전히 외형적으로 견고함으로 유지하고 있는 것으로 보여도 그 내부에서는 궁극적으로 과거 선거를 지배해 온 지역주의로부터 이념과 같은 다른 요인에 의한 정당 지지의 재편성이 시작되었다는 것이다.

그러나 70.8%에 머문 저조한 투표율과 더불어 영남과 호남을 명확하게 양분하는 지역주의적 투표 패턴의 반복과 20-30대의 광범위한 투표불참[13] 등을 고려한다면 적어도 아직까지는 정치적 결정에서 '세대'나 '이념'보다는 '지역'이 훨씬 강한 영향력을 행사하는 것이 사실이다. 이와 관련하여 김만흠(2003, 2-4)은 호남 기반의 민주당 대선후보가 영남 출신의 노무현이라는 후보구도의 변화에도 불구하고 영호남의 지역적 균열이 뚜렷하게 나타나는 등, 제16대 대선에서도 영호남 사이의 대비되는 지역균열은 여전히 지속되고 있음을 지적하였다. 즉 제16대 대선을 전후하여 기존의 지역주의 패턴에 다양한 변화의 징후가 나타나고 있음은 분명하지만, 세간에서 말하는 정도의 '세대 사이의 분절' 현상이 관찰되는 정도는 아니라는 것이다(조중빈 2003, 91).

이처럼 적어도 현재까지는 여전히 지역균열을 중심으로 정치균열이 발생하고 있기 때문에 정치균열에서 이데올로기 균열이 차지하는 비중은 상대적으로 작아질 수밖에 없다. 이와 관련하여 이갑윤(2002)은 정치적 이슈나 정부와 정책평가 등 일반적인 정치적 정향이나 가치관에 있어서는 지역 사이의 차이가 없다고 주장하면서, 선거의 결과로 나타나는 지역균열의 본질적 성격은 이데올로기적 갈등과는 무관한 '순수한 권력갈등'이라고 지적하였다.[14] 즉 한국사회는 '지역의 정치'가 '이념의

13 20대의 선거불참은 더욱 심각하게 나타났다. 제16대 대선에서 20대의 투표율은 47.5%로 집계되었는데, 이는 전체 투표율보다 20% 이상 저조한 기록이다. 또한 이는 제15대 대선의 20대 투표율 68.2%와도 20% 이상의 격차를 보이고 있다. 정치적 관심과 참여의 차원에서 보면, 이는 현재 한국사회의 젊은 세대 내부에 '참여/무관심'이라는 극단적인 양극화 현상이 존재하고 있음을 반영한다(신광영 2002).

정치'를 대신하고 있다는 것인데, 이러한 상황은 정상적인 이념정치의 활성화를 저해하여 결국 우파독점의 정치구조를 지속시키는 작용을 하게 된다.

지금까지 검토한 '좌파의 현실'을 정리하면 다음과 같다. 한편으로는 좌파가 불구화된 상황에서 '색깔론'이라고 불리는 비정상적인 이념논쟁은 상호 간 정상적인 소통과정이 아니라 주류우파의 강압적 지배수단으로 현실화되고, 다른 한편으로는 지역균열이 이데올로기 균열을 선점하는 상황에서 우파독점의 정치가 구조화되면서 결과적으로는 좌파의 사회적 정체성을 형성할 수 있는 조건이 거의 희박했던 것이 해방 이후 현재까지 좌파의 현실적 상황이라고 평가할 수 있다. 물론 이러한 상황은 한국정치의 후진성을 보여주는 또 다른 징표이기도 하다.

2. 좌파와 진보의 개념적 구별

한국사회에서 진보(progress)는 그렇게 선명한 개념이라고 볼 수 없다. 실생활에서 그것은 종종 '급진(radical)', '개혁(reform)', '발전(expansion)' 등과 개념상의 혼란을 초래하고 있기 때문이다.[15] 이러한 진보는 좌파와 관련해서도 개념적으로 상당한 혼란을 야기하고 있다. 사실 한국

14 이러한 견해는 제15대 대선 당시 소위 '패권적 지역주의: 영남=보수'와 '저항적 지역주의: 호남=진보' (황태연 1996)라는 주장에 대한 비판의 의미로 읽힐 수도 있을 것이다.

15 진보의 개념적인 문제들에 대해서는 채장수(1999, 235-236)를 참고.

사회에서 좌파와 진보는 '일상적 담론' 에서는 물론이고 '아카데믹한 담론' 에서도 별다른 구분이 없이 종종 혼용되고 있는데, 이러한 상황은 좌파와 우파 양자에게서 공히 나타나고 있다. 예를 들면, "한국의 진보와 보수 혹은 좌파와 우파"라는 표현을 통해서 나타나는 것처럼 우파에 가까운 박효종(2002)은 진보와 좌파를 거의 구분하지 않았다. "사회주의(좌파, 진보)와 자유주의(우파, 보수)"에서 보이는 것처럼 좌파에 가까운 유팔무(2002b) 역시 양자를 거의 구분하지 않고 혼용하였다.

그러나 한국사회에서 좌파와 진보는 현실적으로 상당히 다른 개념으로 사용되고 있다. 이는 한 월간지의 기획기사에도 반영되어 나타나고 있는데, '한국 좌파의 현주소' 를 점검하려는 기획기사에서 좌파와 진보 중 어떤 용어를 사용할 것인가는 매우 신중을 기해야 하는 문제였다(송문홍 외 1999). 이 기사에서는 해방공간에서 사용되던 '좌익' 을 가장 강한 개념으로 규정하면서 통념상 사람들은 '좌파' 보다는 '진보' 라는 표현에 저항감을 덜 느낀다고 정리하였다. 이처럼 좌파와 진보를 동일한 개념으로 혼용하기에는 적지 않은 무리와 함께 현실적인 불일치가 발생한다. 여기에서는 좌파와 진보 양자 사이에 존재하는 현실적인 상이함을 인정하면서 좌파를 중심으로 연구를 진행할 것이다. 이를 위하여 우선 좌파와 진보의 차이점을 지적하고 있는 기존의 논의들을 몇 가지 검토하겠다.

먼저 양동안의 견해를 살펴보자. 그는 진보가 '바람직한 상황으로 변화하는 것' 을 의미하는 가치적인 용어이며, 이상향에 대한 구체적인 판단은 개인의 사상에 따라 상이하다는 점을 지적하면서 좌파사상인 사회주의는 이미 수구 · 반동화 되었다고 주장하였다. 또한 그는 진보와 좌파는 확실히 구별되는 개념이고 사회주의는 진보가 아닌 좌파라고 평가하면서, 진보가 내포하고 있는 긍정적인 이미지에 편승하려는 좌파의 '의도적인 전략'을 비판하였다(배진영 2002). 동일한 맥락에서 공산주의자들이 스스로를 진보라고 위장하는 이유는 대중들에게 자신의 과격성을 희석하려는 의도에서 비롯되었다(정태영 외 2000)는 주장도 이해할 수 있을 것이다.

이진우(1999)는 좌파와 진보를 개념적으로 분리하였다. 그는 다수의 이익을 위해서 기득권에 저항하는 세력인 좌파와 소수의 기득권을 보존하고 확대하려는 세력인 우파는 일차적으로 '권력관계'를 통해서 규정된다고 지적하였다. 또한 그는 진보가 사회적 모순을 변혁하고자 하는 전진적 사상이고, 보수는 전통과 관습을 중시하여 급격한 변화를 회피하려는 사상이라고 지적하면서, 진보와 보수는 '바람직한 사회를 성취하는 방법'을 기준으로 구분된다고 지적하였다. 따라서 좌파와 우파는 '기득권'을 기준으로, 진보와 보수는 '변화에 대한 입장과 태도'를 기준으로 분류되기 때문에 좌파와 우파, 진보와 보수는 현실적으로 구별되는 개념이라는 것이다.

한편 기든스는 '사회주의의 보수화'를 주장하였다. 그에 의하면, 현실사회주의가 붕괴된 이후 대부분의 사회주의자들은 기존의 복지제도를 옹호하는 '온건한 역할'을 도모하면서 보수화의 길을 걷고 있다(Giddens 1994). 즉 냉전의 붕괴 이후 변화를 기획하고 선도해야 할 좌파는 블레어(1998)의 지적대로 오히려 '변화에 저항하는 역설적인 사태'가 발생하였다는 것이다. 여기서 주목해야 할 것은 통상 '같은 묶음'으로 분류되는 좌파와 진보의 관계가 분리되면서 양자의 차이가 드러나고 있다는 점이다. 사회주의가 아무리 보수화되어도 그것을 우파담론으로 분류할 수는 없을 것이다. 이러한 상황에서 기든스의 주장대로 현재 좌파담론인 사회주의가 보수로 전환되고 있다면, 결국 좌파는 자신의 '형제 개념' 인 진보가 아니라 오히려 그 반대쪽에 있는 보수와 조우하는 사태가 발생하게 된다. 여기에서 지금까지 당연한 것으로 인식되었던 좌파와 진보 사이의 개념적 친밀성이 깨어지게 되는데, 이는 좌파와 진보가 상호 구분이 가능할 정도로 상이한 개념임을 의미하는 것이다.

이상을 정리하면, 양동안은 진보가 내포하는 긍정적인 이미지에 편승하려는 '수구적이고 반동적인 사회주의적 좌파' 의 시도를 지적함으로써 좌파와 진보를 구분하여 사용하였다. 이진우는 '기득권' 이라는 기준으로 좌파를, 그리고 '변화에 대한 입장과 태도' 라는 기준으로 진보를 설정하는 등 보다 체계적인 방법으로 좌파와 진보를 구분하였다. 한편 기든스의 논의를 통해서 좌파와 진보가 상치될 수도 있는 개념임을 확인하였다. 여기에서는 좌파와 진보를 적극적으로 구분하는 이상의 논의들을 수용하면서 좌파와 진보는 상이한 의미를 내포하고 있는 개념임을 분명히 하고자 한다. 사실 어감상으로도 좌파는 진보보다 '이데올로기적 의도' 가 더욱 분명한 개념이다. 즉 진보가 '가치부하적(價値負荷的, a value-laden) 개념' (차하순 1991, 36)이라면 좌파는 더욱 가치부하적인 개념이라는 것이다.

이상의 맥락에서 이 글의 키워드는 '진보' 가 아니라 '좌파' 임을 명시하고자 한다. 후술하겠지만, 이 글에서는 좌파 개념을 '체제' 의 문제와 연관하여 설정하고 있다. 그러나 '이상적인 사회의 추구' 라는 맥락에서 기존의 사회질서를 변화시키고자 하는 진보의 경우는 좌파와는 달리 특정 체제와 결부되어야 할 그 어떤 필연성도 존재하지 않는다. 물론 외형상 기존의 사회질서의 변화를 추구한다는 점에서 양자의 유사성은 존재하지만, 이론적으로 '좌파=진보' 는 명백한 오류이며, 현실적으로 좌파라고 하더라도 진보적이지 않을 수 있으며 또한 진보적이라고 하더라도 좌파가 아닐 수가 있다. 정상적인 사고를 한다면 '좌파 사회주의' 북한을 진보적이라고 생각하지 않을 것이다. 또한 '색깔론'의 굴레에서 조금만 벗어난다면 '진보적인' 참여연대를 좌파집단이라고 평가할 수는 없을 것이다. 따라서 한국사회에서 이 두 개념은 서로 분명하게 구분하여 사용될 필요가 있다. 이러한 인식에 근거하여 이 글은 그 내포와 외연이 상대적으로 불분명한 '진보'가 아니라, 최근 '또 하나의 사회세력'으로서 이념적 일관성과 선명성을 보다 분명하게 나타내고 있는 '좌파' 개념을 중심으로 연구를 진행할 것이다.

3. 기존 논의의 평가

사실 정치적 이념성향의 위치를 규정하고 정리한다는 것은 그렇게 간단한 일이 아니다. 일군의 마르크스주의자에게는 히틀러와 같이 서구 민주주의를 위협하는 존재라고, 자유주의자들에게는 드골의 추종자라고, 또한 드골주의자를 포함한 우파진영에게는 좌파 아나키스트라고, 심지어 어느 미국 교수에게는 소련의 스파이라고 비난을 받았다는 푸코(Michel Foucault)의 일화(Foucault 1984)는 정치적 이념성향에 대한 위치 규정이 얼마나 상대적이며 유동적일 수 있는가를 웅변하고 있다.

프랑스의 정치적 전통에서 유래된 '좌파-우파'라는 설정은 정치적 이념에 대한 '공간적 은유'로서 정치적 양분화를 표현하는 개념이다. 즉 좌파와 우파는 프랑스대혁명 당시 1790년대 초반에 건설된 국민공회에서 주로 노동자와 농민, 빈민의 입장을 대변하면서 급진적인 사회주의

노선을 취하였던 '자코뱅파'가 의장석을 기준으로 좌측에 위치한 반면, 주로 신흥 부르주아지의 입장에 입각하여 자유주의적 온건개혁과 자본주의를 옹호하였던 '지롱드파'는 의장석을 기준으로 우측의석을 차지하여 서로 대립하던 상황에서 유래하는 개념이다.[16] 이처럼 일종의 메타포인 좌파와 우파는 마르크스주의나 자유주의처럼 그 자체로 특정 이념을 내포하고 있지 않으며, 시대적 상황과 지역적 특수성에 따라서 자신의 내용을 지속적으로 갱신하고 있다. 예를 들어, 근대의 시작을 열었던 시민혁명 당시 자유주의는 봉건주의와 절대주의에 도전하는 좌파의 이데올로기였다. 그러나 19세기를 경과하면서 자본주의의 기초가 확립된 이후 자유경쟁적 시장을 부정하는 사회주의와의 대립 속에서 자유주의는 우파의 핵심적인 이데올로기로 전화하게 되었다.

이처럼 우파나 좌파나 이념에 있어서 '항구성'이 없다는 것은 사실이다. 그러나 기존 체제와 질서를 경영하는 논리인 우파의 이념과 비교할 때, 이에 도전하여 '뭔가 새로운 것'을 제시하려는 좌파의 이념은 상대적으로 좀더 불분명하다. 즉 좌파는 집단적으로는 분명하지만 이념적으로는 불분명(이진우 1999, 76)한 경향이 있다는 것이다.

이러한 난점을 전제하면서 여기에서는 먼저 보비오의 논리를 통해서 좌파 개념에 대해서 검토하겠다. 보비오는 좌파와 우파를 구분하는 기준으로 '평등과 불평등'에 대한 입장을 제시하면서 좀더 평등적인 성향을 추구하는 부류를 좌파로, 상대적으로 좀더 많은 불평등을 불가피한 현실로 수용하는 부류를 우파로 구분하였다. 여기서 그는 '평등주의(the principal of equality)'와 '평균주의(egalitarianism)'를 구분하였다. 그에 따르

16 당시 중도파인 '마래파'는 자코뱅파와 지롱드파의 중간에 위치하였다.

면 업적, 필요, 서열, 직업 등의 모든 기준을 거부하는 평균주의는 '만인이 모든 것에서 균등' 해야 함을 의미하는 것이다.[17]

보비오는 좌파가 이러한 평균주의가 아니라 사회적 불평등을 줄이고 선천적인 불평등을 덜 고통스러운 것으로 만들려는 평등주의를 추구한다는 점을 재차 강조하였다. 평등주의는 선천적 · 사회적인 불평등은 여전하며, 이 가운데 일부는 교정될 수 있지만 대다수의 불평등은 사실상 제거될 수 없다는 것과, 또한 선천적 불평등 또는 사회적 불평등은 능력의 차이나 목표의 차이, 목표를 달성하기 위해서 투자하는 노력의 차이에서 유래하는 불평등과는 구분되어야 함을 인정하는 것이다. 따라서 그는 좌파가 좀더 불평등을 축소하려는 경향을 강하게 가지고 있는 것은 사실이지만, 그렇다고 좌파가 모든 불평등을 제거하려 한다거나 혹은 우파가 모든 불평등을 존속시키려 한다는 것은 아니며, 다만 전자는 '좀더 평등주의적' 이고 후자는 '좀더 불평등주의적' 이라는 것을 의미할 뿐이라고 주장하였다.

여기서 보비오는 '자유와 권위주의' 라는 기준을 통해서 자유에 대한 상이한 태도가 좌파와 우파 모두에게서 온건파와 극단파를 구분할 수 있는 적절한 기준이라고 주장하였다. 동시에 그는 자신이 제시하는 '평등–불평등', '자유주의–권위주의' 라는 이중적인 기준에 근거하여 '극좌파' (평등주의적이고 권위주의적인 운동) – '중도 좌파' (평등주의적이고 자유주의적인 운동) – '중도 우파' (자유주의적이지만 불평등주의적인 운동) –

17 터너(Bryan Turner)는 평등을 '기회의 평등', '조건의 평등', '결과의 평등' 으로 분류(Turner 1986, 34–56)하였는데, '평균주의' 는 이 중에서 '결과의 평등' 과 거의 동일한 의미를 가지고 있다.

'극우파' (반자유주의적이고 반평등주의적인 운동)라는 네 가지 정치적 이데올로기의 스펙트럼을 제시하였다(Bobbio 1998). 이처럼 보비오에게 있어서 좌파는 평균주의와의 구별 속에서 대체로 불평등보다는 평등을 선호하는 한편, '극좌파' 와 '중도 좌파' 로 분류가 가능한 정치세력을 의미하게 된다.

기든스는 보비오의 논리에 상당 부분 동의하면서도 "좌파는 사회적 정의를 추구할 뿐만 아니라, 정부가 이와 같은 목표를 추진하는 데 있어서 핵심적인 역할을 담당해야 한다고 믿는다. 좌파 쪽에 선다는 것은 사회적 정의 그 자체를 말하기보다는 해방의 정치를 신봉하는 것이라고 말하는 편이 보다 더 정확" (Giddens 1998, 83)하다고 부언함으로써 보비오의 논리가 좀더 세련되어야 함을 주장하였다.

한편 바라다트(Leon P. Baradat)는 정치적 이데올로기의 스펙트럼을 '급진주의(radical)' – '진보주의(liberal)' – '온건주의(modernate)' – '보수주의(conservative)' – '반동주의(reactionary)' 의 범주로 구분하였다. 그에 따르면 경제적 압력, 연령, 인간관 등의 동기에 의해서 이러한 정치적 분화가 발생하게 되는데, 여기서 '급진주의' 는 즉각적이고 근본적인 변화를 요구하는 혁명적 세력으로, '진보주의' 는 급진주의와는 달리 법의 개념과 이성을 존중하면서 신속하고 근본적인 개혁을 지향하는 세력으로 그 의미가 규정된다. 또한 '온건주의' 는 기본적으로 현 사회에 만족하면서 점진적인 개혁을 지지하는 세력으로, '보수주의' 는 '차선' 으로서의 현실에 가장 만족하면서 이를 지키려하며 이성보다는 전통을 선호하는 세력으로, '반동주의'[18]는 역사를 과거로 돌리려는 가장 비합리적이고 비현실

18 '반동주의' 와 동일한 개념인 '수구주의(ottantottism)' 는 1788년으로의 회귀, 즉

적인 세력으로 각각 정의된다.

여기서 바라다트는 '온건주의'를 중심으로 '급진주의' 방향의 정치적 성향을 좌파로, '반동주의' 방향의 정치적 성향을 우파로 규정하였다. 그는 좌파적 성향으로 갈수록 주로 '인권'에 강조점을 두는 반면에, 우파적 성향으로 갈수록 상대적으로 '재산권'을 강조하는 경향이 있다고 주장하였다. 이외에도 그는 좌파로 갈수록 '평등주의', '국제주의', '수요 중심의 경제학(demand side economics)'을 선호하는 반면에, 우파로 갈수록 '엘리트주의', '민족주의', '공급 중심의 경제학(supply side economics)'을 선호하는 경향이 있다고 주장하였다(Baradat 1988). 이처럼 바라다트는 좌파를 '급진주의'나 '진보주의' 등으로 구분되는 이념 스펙트럼에서 일정한 방향성을 나타내 주는 개념으로 제시하였다.[19]

이외에도 유팔무(2002a)는 특정한 사회질서나 체제, 제도, 계급의 권익에 대한 선호와 지지여부에 따라서 좌파와 우파, 진보와 보수가 구분된다고 주장하면서 좌파와 우파, 진보와 보수의 구분은 '옳다, 그르다'가 아니라 '좋다, 나쁘다'의 문제라고 평가하였다. 여기서 그는 정치적 이데올로기의 스펙트럼을 '혁명적 좌파' – '개혁적 좌파' – '중도개혁파' – '개혁적 우파' – '보수적 우파' – '신보수적 극우파'로 분류하였다.[20]

한편 박성원 등은 사회체제의 구성과 변화, 분배와 효율의 관계, 경

1789년 프랑스대혁명 이전으로 회귀의 의미를 지니고 있다. 여기서 이탈리아어인 'ottantott'는 '88'을 의미한다.

19 바라다트의 견해와는 달리 정영태(2002)는 좌파가 아닌 진보를 일종의 정향성으로 정의하고 있다.

20 이후 그는 이러한 스펙트럼을 '극좌–좌–중도좌–(신좌)–중도우–우–극우'로 다시 제시하였다(유팔무 2002b).

제에 대한 정부의 개입, 한국 정치체제의 성격과 변화방향 등에 대한 입장을 중심으로 한국의 대표적 지식인 45명의 이념성향을 분류하기 위해서 보다 세분화된 이데올로기의 분류체계를 제시하였다. 그것은 '정통좌파' – '신좌파' – '급진적 민주주의' – '진보적 자유주의' – '진보적 자유주의' – '개량적 자유주의' – '보수적 자유주의' – '정통보수' 의 체계이다. 좌파와 진보를 구분하고 있는 이러한 스펙트럼에서 '정통좌파' 는 마르크스주의 자본주의 분석과 계급론을 수용하면서 사회주의적 가치를 추구하는 반체제적 세력으로 규정되었다. 그리고 '신좌파' 는 사회인식이나 정책에서 정통좌파와 상당 부분을 공유하고 있지만 상대적으로 계급보다는 문화, 성 등 여타 사회적 적대를 중시하는 세력으로 규정되었다. 또한 '급진적 민주주의' 는 직접민주주의와 분배정의의 실현 등 현실사회의 급진적 개혁에 적극적이지만 자본주의 체제 자체를 부정하지 않는 세력으로 규정되었다. 정치적 성향이 급진적 민주주의와 유사한 '진보적 자유주의' 는 국가권력에 대한 개인의 자유에 관한 문제에 보다 많은 관심을 기울이는 온건한 개혁세력으로 규정되었다(박성원 외 2001).

지금까지 좌파 개념과 관련이 있는 몇 가지 입장에 대한 검토를 진행하였다.[21] 이러한 각각의 논리들은 좌파의 의미를 이해하기 위한 가치있는 기준들을 제시하고 있다. 즉 대부분의 좌파는 평등이라는 가치에 천착하면서 평등의 실현을 저해하고 있는 현상을 극복하기 위하여 상대적으로 급진적이고 근본적인 변화를 선호하는 세력이라는 점을 이상에서 확인할 수 있다. 그러나 한국사회를 중심으로 좀더 구체적이고 현실

21 한국의 학자, 사회운동가 등에 의해서 내려진 단편적인 좌파 개념에 대해서는 송문홍 외(1999)를 참고.

적인 좌파 개념을 모색하는 이 글의 관점에서 보면 각각의 논리에서 몇 가지 문제점을 발견할 수 있다.

먼저 평등의 수용 정도를 중심으로 좌파 개념에 접근하는 보비오의 경우, 이를 현실적으로 적용하기에는 좌파 개념이 지나치게 모호하다는 점을 지적할 수 있다. 보비오의 주장에 의거하자면, 좌파와 우파 사이에서 발생하는 평등의 문제는 결국 평등을 수용하는 '정도 혹은 양의 문제'가 되는데, 이것이 좌파 개념의 설정을 위한 '명료한 기준'으로 활용되기에는 다소 부족한 부분이 있다. 즉 어느 정도까지 평등을 수용해야 좌파일 수 있으며 어느 정도까지 자유주의적이어야 '중도 좌파'가 될 수 있는지에 대한 좀더 구체적인 지표가 제시되지 않는 한, 보비오의 개념은 모호함 때문에 실용성이 부족하다는 평가를 받을 여지가 있다.

한편 기든스는 보비오의 좌파 개념에 '정부개입의 선호'와 '해방의 정치'라는 요소를 첨가하면서 그것의 '세련화'를 시도하였다. 물론 이러한 주장은 다소 모호한 보비오의 좌파 개념을 보다 구체화하는 효과를 나타낼 수도 있겠지만 결과적으로 '실패한 시도'라고 보인다. 왜냐하면 최소정부를 주장하는 아나키즘은 얼마든지 좌파적일 수가 있으며, 또한 신자유주의를 포함하여 정부의 개입에 대한 반대자들도 자신의 특정한 선호영역에 있어서는 정부의 개입을 더 많이 원하고 있기 때문에 (Wilson 1995, 28-29), '정부개입의 선호'는 좌파 개념의 구체성을 확보하기 위한 기준으로 사용하기에는 미흡하기 때문이다.[22] 또한 '해방의 정

22 최갑수(1999)에 따르면, 정부개입에 대한 명백한 반감을 드러내는 신자유주의라는 우파 이데올로기는 자본과 시장에 대한 정부의 '깊숙한 개입'에 기초하는 복지국가로부터의 명백한 퇴행을 의미하는 동시에, 통합된 세계시장에서 자본의 이윤율을 유지하고 상승시키기 위한 새로운 형태의 정부개입을 의미한다.

치' 역시 좌파 개념의 구체성을 제고하기에 역부족이다. '해방의 정치'가 생활에 기회를 주는 것과 관련이 있다(Giddens 1998, 86)는 정도로 의미가 고정되는 상황에서는 그것이 "사회적 정의 그 자체보다 정확"하다는 그의 주장을 구체적으로 이해할 수 없기 때문이다.

바라다트의 좌파 개념 역시 다소 부족함이 있다. 바라다트는 좌파가 지향하는 가치를 '인권', '평등주의', '국제주의' 등으로 다양하게 제시하고 있지만, 그에게 있어서 좌파는 '급진주의'나 '진보주의', '온건주의'와 같이 이념 스펙트럼의 구체적인 범주로 존재하는 것이 아니라, 이념 스펙트럼에서 발견되는 일정한 '방향성'을 나타내는 추상적이고 보조적인 개념으로 제시되고 있기 때문이다.

한편 유팔무의 견해는 좌파-우파를 진보-보수와 구분하지 않고 좌파의 개념적 독자성을 명확히 제시하지 못하는 문제점이 나타나고 있다. 또한 사회체제의 구성과 변화, 분배와 효율의 관계, 경제에 대한 정부의 개입, 한국 정치체제의 성격과 변화방향 등을 기준으로 정치적 이데올로기의 스펙트럼을 일곱 가지로 분류하고 있는 박성원 등의 경우, 범주의 지나친 세분화로 인하여 '신좌파'와 '급진적 민주주의' 사이의 구분이 명료하지 않는 등의 문제가 발생하고 있다.

4. 개념의 설정

이상에서 좌파 개념과 관련된 기존의 논의를 검토하였다. 이를 통하여 기존의 좌파 개념에 대한 전반적인 이미지를 얻을 수 있을 것이다. 즉 좌파는 대부분 이념적으로 인권, 국제주의 등 공동체적이고 평등주의적인 가치를 지향(보비오, 바라다트)하면서 이의 실현을 저해하고 있는 현상을 극복하기 위하여 기존 사회질서에 대한 상대적으로 급진적이고 근본적인 변화, 다시 말해서 자본주의에 대한 '변혁'이나 '수정'의 관점에서 체제전환의 문제에 보다 많은 관심(유팔무, 박성원 등)을 지닌 이데올로기 집단으로 그 개념의 일단을 설정할 수 있다. 따라서 좌파는 자본주의체제의 유지를 전제로 하여 재산권과 같이 사회구성원 사이의 불평등을 유발할 수 있는 사적 자유에 보다 많은 가치를 부여하는 우파와 명확하게 구별된다.

이상의 개념화에 근거하여 이 글은 '체제'에 대한 입장을 중심으로 한국사회의 좌파 개념을 설정하고자 한다. 즉 한국 자본주의 사회체제에 대하여 전체적으로 부정적인 관점을 취하면서, 큰 틀거리에서 목표이자 이상으로서 '사회주의 지향성'을 보다 분명하게 나타내는 정치세력을 한국사회에서 좌파로 설정해야 한다는 것이 이 글의 관점이다. 물론 현실사회주의가 붕괴한 이후 사회주의적 이론과 실천이 공히 위기에 봉착한 것이 현실이다. 그러나 지금도 자본주의 체제에 대한 비판과 대안은 큰 틀에서 보면 '사회주의'라는 실천적 · 이념적 지표를 중심으로 모색(김경미 외 2002, 121-122)되고 있으며, 한국도 예외는 아니다. 같은 맥락에서 자본주의를 비판하면서 체제적인 대안을 모색하는 좌파집단의 선택은 전체적으로든 부분적으로든 현실적으로는 사회주의로의 지향을 내포할 가능성이 크기 때문에 '사회주의 지향성'은 체제문제를 기준으로 규정되는 좌파 개념의 핵심적인 요소라고 보아야 할 것이다.

여기에서는 '사회주의 지향성'의 의미를 더욱 분명하게 나타내기 위해서 '사회주의' 개념을 정의하겠다. 이 글에서는 '계급독재'나 '국가의 폭력적 전복'과 같은 급진적인 개념들을 전제하지 않은 상태에서 '노동자계급을 포함한 피지배계급의 이익확대를 목표로 하여 체제적 대안의 관점에서 자본주의의 변혁이나 수정을 모색하는 운동' 으로서 사회주의를 정의하고자 있다. 물론 이러한 정의에 근거하면 사회주의는 마르크스주의와 현실사회주의를 넘어서는 상대적으로 넓은 외연을 가지게 될 것이다.

일반적으로 사회주의는 보통 마르크스주의, 혹은 그것의 역사적 실현태인 현실사회주의와 거의 동일한 개념으로 협소하게 인식되고 있다. 즉 우리가 상식적으로 사회주의(socialism)라고 불러왔던 것은 사회주의 전체가 아니라, 기실 사회주의의 '마르크스주의적 분파' 인 공산주의(communism)에 한정되는 것이다.[23]

역사적으로 볼 때, 1826년 영국에서 '공상적 사회주의자' 인 오웬(R. Owen)과 관련하여 최초로 사용되었다는 사회주의는 마르크스주의와 현실 사회주의에 한정되는 개념이 아니다. 그 예로 1848년 당시 마르크스와 엥겔스의 『공산당 선언』(Marx 외 1988)에는 '반동적 사회주의', '부르주아적 사회주의', '과학적 사회주의' 등 이미 다양한 사회주의들이 서술되어 있으며, 베른슈타인(E. Bernstein)의 '수정주의' 를 뿌리로 하는 사회민주주의, 민주사회주의는 스스로를 '사회주의의 적자' 라고 주장하였다.

이상의 관점에서 이 글에서는 좌파 개념의 구체성이 상대적으로 결여된 보비오의 견해와 좌파가 보조적인 개념으로 사용되고 있는 바라다

23 마르크스와 엥겔스는 국제 노동운동권 내부에서 전개된 여러 논쟁에서 '공산주의' 라는 명칭을 고수하도록 촉구하였다(박호성 1991, 7). 또한 혁명에 성공한 레닌은 1918년 3월 제7차 당대회에서 그들의 당명을 러시아사회민주노동당에서 러시아공산당으로 변경하였다(정범구 1991, 78).

트의 견해보다는 좌파 개념을 체제문제와 보다 분명하게 결합된 유팔무와 박성원 등의 논리에 보다 주목하였다. 물론 평균이 아닌 평등, 인권, 국제주의 등 좌파가 추구하는 일반적인 가치를 정확하게 지적한 보비오와 바라다트의 견해를 기본적으로 수용하지만, 보다 구체적인 수준에서 한국사회의 좌파 개념을 설정하기 위해서는 체제에 대한 분명한 견해가 필요하기 때문이다. 이와 관련하여 유팔무(2002a)는 '혁명적 좌파'를 공산주의와, '개혁적 좌파'를 사회민주주의와, 그리고 '개혁적 우파'와 '보수적 우파'를 자본주의와 연결하는 등 체제에 대한 입장에 따라서 좌파와 우파를 구분하였다. 박성원 등의 경우, '체제기준'을 좀더 분명하게 적용하였다. 즉 박성원 등은 좌파를 '정통좌파'와 '신좌파'로 구분하면서 이들의 공통된 목표를 체제변혁으로 규정하였으며, '급진적 민주주의'부터는 자본주의 체제 자체를 부정하지 않는 것으로 설정하여 체제문제를 통한 좌파와 우파의 구분을 더욱 구체적으로 나타냈다(박성원 외 2001).

'사회주의 지향성'을 중심으로 좌파 개념을 설정할 때, 명멸하고 있는 다양한 좌파집단 중에서 가장 두드러지는 집단은 민주노동당이다. 물론 민주노동당 이외에도 〈노동자의 힘〉, 〈사회당〉 등 좌파로 분류될 수 있는 집단은 다양하게 존재한다.[24] 그러나 이러한 좌파집단 중에서 민주노동당에 주목하는 이유는 소수정당이지만 원내정당이라는 뚜렷한 위상 때문이다. 이러한 위상으로 인하여 민주노동당은 한국 좌파집단의 대표성과 활동성, 영향력을 인정받고 있다. 또한 합법정당이기에 강령과

24 '대안사회론'과 '시민사회운동론', 그리고 '북한론'을 중심으로 한국 좌파집단들의 인식과 지향에 대한 논의는 채장수(2004)를 참고.

정책, 지향점과 활동방향 등이 분명하게 드러날 뿐만 아니라 그것에 대한 접근도 용이하다.

구체적으로 살펴보면, 민주노동당은 강령에서 당의 사회주의 지향성을 뚜렷하게 나타내고 있다. '민주, 평등, 해방' 을 창당의 정신으로 선언한 민주노동당은 "국가사회주의의 오류와 사회민주주의의 한계를 극복하면서 사회주의적 이상과 원칙을 계승 · 발전"시킬 것을 밝히고 있다. 즉 '지난날 국가사회주의 사회의 형식적 국유화의 한계' 에 대한 극복을 전제로 하여 "이윤을 목적으로 하는 사적 소유권을 제한하고 생산수단을 사회화함으로써 삶에 필수적인 재화와 서비스는 공공의 목적에 따라 생산"되도록 하는 것이 민주노동당의 '우리가 만들 세상' 이다.

체제 대안에 대한 이상의 관점은 '민주적 사회주의(democratic socialism)' 로 정리가 되고 있다. 당의 정책위원장을 역임한 장상환(2000, 62–67)은 '개혁자본주의' 와 '국가적 사회주의', '제3의 길' 을 비판하면서 당의 이념으로 '민주적 사회주의' 를 제시하였다. 그에 따르면 '민주적 사회주의' 는 시장경제를 제한적으로 활용하는 입장에서 직접 생산자와 생산 대중이 사회화된 소유와 사회적 조절에 대해 민주적인 통제력을 확보하는 것을 전제로 하는 체제이다. 즉 이것은 사적 소유를 부정하지는 않지만 사적 소유에 대한 사회적 조절과 사회적 소유, 민주적 통제를 우선하는 '사회주의 체제' 라는 것이다. 더 나아가 그는 마르크스주의를 수용하고 있음을 밝히면서 이념적인 지향성을 더욱 분명히 하였다. 여기에서 그는 마르크스주의의 구성요소 중에서 사회주의 혁명이론은 수정이 필요하겠지만 역사유물론과 자본주의 분석이론은 여전히 유효하다는 입장을 제시하였다(장상환 2000, 12–16).[25]

한편 이 글의 목적이 '한국사회에서' 좌파 개념을 설정하는 것임을 고려할 때, 현재 이념을 가르는 핵심적인 기준으로 제시되고 있는 것이 '체제'가 아니라 국가안보와 관련된 '북한관'이라는 점은 반드시 검토되어야 할 문제이다. 이와 관련하여 박효종(2002)은 "특히 민주화가 되고 민주와 반민주 등의 구분이 허물어지면서 진보주의자와 보수주의자를 구분하는 잣대는 북한에 대한 태도"라는 점을 분명히 하고 있다. 또한 조갑제(2002)는 이념이 다르면 동족이라도 적이 되는 한국에서 좌파와 우파를 분류하는 방법은 '김정일관'이어야 한다고 주장하였다. 한국인의 이념적인 성향을 조사하는 언론매체의 시각도 여기서 벗어나지 않고 있다. 《한겨레신문》(02/06/03)의 조사의 따르면, 분단상황에서 한국인의 이념성향을 결정하는 가장 큰 기준은 '국가안보에 대한 관념'으로 나타났으며, 《중앙일보》(02/02/02)는 대북지원, 국가보안법 등 대북 문제에서 정당 사이 정책의 차이가 가장 두드러졌음을 지적하였다.

'사회주의 지향성'이라는 체제문제를 중심으로 한국사회의 좌파 개념을 설정하고자 하는 이 글의 관점에서 평가할 때, 이념을 판단하는 핵심적 기준으로 통상 '북한관'이 제시되고 있는 상황에 대해서는 다음의 두 가지 이유에서 다소 비판적이다. 첫째, '친북＝좌파'는 비현실적 도식이다. 이러한 도식은 다소 극단적인 체제를 유지하고 있는 북한사회

25 현실적으로 민주노동당의 구체적인 정체성은 지금까지도 상당한 논쟁거리이다. 우선 민주노동당의 이념적 정체성을 사회민주주의로 규정하는 견해가 종종 제기되면서 점차 설득력을 얻어가고 있다. 손호철(1999)은 민주노동당을 '사회민주주의 전위정당'으로 규정하였으며, 정책위원장을 역임한 주대환(2002)은 민주노동당이 사고 · 이론적으로는 아직 아니지만 행동 · 실천적으로는 이미 사회민주주의 정당이라고 주장하였다. 그러나 민주노동당의 이념은 결코 사회민주주의가 아니라는 것(장상환 2000, 123)이 당의 공식적 입장이다.

에 비우호적인, 혹은 적대적인 좌파가 존재하는 현실 자체를 무시하고 있기 때문이다. 실제로 자본주의의 극복과 민주적 사회주의로의 전망을 제시하고 있는 민주노동당의 경우, 당의 강령에서 통일체제와 관련하여 남한 자본주의의 천민성과 함께 '북한 사회주의의 경직성이 극복' 되어야 함을 언급하고 있다. 공공연하게 '사회주의' 를 주창하여 민주노동당보다 '왼쪽' 에 위치하고 있다는 평가를 받고 있는 사회당은 북한체제에 대한 적대감을 뚜렷하게 나타내고 있다. '조선노동당 반대' 를 공식화하고 있는 사회당은 당의 강령에서 현재의 북한체제를 남한과 같은 민중억압체제로 인식하여 이에 대한 반대의 입장을 명백하게 밝히고 있다. 북한에 대한 사회당의 부정적인 견해는 제16대 대선에서 사회당 후보로 출마한 김영규의 발언을 통해서 더욱 구체화되었다. 그에 따르면 사회당의 '반조선노동당' 노선은 두 가지 의미를 가지는 데, 그것은 조선노동당이 민중을 억압하는 북한의 정권이며 따라서 북한체제는 대안이 될 수 없다는 것과, 아직도 조선노동당을 추종하는 한국사회 내부의 운동세력에 대하여 반대한다는 것이다(오마이뉴스 02/11/11).

둘째, 단지 북한을 현실적인 대화의 '파트너' 로 인정하는가의 여부에 따라서 좌파와 우파를 분류하고자 한다면 그것은 경직된 색깔론의 연장선상에 있다고 볼 수 있다. 우파이면서도 북한을 대화의 파트너로 인정하는 것은 충분히 가능한데, 이를 굳이 좌파로 몰아붙일 이유가 없기 때문이다. 단적인 예를 든다면, '포용정책' 의 김대중 정권이 그러할 것이다. 또한 북한과의 대화와 평화공존을 주장하면서도 현실사회주의에 대해서는 '민주주의를 원천적으로 거부한 닫힌 체제' 이며, 따라서 민주주의를 위협하는 존재(한완상 2000)라고 주장하는 '반공적 우파' 의 존재도 그 예가 될 수 있을 것이다.

Ⅳ. 결론

'물산장려운동'에 대한 평가를 시작으로 지속적으로 대립[26]하였던 좌파와 우파는 한국전쟁 이후 우파독점의 사회구조가 정착되면서 좌파의 존재감이나 사회적 의미는 사라지게 되었다. 이는 사회운동이 활발하게 일어났던 1980-1990년대에도 마찬가지였다. 그렇다고 당시 좌파집단의 존재나 활동이 없었던 것은 아니었다. 1960년대 중반 이후 자본주의의 급속한 발전과 이에 따른 노동자계급의 확산, 사회적 불평등의 심화 등 사회구조의 변화에 조응하여 1970년대 중반 이후 특히 학생운동 내부에서는 '이념'이 잉태되어 1980년대 이후에는 본격적인 이념논쟁이 지속되었다. 더욱이 1980년대 후반에는 학생운동 지도부의 논리가 사실상 '마르크스주의(PD와 ND)' 대 '주체사상(NL)'이라는 사회주의적 이념으로 양분되었다. 노동운동 역시 '사노맹'의 등장에서 나타나듯이 1980년대 이후 반자본주의적 이념성이 강조되었으며, PD 계열의 『현실과 과학』과 ND 계열의 『노동해방문학』, 그리고 NL 계열의 『녹두서평』 등의 잡지를 통하여 사회주의 지향을 명백히 나타내는 학술운동의 흐름도 형성되어 있었다.

그러나 당시 좌파집단의 활동은 반공주의에 사실상 발목이 잡힌 채

26 일제 치하의 1920년대 '물산장려운동'의 과정에서 좌파와 우파의 사상적인 충돌이 최초로 발생하였다는 지적이 있다. 이에 따르면 우파가 '물산장려운동'의 민족주의적 성격을 강조했던 반면, 좌파는 이 운동이 지닌 개량주의를 비판하였다(지명관 1995, 230-232).

로 좌파운동이 아닌 민주화 운동으로 제한되어 현실화되었다. 다시 말해서 당시의 좌파운동은 학생운동에서는 '반독재운동' 으로, 노동운동에서는 임금문제 중심으로 한 '경제투쟁' 으로, 학술운동에서는 '강단사회주의' 로 현실화되었다. 이러한 상황에서 1990년대 이후 현실사회주의의 붕괴와 제도적인 민주화의 진행, 그리고 한반도의 긴장완화와 같은 탈이데올로기적인 환경은 역설적이고 때늦은 감은 있지만, 한국사회에서 좌파집단이 자신의 정체성을 공공연하게 드러내고 활동할 수 있는 여건을 마련해 주었다.

이 글은 제16대 대선을 전후하여 나타나기 시작한 좌파정치의 가능성에 주목하면서 이를 한국정치의 발전을 위한 긍정적인 신호로 이해하였다. 이러한 관점에서 지금까지 한국사회에서 좌파의 현실적 위상에 대한 검토와 함께 '사회주의 지향성' 을 중심으로 진보와는 상이한 차원에서 좌파의 개념을 설정하였다.

이상을 정리하면서 여기에서는 '오직 우파뿐인' 한국사회에서 대안적 체제를 지향하는 좌파의 유의미한 정치세력화의 필요성을 재차 강조하고자 한다. 현재 '세계사적 표준시' 가 탈이데올로기를 가리키고 있고, 탈이데올로기라는 개념이 의미하는 것이 '이데올로기의 평화적인 공존' 이라면, 이제 한국의 좌파에게도 적절한 '사회적 시민권' 이 부여되어야 할 것이다. 제도화된 공간에서 좌파를 포함한 다양한 스펙트럼을 가진 정치세력 사이의 지속적인 길항은 '민주화 이후의 민주주의' 로 나아가는 한국정치의 발전을 위한 핵심적인 동력으로 작용할 것이기 때문이다.

물론 좌파의 유의미한 정치세력화를 위해서 현재 한국사회에는 선결되어야 할 다수의 과제가 존재하는데, 여기에서는 다음의 두 가지를 강조하고자 한다. 첫째, 이념논쟁에 대한 좌파 자신의 적극성이 요구된다. 제16

대 대선 이후 '세상이 바뀌고 있는 상황'에서 이제 좌파는 이념논쟁에 보다 적극적으로 임해야 한다는 것이다. 물론 '색깔론'에 대한 '아픈 기억'이 있겠지만, 좌파는 이념을 통해서만 좌파에 대한 시민사회의 몰이해와 편견을 해소할 수 있으며, 또한 좌파의 사회적 정체성을 형성할 수 있다는 점을 인정해야 할 것이다. 따라서 좌파는 이념과 관련된 지금까지의 '피해의식'에서 탈피하여 좀더 적극적인 차원에서 자신의 '정체'를 밝히면서 '건전한 이념논쟁'을 주도해 나가야 할 것이다. 이러한 의미에서 좌파라는 용어 자체를 거부하면서 이념논쟁의 중지를 주장하는 '진보주의자'의 태도를 비판한 박효종(2002)의 주장은 매우 적절하다.

둘째, 좌파의 시민권과 관련하여 제도적인 차원에서 시정되어야 할 문제들도 상당수 존재한다. 이 중에서 냉전시대의 법적 · 문화적 산물인 국가보안법의 개폐작업은 그 시작이 될 것이다. 왜냐하면 좌파가 '범죄자'가 될 수 있는 환경에서 좌파의 성장을 운운하는 것 자체가 모순이기 때문이다. 또한 모든 선거에 선거공영제가 확대 · 실시되고 '1인 2표 정당명부식 비례대표제'가 정착되어 제도정치권에 대한 진입장벽이 낮아져야 한다. 특히 '1인 2표 정당명부식 비례대표제'는 당장은 아니더라도 궁극적으로는 독일식 '완전 개방형' 모델을 목표로 추진되어야 할 것이다. 이는 좌파뿐만 아니라 신진세력의 정치세력화를 촉진하여 결과적으로는 한국정치에 더 많은 활기를 부여하는 역할을 할 것이기 때문에 매우 중요하게 다루어야 할 필요성이 있는 문제이다.

이외에도 지역주의의 청산 등 좌파의 정치세력화를 위한 다수의 과제들이 존재하고 있지만 이에 대한 구체적인 연구는 다음의 기회로 넘기겠다.

참고문헌

강원택. 2002. “유권자의 정치 이념과 16대 총선-지역균열과 이념균열의 중첩?.” 진영재 편. 『한국의 선거 IV』. 한국사회과학데이터센터.

강원택. 2003. “2002년 대통령 선거와 지역주의.” 『2002년 대선 평가와 차기 행정부의 과제』. 한국정치학회 춘계학술대회 자료집.

강정인. 1998. “전환기에 선 남한의 보수주의.” 『경제와 사회』 제37호. 한울.

강정인. 2000. “민주주의의 한국적 수용 : 서구중심주의에 비쳐진 한국의 민주화.” 『한국정치학회보』 제34집 제2호.

강정인. 2001. “한국 보수주의의 딜레마.” 『사상』 제13권 제3호. 나남.

김경미 · 송병헌. 2002. “로자 룩셈부르크-영원한 혁명가.” Rosa Luxemburg · 김경미 · 송병헌 역. 『사회 개혁이냐, 혁명이냐』. 책세상.

김동수. 1994. “민주주의와 공동체주의 : 자유주의 · 공동체주의 논쟁을 넘어서.” 『한국정치학회보』 제28집 제1호.

김만제 외. 2002. “좌우 이념 논쟁-세계화 시대에 좌파적 정치는 존재할 수 없다.” http://monthly.chosun.com/html/200205/200205060010_1.html(검색일 : 2002년 06월 21일).

김만흠. 2003. “16대 대선과 지역주의.” 『16대 대선의 선거과정과 의의』. 서울대학교 한국정치연구소 세미나 자료집.

김의수. 1991. “한국의 보수주의, 그 역사와 이념.” 『사회평론』 제6호. 사회평론사.

민경국. 2001. “독선과 자만이 빚은 反시장적 자유주의.” http://www.donga.com/docs/magazine/new_donga/200109/cover05.html(검색일 : 2002년 07월 14일).

박성원 · 육성철. 2001. “정치 · 경제 · 사회학자 110명이 분석한 대표적 지식인 45인 이념성향.” 『신동아』 1월호.

박호성 외. 1997. “좌담 : ‘진보’ 그 반성적 성찰과 2000년대 진보의 길.” 『정치비평』 제3호. 푸른숲.

박호성. 1991. "사회민주주의와 민주사회주의." 박호성 편역. 『사회민주주의와 민주사회주의』. 청람.

박효종. 2002. "민주화이후의 보수와 진보갈등." http://rini.hallym.ac.kr/cyber/cyber.html(검색일 : 2003년 02월 17일).

배진영. 2002. "2002년 한국의 좌파." http://monthly.chosun.com/html/200205/200205070030_2.html(검색일 : 2002년 06월 07일).

서규환. 1993. "다니엘 벨의 사회사상." Daniel Bell · 서규환 역. 『2000년대의 신세계질서』. 디자인하우스.

손호철. 1991. "한국전쟁과 이데올로기 지형." 『한국정치학의 새구상』. 풀빛.

손호철. 1999. "민주노동당, 새로운 전위당을 우려한다." 『신자유주의시대의 한국정치』. 푸른숲.

송두율. 1995. "역사는 끝났는가-'탈역사론'의 의미와 제3세계의 미래." 『역사는 끝났는가』. 당대.

송문홍 · 이강필. 1999. "세기말 한국 좌파의 현주소." http://www.donga.com/docs/magagine/new_donga/9911/nd99110040.html(검색일 : 2002년 07월 14일).

신광영. 2002. "16대 대선의 특징, 새정부 등장의 의미와 과제." http://www.kdemocracy.or.kr/sub/adminboard/admin01/12월%20발표문.hwp(검색일 : 2003년 02월 10일).

유팔무. 2002a. "한국사회 좌우 이념이 스펙트럼." http://www.naeil.com/news/politics/ viewnews.asp?nnum=85542&sid=E&tid=1(검색일 : 2002년 06월 26일).

유팔무. 2002b. "좌-우, 보수-진보 이데올로기 갈등 극복을 위하여." http://rini.hallym.ac.kr/cyber/cyber.html(검색일 : 2003년 02월 17일).

윤도현. 2001. "한국사회민주주의의 방향과 과제." 한국 사회민주주의 연구회. 『한국 사회민주주의 선언』. 사회와 연대.

이갑윤. 2002. "지역주의의 정치적 정향과 태도." 『한국과 국제정치』. 제18권 제2호.

이성근. 1985. "해방직후 미군정치하의 여론동향에 관한 분석." 『국제정치논총』. 제25집.

이진우. 1999. "좌파는 진보적이고 우파는 보수적인가." 『한국 인문학의 서양 콤플렉스』. 민음사.

이진우. 2000. "탈이데올로기 시대의 '비전향 장기수'." 『Emerge 새천년』. 통권 14호.

임현진 · 정일준. 1999. "한국의 발전경험과 '성찰적 근대화'." 『경제와 사회』 제41호.

장상환. 2000. 『진보정당을 말한다』. 책벌레.

전병근. 2002. "후쿠야마 교수-미 · 유럽 갈등하는 새 역사 시작." 『조선일보』 (2002년 11월 01일).

정범구. 1991. "서유럽의 공산당과 사회민주당." 『사회평론』. 제1호.

정영태. 2002. "'진보 대 보수' 구도가 되기 위한 조건들." http://www.digitalmal.com/news/print_news.pnp?no=5192 (검색일 : 2002년 01월 15일).

정영태 외. 2000. "사회민주주의는 한국사회의 진보의 대안이 될 수 있는가?." http://net.kssi.org/dj/46-06.htm (검색일 : 2002년 05월 30일).

조갑제. 2002. "친북 좌익 400만 시대 한국의 보수세력은 무엇을 할 것인가." http://monthly.chosun.com/html/200205/200205060001_1.html (검색일 : 2002년 06월 07일).

조중빈. 2003. "16대 대통령선거와 세대." 『16대 대선의 선거과정과 의의』. 서울대학교 한국정치연구소 세미나 자료집.

조희연. 2002. "색깔론의 하나의 왜곡과 하나의 전제." http://dnsn.skhu. ac. kr (검색일 : 2003년 04월 28일).

주대환. 2002. "민주노동당은 사회민주주의 정당인가?." http://cham2.jinbo.net/maybbs/pds/samin21/mem_data/학술대회05-25.hwp (검색일 : 2002년 08월 01일).

지명관. 1995. 『저고리와 요로이』. 다섯수레.

차하순. 1991. "역사에서의 혁신과 보수." 『역사학보』. 제132집.

채장수. 1999. "진보담론의 현재성과 현재." 『한국동북아논총』. 제13집.

채장수. 2004. "한국 좌파집단의 인식과 지향." 『한국정치학회보』. 제38집 3호.

최갑수. 1999. "'공산당선언'의 현재적 의미." 『진보평론』. 제1호. http://jbreview.jinbo.net (검색일 : 2001년 12월 20일).

최영진. 2001. "제16대 총선과 한국 지역주의 성격." 『한국정치학회보』 제35집 제1호.

한완상. 2000. 『다시 한국의 지식인에게』. 당대.

한홍구. 2001. "한국현대사의 좌우익 논쟁-좌우대립 1년, 우익독주 55년." http://www.donga.com/docs/magazine/new_donga/200109/cover05.html(검색일 : 2002년 07월 14일).

홍성민. 2002. "정체성과 국제정치 : 〈문명충돌론〉의 정치사회학적 이해." 『국제정치논총』.

황태연. 1996. "한국의 지역 패권적 사회구조와 지역혁명의 논리." 『정치비평』 제1집.

Baradat, Leon P. · 신복룡 외. 1998. 『현대정치사상』. 평민사.

Bell, Daniel. 1962. *The End of Ideology : On the Exhaustion of Political Ideas in the Fifties*. New York : The Free Press.

Blair, Tony. 1998. "Interview." *Guardian* (February 7).

Bobbio. Norberto · 박순열 역. 1998. 『제3의 길은 없다』. 새물결.

Brezezinski, Zbigniew, 1989. *The Grand Failure : The Birth and Death of Communism in the Twentieth Century*. New York : Scribner.

Foucault, Michel. 1984. "Politics and Ethics : An Interview." eds. Paul Rabinow. *Foucault Readers*. New York : Pantheon Books.

Fukuyama Francis. 1993. *The End of History and The Lastman*. New York : An Avon Book.

Furet, F. 1998. "Democracy and Utopia." *Journal of Democracy*. Vol. 9.

Giddens, Anthony. 1994. *Beyond left and right : The Future of Radical Politics*. Cambridge : Polity Press.

Giddens, Anthony. · 한상진, 박찬욱 역. 1998. 『제3의 길』. 생각의 나무.

Huntington, Samuel P. · 이희재 역. 1997. 『문명의 충돌』. 김영사.

Lipset, Seymour Martin. · 이성봉 역. 2001. "유럽 좌파의 미국화." 『사상』 제13권 제4호. 나남.

Marx, Karl & Engels, F. 1988. "공산당 선언." 김재기 편역. 『마르크스 · 엥겔스 저작선』. 거름.

Mills, C. Wright · 박노영 외 편. 1981. 『현대사회와 정치구조』. 돌베개.

Rossiter, Clinton. 1974. "Conservatism." *International Encyclopedia of the Social Science*. Crowell Coller and Macmillan, INC..

Sassoon, Donald. 1996. *One Hundred Years of Socialism*. London : Tauris.

Turner, Bryan S. 1986. *Equality*. London/New York : Ellis Horwood Limited/ Tavistock Publications.

Wallerstein, Immanuel · 강문구 역. 1996. 『자유주의 이후』. 당대.

Wilson, Frank L. · 안승국 외 편역. 1995. "유럽 민주주의의 위기에 관한 재성찰." 『민주주의론 강의 2』. 인간사랑.

《오마이뉴스》.

《조선일보》.

《중앙일보》.

《한겨레신문》.

지은이 약력

❖ 문재윤

경북대학교 사학과 졸업.

경북대학교 대학원 정치학과 졸업(정치학 박사).

경북대, 인제대 등에서 강의.

한국학중앙연구원 Post-Doc(2005-현재).

저서 및 논문

“조선조 왕가의 군주리더십론”(2003),

“조선조 왕가 가법의 분석”(2004),

“조선조 왕가 가법과 지배계급의 도덕률”(2005) 등.

❖ 이창희

경북대학교 정치외교학과 졸업.

경북대학교 대학원 정치학과 졸업(정치학 박사).

대구교대, 인제대 등에서 강의.

학술진흥재단 기초연구지원 연구원(2007-현재).

저서 및 논문

『혁명운동의 실패』(2006),

“민주화와 대북정책”(2003),

“아시아적 가치와 경제성장의 정치적 동학”(2006) 등.

❖ 채장수

경북대학교 정치외교학과 졸업.

경북대학교 대학원 정치학과 졸업(정치학 박사).

육군3사관학교, 상주대 등에서 강의.

학술진흥재단 기초연구지원 연구원(2002–2005, 2007–현재).

저서 및 논문

『근현대 대구경북지역 사회변동과 사회운동』(공저, 2006),

"'제3의 길'에서 평등의 의미"(2002),

"한국 좌파집단의 인식과 지향"(2004) 등.

❖ 최병덕

경북대학교 정치외교학과 졸업.

경북대학교 대학원 정치학과 졸업(정치학 박사).

계명대, 금오공대 등에서 강의.

학술진흥재단 기초연구지원 연구원(2002–2005).

저서 및 논문

『정치학의 이해』(공저, 2005),

"퇴계의 정치인식과 정치론"(2004),

"1920년대 안동지역 사회주의세력의 민족해방운동"(2005) 등.

❖ 하재훈

경북대학교 법학과 졸업.

경북대학교 대학원 정치학과 졸업(정치학 박사).

경북대, 가야대 등에서 강의.

학술진흥재단 신진연구장려금지원 연구원(2004–2005).

저서 및 논문

『박정희 체제의 대중통치 : 새마을운동의 구조 · 행위자 상호작용을 중심으로』(2006) 등.

지배의 정치, **저항**의 정치

초판1쇄 / 2007년 5월 10일

지은이 **문재윤/이창희/채장수/최병덕/하재훈**
펴낸이 **여국동**
펴낸곳 **도서출판 인간사랑**
인 쇄 **백왕인쇄**
제 본 **은정제책사**

출판등록 1983. 1. 26. / 제일-3호

(411-815) 경기도 고양시 일산구 백석동 1178-1
TEL (031)901-8144, 907-2003
FAX (031)905-5815
e-mail / igsr@yahoo.co.kr
igsr@naver.com

정가 19,000원

ISBN 978-89-7418-216-8 93340

※ 잘못된 책은 교환해 드립니다.